제정신으로는 못하는
결혼과 이혼 이야기

애버게일 트래포드 / 서현정 옮김

KB142043

북키앙
Bookian

목차

Crazy time

제정신으로는 못하는
결혼과 이혼 이야기

내 결혼생활이 본격적으로 깨지기 시작한 것은 20여 년 전, 어느 잿빛 크리스마스 오후부터였다. 언제나 그렇듯 '정면 대결'은 지극히 사소한 일로부터 시작되었다. 이날은, 자몽이 덜 익었었고, 우리가 워싱턴 DC로 이사 오기 전에 살던 텍사스의 친구에게 어떤 선물을 보낼지를 놓고 충돌했다. 그날 밤 우리는 잔뜩 약이 오른 짐승처럼 서로에게 불같이 화를 냈고, 새벽녘까지 술을 마시면서 서로에게 속고 아팠던 기억들을 하나하나 들춰냈다.

다음날 아침, 집은 다시 조용해졌다. 남편은 일찍 출근했고 아이들은 위층 제 방에서 선물로 받은 새 장난감을 가지고 노느라 정신이 없었다. 아래층에 있던 나는 말도 제대로 할 수 없을 정도로 지쳐 있었다. 그날 오후 나는 보스턴에 계신 친정 부모님을 찾아뵙기로 마음먹고 있었다. 남편에게는 생각이 정리될 때까지 일주일만 다녀오겠다고 말했는데 지금 돌이켜보면 난 그때 이미 결혼생활을 끝내기로 마음먹었던 것 같다. 이혼의 길로 들어선 것이다.

이혼은 어렵고도 험난한 과정이다. 마음과 정신을 지칠 대로 지치게 만드는 힘든 여정이다. 끝도 보이지 않는다. 그리고 실패한 과거와 불투명한 미래 사이에서 끊임없이 방황이 계속된다. 결혼생활 어디가, 대체 무엇이 잘못되었을까 고민하고, 서로의 잘잘못을 따지고, 상대에게 남은 감정을 정리한다. 그리고 이혼을 고려할 때 가장 먼저 떠오르는 생각은 '다시는 예전처럼 살 수 없으리라'는 것이다.

LA 이혼 웜라인 상담소의 카운슬러 샤론 베이커는 이렇게 말한다. "이혼은 죽음이다. 이혼은 결혼생활의 죽음을 뜻하며 여러분 각자가 가지고 있던 꿈의 사망을 뜻한다. 이제 여러분은 모든 것을 새로 시작해야 한다."

이 말을 뒤집어 생각해보면 이혼은 곧 새로운 시작이라는 뜻이다. 자신이 먼저 시작했든 상대가 먼저 시작했든, 결혼생활의 문제를 놓고 배우자와 정면 대결하는 순간부터 인생의 시계를 새로 맞춰야 한다는 것이다. 그리고 그때부터 여러분과 여러분의 자녀, 친구, 동료들은 인생의 새로운 단계가 시작된다.

대부분의 사람들은 결혼생활이 깨지기 시작할 때 말 그대로 '살짝 미친다.' 그래서 앞으로 벌어질 현실적 문제와 감정적 혼란에 제대로 대처하지 못한다. 마냥 행복하다 갑자기 화가 나고 또 좌절감에 빠지기를 반복한다. 새로운 짝을 찾아 나서기도 하고 반대로 사람들을 피하고 전화조차 받지 않으려 하기도 한다. 건강에 대한 통계조사를 보면, 이런 시기에 병에 걸리거나 교통사고를 당하는 일도 많다. 사이가 나빠진 배우자의 외도가 원인이 된 살인 사건도 심심찮게 신문지상에 오르내린다. 외롭고 고독해 자살을 생각하기도 한다. 그러다 어느 순간에는 한때 자신의 반쪽이었던 사람에게 이렇게 말한다. "죽여 버리고 싶어!"

배우자와 법적 관계를 청산하는 것만이 이혼의 전부는 아니다. 법적으로 남남이 되고, 가지고 있던 접시 하나까지 서로 깨끗이 나누고, 추억과 친구 모두를 각각 나눴다 해도……, 이혼은 아직 끝난 게 아니다. 지금 여러분은 두려워하고 있다. 만약 이 두려움이 영원히 사라지지 않는다면 이혼도 영원히 끝나지 않는다.

미국에서 결혼한 두 쌍 중 한 쌍이 이혼한다는 놀라운 통계가 발표된 지도 벌써 10여 년이 흘렀다. 이처럼 우리를 놀라게 하는 이혼율은 20세기 들어 꾸준히 증가했는데 2차 대전 직후 일시적으로 이혼율이 감소하면서 이른바 베이비붐 세대를 양산하기도 했지만, 60년대 중반으로 접어들면서 이혼율은 다시 급증해 1980년대 들어서는 두 배가 되었다. 그 이후로 다시 진정 국면으로 들어서 심지어는 잠시 감소하는 모습도 보였지만 21세기에 들어선 지금 이혼율은 다시 증가하고 있다. 미국에서는 평균 한 해 대략 2백 5십만 쌍이 결혼을 하는데 그 중 절반이 인생의 어느 순간에 이혼을 할 가능성을 안고 있는 것이다.

시대가 변할 수록 이혼 문화도 많이 변했다. 10여 년 전에는 이혼이 유행처럼 번졌었고, 텔레비전이나 신문에서는 마치 이혼을 개인의 성장과 행복으로 가는 지름길처럼 묘사했다. 그리고 이혼 후에 자유를 얻고, 독신생활의 기쁨을 만끽하며 마음껏 섹스를 즐기는 사람들의 이야기가 여기저기에서 넘쳐 났다. 다시 말해 1980년대의 미국은 '나만 좋으면 된다'는 생각이 만연했다. 좋으면 하고, 싫으면 그만이라는 식이었다. 하지만 이혼을 경험한 사람에게 정말 그런지 물어 보라. 1993년에 개정판이 발행된 《Crazy Time》은 이혼이 개인의 성장과 자아실현이라는 레이더망에 반짝이는 하나의 작은 점에 불과하다는 편리한 생각에 찬물을 끼얹었다.

이제는 이혼에 대한 대중의 생각이 과거와는 다른 방향으로 흘러가고 있다. 텔레비전이나 신문에 그려지는 이혼은 돈도 없고, 꿈도 없으며 외롭고 쓸쓸한 독신의 불모지로 가는 'One way Ticket(편도 승차권)'이나 다름없다.

이혼을 실감나게 다룬 영화 '장미의 전쟁'에서 이혼을 담당한 변호사는 이렇게 말을 했다. "이 세상에 품위 있는 이혼이란 존재하지 않는다." 하지만 과거, 이혼에 대한 무조건적인 지지를 보내던 때와 마찬가지로 현재, 이혼을 무조건 부정적으로 보는 시각 역시 옳은 것은 아니다. 융 심리학을 연구하는 심리 분석가 로렌스 H. 스테플스는 다음과 같이 말한다. "사람들은 이혼을 결혼의 실패로 받아들인다. 그래서 이혼한 사람은 자신을 나쁜 사람, 사랑 받을 자격이 없는 사람, 무가치한 사람이라고 생각하게 된다." 하지만 스테플스는, 인간은 실패를 경험해야 내면의 힘을 찾고 보다 성공적인 삶을 살 수 있다고 덧붙인다. "시련을 경험한 사람일수록 사회에 보다 큰 공헌을 한다. 위기는 변화를 불러일으킨다." 그리고 그 변화는 현재보다 더 나은 상태로의 변화인 경우가 대부분이다.

아이들과 함께 영화 'E. T'를 다시 보라. 이 영화에는 아이 셋과 지구에 몰래 숨어 들어온 외계인, 그리고 멕시코에서 여자 친구와 즐기고 있는 전남편을 둔 '싱글 맘(혼자서 아이를 기르는 여성)'이 등장한다. 하지만 이 말랑말랑한 SF 환타지는 이혼이 주제가 아니기 때문에 시나리오 작가와 영화 관람객 모두 이혼하고 혼자 아이를 기르는 싱글 맘에게는 별 관심을 기울이지 않았다.

요즘은 주위에 온통 이혼한 사람뿐인 것 같다. 미국의 백악관도 예외는 아니다. 전 미국 대통령 로날드 레이건도 이혼한 후 전처와의 사이에서 얻은 자식과 새 아내와의 사이에서 난 자식을 모두 거느리고 있다. 그가 대통령 선거전을 치를 때 여배우 제인 와이먼과의 이혼 경력은 아무런 문제도 되지 않았다.

라디오를 틀어도 '이혼(D-I-V-O-R-C-E)'이라는 곡목의 컨트리 뮤직이 버젓이 나온다. '당신한테 줄 수 있는 것은 오직 사랑뿐(I Can't Give You Anything But Love)', '날 지켜봐 줄 사람은(Someone to Watch Over Me)?'과 같은 달콤한 사랑 노래는 모두 어디로 간 걸까? 사랑 노래도 60년대에는 '내 연인은 날 사랑의 사슬에 묶었어요(Chains, My Baby's Got Me Locked Up in Chains).'라고 했는데

90년대 들어서는 마돈나가 '당신 자신을 표현하라(Express Yourself)'에서 '최고가 아니면 선택하지 마라. 당신의 사랑을 시험하라(Don't go for second best, baby / Put your love to the test).'라고 노래했다.

예전부터 이혼은 부자들에게 있어서는 특권이었고, 가난한 사람들에게 있어서는 드문 현상이었다. 내 어머니의 어린 시절 친구는 언젠가 내게 이렇게 말했다. "네 나이 사람들은 이혼을 새 시대의 산물이라고 생각할지 모르지만 내 학교 친구들의 부모들 역시 이혼을 했단다. 그 당시 학교 친구들은 대부분 부자들이었어. 내 어린 시절 작은 시골마을에서는 이혼이 흔한 일은 아니었지만 요즘은 사정이 다를 게다."

요즘은 누구나 부자 흉내를 내며 이혼을 하고 있다. 중산층에서도 더 이상 이혼을 일탈 행위로 보지 않는다. 태어나서 결혼하고 죽는 인생의 기본적인 과정에 이혼이 한 자리를 차지하게 된 것이다.

지난 40년 간 이루어진 부와 계급의 재분배 덕분에 미국 중산층은 전자 렌지, CD, 심장 이식수술의 혜택을 누리게 되었고 동시에 이혼에 대한 도덕적, 경제적 허용도 확보했다. 그리고 이 결과 결혼에 대한 과거의 믿음과 풍습이 사라지고 결합과 해체를 위한 새로운 규칙이 그 자리를 대신하게 되었다. 흥미로운 사실은, 이혼에 대한 선택권이 생기면서 결혼에 대한 기대치가 점점 더 높아지고 있다는 것이다.

최근 들어 가족문제 상담가들은 초기의 위험 신호를 파악해 위기에 처한 부부들을 돕는 기술이 더욱 정교해지고 있다고 말한다. 그리고 미국인들은 부부 사이의 문제를 해결하기 위해 노력하고 상담을 받는 것에 대해 10년 전보다 더 많은 관심을 기울이고 있는 듯 보인다. 게다가 경제가 어려워지고 AIDS까지 확산되어 독신 생활에 대한 매력이 줄어들자 사람들은 다시 결혼에 충실하게 되었다. 새로운 시대에 맞는, 가장 잘 어울리는 결혼생활은 남편과 아내 사이에 힘의 균형이 이루어지는 평등주의적 관계를 기본으로 한다. 이런 남녀간의 평등주의는 침실에서부터 회사까지 이어지고 있다.

이제는 어린 자녀를 둔 여성도 직업을 가지고 일을 하는 경우가 많다. 이제는 자녀를 둔 여성의 대략 75퍼센트가 가정 밖에서 직업을 가지고 있는 것이 현실이다. 지난 10여 년 간 경제가 악화되면서 많은 가정들이 중산층생활을 유지하기 위해 맞벌이에 의존하지 않을 수 없게 되었다. 경제 능력이 향상되면서 여성은 가정 안에서 힘이 커지고 서로가 만족할 수 있는 결혼생활을 위한 요구도 많아졌다. 그리고 남편과 아내 모두 경제적 자립 능력이 생기자 결혼생활이 뜻대로 되지 않을 때 과거보다 더 쉽게 이혼을 결정할 수 있게 되었다.

이런 사회적 변화로 인해 남편의 결정이 절대적이었고, 참고 견디기만 하면 결혼생활을 유지할 수 있었던 1950년대의 부부상은 영원히 사라져 버렸다. 높은 이혼율은 미국인의 특징이랄 수 있는 일그러진 개인주의를 반영한다. 가족문제 전문가들은 미국인의 가치관이 변하기 전에는 이혼율의 큰 변화를 기대할 수 없다고 본다. 그러나 이혼으로 인한 정신적 충격과 경제적 곤란을 감수하고서도 이혼을 단행하는 것은 남자든 여자든 이혼을 하고 나면 궁극적으로는 현재보다 더 나은 삶을 살 수 있을 거라고 기대하기 때문이다. 마돈나가 동세대에게 노래하듯 말이다. '당신은 최고를 가질 자격이 있다/ 그러니 맞지 않으면 다시 찾아라/ 최고가 아니면 선택하지 마라/ 당신은 혼자서 얼마든지 잘 해낼 수 있다/ 당신 혼자서도 잘 할 수 있다/ 그러니 최고가 아니면 선택하지 마라/ 당신 사랑을 시험하라.'

그러면 아이들은 어떤가? 현재의 추세가 계속되면 미국 어린이의 절반 가량이 인생의 한 부분을 편모 또는 편부 슬하에서 생활하게 될 것이다. 지난 10년 간의 조사에 의하면 부모가 이혼한 어린이도 그 나름대로는 '크레이지 타임(Crazy Time)'을 겪게 된다는 것이 밝혀졌다. 이혼을 하면 배우자 중 어느 한쪽 또는 양쪽 모두 이혼 전보다 마음이 안정되는 데 반해 아무 준비 없이 부모의 이혼과 맞닥뜨린 자녀는 그 반대의 경험을 하게 된다. 그런데 조사에 따르면, '아이 때문에 어쩔 수 없이' 갈등이 심한 결혼생활을 유지하는 것 역시 마찬가지로 자녀에게 부모의 이혼과 유사하거나 혹은 그보다 더 심한 피해를 끼친다는 것이다. 이에 대해 존스 홉킨스 대학 사회학과의 앤드류 J. 셜린 교수는 다음과 같이 설명한다. "아이를 가장 괴롭히는 것은 부모의 갈등이다. 부모의 갈등이 계속되면 아이는 심하게 상처를 입게 된다."

여러분은 자신의 결혼생활이 얼마나 끔찍하다고 생각하는가? 이혼을 할 것인가, 이대로 계속 살 것인가에 대해 결정할 수 있는 선택권은 가지고 있는가? 만약 이혼을 한다면 현재 배우자와의 갈등을 끝낼 수 있다고 생각하는가?

혼자서 아이를 기르거나 또는 재혼한 새 배우자가 데려온 아이를 기르는 것은 요즘 들어 새로 생긴 현상이 아니다. 사실 '한 부모 가정(남자 또는 여자가 혼자 아이를 기르는 가정)', 혹은 재혼 가정에서 생활하는 아동의 비율은 지난 세기의 그것과 큰 차이가 없다. 그러나 과거에는 가족이 해체되는 주된 이유가 이혼이 아니라 죽음이었다는 것이다. 즉 자녀가 제대로 생활할 수 있느냐, 없느냐는 여러분이 이혼한 후 제대로 생활하느냐, 못 하느냐에 달려 있다.

이혼은 영원히 지속되는 상태가 아니다. 이혼은 독신 생활, 동거, 또는 재혼으로 가는 중간 과정이다. 새로운 짝을 만나거나 계속 독신 생활을 하거나 간에, 새로운 삶을 시작하기 위해서는 이혼을 극복해야 하는 것이다. 이혼 후 대부분의 사람들은 새로운 가족을 구성한다. 일반적으로 이혼한 미국인 4명 중 3명이 3년 안에 재혼한다. 그리고 이 외에는 친구나 애인, 동료 혹은 이웃과 함께 산다. 즉 이 과정에서 혈연과 전통적인 사고방식을 뛰어넘는 새로운 '가족 관계'를 형성하게 되는 것이다.

현재 미국에서는 부모와 자녀로 구성된 핵가족 형태가 점차 사라지고 엄마와 계부, 혹은 계부의 전처, 또는 계부와 그의 전처 사이의 자식, 엄마의 자식, 친 아빠와 새엄마 그리고 새엄마의 전남편, 새엄마와 전남편 사이의 자식, 그 아이들의 새엄마, 동거인, 친구들…… 등등 전통적인 대가족을 이루는 할아버지, 할머니, 삼촌, 고모, 사촌말고도 이혼을 통해 얻은 새로운 구성원들로 이루어진 '재혼 대가족' 형태가 새로 등장하고 있는 실정이다.

이쯤 되면 요즘 기준으로 '정상적인 생활'이란 무엇인지 궁금해질 것이다. 남자와 여자 모두 평균 수명이 75세라고 가정할 때, '죽음이 우리를 갈라놓을 때까지' 결혼생활을 유지하는 사람은 점점 찾아보기 힘들뿐만 아니라, 그렇게 하고 싶어하는 사람도 점점 줄어들고 있다. 이에 대해 스테플스는 다음과 같이 설명한다. "장수는 부부에게 굉장한 부담이 되고 있다. 농부라면 누구나 매년 밭을 갈아 씨를 뿌리면 지력이 약해져 점점 수확이 줄어든다는 것을 안다. 사람도 육체와 정신을 혹사하면 같은 결과가 벌어진다. 그리고 결혼 역시 마찬가지이다."

이런 일을 피하려면 여러분이 먼저 변해야 한다.

주위에서 들리는 것은 온통 이혼 이야기뿐이다. 하루도 이혼 이야기를 듣지 않고 지나가는 날이 없다. 직장에 가면 누군가 이런 이야기를 한다. 아무개 씨가 퇴근해 집에 가 보니 아내가 남편과 아이와 집과 개를 버리고 떠나겠다고 말했다. 그것으로 끝이었다. 그 뒤로 그 집은 곧장 부동산 시장에 매물로 나왔고, 그 남편은 다른 여자와 새 생활을 시작했고, 전처는 아이들을 데리고 미시간에 있는 친정으로 갔다더라……. 간단하게 한 가정이 깨졌다.

신문을 봐도 사정은 마찬가지다. 우디 앨런과 미아 패로우, 미국 하원의원 피터 스타크, 상원의원 스트롬 터몬드, 밥 팩우드, 미국 팜비치의 사교계 명사 로잰느 퓰리처, 권투선수 슈가 레이레너드와 이벤더 홀리필드, 인디언 출신 미식축구 스타 존 리긴스, 작곡 파트너 캐롤 베이어와 세이거와 버트 바카라, 부동산재벌 도날드 트럼프, 작가 게리슨 케일러, 섹스 연구가 마스터스와 존슨, 배우 닉 놀테……. 이러다가 산타클로스의 이혼 소식까지 듣게 되는 건 아닌지 걱정될 정도다. 어쩌면 다음은 여러분 차례일지도 모른다.

주위를 둘러 보라. 날마다 수많은 사람들이 술집에서 혹은 회사 휴게실에서, 정신병원 상담실에서, 헬스클럽에서, 여행사에서, 재정 관리 세미나 또는 결혼문제 상담소에서 저마다의 결혼문제를 해결하려고 고심하고 있다. 길거리의 자동차만큼 이혼이 흔한 시대가 되었지만 그럼에도 불구하고 이혼을 하고 나서 겪는 정신적 고통에 대해서는 달의 이면처럼 알려진 바가 거의 없다.

남편과 끔찍했던 정면 대결을 벌이고 난 다음 그날 아침, 우연히 친구 헤디가 찾아왔고 그녀는 샤워실에 있던 나를 발견했다. 그때 나는 고통을 씻어 내기 위해 하염없이 샤워기를 틀어 놓고 있어서 온몸은 벌겋게 변했고 오돌토돌 닭살까지 돋아 있었다.

대학 시절 룸메이트였던 헤디는 이혼 과정을 겪는 내내 옆에서 나를 지켜봐 주었다. 여러분도 결혼을 끝내려는 생각을 가지고 있다면 누구보다도 친구가 필요하다는 사실을 알게 될 것이다. 좋은 변호사나 가족문제 상담가는 어디서나 찾을 수 있지만 여러분의 고통을 소리 없이 지켜봐 주고, 결혼의 위기를 새로운 인생으로 가는 발판으로 삼도록 도와줄 수 있는 사람은 오직 친구뿐이다.

나는 기진맥진해져 있었고, 앞으로 무엇을 해야 되는지에 대해서는 전혀 준비가 되어 있지 않았다. 어디서도 이혼 전문가를 찾을 수 없었다. 결혼문제 때문에 침대보가 흠뻑 젖을 때까지 우는 어른을 위한 친절한 지침서는 어디에도 없었다. 재산과 추억을 나누는데 필요한 공식적인 규칙도 없었다. 과거를 되돌아 보고 새롭게 마음을 추스르기 위한 훈련방법도 없었다.

처음에는 실수로 이혼이라는 버섯을 잘못 먹어 이상한 나라에 온 엘리스가 된 것만 같았다. 내가 알던 세상이 거꾸로 뒤집어져 버렸기 때문이다. 상사에게 대들어 볼까, 토해 볼까, 의사에게 진찰을 받아 볼까, 그게 아니면 마법의 약이라도 먹어 볼까, 별의별 생각이 다 들었다. 제자리로 돌아갈 수만 있다면, 모든 게 처음 그대로인 세상으로, 사랑하고 결혼해서 영원히 행복하게 살고 싶던 꿈으로 돌아갈 수만 있다면 무엇이든 하고 싶었다. 하지만 현실의 버섯이 내 목에 걸려 있었다. 그리고 내가 살고 싶어하던 삶이 사실은 현실이 아닌 꿈이라는 것을 깨닫기 시작했다.

친정에서 돌아와 보니 집은 싸늘했고 방들은 텅 빈 허공처럼 보였다. 당시 여섯 살이던 딸아이는 잠자리 기도를 안 하겠다고 떼를 썼다. 부엌의 싱크대도 막혔다. 내 결혼생활이 행복하지 않다는 건 몇 년 전부터 알고 있었다. 그런 걸 느낄 때마다 나는 몸이 아프거나, 남편의 출장을 기뻐하거나, 다른 상대를 찾았다. 그러다 마침내 남편과 정면 대결을 하게 되었을 때, 두 사람은 서로에 대해 너무 깊은 배신감을 느꼈던 것이다. 우리는 서로의 이중생활에 치를 떨었다. 벽에는 여전히 우리의 결혼사진이 걸려 있었지만 우리 둘은 이미 오래 전에 서로를 '떠난' 상태였다.

하지만 또 한편으로는 전혀 그렇지 못한 상태이기도 했다. 그것이 문제였다. 우리 사이에는 여전히 공통적인 부분이 남아 있었던 것이다. 그것은 아이들이나 남편과 내가 공통적으로 알고 또 앞으로도 관계를 지속할 사람들뿐만이 아니었다. 우리는 여전히 서로를 원하고 있었다. 이혼하는 사람들은 누구나 똑같이 하는 말이지만 우리 부부도 처음에는 열렬히 사랑했다. 메인 주의 한 섬에서 밀짚모자를 쓴 신부 들러리를 두고 증조할머니의 면사포를 쓴 나는 '정말 아름다운 결혼식'을 올렸다. 그리고 결혼식 전날 멜린다 이모는 내게 이런 말을 했다. "우리 시어머니는 결혼에 대해 이런 충고를 해주셨단다. 절대 부부싸움을 잠자리까지 끌고 가지 마라."

혼자가 되고 나자 나는 킹사이즈 침대가 보기 싫었고 곧 처분했다. 결혼사진도 치워 버리고 결혼반지도 빼 버렸다. 아이들이 강아지를 기르고 싶다고 했으나, 나는 아이들한테 지금 당장은 강아지를 돌볼 여력이 없다고 말했다. 집은 늘 추웠고, 매 끼니를 달걀과 그라놀라(납작 귀리에 건포도나 누런 설탕을 넣은 아침식사용 건강식품 – 옮긴이)로 때웠다. 밤에 침대에 누우면 가슴이 심하게 아팠다. 걱정 때문에 잠이 오지 않았다. 그리고 머리는 하염없이 과거와 미래를 오갔다. 나는 어떻게든 논리적으로 생각해서 절망으로부터 빠져나오려고 애썼다. 하지만 아무리 노력해도 세 가지 고민에서는 헤어나올 수가 없었다. 그 세 가지 고민이란 첫째, 12년 간의 결혼생활을 함께 한 남편에 대해 사실은 아는 게 하나도 없다. 둘째, 내 자신에 대해서도 아는 게 하나도 없다. 셋째, 내 자신이 싫고 내가 한 일이 싫다.

나는 이 세 가지 고민과 함께 남편과 나를 남남으로 갈라놓는 법적인 절차들은 사실 그다지 중요한 게 아니라는 생각을 했다. 정말 중요한 것은 따로 있었기 때문이다. 그것은 나도 남편도 설명할 수 없는 것으로 바로 '이해'라는 것이었다. 만약 남편과 나 사이에 벌어진 불가사의한 일들을 이해하기만 한다면 우리 결혼에서 무엇이 잘못되었는지도 알고, 결혼생활을 극복하고 새로운 인생도 살 수 있을 것이라는 생각이 들었다. 그리고 그 이해할 수 없던 일들이라는 것이 바로 부부관계가 비틀어지는 이유이며 왜 그런 일들로 부부관계가 비틀어지는지를 파악할 수 있는 열쇠라는 생각도 들었다.

결국 나는 이런 궁금증들로 인해 이 책을 쓰게 되었다. 남편과의 정면 대결 이후, 나는 별거를 겪고 독신세계에 입성했다. 그 세계에서는 어디를 보든 헤어지고 새로 만나는 사람들뿐이었다. 사람들은 외롭고 쓸쓸한 밤을 힘들어했고, 나는 그들의 이야기를 듣고 더 나아지거나 더 나빠지는 삶의 변화를 목격했다. 그리고 서서히 일정한 패턴이 보이기 시작했다. 세부적인 사항은 다르지만 모든 사연에 유사성이 있었다.

조사를 위해 미국 전역을 다녔는데 어디서나 나는 똑같은 말을 들었다. "내가 어떤 일을 겪었는지 아세요? 아마 절대 못 믿을 거예요. 이런 일을 겪은 사람은 아마 나말고는 이 세상에 또 없을 거예요. 왜 일이 이 지경이 됐는지 모르겠어요. 지금도 서로 통화를 할 때면 나는 소리를 질러요. 지금껏 살아오면서 그렇게 고통스러운 일은 없었어요. 그리고 내가 먼저 이혼을 요구하다니. 하지만 우린 지금도 상대의 생일에 전화를 해요. 새 남편과 그의 새 아내는 그걸 도저히 이해 못 하지만……."

결혼과 이혼에 대한 책을 쓴다고 할 때마다 사람들은 저마다 엄청난 사연이 있다며 목소리를 높였다. 그 덕에 나는 수백 명의 남녀와 인터뷰를 할 수 있었다. 그 중 대부분이 중산층 이상으로, 의사나 변호사, 목사, 기술자, 간호사, 외교관, 회사원, 교사, 기업 간부, 기업인을 포함해 다양한 사람들이 셀 수 없을 정도였다. 인터뷰를 한 여성들 중 대부분은 원래 직업이 있거나 이혼 후 취업을 했고, 모두 자녀가 있었으며 최소한 10년 이상 결혼생활을 했던 사람들이었다. 그리고 연령은 25세부터 55세 사이로, 상당수가 자녀를 데리고 재혼을 했다는 사실이었다. 그들 중에는 별거 직후 인터뷰를 한 사람도 있고, 이혼을 고려하기 시작한 지 오래 된 사람도 있었다.

다양한 직업과 성격을 가진 그들의 사연을 들으며 나는 부부관계에서 나타나는 위험신호와 이혼으로 이어지는 단계들을 하나씩 파악하기 시작했다. 사실 위기로 가는 초읽기는 대개 여러분이 생각하는 것보다 훨씬 더 빨리 시작된다. 그리고 이때부터 정면 대결의 상황까지 가는데는 꽤 오랜 세월이 걸린다. 이혼하는 많은 부부들 중 최소한 50퍼센트는 이혼 전 1년 또는 그 이상의 시간동안 혹독한 고통을 겪는다. 그런 다음 감정적인 이혼의 단계, 즉 '크레이지 타임'이 이어지는 것이다.

대부분의 사람들은 결혼생활에 있어서 파국을 맞으면 어찌해야 할지 몰라 당황하고, 그런 상태는 1년 또는 2년 정도 계속된다. 그 다음 단계는 회복기이다. 이 단계는 새로운 삶을 시작하는 때이며 직장에서 자기 위치를 새롭게 정립하고, 새 친구를 사귀고, 아이들과의 관계도 새롭게 하는 시기이다. 즉 이 모든 일들은 가다 서다를 반복하면서 서서히 점차적으로 이루어진다. 대부분의 사람들에게 있어 회복기의 가장 중요한 일은 새로운 사람을 만나 사랑하고 새로운 관계를 시작하는 것이다. 이 단계는 대개 3년에서 5년 정도 지속된다.

많은 사람들과 이야기를 나누고 그들의 경험을 듣고 나자 내가 경험한 혼란과 '크레이지 타임'들이 지극히 '정상적'인 과정이라는 것을 알게 되었다. 그리고 이혼을 경험하면서도 분노하지 않는 사람은 정말로 문제가 심각한 사람이라는 것도 알게 되었다. 분노는 과거를 돌아보는 과정의 한 부분이고, 새로운 사람과의 데이트는 새로운 미래를 만들어 가는 과정의 한 부분이다. 또 한편으로, 이혼의 가장 결정적인 순간은 새로운 관계를 시작할 때 찾아온다는 것도 알게 되었다.

법적으로는 이혼을 했지만 정신적으로는 여전히 이혼하지 못하는 사람들이 있다. 그런 사람들은 대개 '이혼 파멸 상태'에 이르게 된다. 그들은 비행기가 구름 속에서 방향을 잃거나 지평선에 너무 가까이 다가가 충돌해 폭발하면 모두 불타서 아무것도 남지 않는 것처럼 이혼 후 감정의 변화를 제대로 극복하지 못해 방향을 잃는다. 그리고 결국 이리저리 떠돌다 정신적으로, 감정적으로 폭발하고 아무것도 남지 않는다. 완전히 좌절해 버리는 것이다. 이후 그들은 쓰라린 고통을 겪거나 난폭해지는데, 그로 인한 결과들을 우리는 종종 신문에서 볼 수 있다.

애틀랜타 발 - 백만장자가 전도 유망한 사격 선수를 고용해 사이가 벌어진 아내를 살해한 혐의로 구속되었다고 관계자는 전했다. (아내는) 이들 부부의 이혼 청문회 몇 시간 전 애틀랜타 시내 주택의 거실에서 살해당했다……(워싱턴포스트지 1992년 1월 12일자).

이혼의 고통에도 불구하고, 이 책에는 한 가지 희망이 있다. 그것은 모든 사람이 이혼을 극복하고 새로운 삶을 살 수 있다는 희망이다. 아이들 역시 부모의 이혼으로 인한 고통과 한쪽 부모와 떨어져 살아야 하는 생활에 적응할 수 있다. 그리고 오래지 않아 별거와 이혼을 인생에 있어서 괴롭지만 꼭 필요한 과정이라고 생각하게 된다. 이혼에서 살아남으려면 감정적인 싸움과 자신에 대해 꼭 알아야 할 것이 몇 가지 있다.

자녀 셋을 둔 42세의 여성은 이렇게 말한다. "나는 테스트를 받았다는 기분이 든다. 그리고 나는 그 테스트를 통과했다. 앞으로 나는 더 이상 그 누구한테도 무시당하지 않을 생각이다." 또 52세의 한 남성은 이렇게 말한다. "이혼할 때는 말도 할 수 없을 정도로 화가 나고 분노했지만, 이제 와서 돌이켜보면 잘한 일이라는 생각이 든다."

나 역시 같은 생각이다. 지난 10여 년 간 이혼이라는 제도가 사회를 바꿔 놓은 것을 목격하고 또 별거하고 이혼한 많은 사람들을 만나면서 나는 대부분의 경우 이혼이 파괴적인 관계로부터 부부를 해방시켜 준다는 확신을 얻었다. 그리고 이혼은 개인으로 하여금 보다 독립적이고 창의적이 되도록 자극하고, 장기적으로는 자신을 좀 더 잘 알고, 남을 더 사랑하고, 보다 더 관대한 사람이 되도록 이끌어 준다는 사실도 알게 되었다.

고통스럽고 여파가 긴 이혼 과정에서 사람들은 예전에는 자신에게 존재하는 줄 미처 몰랐던 힘과 재능을 찾기도 한다. 애틀랜타 가족 워크숍 소장이자 임상심리학자 아우구스투스 Y. 나피어는 이렇게 말한다. "인간은 불행할 때 힘이 난다. 그것은 인간이 성장하고, 난국을 헤쳐 나가고, 생존하고자 하는 강렬한 욕구를 가지고 있기 때문이다."

나 역시 감정적 이혼을 끝내기까지 오랜 시간이 걸렸다. 결혼생활을 하는 수년간 극심한 좌절감에 시달렸고, 별거 후에는 1년 간 혼란 상태에 빠졌으며, 새로운 인생을 꾸려 가면서도 수시로 혼란 상태에 빠지기를 몇 년간 계속했다. 나는 아이들과 일, 친구, 가족, 섹스, 사랑, 재혼에 이르기까지 수많은 문제를 혼자 해결하면서 새 삶을 개척해야 했다. 물론 내 마음 상태를 다스리고 전남편을 상대하는 법을 배우는 것은 말할 것도 없고.

아이들과 나는 한동안 무척 힘들게 살았다. 난방도 없이 겨울을 보냈고, 집을 수선하기 위해 18퍼센트의 이자로 대출을 받아야 했다. 생계를 위해 빈방은 세를 주기도 했다. 그리고 나는 새로 얻은 힘을 직장과 정기적인 집단 심리치료에 투자했다. 그 사이 아이들은 글자를 배우고 스케이트도 배웠다. 우리는 거실에 모여 그림을 그리고 음악을 들었으며 오래지 않아 파티도 하고 웃음도 되찾았다. 그리고 마침내 나는 강아지를 기를 수 있을 만큼 강해졌다. 우리는 꿀 색깔의 코커스패니얼을 한 마리 사서 큰딸의 영어 선생님 이름을 따고 '레고'라고 이름지었다. 또 아이들은 정기적으로 자주 아빠와 만났다. 그와 나는 더 이상 서로에게 소리를 지르지 않았고, 레고는 사람들에게 뛰어올라서는 안 된다는 것을 배웠다. 막내 딸은 학교 뮤지컬에서 주인공으로 뽑혔다. 그리고 나는 회사에서 승진을 했다. 또 이혼을 하고 7년이 지날 무렵에는 은행으로부터 집 수선을 위한 대출금 지급이 끝났다는 연락이 왔다. 나도 모르는 사이에 나는 이혼을 완전히 끝낸 것이었다.

남편과의 정면 대결 이후 대략 15년이 지난 후 어느 날, 나는 우리 집 벽난로 앞에서 재혼을 했다. 내 옆에는 안경을 쓰고 미소가 근사한 남자가 서 있었다. 사실 그는 우리가 레고를 기르기 전부터 우리 집에 왔었다. 아이들이 모두 학교로 떠나자 그가 우리 집 마스코트나 다름없는 나이 많고 유별난 레고를 대신 돌봐 주었기 때문이다. 그리고 때가 된 것이었다. 우리는 서로에 대해 잘 알게 되었고, 나는 결혼을 원했으며 그 역시 마찬가지였다. 어느덧 20대가 된 내 두 딸도 내 곁에 있었다. 우리 집은 그의 가족과 내 가족, 내 첫 결혼식 때 신부 들러리가 되어 주었던 친구 헤디와 직장과 긴 독신생활 동안 새로 사귄 내 친구들, 언론인인 그가 사귄 해외 특파원 친구들, 내 딸들의 친구들로 북적북적했다. 내 사촌이 피아노 앞에 앉아 연주를 시작했다. 우리는 함께 모였고, 검은 예복 차림의 빨간 머리 목사님이 결혼서약을 낭독했다.

내게 또 한 번의 크리스마스가 찾아왔다. 창문으로 햇빛이 쏟아지던 그날 내 옆의 남자는 시원하게 웃으며 안경을 썼다. 우리는 벽난로에 불을 피웠고 벽난로 장식 선반에는 새로운 집 모형을 얹었다. 새로운 개도 생겼다. 레고가 늙어 죽은 후 껑충껑충 뛰어오르기 좋아하는 갈색의 래브라도였다. 개의 목에 달아 놓은 종에서 나는 소리가 우리 집의 새로운 마스코트가 되었으며 딸아이들은 휴일이 되면 집에 찾아왔다. 이제 한 아이는 대학 졸업반이 되었고 또 한 아이는 먼 도시에서 직장생활을 하고 있다. 내 첫 번째 결혼과 두 번째 결혼에서 가장 달라진 것은 각각 다른 남편이 아니라(물론 두 남자가 완전히 다르긴 하지만) 바로 나 자신이었다.

메릴랜드 베데스다의 임상병리학자 로버트 커쉬는 이렇게 말한다. "이혼은 사람을 성장하게 만든다. 그래서 결혼생활을 통해 이룩한 인간관계들과 정면으로 맞서야 제대로 이혼할 수 있다. 이혼에서 희생자란 없다. 이혼에는 여러분의 책임도 분명히 있다는 사실을 깨달아야 한다. 그런 다음 제대로 굴러가는 관계를 맺는 방법을 배워야 한다. 이것은 머리로 되는 일이 아니다. 경험을 통해서만 배울 수 있다."

이제부터 여러분은 이혼을 경험하고 살아남았을 뿐만 아니라 오히려 더 성공적인 삶을 사는 사람들의 이야기를 접하게 될 것이다. 결혼의 위기 상황에서 이혼을 생각하는 사람들을 위해 이 책은 감정적 이혼에 대해서도 많은 설명을 하고 있다. 결국 이혼을 하든 아니면 결혼생활을 계속하든, 여러분은 과거의 결혼생활과 '헤어지고' 새로운 생활을 시작하는 과정을 거쳐야 한다. 그 과정에 지름길이란 없다.

나와 같은 언론인의 할 일은 남의 이야기를 듣고 들은 것을 논리적으로 옮기는 것이다. 이야기 안에 모든 사실이 들어 있다. 개인의 사생활을 보호하기 위해 이 책에 등장하는 이름은 모두 가명으로 처리하였지만 그들이 한 말이나 경험한 일들은 하나도 손보지 않았다. 이 책을 읽고 나서 "나한테는 그런 방법이 통하지 않았어."라고 불평하는 사람도 있을 것이다. 그 말이 맞다. 모든 사람을 정해 놓은 틀에 딱딱 맞춰 넣을 수는 없으니까. 결국 우리 모두는 각자의 인생 시나리오대로 살게 마련이다. 하지만 자신의 출발점을 아는 것이, 그리고 앞으로 어떤 일을 겪게 될지 미리 아는 것이 모르는 것보다는 훨씬 낫지 않을까? 지금부터 펼쳐질 이야기들은 이혼이라는 가슴 아픈 여정을 지나온 사람들의 실제 경험담이다. 그들 모두는 여러분에게 들려주고 싶은 사연을 가지고 있다. 쉽지 않겠지만 아직 여러분에게는 기회가 있다. 중국어로 '위기'는 위험과 기회를 더한 말이다. 이혼 역시 위험이자 곧 기회이다.

제 I 부

위기

차도 끝내고 케이크도 아이스크림도 다 먹고 났는데, 이제 내게
무슨 힘이 있어 이 순간을 한 고비로 몰아가겠는가?
- T. S. 엘리어트, 《알프레드 프루프록의 연가》

그녀는 장갑을 들어 그의 뺨을 갈겼다. 하지만 힘이 너무 약해
그는 눈도 깜박하지 않았다.
"당신을 경멸해요." 그녀가 말했다.
"정말 그렇군." 맥킨지 씨가 말했다.
- 진 리이스, 《Mr. 맥킨지를 떠나며》

제 1 장 불행의 서약

  사람들은 당신에게 이렇게 묻는다. "그렇게 심각한 줄 몰랐어. 대체 뭐가 문제야?"

  이 질문에 대한 답은 정면 대결 상황의 시나리오에 이미 다 들어 있다. 이제 당신은 대답을 할 차례이다. 그리고 친구들 중 몇몇은 다시 이렇게 말할 것이다. "처음부터 난 네 남편(또는 아내)이 마음에 안 들었어."

  이제 당신은 '내가 모르던 무언가를 남들은 이미 알고 있었던 걸까' 하는 생각을 하게 된다. 그리고 다시 정면 대결 상황을 떠올리며 슬픔을 곱씹고, 보다 맹렬한 전투태세를 갖춘다.

  정말 중요한 것은 이혼을 극복하고 새로운 삶을 사는 것이다. 물론 며칠 밤은 이별 장면이 머리 속에서 지워지지 않을 것이며 감정 정리도 시작해야 한다는 것을 알고 있다. 그리고 기억 속에서 몇 번이고 옛날 일을 되짚어 보며 '이제 끝났다' 하고 생각한다. 이 결혼은 죽었다.

  이제부터 밤마다 실패한 결혼에 대한 후회와 잡념들이 밀려올 것이다. 생각하지 않으려고 눈을 꼭 감아도 소용이 없다. 남들이 나를 비웃을 것만 같고, 내가 왜 그랬을까, 이렇게 했더라면, 저렇게 했더라면, 하는 생각들이 꼬리에 꼬리를 물고 이어지면서 머리 속이 한없이 복잡해질 뿐이다. 그리고 여전히 전 배우자와는 직접 대화하기를 피하고 오직 변호사를 통해서만 말한다. 집을 어떻게 나눌 것인가를 놓고 싸우고, 아이의 양육비를 놓고 싸운다. 그리고 아이의 양육권과 방문권을 놓고 싸운다. 그러나 이러는 사이에도 후회와 잡념과 불확실한 마음들은 지워지지 않는다. 이제 여러분은 슬슬 겁이 난다. 모든 문제가 정리되었다고 생각하고 '인생은 시작도 있고, 끝도 있는 거야' 하며 스스로를 위로한다. 또 '해마다 수많은 부부가 이혼하는데 나라고 못할 게 뭐 있어?' 하고도 생각한다. 하지만 혼자 있을 때면 여전히 후회와 잡념과 불확실한 마음은 당신을 괴롭힌다.

나는 지금껏 어떤 결혼생활을 했나?

잠깐 생각해 보자. 언제부터 갈등이 시작되었나? 물론 지금 당장은 할 일이 너무 많아서 쉽게 떠올리기 힘들지도 모른다. 전기요금도 내야하고, 어머니한테도 이 상황을 설명해야 하고, 또 아이들을 안고 위로해 주어야 하기 때문에 시간이 없다. 하지만 집이 조용하고 걱정이 조금 가라앉았을 때면 반드시 시간을 내서 지난 결혼생활을 돌이켜봐야 한다. 그래야 후회와 잡념과 불확실한 마음과 정면으로 맞설 수 있는 것이다. 그리고 이혼 또한 완전히 극복할 수 있다. 그렇지 않으면 평생 후회와 불확실한 마음을 달고 살아야 한다.

온갖 두려움과 희망을 결혼식이라는 절차 속에 숨겨 버리고 결혼식장으로 걸어 들어가는 순간부터 이미 갈등은 시작되었다. 결혼 행진곡이 울리고, 종이 울리고, 꽃들이 가득하다. 모든 사람들이 환하게 미소짓는다. 시댁 식구나 처가 식구들은 이런저런 잔소리를 늘어놓는다. 드디어 하얀 면사포를 쓴 신부가 입장한다. 그런데 이런, 불길한 징조들이 눈에 들어온다. 신부가 빨간 구두를 신었잖아! 신부의 할머니가 기겁을 한다. 반지를 전달해 줄 신랑 들러리가 쓸데없이 낄낄 웃어댄다. 신랑은 긴장해서 몸이 뻣뻣하게 굳었다. 기쁠 때나 슬플 때나. 이제 여러분은 자신의 인생을 타인에게 바치기로 맹세한다. 번쩍, 카메라 플래시가 터지고, 여기저기서 폭죽이 터진다. 눈물을 흘리는 사람도 보인다. 웨딩 케이크는 어디 있지? 신랑 들러리들이 웃는다. 신부 들러리들은 춤을 춘다. 그리고 너도나도 샴페인을 마신다. 죽음이 우리를 갈라놓을 때까지…….

많은 사람들이 운명적인 사랑을 만나 결혼하고 영원히 행복하게 사는 꿈을 꾼다. 그래서 결혼식 당일은 미래의 배우자가 수상 가옥에서 살고 싶어한다거나, 모랄머조리티교(미국의 보수적 기독교 정치단체. 1979년 침례교 목사인 제리 폴웰이 창설하였으며, 성서의 엄밀한 해석에 따른 신앙을 주장하는 기독교 원리주의자들의 신앙단체 – 옮긴이)를 믿는다거나 하는 것은 전혀 눈치 채지 못한다. 또 심술궂은 시어머니나 장모가 옆집에 살고 싶어한다는 것에 대해서도 전혀 신경 쓰지 않는다. 내년에 대학이나 대학원에 진학하려고 마음먹었던 것도 잠시 잊는다. 그런 것들은 나중에, 꿈과 결혼생활이 산산조각 난 한참 후에야 다시 생각나게 마련이니까.

위기로 가는 시한폭탄은 초기에, 대개는 두 사람이 처음 만났을 때부터 째깍째깍, 작동하기 시작한다. 여러분은 아주 분명한 이유, 예를 들면 생활이 안정적이다, 자상하다, 야망이 있다, 섬세하다, 성공했다, 부자다, 신비롭다 등등으로 상대를 선택했다고 생각할 것이다. 하지만 사실은 자신이 완벽한 존재가 되는데 있어 모자란 부분을 충족시켜 줄 것이라는 생각에, 정말로 미래의 남편 또는 아내가 그 모자란 부분을 충족시켜 줄 수 있는지 없는지는 확인도 하지 않고서 결혼하는 경우가 많다. 즉 자신에게는 없지만 꼭 갖고 싶은 능력이나 성격 그 하나에 푹 빠져 결혼하는 것이다. 이에 대해 워싱턴 DC의 융 심리학분석가 로렌스 스테플스는 이렇게 설명한다.

"자연은 인간으로 하여금 사랑에 빠지게 만든다. 그리고 자신에게는 없는 것에 매력을 느끼게끔 한다."

바로 이런 감정의 중간 지대에서 여러분은 무의식적인 결혼서약을 하게 되는 것이다. 그 당시에는 미처 인식하지 못하지만 자신을 완벽한 존재로 만들어 줄 마법과도 같은 무엇에 대한 대가로 여러분은 배우자와 일종의 계약을 하는 것이다. 프랑스 사람들은 이 세상에는 '키스를 하는 사람'과 '키스를 받는 사람'이 존재한다고 말한다. 이것은 어찌 보면 지나친 일반화일 수도 있다. 하지만 무의식적인 결혼서약을 설명하는 데 있어서는 그다지 무리가 없어 보인다. 이 말은 곧 결혼에서 지배적인 위치를 차지하는 사람은 '키스를 하는 사람'이고 복종적인 위치를 차지하는 사람은 '키스를 받는 사람'임을 나타내기 때문이다. 결혼생활을 하다 보면 부부 중 한 사람은 주도권을 잡고 앞으로 끌고 가는 역할을 하게 되고 나머지 한 사람은 부부 공통의 꿈을 이루기 위해 기꺼이 상대의 뜻을 따르고 협조한다. 다시 말해 주도권을 잡은 사람은 적극적으로 모든 일을 시작하고, 목표를 추구하고, 사랑을 할 때도 먼저 접근한다. 그리고 나머지 한 사람은 수동적이고 배우자가 하자는 대로 좇아가기만 하는 것이다. 이것이 대부분의 사람들이 실제로 맺는 결혼의 계약이다. 그래서 부부 사이의 힘의 균형은 결혼과 동시에 시작되는 두 사람의 심리적 역학관계를 그대로 반영한다. 그리고 가수 제임스 테일러가 "이곳 역시 한때는 그녀의 땅이었네(It Used to Be Her Town Too)"에서 노래하듯 "영원한 것은 없다."

* * *

짙은 피부의 미녀 프란체스카 리보티는 이탈리아계 미국인으로 뉴욕 출신이다. 그녀는 한때 브로드웨이 뮤지컬 무대에 서기도 했었으며 영국인 건축가와 잠시 동거한 경험도 있다. 반면 빌 테일러는 오하이오 주 데이턴 출신으로, 태어나서 한번도 고향을 떠나본 적이 없는 전형적인 미국 남자다. 둘은 프란체스카가 빌의 고향 라디오 방송국에서 일하면서 만나게 되었고 그때 빌은 엔지니어 공부를 위해 야간대학을 다니고 있었다. 그리고 그의 가족은 모두 농사를 짓고 있었다.

팔이 길고 수줍음을 잘 타는 빌은 프란체스카보다 여섯 살 연하였다. 두 사람이 처음 만난 곳은 가구점이었으며 며칠 후 프란체스카가 빌에게 전화를 했고 오래지 않아 그녀가 빌을 유혹했다. 빌은 태어나서 프란체스카처럼 재미있고 정열적인 사람을 처음 만났던 것이다. 빌은 그녀에게 깊이 빠져들었고 둘은 결혼했다. 그리고 계약이 이루어졌다. 프란체스카는 빌이 꿈꾸던 더 큰 세상에 대한 동경심을 채워 주었고 그에 대한 대가로 빌은 프란체스카에게 미국 시골마을의 안락한 생활을 안겨 주었다. 이들 부부의 결혼서약에서는 프란체스카가 지배적인 위치를 차지하게 되었음을 알 수 있다. 결혼생활을 시작할 때는 무엇이든 프란체스카가 아는 게 훨씬 더 많았으니 어떻게 보면 당연한 일이었다. 그리고 빌은 복종적인 위치를 차지하게 되었다. 그는 프란체스카를 통해 더 큰 세상으로 나가는 출구를 얻고자 했던 것이다.

세월이 흘러 빌은 항공학 기술자가 되었다. 그리고 항공 회사에 취직하게 되자 이들 부부는 캘리포니아로 이사했다. 일본, 독일, 사우디아라비아 등 빌은 해외에 나갈 일도 많아졌다. 다시 시간이 흘러 빌은 정부와의 계약을 책임지는 부사장이 되었고 이들 부부는 화려한 생활을 하게 되었다. 태국 앙코르와트 유적지도 여행하고, 잘츠부르크의 모차르트 페스티발도 구경했다. 하지만 프란체스카는 개를 기르며 오하이오에 농장을 갖고 싶어했다. 빌은 이런 프란체스카의 마음이 이해되지 않았다. 모험심 가득한 눈으로 넓은 세상을 누비던 그 매력적인 여자가 왜 이렇게 변한 걸까? 그런데 의아하기는 프란체스카도 마찬가지였다. 농사밖에 모르던 수줍음 많은 남자가 왜 이렇게 변했을까?

어느 날 빌은 아내와는 의논 한 마디 없이 덜컥 새 차를 샀다. 그러더니 뉴욕으로 이사해야 한다고 일방적으로 통보했다. 프란체스카는 화가 났다. 어떻게 나한테 상의 한 마디 없이 그런 결정을 내릴 수 있어? 빌은 들고 있던 유리잔을 벽난로에 내동댕이치고는 다른 여자와 주말을 보냈다. 그 사이 프란체스카는 집에 틀어박혀 등의 통증으로 고생했다. 이제는 누가 지배적인 위치인가? 처음 결혼할 때의 계약이 깨지면 결혼서약도 깨진다.

빌과 프란체스카 부부의 경우, 남자는 독립적인 존재가 되는 것에 있어 수동적이고 복종적이었고, 여자는 의존적인 존재가 되는 것에 있어 지배적이었다. 그리고 이런 두 사람은 서로가 되고 싶어하는 모습의 상대와 결혼했다. 그런데 결혼할 당시 각자의 역할에 대해 맺은 계약을 재조정하는 대신 이 둘은 처음에 정한 지배와 복종의 관계를 고수했던 것이다. 그 결과 두 사람이 처음 맺었던 결혼서약은 불평등하고 서로 대립하는 '불행의 서약'이 되어 버렸다. 그래서 결혼생활에서 필요한 것이나 바라는 것을 위해 대화하고 협상하는 것이 점차 불가능했다. 프란체스카는 모든 것을 제멋대로 하는 어머니처럼 굴었고 빌은 반항하는 사춘기 아들처럼 굴었다. 결국 이들 부부는 '불행의 서약'에서 벗어나기 위해 이혼을 택했다.

과거를 돌이켜보자. 당신의 결혼에서 심리적으로 우위를 차지하는 사람은 누구인가? 처음 만났을 때 누가 먼저 키스를 시도했는가? 실패한 결혼에 대한 후회와 잡념들이 머리 속으로 밀려들면 여러분은 궁금해질 것이다. 누가 먼저 시작했지?

이혼의 근본적인 문제가 부부가 맨 처음 결혼서약을 할 때로 거슬러 올라간다고 말하는 가족문제 전문가들이 점점 늘고 있다.

여러분은 남편이나 아내의 어떤 점에 끌렸는가? 처음 만났을 때 당신은 나이가 어렸는가? 혹시 부모한테서 받지 못한 사랑과 관심을 배우자한테서 받을 수 있으리라고 기대하지는 않았는가? 프린스턴 대학의 사회학 교수 수잔 켈러는 이렇게 말한다. "많은 사람들이 낮은 자긍심을 안고 결혼생활을 시작한다. 그것은 배우자가 세상을 바로 잡아 주리라 기대하고 의지한다는 뜻이다." 배우자가 세상을 바로 잡아 주리라 기대하고 의지할수록 둘의 관계는 불평등해진다.

대부분의 결혼은 불평등한 상태에서 출발한다. 예를 들어 당신이 배우자보다 다섯 살 연상에다 배우자보다 아는 게 더 많다면 자연히 지배적인 위치를 차지하게 된다. 또는 형제들 중 막내라서 나이 많은 사람이 이래라저래라 명령하는 것에 이미 익숙해져 있는 상황이라면 결혼생활 초기에는 복종적인 위치를 차지하게 될 가능성이 높다. 하지만 시간이 지날수록 부부 모두는 성장하고 변한다. 그래서 결혼생활을 끝까지 원만하게 유지하기 위해서는 처음 맺었던 결혼계약에 대한 재협상이 필요하다. 그것은 때로는 지배적인 위치였다가 또 때로는 복종적인 위치로 바뀌기도 하면서, 시소를 타듯 심리적 역학관계가 융통성 있게 변하는 것이다. 이에 대해 애틀랜타의 심리학자 아우구스투스 나피어는 다음과 같이 말한다. "평등하기 위해서는 공정하고 공평해야 한다. 평등한 관계가 유지되고, 배우자가 서로를 존중하고 상대의 자치권을 인정해 주어야만 만족스러운 결혼생활이 가능하다."

심리적 역학관계의 시소가 제대로 움직이지 못해 한쪽은 올라가서 내려올 줄 모르고 또 한 쪽은 내려가서 올라올 줄 모르면 결혼생활은 곧 엉망이 된다. 즉 부부 중 한 사람은 내내 지배적인 위치를 차지하면서 군림하고, 다른 한쪽은 내내 복종적인 위치에서 자기 생각은커녕 말도 제대로 하지 못하고 살게 된다. 이렇게 심리적 역학관계가 굳어지면 문제가 발생한다. 두 사람 모두 불평등하고 대립하는 역할에 갇혀 버린 것이다. 그러면 맨 처음 두 사람이 맺은 결혼서약은 결혼의 종말을 알리는 '불행의 서약'이 된다.

불행의 서약에 갇히면 한동안은 어리둥절하며 헤매게 된다. 실제로 많은 부부들이 몇 년씩 불행의 서약에 갇혀 고생하는데 이럴 때 대개는 다른 곳에서 배우자와의 '죽음과도 같은' 관계를 보상받고자 한다. 그러다 덜컥, 뜻밖의 '기회'가 생긴다. 새로운 사랑을 만나게 된다거나, 아이가 죽거나, 직장에서 새 일을 맡거나, 다른 도시로 이사를 가야 하거나, 아니면 우연히 거울 속의 자기 모습을 자세히 보게 되는 것이다. 그리고 나면 자신의 결혼생활을 돌이켜 보게 된다. 내가 이 결혼을 통해 얻은 것이 무엇인가? 심하면 이 결혼이 나에게서 무엇을 빼앗아 갔는가 하는 생각까지 하게 된다. 그리고 이런 생각을 할 무렵이면 결혼생활을 유지하게 만들어 주던 사회적, 경제적 연결고리가 사라졌다는 것이 뚜렷이 느껴진다.

당신이 지금 이 결혼을 유지하는 것은 지금껏 배우자와 나눠 온 관계, 오직 그 하나 때문이다. 그렇다면 배우자와의 관계는 어떤가? 심리학자 로버트 커쉬는 다음과 같이 말한다. "부부관계가 평등하지 못하면 서로를 원하지도 않고, 존중하지도 않으며, 상대에게 대한 애정도 사라진다. 물론 섹스도 끝난다. 따라서 이런 상태에서 찾아오는 결혼의 위기는 시간문제이다." 그리고 커쉬는 다시 이렇게 강조한다. "진정으로 평등한 관계를 이루는 것은 결코 불가능한 일이 아니다. 평등한 관계 속에서만이 우리는 우리 문화에서 바라는 것을 얻을 수 있다. 모든 사람은 인간관계에서 지배적이거나 복종적이거나, 둘 중 하나의 역할을 맡게 된다. 그래서 하나의 관계에서 복종적인 역할을 맡는 사람도 다른 사람과의 관계에서는 지배적인 역할을 맡을 수 있는 것이다. 즉 평등한 관계를 이루기 위해서는 때로는 지배적으로 또 때로는 복종적으로, 그 역할과 위치가 융통성 있게 변해야 한다.

위기에 처한 부부들이 상담을 하러 찾아올 때 나는 두 사람의 관계에서 누가 지배적인 위치이고 누가 복종적인 위치인지를 먼저 파악한다. 이 단계가 먼저 파악되면 그들 부부가 어쩌다 이혼의 위기까지 오게 되었는지 분석할 수 있기 때문이다. 그리고 그 다음부터는 지배와 복종의 불균형이 문제해결의 핵심이 된다. 위기를 극복하고 결혼생활을 유지하기 위해서는 부부가 평등한 관계를 이룰 수 있어야 한다.

사랑의 대명사 에리히 프롬은 그의 저서 《사랑의 기술》에서 지배와 복종 구조로 이루어진 '불행의 서약' 관계를 산모와 태아의 심리상태와 유사한 공생관계(Symbiotic Union)로 묘사하고 있다. "공생관계에서 수동적인 존재는 복종을 의미한다. 수동적인 인간은 소외감과 고립감에서 벗어나기 위해 자신을 이끌어 주고 보호해 줄 다른 인간의 한 부분이 되고자 한다. 이제는 자신을 보호해 주는 존재가 생명이자 산소다. 자신을 보호해 주는 존재가 있으니 스스로 결정이나 선택을 할 필요도 없고, 위험을 감수할 필요도 없다. 그는 아직 완전한 하나의 인간이 아니다. 공생관계에서 능동적인 존재는 지배를 의미한다. 능동적인 인간은 타인을 자신의 한 부분으로 만듦으로써 소외감에서 벗어나고자 한다. 그래서 자신을 숭배하는 타인을 자신의 소유로 만들어 대단한 존재가 된 듯 우쭐

대고 의기양양해 한다."

'불행의 서약'으로 이루어진 결혼에서 남편과 아내 사이의 힘의 균형은 부모와 자식, 군주와 기사, 지배자와 피지배자, 마님과 하인, 승자와 패자 사이의 심리적 역학관계와 유사하다. 따라서 불행의 서약에 갇힌 부부에게서는 나름대로의 징후를 찾아볼 수 있다. 주위를 둘러보라. 여러분 부모의 결혼생활은 어떤가? 이에 대해 로버트 커쉬는 다음과 같이 말한다. "누가 누구를 두려워하는지 보면 누가 지배적인 위치에 있는지 알 수 있다. 남편 또는 아내 때문에 집 안에서 담배를 피울 수 없다거나, 피아노를 마음대로 칠 수 없다. 혹은 늦게까지 일을 할 수 없다. 이것은 모두 복종적인 위치에 있는 사람들이 주로 하는 말이다. 또는 남편 또는 아내가 도무지 나를 이해하려고 하지 않는다. 이것 역시 복종적인 위치에 있는 사람이 자신의 처지를 좀 더 순화해서 표현한 말이다."

복종적인 사람은 배우자에게 막강한 힘을 양보하고 걸핏하면 한숨을 쉰다. 반면 지배적인 사람은 걸핏하면 배우자를 욕하고 인상을 쓴다. 사실 부부 사이의 힘의 균형은 객관적인 현실과는 별 상관이 없다. 왜냐하면 남편이 게으르고 고리타분하더라도 그를 무서워해서 기분을 맞추려고 애쓰는 아내가 있는가 하면, 직장에서는 부사장이라는 위치에 있으면서도 집에만 오면 아내의 눈치를 보느라 집 안에서는 함부로 담배도 못 피우는 남편도 있기 때문이다. 로버트 커쉬는 이렇게 말한다. "남편을 무서워하는 아내만큼이나 아내를 무서워하는 남편도 이 세상에는 많다."

부부 사이에 이와 같은 긴장이 지속된다면 이미 위기가 찾아올 무대는 마련된 셈이다. 그래서 별다른 큰일 없이도 서로를 속이고 부인하다 보면 불평등한 관계가 이루어진다. 두 사람은 처음에는 그런 사실을 전혀 인식하지 못한다. 두 사람 다 아무런 생각 없이 쉽게 불평등한 관계에 익숙해지기 때문이다. 그러나 결혼생활에서 마음이 떠나는 것도 배우자를 속이는 것이다. 진짜 자신은 직장에, 친구들과 함께 가는 술집에, 아니면 시내 외곽의 모텔에 존재하기 때문이다. 속이는 정도가 얼마나 심각한가는 중요하지 않다. 진짜 자기 마음이 있는 곳이 직장이든, 모텔이든 그런 것도 상관없다. 불행의 서약이 존재하는 가정에서 벗어났다는 것이 중요한 것이다. 배우자에게 무슨 일이 있는가는 보려고도 하지 않는다. 현실을 '부정'하기 때문이다. 제대로 보는 것이 두렵기 때문이다. 무엇이든 안 좋은 일일 게 뻔하기 때문에 알고 싶지도 않은 것이다. 그리고 당신이 무엇을 하는지, 무슨 생각을 하는지, 어떤 기분인지를 배우자에게 보여주지 않음으로써 또 한 번 현실을 '부정'하게 된다. 심리적 교착 상태에 빠지는 것이다.

서로 속이고 부정하면서 처음 맺은 '불행의 서약'을 고집하다 보면 결국은 결혼이 깨졌다는 것을 깨닫고 정면 대결 상황에 이르게 된다. 그러나 이 모든 과정이 대개는 무의식적으로 이루어지기 때문에 막상 정면 대결을 하게 되면 그런 상황에 처하게 되었다는 사실에 두 사람 모두 놀라게 된다. 불행의 서약으로 인한 전쟁은 부부 두 사람 모두 모르는 사이에 서서히 고조되기 때문이다. 그리고 일단 전쟁이 시작되었음을 깨닫고 나면 모든 문제들은 일제히 수면 위로 올라온다.

* * *

슬픈 눈빛을 가진 사라 윌리암스는 델라웨어 주 웰밍턴 출신이다. 그녀는 다섯 살 때 어머니를 잃었으며 형제들 중 장녀로 아버지와 동생들을 돌보면서 혼자 힘으로 학교를 다녔다. 그리고 멕시코시티에서 1년 간 살면서 스페인어를 익히고 법대 입학시험도 쳤다. 그녀의 마음속에는 항상 누군가 자신을 돌봐 주었으면 하는 소망이 숨어 있었다. 그러다 존 데븐포트를 만났다. 그녀는 그와 결혼하기만 하면 모든 것이 뜻대로 될 것이라고 믿었다.

금발에 배짱 두둑한 존 데븐포트는 콜로라도 주 볼더 출신의 '외지인'으로 태양과 산을 좋아했다. 그는 차도 빨리 몰고, 농담을 즐기고, 팔꿈치에 가죽을 덧댄 트위드 재킷을 입고 다니는 심장전문의였다. 사람들은 존이 좋은 의사이고, 운동도 잘하고, 인간관계도 좋다고 칭찬했으며 어느 여성이든 그와의 결혼은 천국으로 가는 계단을 오르는 것이나 다름없었다. 그리고 그는 지배적인 남자였다.

사라와 존, 둘은 키스했다. 그리고 결혼도 했다. 사라와 존 두 사람 모두 매력적이었고 밝았으며 행복해 보였다. 게다가 말로 표현하지 않은 무의식 속에서 사라는 자신의 꿈을 이뤄 줄 보호자를 얻었고, 존은 자신의 꿈을 이뤄 줄 후원자를 얻었다. 사라는 복종적인 역할을 맡았고, 존은 지배적인 역할을 맡는 '불행의 서약'을 한 셈이었다.

두 사람은 존이 부교수로 재직하는 스탠포드 대학 의학부가 위치한 캘리포니아 주 팔로알토에 살면서 아이 셋을 낳았다. 존은 사라에게 살림에 쓸 돈을 직접 주었고 시간제 근무를 하면 일주일에 한 번씩 청소 도우미를 고용해도 좋다고 허락했기 때문에 사라는 고고학과에서 조사업무를 시작했다. 한동안 사라는 무척 행복했다.

그녀의 상사는 이스라엘의 유태인 유적지를 연구하는 눈빛이 따뜻한 남자였다. 사라는 그를 집으로 초대했고 존과 그는 쉽게 친구가 되었다. 그러던 어느 날 박물관의 중앙아시아 관에서 일을 하던 사라는 회의실로 들어가다 상사의 목덜미를 보았다. 그리고 그 순간 갑자기 온몸이 후끈 달아오르는 경험을 했다. 물론 사라는 그런 자신에게 너무 놀랐다. 그녀의 유두는 단단해지고 볼까지 화끈거렸다. '대체 내가 왜 이러는 거지?' 사라는 얼른 고개를 돌렸고, 고개를 돌려 사라를 본 상사는 따뜻한 미소를 지으며 헤브론에 있는 아브라함의 무덤에 대해 이야기했다.

그러던 어느 날, 상사가 먼저 사라를 자기 사무실 소파로 유혹했다. 두 사람은 정사를 나누었다. 그들의 정사는 짧았지만 사라의 마음에는 깊게 남았다. 사라는 그 일에서 자신이 쉽게 벗어나지 못하리라는 생각을 했다. 몸을 맡길 구명보트도 없었고, 그 어디에도 의지할 곳이 없었다. 사라는 자신은 물론이고 자신의 인생도, 그리고 결혼생활도 더 이상 예전과는 똑같을 수 없다고 생각했다. 사라는 겁이 났다. 마치 감옥에 갇힌 것만 같았다. 그리고 서서히 과거의 복종적인 모습에서 벗어나기 시작했다.

남편 존은 사라가 걸핏하면 딴 생각에 빠진다는 것을 눈치 채고 있었다. 집에서 제대로 된 밥을 얻어먹은 게 벌써 몇 달 전의 일인지도 모를 지경이 되었다. 이런 빌어먹을. 지난 크리스마스 선물로 요리책까지 선물했는데, 아내가 새 옷을 사 달라고 요구했다. 존은 수표를 써 주었다. 그러나 사라는 이번에는 두 벌을 사고 싶다며 돈을 더 달라고 요구했다. 존은 짜증이 나고 머리가 혼란스러워졌다. 대체 이 사람이 왜 이러지?

오래지 않아 사라는 아프다며 자리에 누웠다. 난소에 낭종(주머니 모양의 혹. 진피(眞皮) 안에 주머니 같은 공동(空洞)이 생겨 그 속에 장액이나 지방이 들어 있다)이 생겼기 때문이었다. 사라는 수술을 받았고, 곧 회복했다. 하지만 예전과는 달리 창백한 얼굴로 쌀쌀맞게 행동했다. 아이들은 겁에 질렸다. 엄마가 이상해. 존도 겁이 났다. 도대체 뭐가 어떻게 된 거야? 천국으로 가는 계단은 어디로 간 거지?

　사라가 말했다. "우리 결혼문제 전문가한테 상담 받는 게 어때요?", "뭐라고? 왜?" 존은 몹시 놀라 되물었다. 사라는 자신의 외도에 대해서는 말하지 않았다. 다만 이대로 있다가는 미쳐 버릴 것만 같다고 했다. 존은 아내의 말이 맞다는 생각을 했다. 사라는 점점 이상해지고 있었던 것이다. 둘은 함께 상담을 받으러 갔다. 그런데 사라는 카운슬러 앞에 앉자마자 울음부터 터뜨렸다. 사라는 남편이 허구 헌 날 잔소리만 하고, 화내고 소리 지른다는 등의 흔한 이야기만 늘어놓았다. 이런 세상에, 그럼 내 모든 걸 싫어한다는 거야, 뭐야 하고 존은 생각했다. 존이 바라는 것은 퇴근해 돌아와 보면 집이 깨끗이 정리되어 있는 것, 그게 전부였다. 카운슬러는 고개를 끄덕이며 이렇게 말했다. "당신이 변하지 않으면 이 결혼은 더 이상 유지될 수 없습니다." 말도 안 돼! 지배적인 남편 존은 카운슬러까지 미쳤다고 생각했다. 사라는 겨우 울음을 그쳤다.

　카운슬러는 사라와 존, 둘 다 보지 못하는 것, 즉 두 사람이 '불행의 서약'에 얼마나 깊이 빠져 있는지 그리고 얼마나 서로를 기만하고 부정하고 있는지 간파했다. 문제는 두 사람이 생각하는 것보다 훨씬 더 심각했다. 우선, 사라가 그런 것처럼 존 역시 외도를 하고 있었는데 아내는 물론이고 카운슬러한테도 그 사실을 털어놓지 않았다. 상담을 하는 내내 존은 자신의 외도가 그리 대단한 문제가 아니라고 생각했기 때문이었다. 그는 그날 아침에도 외도 상대인 캐롤에게서 온 엽서를 떠올렸다. 캐롤은 휴스턴의 베일러의과대학연구소 직원이었으며 이제 그만 만나야 하는 것은 아닌가 하는 생각도 갖고 있었다. 하지만 다음달 휴스턴에서 있는 회의에 참석한 후 캐롤과 함께 파드르 섬에서 일주일 간 멋진 휴가를 보낼 계획을 벌써 세워 놓고 있는 상태였다.

사라와 존은 해결책을 찾지 못하고 방황했다. 그리고 이사를 가서 분위기를 바꿔 보면 도움이 되지 않을까, 하는 생각에 이사를 하기로 결정했다. 존은 시카고의 러시장로교병원에 일자리를 얻었고, 노스 세지윅 가에 있는 4층 주택을 구입했다. 그리고 사라는 작지만 독립을 요구했다. 캘리포니아에서는 부부가 공동계좌를 갖고 존이 살림에 쓸 돈을 전적으로 관리했지만 시카고로 이사 오자 사라는 남편에게 한 마디 상의도 없이 자신만의 계좌를 개설했다. 존은 화가 났다. "당신이 따로 계좌를 개설해서 무엇에 쓸 건데?" 존이 따졌다. 그러자 사라는 가정부를 고용한 다음 대학의 고고학 박사 과정에서 강사를 시작했다.

몇 달 후, 드디어 터질 것이 터졌다. 사라가 자신의 외도를 고백한 것이다. 그리고 존도 자신의 외도를 고백했다. 둘은 처음으로 상대를 있는 그대로 보았다. 드디어 지배와 복종으로 이루어진 불행의 서약이 끝난 것이었다. 복종적인 위치에 있던 사라는 독립적인 존재가 되고자 했고, 지배적인 위치에 있던 존은 의존적인 존재가 되고자 했다. 하지만 불행의 서약 때문에 두 사람은 상대의 변화를 받아들이지 못했다. 존은 아내의 변한 모습이 참을 수 없었고, 남도 아닌 자신이 아는 사람과 그것도 자신의 집에 초대한 바 있는 남자와 아내가 외도를 했다는 사실에 크게 좌절했다. 하지만 사라는 남편의 약한 모습을 보지 못했다(그가 보여주지 않았던 것이다). 그녀는 단지 주도권을 쥐고 흔드는 남편을 더 이상 참을 수 없었고, 그 역시 외도를 했다는 사실에 크게 놀랐을 뿐이었다.

사라의 복종적인 모습이 거짓이었던 것처럼 존의 지배적인 모습도 거짓이었다. 하지만 두 사람은 결혼 안에서 평등한 관계를 찾으려 하는 대신 결혼 밖에서 자신들이 원하는 것을 찾으려 했던 것이다. 오래지 않아 두 사람은 갈라서고 말았다.

당신의 결혼이 깨어진 과정을 잘 살펴 보라. 분명 일정한 패턴이 있을 것이다. 결혼의 위기가 닥친 것이 선과 악, 악당과 마녀 때문이라고 생각하겠지만 그것은 단지 당신의 생각일 뿐이다. 당신은 정의와 복수를 원하고 있다. 그러면서도 죄책감 때문에 뼛속까지 저린다. 다시 한 번 당신의 결혼을 되돌아 보라. 거기에는 분명 결혼이 깨어지게 된 일정한 패턴, 두 사람의 관계를 무너뜨린 불행의 서약이 있을 것이다.

대개 복종적인 위치의 배우자가 상대를 기만하고, 지배적인 위치의 배우자가 현실을 부정한다는 사실에 많은 가족문제 전문가들이 놀라워한다. 독립적인 존재가 되고자 하는 복종적인 배우자는 결혼생활 밖에서 힘과 용기를 주는 평등한 관계를 찾는다. 그래서 최후에 머리가 다시 자라 괴력을 되찾는 삼손처럼, 공격적이 되고 반항을 시작하는 것이다. 그러나 이런 경우 가장 일반적인 반항은 결혼생활을 뒤흔드는 외도가 주를 이룬다. 결정적으로 이혼을 야기하는 가장 최후의 반항인 셈이다. 결국 복종적인 배우자는 상대를 속이고 이혼을 원한다.

반면 지배적인 위치의 배우자는 결혼에 대한 꿈을 버리지 못하고 그 자체에 여전히 매달리기 위해 현실을 부정한다. 부정을 통해 자신의 통제력을 지키려고 애쓰는 것이다. 그러나 지배적인 배우자는 절망하고 반항하는 상대의 변화에 대해 전혀 눈치 채지 못한다. 오히려 처음에는 그런 변화를 무시한다. 게다가 만약 그게 불가능하다는 판단이 서면 화를 내고 짜증을 낸다. 그러다 보면 상대가 더 이상 변하지 않을 것이라고 생각하는 것이다. 둘 사이에 무슨 일이 벌어지고 있는가에 대해서도 절대 알려고 하지 않는다. 변화가 자신의 지배적 위치를 잠식하고 자신의 약한 모습을 나타낸다고 생각하기 때문이다. 즉 아예 변화 자체를 부정하고, 무작정 자기 뜻대로 하면서 여전히 자신이 지배적인 위치에 있다고 스스로를 안심시킨다. 하지만 불행의 서약 전쟁에서 이겼다고 생각할 때마다 사실은 자신이 패배한 것이라는 걸 지배적 위치의 배우자는 모른다. 그러다 결국은 위기가 폭발하고 한 번의 반항으로 그 부부관계는 깨지는 것이다. 부부가 헤어질 때 버림을 받는 쪽은 대개 지배적 위치의 배우자다. 물론 이런 일을 당하면 지배적 위치의 배우자는 적잖이 놀란다. "믿을 수 없어. 우리 사이가 그럭저럭 원만한 줄 알았는데. 아내(남편)가 정신 나간 게 분명해." 이렇게 지배적인 배우자는 현실을 부정하고 이혼을 거부한다.

때로는 결혼생활 중에 지배적인 위치의 배우자가 변하면서 불행의 서약에서 벗어나려고 애쓰기도 한다. 완벽한 남편, 완벽한 아내 역할을 하는 게 버겁고, 행복한 결혼을 유지하는 책임을 혼자 짊어지는 게 한없이 부담스럽기 때문이다. 마치 한 사람이 숨쉬기도 충분치 않은 공기를 가지고 두 사람 몫의 숨쉬기를 하는 것처럼 힘들기 때문이다. 그래서 숨을 헐떡이며 신선한 공기를 달라고 애원한다. 자기혐오나 기생충 같은 배우자에 대한 미움 때문에 감정의 빨간 신호등을 건너, 위기상황까지 내달리는 것이다. 하지만 이런 일은 극히 드물다고 로버트 커쉬는 말한다. 대개의 경우, 지배적 위치의 배우자는 결혼생활을 지키려고 한다. 결혼생활을 소중히 여기기 때문이 아니라 무조건 지켜야 하는 것이라고 생각하기 때문에……

이혼으로 가는 과정에서 가장 큰 영향을 미치는 것이 바로 기만이다. 기만은 불행의 서약에서 벗어난 삶을 살기가 얼마나 쉬운지 보여 준다. 배우자를 기만하면 우선 결혼생활에서와는 전혀 다른 행동을 할 수 있기 때문이다. 넌 남편, 아내하고 같이 있을 때는 전혀 다른 사람이 되는 것 같아. 당신은 이런 말을 들어본 적이 있는가?

　배우자를 기만할 때는 직장에서건, 잠자리에서건 평소와는 전혀 다른 행동을 하고, 새로운 일, 예를 들면 정치 운동에 나가거나, 학교 모임, 축구장에 가기도 하는 등의 일을 한다. 그리고 자신이 무엇을 원하고, 무엇을 필요로 하는지, 무엇을 줄 수 있고, 그 보답으로 무엇을 받을 수 있는지도 알게 되면서 자신의 참모습을 깨닫게 된다.

　사실, 가장 대표적이고 확실한 기만은 외도다. 물론 처음에는 외도가 자연스러운 해결책처럼 생각된다. 결혼생활에서 평등한 관계를 누리지 못하는 사람은 집 밖으로 나가 남편 혹은 아내 이외의 사람과 힘의 균형을 이루고 평등한 관계를 누리고자 하기 때문이다. 간혹 스파이가 등장하는 소설을 보더라도 국가 간의 힘의 균형은 배신에 의해 변화하는 것을 볼 수 있다. 불행의 서약으로 인한 부부간의 전쟁도 크게 다를 것이 없다. 복종적인 위치의 배우자는 지배적인 상대를 철저히 무너뜨릴 외도를 하면서 무의식적으로나마 힘의 저울을 이리저리 재보기 때문이다.

　그런데 처음 외도를 시작하면서 미처 생각하지 못하는 것이 있으니, 그것은 바로 엄청난 위험이다. 일단 배우자와 기만과 부정의 게임을 시작하면 당신은 벼랑 끝에 서게 된다. 그리고 미처 깨닫지 못하는 사이 파탄의 초읽기는 시작된다. 그렇다면 이 상태로 얼마나 오래 버틸 수 있을까? 롯거 대학 사회봉사 대학원의 심리 분석가 허버트 S. 스트린 교수는 자신의 저서 《혼외정사》에서 다음과 같이 적고 있다. "나는 결단코 혼외정사가 건강하지도, 성숙하지도 않은 행동이라고 생각한다. 어쩌다 맺는 하룻밤 관계나 짧은 기간의 외도는 결혼생활에 해를 끼치지 않는 퇴보라고 생각하지만, 장기간의 외도는 그 당사자가 문제 있는 결혼생활을 하고 있음을 뜻하며, 따라서 그 당사자는 문제 있는 사람임을 뜻한다."

물론 기만과 부정의 게임을 하는 부부가 금방 이혼하게 된다는 뜻은 아니다. 서로 기만하고 부정하면서도 얼마든지 불행의 서약과 결혼생활은 유지할 수 있기 때문이다. 하지만 이혼의 결정적 과정인 배우자와의 심리적 이혼은 이미 시작되었다. 두 사람은 감정적인 별거를 시작한 것이며 정면 대결의 상황이 닥쳤을 때 이미 서로를 '버렸다'는 사실을 깨닫게 된다.

이혼을 하려면 두 사람의 당사자가 필요하다. 기만하는 배우자한테는 반드시 현실을 부정하는 배우자가 있기 마련이니까. 현실을 부정하는 배우자는 자신을 기만하는 배우자를 보호하고 또 계속 기만하도록 부추긴다. 즉 이런 과정을 통해 두 사람은 무의식적으로 불행의 서약을 유지하고 정면 대결을 피하는 것이다. 두 사람의 무의식은 계속 같은 일을 반복한다. 당신은 기만한다, 하지만 나는 부정한다. 나는 기만한다, 하지만 당신은 부정한다……. 이제 오래지않아 두 사람 사이에는 배신과 현실 외면의 복잡한 거미줄이 드리우게 된다.

물론 이 모든 일이 간단하게 이루어지는 것은 아니다. 결혼과 이혼은 결코 간단한 일이 아니기 때문이다. 하지만 이 모든 일이 어떻게 시작되었는지 한번 돌아 보라. 여러분은 배우자와 어떤 식으로 싸웠는가? 혹시 두 사람은 거의 싸움을 안 했는가? 두 사람이 대화는 자주 했는가? 그리고 섹스는 어땠나? 과거를 돌아보면 잘못된 결혼에 대한 후회와 잡념들이 또다시 머리 속으로 밀려든다. 결혼이 깨지면 그때 비로소 기만과 부정의 게임이 모습을 나타낸다.

* * *

　39세의 메리 반 엘더는 뉴욕시의 법학과 교수다. 그녀는 부드러운 갈색 눈에 미소가 상냥하고 얼굴도 예뻤으며, 목소리도 눈동자만큼이나 부드러웠다. 또 가끔은 10대 소녀처럼 까르르 웃기도 했다. 하지만 이런 모습과는 전혀 어울리지 않게 메리는 평균보다 13킬로그램이나 뚱뚱하다. 물론 그녀도 한때는 날씬하고 매력적이었다. 허리도 날씬했고, 가슴도 풍만해서 열네 살 때부터는 스스로도 자신을 섹시하다고 생각할 정도였다. 머리카락도 눈동자와 같은 부드러운 갈색이었고, 그녀가 한번 미소지으면 주위 남자들은 모두 그녀의 포근함과 부드러움에 빠져들었다.

　메리는 디트로이트 출신이었다. 그녀의 조부모는 폴란드 이민자로, 30여 년 간 50개의 세탁소 배급망을 운영했고, 1943년 메리가 태어날 무렵 그녀의 아버지는 그 세탁회사의 사장이었다. 하지만 모든 장부정리는 메리의 어머니가 도맡았고, 주위 사람들은 비록 큰소리로 떠들지는 않았지만 세탁회사가 계속 성공을 거두는 것은 메리의 어머니 덕분이라고 말했다. 메리는 언니들보다 명랑해서 가족들 사이에서도 지배적인 역할을 차지했다. 그녀는 열여섯 살에 미시간 대학에 입학했고 4년 후 과에서 10등으로 졸업했다.

　마른 몸에 흐린 금발의 오스틴 반 엘더는 메리가 처음으로 육체관계를 가진 남자였다. 코네티컷 주 그리니치 출신인 그의 가족은 부자였고 감독교파였다. 그는 메리와 같은 대학의 신입생으로 메리가 만난 최초의 WASP(앵글로색슨계 백인 신교도 : 미국 사회의 주류를 이루는 지배 계급으로 여겨짐 - 옮긴이)였다. 그와의 만남에 대해 메리는 이렇게 말했다. "우리는 서로의 다른 점에 깊이 끌렸던 것 같아요. 나는 세련된 그의 배경에 끌렸고, 그는 내가 똑똑하다는 것에 그리고 똑똑하다는 것을 과시하는 모습에 끌렸어요."

오스틴은 자신이 무엇을 원하는지 제대로 몰랐다. 그의 아버지는 고압적이고 실패를 일삼는 증권거래업자였고 그의 어머니는 술독에 빠져 살았다. 유모와 화려한 여름 별장이 있었지만 오스틴의 가족은 서서히 줄어드는 신탁에 의존하면서, 현학적이고 야망만 높은, 몰락하는 집안이었다.

메리는 야망도 있고 공부도 잘 했다. 그녀는 오스틴이 자신의 미래에 딱 맞는 짝이라고 생각했다. 메리는 판사가 되고 싶었다. 그녀가 제일 좋아하는 책은 어빙스톤의 《방어를 위한 글레렌스 대로우》였다. 메리는 콜롬비아 대학 법학과에 장학금을 받고 입학했다. 늘 그랬듯이 앞으로도 잘 해낼 자신이 있었다. 그리고 오스틴과 결혼할 거라는 자신도 있었다. 육체관계를 가졌으니 그와 결혼하는 것이 당연하다고 메리는 생각했다. 자신의 미래를 꿈꾸며 메리는 한없이 행복했다.

모든 것이 계획대로 흘러갔다. 그런데 대학시절 딱 한번, 메리의 계획에 어긋나는 일이 벌어졌다. 그 일은 메리가 대학 4학년일 때 일어났다. 성적이 좋았던 메리는 한 학기 동안 UCLA에서 공부할 수 있는 기회를 얻었다. 그 무렵 메리와 오스틴은 완전한 연인이 되어 쉬는 시간이면 사랑을 나누기에 바빴다. 모두들 오스틴을 좋아했다. 그러나 단 한사람, 메리의 룸메이트는 그를 싫어했다. 하지만 메리는 크게 신경 쓰지 않았다.

UCLA에 있는 동안 메리와 오스틴은 긴 편지도 주고받고 정기적으로 전화도 했다. 하지만 메리는 뭔가 이상하다는 걸 느꼈다. 처음으로 그녀는 불안감을 느꼈던 것이다. 그리고 그녀의 육감은 정확했다. 오스틴이 메리의 룸메이트와 어울린 것이었다. 그 당시에 대해 메리는 이렇게 회상했다. "그는 내 룸메이트와의 관계는 정말 아무것도 아니라고 말했어요. 나도 그 일을 그냥 무시해 버렸지만 딱 한번 이성을 잃고 마구 소리 지르며 화를 낸 적이 있었죠. 지금도 그때 심정이 기억나요. 더 이상은 그를 믿을 수 없을 것 같았어요."

메리는 그 일을 곧 떨쳐 버렸다. 어쨌든 오스틴은 룸메이트와의 관계를 대수롭지 않은 일이라고 말하지 않았던가. 지금까지 가꿔 온 세상을 송두리째 부시느니 그의 말을 믿는 게 나을 것 같았다. 그리고 그러기 위해서는 결혼해서 서로를 합법적으로 구속하는 게 최선일 듯 했다. 메리는 이전보다 훨씬 확고한 마음으로 결혼을 준비했다. 그 당시에 대해 메리는 이렇게 말했다.

"결혼식 전날 오스틴은 '나는 우리가 꼭 결혼을 해야 하는지 잘 모르겠어'라고 말했어요. 그 말에 나는 또 화를 내고 소리를 질렀지요. 솔직히 너무 분하고 괴로웠어요. 하지만 나는 이미 그와 결혼하기로 마음먹었기 때문에 반드시 그렇게 해야만 했어요. 그래서 우리는 결혼을 했고 영원히 행복하게 살 거라 믿었지요."

겉으로 보기에 모든 것은 계획에 따라 잘 풀리는 것 같았다. 메리는 법대를 졸업하고 아이를 낳았다. 오스틴은 자상하고 멋있었다. 하지만 안으로는 뭔가 잘못되고 있었다. 법대를 졸업한 학위에다 오스틴 그리고 아기까지 메리는 바라는 것을 모두 가졌지만 이상하게 마음만은 늘 불안했던 것이다. 메리는 정신과에서 상담을 받았다. 그리고 변호사 시험에다 아기의 양육, 오스틴의 뒷바라지까지 하느라 피곤한 탓이라고 스스로에게 변명하기도 했다. 그러는 사이 오스틴은 어떻게 살아갈 것인가를 고민했다. 미술을 좋아하는 그는 화가가 되려고 했다. 1년 정도 다른 일을 해 볼까? 메리에겐 이 말이 완벽한 해결책으로 들렸다. 그래서 그녀는 자신의 변호사 시험을 1년 미루기로 했다. 자신은 휴식을 취하고 오스틴은 그림을 그리면 될 것 같았기 때문이었다. 두 사람은 프랑스 남부에 집을 빌렸다.

시작은 마치 꿈과 같았다. 메리는 오스틴이 루벤스와 같은 유명한 화가가 될 거라고 생각했다. 하지만 그는 거의 반년이 지나서야 겨우 제대로 된 그림을 그리기 시작했다. 메리는 오스틴이 캔버스는커녕 거실이라도 제대로 칠할 수 있을지 의심하기 시작했다. 그리고 메리는 다시 임신을 했다. 이렇게 빨리 둘째를 가져도 될까? 두 사람은 근처 마을에서 유모를 고용했다. 메리는 계속 몸이 아프고 쉽게 피로해졌으며 오스틴은 점점 참을성이 없어졌다. 아기는 시도 때도 없이 울었다. 그리고 오스틴은 지저분한 욕실과 화장실을 보며 화를 내기 시작했다. 그는 아내의 머리 속에는 온통 아기뿐이라고 불평했고, 메리의 가슴에서는 시큼한 젖냄새가 그칠 날이 없었다.

프랑스의 하늘은 너무 아름다웠다. 지중해가 내려다보이는 집에, 짙은 베레모를 쓰고 그림을 그리는 남편과 임신한 아내, 아기와 유모가 있는 풍경은 두 사람이 꿈꾸던 생활 그대로였다. 하지만 두 사람은 점점 불행의 서약에 빠져들고 있었다. 둘 사이는 여전히 삐걱거렸고 메리는 조금도 행복하지 않았다. 이유는 알 수 없지만 마음이 무겁고 몸무게도 점점 늘어만 갔다. 메리는 이제 우울하고 피곤하다는 이유로 초저녁만 되면 잠자리에 들었다.

반대로 오스틴은 늦게까지 깨어 있었다. 메리가 일찍 잠자리에 들건 말건 그는 신경 쓰지 않았다. 대신 유모가 늦게까지 남아서 오스틴의 말상대가 되어 주었다. 유모 다니엘은 큰 눈에 매부리코를 한 평범한 여자였다. 오스틴은 그녀에게 영어를 가르쳐 주고 미국에 대해 이것저것 이야기해 주었다. 그는 하인들을 상대하는 것에 익숙한 사람이었던 것이다. 어린 시절 학교에서 돌아오는 오스틴을 맞아 준 것은 늘 하인들이었다. 아버지는 일 때문에 언제나 도시에 나가 있었고, 어머니는 술에 취해 침대에 누워 있을 때 초콜릿을 넣은 쿠키를 구워 주고, 오스틴의 사춘기 고민을 들어준 것은 전부 하인들이었다.

"오스틴과 다니엘이 불륜을 저지르는 꿈을 여러 번 꿨어요. 나는 침실에 있고 그 두 사람은 주방에서 이야기를 나누고 있었는데 시간이 지나고 나면 이상한 소리가 들리는 것만 같았지요. 나는 그럴 때마다 괜히 두 사람을 의심하는 것 같아서 죄책감이 들었어요."라고 메리는 말했다.

메리는 결혼생활 때문에 자신이 조금씩 신경쇠약에 빠져들고 있다는 사실을 부정했다. 그리고 오스틴이 다니엘과 가까워지고 있다는 사실 역시 부정했다. 그녀는 심지어 미국으로 돌아갈 때, 새로 태어날 아기를 돌봐야 한다는 이유로 다니엘도 함께 데려가자고 제의하기까지 했다. 다니엘이 게으르고 말도 잘 듣지 않는다는 걸 이미 알고 있었는데도 말이다. 물론 오스틴은 좋은 생각이라며 기꺼이 찬성했다.

미국으로 돌아온 오스틴은 그림을 포기하고 뉴저지 주 프린스턴의 서점을 인수했다. 그리고 메리는 콜롬비아대학 로스쿨에서 시간제 근무를 시작했다. 얼마 후 이들 부부에게는 둘째 아기가 태어났다. 집은 여전히 엉망이었다. 다니엘은 여전히 게을렀고 일도 제대로 하지 않았다. 때문에 메리는 다니엘의 뒤를 쫓아다니며 빨래하고 청소하라고 잔소리를 해야 했다. 메리는 변호사시험 준비를 다시 시작했다. 이번에는 반드시 합격하고 싶었다. 그래서 메리는 시험 준비를 하는 몇 달 동안 세 번이나 다니엘을 해고하려고 했다. 하지만 번번이 오스틴이 반대했다.

"그 사람이 그러더군요, '어떻게 다니엘한테 그런 짓을 할 수 있어? 다니엘이 당신을 얼마나 좋아하는지 몰라서 그래?'" 결국 메리는 다니엘을 해고하지 못했다. 오래지 않아 두 사람의 주도권 싸움은 게릴라전으로 변했다. 나약한 남자들이 늘 그렇듯 오스틴은 아내의 약점을 쉽게 공략했다. 그래서 메리가 다니엘을 해고하겠다고 말할 때마다 영주권인 그린카드가 없는 다니엘이 직장을 잃으면 프랑스로 쫓겨가야 한다는 말로 아내를 설득했다. 그리고 아이들은 누가 돌볼 거냐는 말도 했다. 게다가 아이들은 이미 다니엘이 만든 빵과 프랑스 동화에 익숙해져 있었다. 메리는 오스틴의 이런 말에 불쌍한 다니엘과 아이들을 떠올리고 번번이 해고 결정을 취소했다.

시간이 갈수록 메리는 두려워졌다. 주도권을 상실했기 때문이었다. 더 이상 자신감도 없어지고 몸은 점점 더 뚱뚱해졌다. 연년생으로 아이도 둘이나 생겼다. 그리고 오스틴은 거짓말을 일삼고 약속을 어겼다. 메리는 치약에 얽힌 사건을 떠올리며 대수롭지 않은 일이지만 불길한 징조였다고 말했다. "결혼 초기에 우리는 콜게이트 치약을 쓰기로 결정했어요. 그런데 어느 날 오스틴이 밖에 나가더니 크레스트 치약을 사 온 거예요. 그걸 본 순간 나는 배신감을 느꼈어요. 우리 생각이 이렇게 다르구나, 싶어서 두렵기까지 했지요."

이런 징조들에도 불구하고 메리는 부부간의 문제를 똑바로 보려 하지 않았다. 15년의 결혼생활 동안 메리와 오스틴은 한번도 화를 내지 않았다. 진심을 이야기한 적도 없었다. 메리는 오스틴과 다니엘의 관계를 완전히 외면했다. 하지만 뭔가 크게 잘못되었다는 것만은 분명히 느꼈다. 메리는 늘 우울했다. 프랑스에서 미국으로 돌아오기 전날 밤 이후로 메리와 오스틴은 더 이상 잠자리도 함께하지 않았다. 그러면서도 두 사람은 여전히 결혼생활을 유지했다.

"오스틴이나 나나 결혼은 깨뜨리고 싶지 않았어요. 우리는 상대에 대해 가지고 있던 환상을 사랑하고 있었던 거예요. 그러면서도 누구 하나 그 사실을 인정하려 들지 않았지요. 우리의 기대와 이상은 높았지만 현실은 전혀 몰랐던 거예요."라고 메리는 말했다.

그러던 중 둘 사이에 엄청난 변화가 생겼다. 다니엘이 영주권인 그린카드를 얻은 것이었다. 그것은 다니엘을 해고해도 된다는 뜻이었고, 물론 메리는 그렇게 했다. 어차피 다니엘은 게으르고 일도 제대로 하지 않으니 해고하는 게 당연한 일이었다. 그러나 이런 메리의 결정에 대해 오스틴은 서점에 틀어박혀 나오지 않는 것으로 대응했다. 얼마 후 다니엘은 결혼한다는 소식과 함께 결혼식에 메리 부부를 초대했다. 메리는 신랑과 신부를 위해 선물을 준비했다. 하지만 오스틴은 결혼식 내내 울었다. 몇 달 후 다니엘은 남편과 이혼했고 신경쇠약에 걸렸다. 그러자 오스틴도 더 이상은 숨기지 않았다. 그는 병원에서 다니엘을 간호하고 끝장 난 결혼생활로부터 다니엘을 구해 내려고 애썼다. 복종적이고 몰래 아내를 속이기만 하던 다니엘은 지배적이고, 사랑하는 사람의 목숨을 구하는 용사로 변했던 것이다.

"그런 상황에서도 나는 오스틴과 다니엘이 관계를 맺고 있다는 것을 부정했어요. 착한 고용주가 하인을 돌봐 주는 것뿐이라고만 생각했지요."라고 메리는 말했다. 메리가 봄 휴가 동안 아이들을 데리고 플로리다의 친정에 다녀와 보니 오스틴은 다니엘과 동거를 시작한 후였다. 그제야 메리는 현실을 받아들였다. 불행의 서약이 깨지고 두 사람의 결혼도 완전히 깨져 버렸다는 사실을……

사실, 결혼이 완전히 깨지기까지는 꽤 많은 시간이 걸린다. 겉으로 보기에는 곧장 법원으로 달려가 이혼서류에 도장을 찍고 돌아서는 것 같지만 실제 조사에 의하면, 헤어질 것을 먼저 요구하는 배우자는 그 생각을 확고히 하기 전까지 오랜 시간(대개는 1년 이상)에 걸쳐 이혼 가능성에 대해 고민한다.

캘리포니아 이혼 가정 프로젝트의 주디스 S. 월러스타인과 조안 벌린 켈리가 60세대의 가족을 대상으로 실시한 이혼 연구에 따르면, 대부분의 사람들이 감정의 결핍과 학대 속에서도 헤어지기로 결심하기까지는 수년이 걸린다고 한다. 그들의 저서 《이혼에서 살아남기 : 부모와 자녀의 이혼 대처법》에서 월러스타인과 켈리는 이혼 유발 원인에 대해 이혼 경험자들과 대화하면서 다음과 같은 의문이 들었다고 적고 있다. "그들과 대화할 때마다 엄청난 고통을 겪으면서도 이혼을 결심하기까지 '왜 그렇게 많은 시간을 기다렸을까?' 하는 생각이 들었다."

이 질문에 대해 여러분은 어떻게 생각하는가? 여러분은 왜 그렇게 많은 시간을 기다렸는가?

사람들이 쉽게 이혼을 결정하지 못하는 것은 무엇보다도 결혼을 끝내려면 다시 한 번 결혼생활을 돌이켜봐야 하기 때문이다. 즉 새 삶을 위해 앞으로 나가기 위해서는 반드시 과거를 돌아보아야 하는데, 그것이 이혼을 어렵게 만드는 가장 큰 이유다.

아직 완전히 끝난 게 아니다. 우선 깊이 심호흡을 하고 마음을 안정시키자. 결혼생활을 유지하고 있건, 이혼을 했건 여러분은 불행의 서약이라는 괴물과 맞서야 한다. 이 모든 일은 정면 대결 상황으로부터 시작된다. 여기 남편과 아내가 있다. 평균 12년의 결혼생활을 함께 하고 2.2명의 자녀를 두었지만 이 둘은 서로 다른 기차에 탄 남남이나 마찬가지이다. 이들을 태운 두 기차가 역에 도착했다. 오랫동안 서로 다른 기차를 탔던 두 사람은 역에 내려

처음으로 서로를 마주본다. 그리고 바로 그 순간, 두 사람은 처음
으로 상대의 참된 모습을 보고 둘의 관계가 무너졌음을 인정한다.

제 2 장

정면대결

헤어지기 전, 몇 달씩 이별에 대해 이야기하는 부부가 있는가 하면, 단 1초도 생각하지 않고 충동적으로 헤어지는 부부도 있다. 또 이미 각오한 일이라며 이혼을 받아들이는 사람도 있고, 너무 뜻밖의 일이라며 기겁하는 사람도 있다. 그러나 한 가지 공통된 것은 그들 모두 충격과 혼란 속에서 이렇게 생각한다는 것이다. '어떻게 나한테 이런 일이 생길 수 있지? 이제 나는 끝장이야.' 이혼을 하는 모든 사람들이 절망에 빠지고 그 중 많은 사람들이 모순된 생각에 사로잡힌다. 그리고 한동안 떨어져서 서로 생각해 봐야 할 것 같다는 결정을 내린다. 하지만 이혼이라는 것은 눈앞에 닥치면 누구나 혼란스럽고 상처받는 것이다.

위기가 닥치면 결혼의 기본구조가 변한다. 그리고 정면 대결을 겪으면서 배우자와의 심리적 관계를 재조정하게 된다. 즉 이렇게 해서 불행의 서약을 깨고 결혼생활을 계속 유지하는 부부도 있는데, 이는 과거의 결혼에서 벗어나 새로운 결혼생활을 시작하는 것이라고 해석할 수 있다. 하지만 대부분의 경우, 정면 대결 상황까지 치달은 부부는 서로에게서 마음이 너무 멀어져 있고, 또 결혼생활에 너무 지쳐서 화해하기가 쉽지 않다.

부부가 헤어지는 과정을 몇 가지 유형으로 분류할 수 있는데, 그 중 정면 대결 상황에서 별거로 그리고 다시 이혼으로 곧장 이어지는 경우는 극히 드물다는 것이다. 즉 아무 대책도 없는 상태에서는 이혼을 결정하기가 쉽지 않다. 기댈 수 있는 누군가가 필요하다.

결혼생활 도중 배우자 두 사람 중 어느 한쪽 또는 둘 다 불륜을 저지르는 부부들이 점점 많아지고 있다. 사회학자 필립 블룸스타인과 페퍼 슈와츠는 1983년 보고서 <미국의 부부 : 돈, 일, 섹스>에서 다음과 같이 적고 있다. "남편이든 아내든 혼외정사를 하는 쪽이 이혼을 야기할 가능성이 높으며, 이는 혼외정사가 결혼 초에 벌어졌느냐 혹은 결혼 후 오랜 세월이 흐른 후에 벌어졌느냐 하는 것과는 거의 무관하다." 배우자의 혼외정사는 이혼의 가장 흔한 사유가 된다. 그런데 그런 혼외정사는 대개 일시적인 것이다. 다시 말해 일단 결혼생활에서 벗어나면 불륜 상대와의 관계도 끝이 난다는 것이다. 하지만 일시적인 것이든 그것이 재혼으로 이어지든, 혼외정사는 이혼 과정에서 결정적인 역할을 하는 것임에는 틀림없다. 혼외정사는 불행의 서약으로 인한 배우자간의 힘의 불균형을 깨는데 일조하며 때로는 정면 대결을 야기하기 때문이다.

* * *

44세의 테리 샌포드는 말보로담배 광고에 어울릴 만한 매력적인 남자다. 그는 요트를 타고, 테니스를 좋아하며, 뉴욕 은행에서 신탁 전문가로 일했다. 또 그는 예일대학을 졸업했고, 상류층 학생모임 회원이기도 했다. 그리고 그의 아내 엘로이스는 말 그대로 이웃집 소녀로 역시 테니스를 좋아하는 부자였다. 열세 살 때 부모님이 교통사고로 돌아가시면서 엄청난 재산을 남겨 주었기 때문에 엄밀히 말하자면 엘로이스는 테리 보다 훨씬 더 부자였다. 테리와 엘로이스는 아이를 넷 낳았다.

겉으로 보기에 테리는 대단한 학벌에, 멋진 직장 그리고 대단한 아내까지 갖춘 성공한 남자였다. 하지만 테리는 불행했다. 언제나 아내를 만족시켜 주어야 한다는 강박관념에 사로잡혀 있었던 것이다. 사실 그는 늘 최선을 다했고 많은 성과를 거두었지만 아내는 만족하지 않았다. 엘로이스는 그가 노력하는 것을 조금도 알아주지 않았다. "국제 금융인이 되고 싶으면 국제 금융인답게 행동해요.", "시카고 지점에서 일하고 싶다면 내가 포레스트 강가에 있는 집을 사 줄게요." 아내는 늘 그런 식이었다. 불행의 서약에서 테리는 수동적이고 복종적인 위치였고 아내는 지배적인 위치였던 것이다.

결국 결혼 7년 후 테리가 반항을 시작했다. 그 일에 대해 테리는 이렇게 말했다. "아름다운 스웨덴 여자한테 유혹 당했습니다. 물론 나도 그녀가 날 유혹했으면 하는 마음도 있었지만 어쨌든 먼저 유혹한 건 그 여자였습니다." 복종적인 위치의 테리로서는 먼저 이혼을 요구할 용기가 없었다. 그리고 그 뒤로 5년 간 테리와 아내는 마치 고양이와 쥐처럼 쫓고 쫓기는 관계를 계속했다. 테리는 계속 바람을 피우면서 아내를 속였다. 하지만 아내는 그런 사실을 인정하려 들지 않았다. "나는 여러 여자와 하룻밤 관계를 맺고 헤어지기를 반복했습니다. 아내도 그런 사실을 알았지만 아무 말도 하지 않았습니다. 그러자 나는 허락을 받았다는 생각이 들었습니다. 하지만 지금 생각해 보니 그 당시 아내의 생각은 '당신이 무슨 짓을 하든 나는 신경 쓰지 않는다'라는 것이었던 것 같습니다." 불행의 서약은 점점 이들 부부를 죄어 들어갔다.

바람을 피워도 소용이 없었다. 테리는 점점 사는 게 싫어졌다. 일도 싫고, 결혼생활도 싫고, 자기 자신도 싫었다. 그런 테리에게 친구들은 중년의 위기를 겪는 것이라고 위로했다.

선택할 수 있는 대안들을 곰곰이 살핀 테리는 중년의 삶을 완전히 바꿔 보기로 결심했다. 그는 주말에 아버지의 범선을 타고 항해를 할 때가 제일 행복했다. 뱃머리에 파도가 철썩이는 소리를 들으며 바람에 맞서 하늘빛 돛을 이리저리 조정하고 있으면 말할 수 없이 상쾌했던 것이다. 테리는 어려서부터 여러 요트 경기에서 대부분의 상을 휩쓸고는 했었다. 제일 좋아하는 책도 《모비딕》이었다. 어쩌면 그는 딱 1세기 전에 태어났어야 좋았을 사람이었는지 모른다.

테리는 계획을 세우기 시작했다. 은행을 그만두고 버진 아일랜드 섬으로 갈까? 그곳에서 전세 범선 서비스업을 하면 어떨까? 끔찍하게 싫은 은행은 때려치우고, 요트에 어울리는 근사한 스웨터를 사고, 아이들은 기숙학교에 보내는 거다. 아내도 좋은 생각이라며 반겼다. 새로운 인생을 살 기회가 온 것이다. 복잡한 도시를 떠나 자연에서 사는 것은 당시 유행이기도 했다. 아내는 바다가 보이는 세인트 존의 저택을 샀다. 집은 정말 근사했다. 아내는 새 가구도 사고 에어컨도 설치했다. 아빠를 닮아 항해를 좋아하는 아이들도 섬 생활을 반겼다. 복잡한 맨해튼의 거리도, 끝없는 교통 체증도, 술을 곁들인 사업상 점심 약속도 영원히 안녕.

새 집으로 이사하자 테리는 열 명이 탈 수 있는 보트를 구입해 세인트 토마스에 자리를 잡았다. 그리고 아내한테 와서 선원이 되지 않겠냐고, 그러니까 전세 유람선의 주방장 겸 허드레 일꾼이 되지 않겠냐고 물었다. 그러자 아내는 미친 사람 보듯 남편을 쳐다봤다. 테리는 아내가 자신의 계획을 전혀 탐탁지 않게 여긴다고 생각했다. 그래서 테리는 혼자 세인트 토마스에 가서 관광객들을 태우고 유람선을 몰았다.

이들 부부의 두 집 생활은 금방 자리를 잡았다. 아내 엘로이스는 세인트 존의 꿈같은 저택에서 아이들과 함께 살았고, 테리는 세인트 토마스에서 도시의 관광객들을 위해 3, 4일 간의 유람선

운항을 한 다음 세인트 존의 집으로 돌아왔다. 하지만 그가 집으로 오는 일은 날이 갈수록 줄어들었다. 아내는 테리의 관광객이 늘어나자 배가 우아하기에는 너무 크고, 웅장하기에는 너무 작다면서 테리의 배를 관광객들을 가득 태운 욕조 같다고 핀잔을 주었다. 테리는 아내의 말에 화가 났다. '제발 날 좀 사랑해 줘, 그리고 내 배도 사랑해 줘'라고 테리는 생각했다.

날씨가 좋아지면서 관광객도 점점 더 많아지고 파티도 많아졌다. 12월부터 6월까지 테리와 그의 아내는 집에서 거의 매 주말마다 파티를 열었다. 초대받은 사람들은 술을 마시고 춤을 추며 즐거운 시간을 보냈다. 겉으로 보기에 테리와 그의 아내는 완벽한 결혼생활을 하고 있었다. 하지만 테리는 물론이고 그의 아내도 전혀 행복하지 않았다. 둘 사이는 점점 더 멀어졌다. 엘로이스는 의미 있는 일을 하고 싶다면서 인근 학교에서 독서교사로 일하기 시작했다. 그녀는 아이들이 영원히 좁은 섬에 틀어박혀 살면 어쩌나, 슬슬 걱정하기 시작했다. 검게 그을린 아이 같은 모습으로 유람선이나 몰고 있는 남편이 한심해 보였다. 엘로이스가 보기에 유람선을 모는 것은 제대로 된 직업이 아니었다. 게다가 남편은 일 같지도 않은 일을 하면서 늘 피곤하다고 불평까지 해댔다. 관광객들이 무례하게 군다, 저질이다, 사람을 무시한다, 까다롭다 등등. 불평하는 테리에게 "당신이 원해서 한 일이잖아?"라고 아내가 말하면 테리는 "당신이 뭘 알아. 당신은 한 번도 일을 해 본 적이 없잖아." 하고 쏘아 댔다.

엘로이스는 함께 상담을 받자고 제의했다. 아무래도 우리 둘 다 권태기인가 봐. 살다 보면 다들 권태기가 오잖아. 상담을 받으면서 두 사람은 서로의 관계에 대해, 대화의 방법에 대해, 친구들에 대해 많은 이야기를 나누었다. 하지만 꿈같은 저택에 살아도, 주말마다 파티를 해도 두 사람 사이는 점점 더 멀어지기만 할 뿐이었다. 테리는 세인트 토마스에 머물 때마다 이 여자, 저 여자와 잠자리를 함께 하면서 주말이면 집에 돌아가 아내와 심각한 부부문제 상담을 되풀이했다.

그러던 어느 날, 테리는 첫눈에 사랑에 빠지고 말았다. 상대는 미국 섬 지역의 민사사건을 다루는 변호사 마리앤이었다. 그녀는 이제 막 로스쿨을 졸업해 변호사가 된 27세의 도톰한 입술을 가진 여학생 같은 분위기를 풍기는 여자였다. 테리는 마리앤이 초록색 유니폼을 입고 필드하키 하는 모습을 상상했다. 마리앤은 아내와는 전혀 다른 여자였고, 세인트 토마스에서 함께 시간을 보낼 때면 어디서 무얼 먹고, 누구를 만나고, 언제 식당으로 가야 하는지를 혼자 알아서 처리했다.

테리는 마리앤과 함께 있는 것이 너무 행복하면서도 아내한테 들킬 것이 걱정되었다. 다른 여자와 바람을 피우는 걸 알면 아내가 자신을 형편없는 사람이라고 생각할 게 분명했다. 테리는 모순된 두 가지 생각 사이에서 갈등했다. 한편으로는 아내와 헤어지고 싶은 것 또 한편으로는 그러고 싶지 않은 것이었다. 점점 두려움이 밀려왔다. 테리는 아직 이혼할 준비가 되지 않았다. 이혼하면 아이들은 어쩌지? 테리는 아이들을 잃고 싶지 않았다. 집에서 나와 세인트 토마스에 있을 때도 늘 아이들이 보고 싶었다. 결국 테리는 결혼생활을 유지하기 위해 한 번 더 노력해 보기로 마음먹었다.

그는 마리앤과 헤어지고 집으로 돌아가 결혼생활에 다시 충실하기로 했다. 그리고 마침 그날은 폭풍우로 인해 세인트 토마스 섬과 세인트 존 섬 사이에 비행기 운항이 중단되었다. 할 수 없이 테리는 여객선을 타고 다시 택시를 이용해 섬을 건너 자정이 다 되어서야 겨우 집에 도착했다. 그런데 그때까지도 집에서는 파티가 한창이었다. 반쯤 찬 재떨이며 먹다 남은 스파게티가 말라붙은 접시들이 바닥에 뒹굴고 있었다. 아내는 짧은 검정 속치마 차림으로 테리의 예일대학 동창과 웃고 있었다. 두 사람은 만취해 있었다. 테리는 너무 피곤해서 당장 잠자리에 들고 싶었지만 그의 아내는 너무 재미있다며 파티를 계속하고 싶다고 고집 부렸다.

"평일 내내 머리가 터질 정도로 일하고, 마리앤하고도 헤어지고, 택시에 배까지 빌려 타고 폭풍우를 뚫고 힘들게 집에 돌아왔는데 아내는 술에 취해 다른 남자와 시시덕대고 있더군요. 그걸 보는 순간 내가 이 결혼을 지키기 위해 애쓸 필요가 있을까? 하는 생각이 들었습니다. 이제는 완전히 끝이다, 싶더군요." 두 사람의 관계는 결정적인 상황으로 치닫고 있었다.

"내 진짜 문제는 한 번도 아내한테 맞선 적이 없다는 것이었습니다. 나는 단 한번도 아내가 얼마나 형편없는 사람인지 말한 적이 없습니다. 언제나 아내를 두려워했으니까요." 그날 밤 테리는 아내를 거실에 내버려두고 말 한 마디 없이 혼자 침실로 가서 잤다. 그때까지도 그는 아내한테 맞설 용기가 없었던 것이다. 속으로 조용히 화를 삭이긴 했지만 결혼을 지켜야겠다는 결심은 서서히 무너졌다.

그로부터 얼마 후 테리는 세인트 토마스의 보트에서 마리앤에게 전화했다. 그녀는 여전히 테리를 그리워하고 있었다. 마리앤은 테리를 믿어 주었다. 그가 능력 있고, 착하고, 옳다고 믿어 주었다. 마리앤은 테리에게 'A+'라는 점수를 준 것이었다. 마리앤 덕분에 테리는 자신감이 되살아났고 한동안 세인트 존과 세인트 토마스를 오가는 생활을 잘 꾸려 갔다. 여름이 지나고 10월 12일 콜럼버스 데이(콜럼버스 데이 퍼레이드(Columbus Day Parade)는 10월 초 대규모 행사로 보스턴 동쪽에서 북쪽 끝까지 펼쳐진다)가 낀 주말까지도 별

문제 없이 조용히 흘러갔다

콜럼버스 데이 주말의 일요일, 테리와 엘로이스는 해변을 산책하며 황량한 바다와 하얀 파도를 구경했다. 아름답지만 차갑고 예측할 수 없는 바다는 마치 두 사람의 꿈처럼 느껴졌다.

"그 순간 갑자기 아내한테 헤어지자고 말했습니다. 왜 갑자기 그런 말이 튀어나왔는지는 모르겠습니다. 그 주말에 집에 가보니 더 이상은 내가 있어야 할 곳이 아니라는 생각이 들었습니다. 모든 게 끝났다는 생각이 들었습니다. 그리고 나는 마리앤에게 완전히 푹 빠져 있었습니다. 나를 이해하고, 보살펴 주는, 진심을 다해 사랑하는 사람이 있다는 게 그렇게 행복한 일인 줄 미처 몰랐습니다. 만약 내 곁에 마리앤이 없었다면 헤어지자는 말 같은 건 입에 올리지도 못했을 겁니다."라고 테리는 말했다.

그때까지도 테리는 여전히 신중했다. "그때 나는 아직 이혼까지는 원하지 않았습니다. 별거만 하면 미칠 것 같은 상태에서 벗어나 지금까지의 생활을 정리하고, 내가 원하는 것을 얻을 수 있을 것 같았습니다. 아내한테 헤어지자는 말을 한 내 자신이 자랑스러웠습니다. 정신이 똑바로 박힌 사람답게 행동했다는 생각까지 들었으니까요."

그의 헤어지자는 말에도 아내 엘로이스는 놀라지 않았다. 그녀도 결혼생활이 만족스럽지 않기는 마찬가지였다. 게다가 둘 사이에 무슨 문제가 있는지 고민하는데도 진력이 난 터였다. 때문에 아내는 한편으로는 먼저 결단을 내린 남편을 대단하게 생각했다. 별거를 하면 막다른 상황에서 빠져나올 수 있을 것 같았다. 그런데 별안간 아내가 예상치 않은 반응을 보였다. 그대로 해변에 선 채로 아내는 이렇게 말했다 "당신 배를 다시는 못 탈 거라고 생각하니 마음이 아파요." 그 말에 테리는 깜짝 놀랐다. "아내의 말을 믿을 수가 없었습니다. 난 아내가 내 배를 싫어하는 줄만 알았거든요."

테리는 아내를 가만히 쳐다보았다. 결혼생활을 하면서 처음으로 아내를 제대로 본 것이었다. 대체 이 여자는 어떤 사람이지 하는 의문이 생겼다. 지금껏 아내를 제대로 모르고 산 게 아닐까 하는 생각도 들었다. 테리는 다시 겁이 나기 시작했다.

그로부터 반 년 후 아내는 테리와 마리앤의 관계를 알게 되었다. 그러나 그때 테리는 이미 마리앤과 헤어지고 다른 여자를 사귀는 중이었다. 불행의 서약을 깨고 아내와 정면 대결을 할 수 있도록 힘을 실어 준 마리앤과의 관계는 테리가 힘을 얻자 그 역할이 끝난 것이었다. 하지만 헤어져 있어도 결혼이 완전히 끝난 것은 아니었다. 두 사람은 여전히 함께 부부문제 상담을 받았고 무엇이 문제인지 알고 싶어했다. 그렇다면 외도에 대해서는 어떻게 생각할까? 두 사람 모두 그 문제를 극복할 수 있을까? 결국 테리는 폭풍우가 치던 날 밤, 집에 돌아왔을 때 아내가 속옷 차림으로 자신의 친구와 시시덕대고 있는 걸 본 순간 결혼생활에서 완전히 마음이 떠나 버렸다고 아내한테 털어놓았다. 그러자 아내는 충격을 받았다. "정말이에요? 그날 우린 정말 아무 일도 없었어요." 하지만 테리는 아내의 말을 믿지 않았다. 변명을 하는 것이라고만 생각했다. 그리고 어차피 자신이 결혼에서 마음이 떠난 것은 전적으로 아내 탓이라고 테리는 말했다. 엘로이스는 "그럼 왜 그때 그런 이야기를 안 했어요?"라고 소리를 질렀다. 그러다 갑자기 엘로이스도 화를 내기 시작했다. "당신도 젊은 여변호사하고 놀아난 주제에 지금 나한테 잘했나, 잘못했나를 따지겠다는 거예요?" 아내가 다그치자 테리는 죄책감이 들었다. 아내 말대로 바람을 피운 것은 테리의 잘못이었다. 그런데 잠깐, 내가 바람을 피운 건 결혼생활이 불행했기 때문이잖아 하는 생각이 테리의 머리를 스쳤다.

"내가 바람피운 건 다 당신 때문이야!" 테리가 소리쳤다. 그러자 아내는 정말 화가 나서 마구 고함을 질러 댔다. 테리도 지지 않고 소리를 질렀다. "당신이 뭔데 나한테 소리를 지르는 거야?" 두 사람은 계속 소리를 지르며 싸웠다. 꿈은 깨어졌다. 불행의 서약이 두 사람의 발목을 붙잡은 것이다. 결국 두 사람은 부부문제 상담소를 뛰쳐나와 각자 이혼전문 변호사를 찾아갔다.

결정적인 상황이 닥쳐 배우자와 정면 대결을 하게 되어도 그 모든 것이 불행의 서약 때문이라는 것을 아는 사람은 거의 없다. 그저 자기 혼자만 유별난 일을 겪는다고 생각한다. 하지만 여러분이 겪는 위기는 얼마든지 미리 예상할 수 있는 일이다. 단지 그런 사실을 모른 채 오랜 세월이 지나야 겨우 결혼이 깨어지게 된 이유를 이해할 뿐이다.

대부분의 사람들에게 이혼은 절망에서 빠져나오기 위한 몸부림이다. 정치적 망명자가 그런 것처럼 모든 것을 포기한 채 벽을 뛰어넘는다. "결혼생활을 계속하느니 차라리 죽는 게 나아" 하고 말한다. 눈은 겁에 질려 있다. 이것은 생존의 문제다 하고 생각한다. 하지만 사람들은 그런 여러분을 이상한 눈으로 쳐다본다. 그들은 사느냐 죽느냐의 문제라는 여러분의 말을 전혀 이해하지 못한다. 결혼생활을 계속하느니 차라리 죽는 게 나아. 그 말이 무슨 뜻인지는 오직 겪어 본 사람만이 이해한다. 이제는 다른 대안이 없다. 지금 당장은 다른 대안이 생각나지 않는다. 어쩌면 나중에, 아주 많은 시간이 흐른 뒤에는 다른 대안이 생각날지 모르지만 지금 당장은 살아야겠다는 생각뿐이다. 왜 이렇게까지 절박한지 자신도 이해할 수 없다. 자신의 삶이 마치 드라마처럼 느껴진다. 지금 벌어지는 일이 현실일 리가 없다. 이건 내가 아니야 하는 생각마저 든다. 자신에게 닥친 일을 도저히 믿을 수가 없다.

* * *

43세의 자넷 켈리는 언젠가는 왕자님이 찾아와 자신을 궁전으로 데려갈 것이라는 꿈을 꾸며 자랐다. 검은머리에 피부가 흰 그녀는 어려서부터 수줍음이 많고 늘 조용했으며 결혼해서 매사추세츠 주 워체스터에 살면서도 늘 조용했다. 그리고 자신은 그렇게 생각하지 않았지만 매혹적인 초록빛 눈의 그녀는 제법 미인이었다.

자넷은 스무 살이 되던 해 고등학교 때부터 사귀어 온 잭과 결혼했다. 당시 두 사람은 모두 대학생이었고 카톨릭 신자였다. "잭의 집안은 돈은 많았지만 우리 집안만큼 점잖은 집안은 아니었어요."라고 자넷은 말했다.

미식축구 선수였던 잭은 친구들과 어울리기를 좋아했다. 그리고 연애 경험이 거의 없던 자넷에게 더 이상 "어머, 너 아직도 애인이 없니?"라는 괴로운 말을 듣지 않게 해 주었기 때문에 구세주나 다름없었다. 잭이 청혼을 하자 자넷은 그 자리에서 좋다고 승낙했다. "잭은 내가 사귄 유일한 남자였어요. 그와 결혼한 건 내게 청혼한 사람이 잭 하나뿐이었기 때문이에요. 나는 매력도 없고 예쁘지도 않은데 말이죠. 그를 사랑한 건 아니지만, 사실 그때 나는 사랑이 뭔지도 몰랐어요."라고 자넷은 말했다.

결혼생활을 하면서도 모든 결정은 잭이 했고, 자넷은 그의 말을 따랐다. 이들의 불행의 서약에서 잭은 지배적 위치에 있었고, 자넷은 복종적 위치에 있었다. 자넷은 결혼에 대해 큰 기대를 하지 않았다. 그러니 자신이 행복한지 아닌지에도 별 관심이 없었다. 세월이 흘러 아이들이 태어나고, 남편은 대규모 통신판매업체인 시어스에 취직했다. 그리고 일요일에는 주일학교 선생님을 했다.

결혼 12년 후, 둘은 세 아이를 두었고 시어스 세탁기에 시어스 건조기, 시어스 침대, 시어스 가구가 있는, 마치 시어스 카탈로그 같은 집에서 살았다. 자넷은 오후에 집안 일을 끝내고 나면 제인 폰다, 제니 처칠, 클레오파트라, 퀴리 부인 같은 유명한 사람들에 대해 생각했다. 그리고 값비싼 가구가 있고 옅은 하늘색 벨벳 의자가 있는 대저택에 사는 자신을 상상했다. 그런 상상을 할 때마다 자넷은 자신의 인생이 허무하게 흘러간다는 생각이 들었다. 학교에 다닐 때는 남편보다 내가 훨씬 더 공부를 잘 했는데 하는 생각도 들었다.

막내가 초등학교 5학년이 되자 자넷은 병원에서 자원봉사활동을 시작했다. 환자들에게 가족의 연락도 전하고, 성경도 읽어 주었다. 자원봉사활동을 하면서 자넷은 자신이 특히 죽음을 앞에 둔 환자를 보살피는 것에 재능이 있다는 것을 깨달았다. 그 당시는 막 호스피스 활동이 가치를 인정받기 시작한 때라 병원에서는 자넷에게 사회봉사활동 자격증을 딸 수 있는 과정을 수강하라고 권했다.

처음에는 남편도 자넷을 자랑스러워했다. 자원봉사활동을 시작하면서부터 자넷은 남 앞에서 수줍어하던 버릇이 없어졌다. 모임에 가도 예전과는 달리 사람들에게 말도 잘 하고 쉽게 어울렸다. 게다가 예뻐지기까지 했다. 머리도 잘랐다. 낯선 사람에게 쉽게 다가가 이야기를 건네는 자넷을 보면서 남편은 수줍어 남의 눈도 똑바로 쳐다보지 못하던 여자가 어쩌다 저렇게 변했을까, 의아해 했다. 그러는 동안 둘 사이의 힘의 균형이 서서히 변하기 시작했다. 그러자 잭은 더 이상은 안 되겠다는 생각이 들었다. 자넷이 변해도 너무 변했다는 생각이 들었기 때문이었다. 그때부터 잭은 잔소리를 하기 시작했다. 저녁식사가 너무 늦다, 아이들이 숙제를 제대로 안 한다며 짜증을 냈다. 자넷은 아침 식탁에서 신문을 펼쳐 들고 여성운동에 대한 기사를 소리내어 읽었다. 그러면 잭은 주먹으로 식탁을 내려치며 "여자들이 남자를 못 잡아먹어서 안달이야!"라고 하며 화를 내고 커피 잔을 엎질렀다. 그럴 때도 자넷은 마치 모나리자처럼 그냥 가만히 있었다. 병원에서 봉사활동을 하는 시간이 길어지면서 자넷은 눈빛이 점점 밝아졌다. 반면에 잭은 점점 겁이 났다. 자신의 삶에 큰 위협이 닥치고 있었다. 어떻게든 그 위협을 멈춰야만 했다.

"잭은 나와 싸우기 시작했어요. 그는 내가 병원에서 일하는 걸 원치 않았어요. 내가 봉사활동을 하는 것은 그의 계획에 없던 일이었으니까요. 내가 속한 세상은 그가 전혀 모르는 세상이었고, 그런 사실이 그를 두렵게 만들었던 것 같아요."라고 자넷은 말했다.

4월, 병원에서 자넷에게 로드아일랜드 주에서 열리는 호스피스 세미나에 참석하지 않겠냐는 제의를 했다. 자넷으로서는 태어나서 처음으로 자신이 태어난 주 밖으로 여행을 할 기회가 찾아온 것이었다. 그녀는 새 옷을 샀다. 그리고 남편은 버스 정류장까지 자넷을 바래다주었다.

세미나에는 외과의사, 간호사, 목사, 랍비, 사회봉사자, 심리학자 등 다양한 사람들이 참석했다. 자넷은 신이 났다. 그리고 그곳에서 일이 생겼다. 펜실베이니아에서 온 루터교 목사를 만난 것이다. 부드러운 갈색 눈을 한 그는 자신의 교회에서 노인병 상담 프로그램을 운영한다고 했다. 그는 자넷에게 저녁식사를 대접했고 자넷은 왕자님이 나타나 자신을 궁전으로 데려간다는 상상을 하던 때를 떠올렸다. 두 사람은 와인을 마시며 많은 이야기를 나누었다. 그는 자넷을 자신의 방으로 데려갔다. 자넷은 자신에게 일어난 일을 도저히 믿을 수가 없었다. 아이가 넷이나 있고, 늘 얌전하게 살아온 중년 여성인 자신이 외간 남자와, 그것도 목사와 불륜을 저지르다니. 하지만 자넷은 그때까지 한번도 느껴 보지 못한 행복을 경험했다. 섹스는 황홀했다. 두 사람은 세미나가 계속되는 동안 매일 밤을 함께 보냈다. "그 전까지는 내가 불감증인 줄만 알았어요."라고 자넷은 말했다.

세미나가 끝나면서 목사와의 관계도 끝났다. 그가 유부남이라는 것을 알고 있었던 자넷은 그의 결혼생활을 방해하고 싶지 않았다. 사실 그녀는 자신을 추스르기도 버거운 상태였다. 집으로 돌아오는 버스에 오르자 자넷은 마음이 무거워졌다. 병원에서의 자원봉사활동과 로드아일랜드에서의 모험 때문에 거짓말의 늪에 빠졌다는 생각까지 들기 시작했다. 집에 돌아온 자넷은 그 후로도 2년 동안 힘든 결혼생활을 계속했다. 그리고 남편과는 지루하고 힘든 싸움을 반복했다. "그는 항상 나를 욕했어요. '아이들 좀 봐, 내가 아니었으면 목욕도 못했을 거다' 하며 항상 내 탓을 했지요."라고 자넷은 당시를 회상했다. 자넷과 잭은 더 이상 잠자리를 같이 하지 않았다. 자넷은 지하실로 방을 옮겼다. 그러면서도 계속 병원에서 일하면서 남편 몰래 심리상담을 시작했다. 더 이상은 외도를 하지 않았지만 만약 하면 어떻게 될까 하는 생각이 머리를 떠나지 않았다. 절대로 해서는 안 되는 일을 저질러서 이혼을 하면 어떻게 될까 하는 생각도 했다. 잭은 죽어 가는 사람을 돌보느라 살아 있는 사람한테는 신경도 안 쓴다며 화내고 욕을 했다. 이제는 자넷도 그런 남편이 미웠지만 여전히 그가 무서워서 가만히 참고 지냈다.

그러던 8월의 어느 날 밤, 자넷과 잭은 현관 앞 계단에 앉아 이야기를 하게 되었다. "그때 처음으로 남편이 불행한 어린 시절을 보냈다는 걸 알았어요. 그의 부모는 사이가 몹시 안 좋았어요. 그래서 남편은 어른이 되면 완벽한 가정을 이루겠다고 다짐했대요. 그제야 왜 남편이 나를 선택했는지 알 것 같았어요. 그리고 자신이 이상적이라고 생각하는 가정에 집착했고 그런 이상적인 가정을 빼앗겼다는 생각에 그토록 화를 냈다는 것도 알게 되었어요." 두 사람은 그 자리에 앉아 매미 울음소리를 듣고 구름이 흘러가는 것도 함께 보았다.

"나는 남편에게 '왜 늘 날 비난하고 욕하는 거예요?'라고 물었어요. 그러자 남편이 '난 그저 당신이 완벽하길 바란 것 뿐이야,'라고 대답했지요. 전 그 말에 몹시 놀랐어요. 그래서 '완벽하다는 기준이 뭐죠? 그 기준은 누가 정하는 건데요?'라고 다시 물었어요. 그러자 남편이 이러더군요. '난 당신을 사랑해. 그저 난 당신이 완벽해지길 바라는 것 뿐이야.'"

이제 둘 중 누가 지배적인 위치인가? 잭은 자넷을 비난하고 화내면서 결혼생활의 주도권을 유지하고 아내를 자신의 기준에 따라 '완벽'하게 만들고 자신이 꿈꾸는 완벽한 가정에서 영원히 행복하게 살 수 있을 거라고 생각했다.

그 해 추수 감사절, 자넷은 용기를 내어 별거하자고 말했다. 그러자 지배자이며 주도권을 잡고 있다고 믿었던 남편은 문이 부서져라 쾅, 닫고 나가 버렸다. "그 사람은 내 말을 들으려고도 하지 않았어요. 무턱대고 안 된다고만 했어요. 자기는 절대로 집을 떠날 수 없다고 하더군요."라고 말하고 자넷은 당시를 회상했다.

자넷은 계속 심리상담을 받으며 지하실 방에서 생활했다. 아이들은 크리스마스 계획을 세우기 시작했다. 라디오에서 흘러나오는 크리스마스 캐롤을 들으며 자넷은 점점 더 절망적으로 변했다. 남편과는 말도 거의 하지 않았다. 12월 중순, 자넷은 자신이 결단을 내려야 한다고 마음먹었다. "그건 생존의 문제였어요. 떠나지 않으면 더 이상 살 수 없을 것 같았으니까요."

자넷은 이혼해 달라고 말하기로 결심했다. 하지만 여전히 남편이 무서웠기 때문에 집 대신 아이들이 초등학교 입학식 때 찍은 사진도 없고, 크리스마스트리도 없고, 시어스 상품들도 없는 중립적인 장소에서 이야기를 하기로 계획했다. 그래서 집 근처에 새로 생긴 술집에서 한 잔 하자고 남편에게 제의했다. 잘못하면 남편이 폭력을 휘두를 수도 있었기 때문에 주위에 사람들이 있는 게 좋을 것 같다는 생각에서였다. 자넷과 잭은 바에 앉아 앞에 놓여 있는 술병들을 바라보았다. 창가에는 플라스틱 산타인형이 불을 밝히고 서 있었다.

"나는 남편에게 일주일쯤 여행을 가겠다고 말했어요." 자넷은 준비도 다 끝났다고 말했다. 하지만 사실은 주말에 친구 트리샤네 집에 가서 다시는 돌아오지 않을 작정이었다. 남편은 아무 말도 하지 않았다. 둘은 술을 마신 후 자리에서 일어났다. 그때까지도 남편은 아무 말도 하지 않았다. 그는 입을 굳게 다물고 있었다. 차에 올라 집으로 오는 동안 잭은 눈길 한 번 주지 않았다. 그러다 갑자기 급브레이크를 밟더니 방향을 돌려 집과 반대쪽으로 차를 몰기 시작했다. 그는 고속버스 터미널에 차를 멈췄다.

"남편은 시동을 끄더니 '떠나고 싶으면 지금 당장 떠나'라고 말했어요." 잭은 이까지 부드득 갈았다. 그의 양손은 여전히 운전대를 붙잡고 있었다. 주도권을 잃지 않으면서 아내한테 떠나라 마라 명령하기 위해서는 이 방법밖에 없었던 것이다. 드디어 전쟁이 시작되었다. 자넷도 가만히 당하고만 있지는 않았다. 그녀는 버스표를 살 돈도 없었다. 짐도 챙겨 오지 않았고, 칫솔도 없었다. 자넷은 가련한 얼굴로 남편을 쳐다보았다. 이런 추운 날씨에 가진 것

하나 없는 불쌍한 여자를 차 밖으로 쫓아내지는 않으리라는 생각에서였다. 그리고 그 생각은 맞았다. 남편은 운전대를 주먹으로 내려치더니 다시 방향을 틀어 집으로 향했다.

그 다음날 남편은 아이들을 데리고 교회 행사에 갔다. 그가 아이들에게 좋은 아버지라는 것은 자넷도 잘 알고 있었다. 그는 아이들의 점심 값을 꼬박꼬박 챙겼고, 학부모 모임에도 빼놓지 않고 참석했다. 아이들은 집을 나서면서 "엄마 다녀오겠습니다!"라고 큰 소리로 인사했다. 집에는 자넷 혼자뿐이었다.

"친구 트리샤에게 전화했어요. 그때가 아니면 다시는 못할 것 같았거든요. 도저히 그 다음 주말까지 기다릴 수가 없었어요. 그리고는 '트리샤네 집에 가요. 생각할 시간이 필요해요.'"라고 쪽지를 썼어요.

자넷은 옷을 가득 넣은 가방을 들고 현관문을 나왔다. 자신이 이런 행동을 한다는 게 믿어지지 않았다. 마치 깊은 바다 속에 있는 것처럼 천천히 걸음을 옮겼다. 커다란 바위가 푸른 물 속에서 이리저리 흔들리는 것처럼 보였다. 어쩌면 정말로 집을 떠나는 게 아닐지도 모른다는 생각이 들었다. 그저 꿈일지도 모른다는 생각도 들었다. 내가 정말 집을 나온 걸까? 이대로 우리 결혼이 끝나는 걸까?

트리샤가 차를 몰고 와서 자넷은 친구의 차에 올라탔다. 정말 이렇게 쉽게 끝나는 걸까? 17년의 결혼생활이 이렇게 쉽게 끝나는 걸까? "그때 문득 전기 헤어롤러를 두고 온 게 생각났어요." 자넷은 당시를 회상하며 살짝 웃었다. "왠지 헤어롤러 없이는 살 수 없을 것 같았지요." 그래서 자넷은 트리샤에게 헤어롤러를 찾으러 집으로 다시 돌아가자고 했다. 남편이 돌아올 시간은 아직 멀었다. "나는 꼭 헤어롤러를 찾아야만 했어요." 자넷에게 헤어롤러는 하나의 상징이었다. 다시 집으로 돌아가 자신이 정말로 떠난다는 것을 스스로에게 증명해야만 했다.

"마치 스릴러 영화 같았어요."라고 자넷은 당시를 회상했다. 트리샤는 재빨리 운전대를 돌려 자넷의 집으로 돌아갔다. "잭과 아이들이 돌아왔을까? 내가 집을 나가는 걸 그들이 보면 어쩌지? 그러면 날 붙잡으려고 할까? 그런 생각을 하니 정말 떨렸어요." 트리샤가 즉시 달아나기 위해 차를 돌리는 사이 자넷은 뒷문을 통해 집으로 들어가 위층 침실로 뛰어올라 가서는 화장대 위에 있던 헤어롤러를 집어 들고 계단을 달려 내려와 문을 쾅, 닫았다. 중년의 트리샤와 자넷은 마치 십대 소녀들처럼 비명을 지르고 까르르 웃으며 전속력으로 차를 몰았다. 그제야 자넷은 정말로 탈출했다는 것을 실감했다.

자넷은 코네티컷 주의 한 병원에서 봉사활동 팀의 팀장 자리를 얻었다. 영원히 고향을 떠나기 전 마지막 심리상담도 끝냈다. "마지막 상담을 하면서 나는 심리치료사한테 '성장한다는 것은 정말 어려운 일이다'라고 말했어요. 그러자 심리치료사는 '하지만 그보다 더 어려운 일은 성장하지 않은 채 어린아이로 사는 것'이라고 하더군요. 그리고 이제 나는 더 이상 어린아이가 아니에요."라고 자넷은 말했다.

자넷은 하트포드에서 새 삶을 시작했다. 아이들은 매사추세츠에서 아버지와 함께 살았고, 자넷은 3년 동안 아이들을 만나지 않았다. 물론 아이들이 걱정되기는 했다. 하지만 남편과의 힘 겨루기 싸움은 언제나 아이들을 둘러싼 싸움으로 이어졌고, 분노와 고통이 계속될 뿐이었다. 이대로 영원히 끝나지 않는 건 아닐까? 그런 생각을 할 때마다 자넷은 두려웠다. 하지만 당장은 자신과 자신의 일 그리고 제 힘으로 살아가는 것에 온 힘을 쏟을 수밖에 없었다.

많은 사람들이 자넷처럼 이혼을 통해 성장하고 발전하지만 그 과정에서 겪는 고통은 말할 수 없을 정도로 극심하다. 자넷은 전 남편과 대화를 하고 어머니의 자리를 되찾는 것에 몇 년이 걸렸다. 그 사이 자넷은 새 인생을 개척했고, 다른 식으로 결혼생활을 계속 유지하는 것이 불가능했다는 것을 절실히 깨달았다.

배우자와의 정면 대결이 분명 불행의 서약에서 벗어나는 데는 도움이 되지만 그렇다고 해서 두 사람 관계의 모든 문제를 해결해 주지는 못한다. 대부분의 경우, 정면 대결은 부부 사이의 전쟁으로 이어지기 때문이다. 특히 기존의 관계를 계속 유지하고자 하는 쪽에서는 정면 대결을 전쟁 선포로 받아들인다. 그리고 그 정면 대결이 시작됨과 동시에 자녀는 심각한 갈등에 무방비 상태로 노출된다. 이에 대해 아동 건강과 인간발달연구소의 인구조사센터 제프리 에반스는 다음과 같이 말한다. "이혼 당사자인 부부에게 좋은 방법이 반드시 그 자녀에게까지 좋다고 단정지을 수는 없다."

이혼을 하는 대부분의 사람들은 비행기에서 응급상황 발생시 산소마스크를 사용하는 요령을 기억해야 한다. 어린아이와 비행기 여행을 할 때 응급상황이 발생하면 우선 어른이 산소마스크를 쓴 다음 아이한테 산소마스크를 씌워야 한다. 만약 보호자인 여러분이 의식을 잃으면, 즉 이혼 때문에 기진맥진해서 '이혼 파멸' 상태에 이르면 여러분의 아이는 구할 수 없다. 지금은 여러분을 먼저 생각해야 한다. 이 모든 위기가 끝나고 나면 못다 준 사랑과 관심을 보충할 시간이 얼마든지 있다.

자넷 같은 사람들에게는 불행의 서약이 너무 힘들어 결혼생활을 한다는 것 자체가 생명의 위협으로 느껴진다. 자넷은 잭과의 결혼을 돌아보며 결혼에서 벗어나려는 사람들에게 이런 말을 해 주고 싶다고 했다.

"그 관계에서 벗어나지 못하면 죽을 것만 같았어요. 정말로 숨이 끊어지진 않았겠지만 있으나마나 한 존재가 되었을 거예요."

더 이상 결혼생활을 계속할 수 없다고 느낄 때 사람들은 말한다. '결혼생활에서 나는 있으나마나 한 존재다……. 이대로 결혼생활을 계속하다가는 죽어 버릴 것만 같다.'

불행의 서약으로 맺어진 부부는 둘 중 한 사람 또는 두 사람 모두 자신을 있으나마나 한 존재라고 느낀다고 부부문제 전문가들은 말한다. 결혼의 위기가 갑자기 닥친 것처럼 느껴지지만 사실은 오랜 세월에 걸쳐 조금씩 쌓이고, 쌓인 갈등이 터진 것이다. 이에 대해 스테플스는 다음과 같이 말한다. "결혼생활을 하면서 배우자가 정해 놓은 틀 안에서만 살아야 한다면 그것이 아무리 행복한 결혼이라도 자신의 참모습을 숨기는 희생에 대한 보상은 되지 못한다. 따라서 여러분의 참모습을 견디지 못하는 배우자와는 순탄한 결혼생활을 유지할 수 없다. 그런 배우자는 자신이 원하는 대로 여러분을 바꾸려고 든다. 때문에 여러분의 자아가 되살아나면 둘 사이에는 문제가 발생한다." 정면 대결을 벌이기 위해서는 위험을 감수하고서라도 지금껏 배우자가 한 번도 겪어 보지 못한 여러분의 참모습을 드러내야 한다.

제 3 장

별거

드디어 두 사람 중 한 사람이 짐을 싸 들고 집을 나간다.

정면 대결 상황에서 별거까지는 보통 수개월에서 수년이 걸린다. 하지만 대부분의 경우 둘 중 최소한 한 사람은 실제로 짐을 싸 들고 집을 나서기 훨씬 이전에 이미 정신적으로 짐을 싸 놓고 정면 대결 상황이 닥치기만 기다린다.

부부가 헤어지고 이혼하는 것은 영화나 드라마에서 보는 것처럼 그렇게 극적인 일이 아니다. 자신과 배우자, 그리고 자녀에게 그것이 최선의 길이고, 단 하나뿐인 상식적인 방법이라고 생각하기 때문에 이혼을 선택한다. 즉 이혼을 선택하는 사람 자신은 심사숙고해서 신중하게 결정했다고 생각한다.

지금은 '다른 사람'을 생각할 여유가 없다. 우선 자신을 돌아봐야 한다. 결혼생활을 하는 동안 어떻게 살았는지 살펴보아야 한다. 그리고 앞으로 어떻게 될지, 결혼을 계속 유지할 경우와 그렇지 않을 경우도 미리 생각해야 하고, 자신이 이루어 놓은 것과 미처 하지 못한 것도 평가해야 한다. 그리고 무엇보다 자신의 나이와 변화하는 육체에 대해서도 생각해야 한다. 즉 이런 이유로 이혼은 배우자에 대한 거부감에서 출발한다기보다 더 이상 원치 않는 자신의 모습에 대한 거부감에서부터 출발한다고도 볼 수 있다.

대개 별거에 대한 결정은 음악의 이중창처럼 불행의 서약을 맺은 부부 두 사람이 각자 맡은 역할에 따라 과거를 파괴하면서 진행된다. 그런데 재미있는 것은 마침내 정면 대결을 하고 나면 오히려 더 가까워지는 부부들도 있다는 사실이다. 그것은 정면 대결을 통해 배우자를 다시 보게 된 이유다. 즉 혼자서는 아무것도 하지 못할 것 같고 칠칠맞게 보이던 그 사람이 어느 날 갑자기 열혈 반항아로 변한 것이다. 거기다 여러분 모르게 벌써 5년이나 바람을 피워 왔다는 말까지 듣고 나면, 결혼에 대해 그리고 자신과 배우자에 대해 다시 생각하게 되는 것이다.

상대를 슬쩍 찔러 반항하게 만드는, 이를테면 이런 체계적이지 못한 의사결정 과정에는 알퐁스, 가스통 효과라는 것이 있다. 이는 일반적인 이혼 시나리오에서는 한쪽 배우자가 자신의 외도 사실을 밝혀 상대로 하여금 다음과 같은 말을 하게 만든다. "차라리 우리 이혼해." 그리고 그 순간부터 이혼을 야기했다는 책임감, 그리고 죄책감까지 모든 것은 두 사람이 공유하게 된다. 많은 경우, 정면 대결 상황은 부부 두 사람이 이별을 결정하기까지 고민하고 또 고민하는 동안 서서히 무르익어 간다.

알퐁스 : 우리 헤어져야 할 것 같아요. 당신은 날 사랑하지 않아요(난 당신을 사랑하지 않아요). 우리 둘 사이에 더 이상 남은 게 없어요.
가스통 : 하지만 난 아직도 당신을 사랑해요.
알퐁스 : 뭐라고요? 그게 정말이에요? 물론 나도 당신을 사랑해요. 그럼 우리 헤어지지 말아요.
가스통 : 내가 다시 생각해 봤는데 아무래도 안 될 것 같아요. 우리 헤어져요.

제자리걸음만 하던 상황이 드디어 끝났다. 이렇게 되면 과연 누가 먼저 이별을 요구하는 셈이 되는 걸까?

* * *

　41세의 조안 엘스워드는 태어나서 줄곧 군인 가족으로 살았다. 아버지는 해군 제독으로 제대했으며 장녀인 조안은 아버지처럼 해군 제독이 될 능력 있는 남자와 결혼하기를 원했다. 그리고 샘 엘스워드 3세를 만났다. 그는 비록 해군이 아닌 육군이었지만 조안은 샘이 충분히 높은 자리에 오를 수 있으리라고 믿었다.

　금발에 큰 키 그리고 엷은 갈색 눈과 보기 좋게 그슬린 피부를 가진 조안은 매력적인 여자였다. 반면 남편 샘은 빨간 머리에 얼굴에는 주근깨가 있었다. 두 사람의 불행의 서약에서 조안은 지배적인 위치였고, 샘은 수동적이고 복종적인 위치였다. 이들 부부는 네 명의 아이를 낳았다. 그리고 독일, 일본, 호주, 이탈리아의 주둔지를 거쳐 샌디에이고에 자리를 잡았다. 그런데 이때부터 조안은 끔찍한 편두통에 시달렸고 샘은 날마다 늦게 퇴근했다. 두 사람은 결혼문제 상담도 받고 집단 심리치료도 받았다.

　"내가 속한 그룹 사람들은 당신한테 내 생각을 좀 더 분명히 밝히라고 하더군." 샘이 말했다. "내가 속한 그룹 사람들은 당신이 날 함부로 대한다고 했어." 조안도 지지 않고 말했다. 두 사람은 재앙을 향해 쉴 새 없이 달려가는 듯 보였다. 조안은 사정이 나아지지 않으면 차라리 헤어지는 게 낫겠다고 했다. 그러자 샘은 기다렸다는 듯 집단 심리치료 중에 만난 여자와 외도를 시작했다. 조안 역시 집단 심리치료 중에 만난 남자와 하룻밤을 보냈다. "너무 끔찍했어요. 생각도 하기 싫을 정도예요."라고 조안은 당시를 회상했다.

　두 사람은 각자의 이중생활에 대해 털어놓지 않았다. 대신 허구헌 날 싸움을 했다. 아이들 문제로 싸우고, 지하실 개조 문제로 싸우고, 자신을 함부로 대한다고 싸우고, 조안의 편두통 때문에 싸우고 샘의 술버릇 때문에 싸웠다. 진짜 문제는 두 사람의 관계였지만 진실은 외면한 채 쓸데없는 일만 가지고 싸움을 거듭했다.

결정적인 순간은 샘이 푸에르토리코로 3주일간 출장을 가고 집을 비운 사이에 닥쳤다. 아이들과 함께 집에 있던 조안은 거울을 들여다보며 자신의 삶을 진지하게 돌아봤다. "그때 내가 뭔가에 홀렸었나 봐요. 몸과 마음이 무감각해지면서 내가 아무것도 아니라는 생각이 들었거든요. 그러자 그만 헤어져야겠다는 결심이 서더군요. 그것은 내 일생에서 가장 힘든 결정이었어요. 남편이 출장간 3주일 동안 나는 정신 없이 몸을 움직였어요. 영화도 보고, 강좌도 듣고, 외식을 하면서 몸을 가만 두지 않았지요. 그리고 남편이 돌아왔을 때 나는 내 생각을 말했어요."

샘이 집에 돌아온 것은 밤 10시가 다 되어서였다. 두 사람은 거실에서 함께 술을 마셨다. "남편에게 '헤어지고 싶다'고 말했어요." 샘은 아내를 쳐다보더니 뜻밖의 반응을 보였다. "그는 갑자기 울음을 터뜨리면서 나를 사랑한다고 말했어요. 세상에서 내가 제일 소중하다면서 그때까지 한 번도 한 적이 없는 말을 하더군요."라고 조안은 당시를 회상했다. "그 뒤로 우리는 사랑을 나눴어요. 그는 그 어느 때보다 자상하고 부드러웠어요. 나와 대화도 많이 했고요."

샘은 집에 있는 시간이 많아졌고, 그 뒤로 몇 주간 완전히 다른 사람으로 변했다. 아이들과 놀아 주기도 하고 아내와 사랑을 나누는 일도 잦아졌다. "그 몇 주 동안은 지난 몇 년과 비교할 수 없을 정도로 행복했어요. 그때까지도 나에게는 남편을 사랑하는 마음이 조금은 남아 있었으니까요. 게다가 상황이 점차 좋아지고 있다는 생각에 나는 남편에게 집을 나가지 말라고까지 말했어요."

상황이 역전된 것이다.

샘은 미소를 지으며 일주일을 더 보냈다. 그러더니 어느 날, 전혀 생각지도 못한 말을 꺼냈다. 그동안 생각해 봤는데 도저히 함께 살지 못하겠으니 떠나겠다는 것이었다. 샘은 혼자 생각했다. 그리고 앞으로 살아갈 일을 계획할 시간이 필요했기 때문에 아내 곁에 머물러 있었던 것이다. 조안은 믿을 수가 없었다. 결국 샘은 집을 나가 아파트를 얻었다. 그리고 3주 후에는 여자와 동거를 시작했다는 소문까지 들렸다. "단지 혼자 살 앞날을 계획할 시간을 벌기 위해 내게 매달렸던 거예요."라고 조안은 말했다.

이제 상황은 끝이 났다. 그렇다면 조안과 샘 이들 중 누가 누구를 버린 것인가? 두 사람은 결국 이혼했고, 샘은 곧 재혼했다.

조안은 자신의 결혼생활을 돌이켜보며 머리에 떠오른 갖가지 잡념들을 찬찬히 되짚어 보았다. 그러자 자신의 이혼을 새로운 시각으로 볼 수 있게 되었다. 당시, 조안은 이렇게 말했다. "나는 살아오면서 줄곧 신경과민과 자기혐오에 시달렸어요. 그리고 내가 완벽한 존재가 아니라는 생각이 그렇게 오랫동안 날 괴롭혀 왔다는 사실을 알게 되었지요. 난, 걸핏하면 침대에 누워 아무 말도 하지 못하고 울곤 했었어요. 늘 뭔가 부족하다는 생각은 들었지만 무엇이 부족한지 그리고 내가 정말로 원하는 것이 무엇인지는 몰랐거든요. 그리고 언제나 모든 게 남편 탓이라고만 생각했어요. 차마 겁이 나서 내가 하지 못하는 일은 무조건 남편에게 강요했고요. 그런데 그렇게 강요하고 남편을 몰아세웠던 건 그 사람이 강하지도 않고, 해군 제독도 되지 못했고, 눈을 깜빡거리는 버릇이 있고, 나보다 약해 보였기 때문이었다는 사실을 깨닫게 되었지요. 나는 갈수록 바가지를 심하게 긁고 잔소리꾼으로 변했어요. 그때 내 눈에는 남편이 정말로 형편없는 인간처럼 보였어요."

지난 결혼생활을 제대로 돌아보게 되자 머리를 혼란하게 만들던 잡념들이 서서히 줄어들었다. 드디어 조안은 자신이 결혼에 실패한 이유를 깨달았다. 내 눈에는 남편이 정말로 형편없는 인간처럼 보였어요. 조안이 남편을 싫어하게 된 것은 그에게 실망했기 때문이었다.

조안 부부처럼 한쪽이 다른 한쪽에게 슈퍼맨이 되길 강요하고 그렇게 못할 경우에는 사정없이 비난하는 관계는 불행의 서약을 맺은 결혼의 가장 전형적인 예이다. 이에 대해 워싱턴의 심리학자 마사 그로스는 다음과 같이 설명한다. "사랑에 빠지면 상대에게 비현실적인 기대를 갖게 된다. 대부분의 사람들은 배우자가 자신의 고통을 해결해 주리라는 환상을 가지고 결혼한다. 그런데 배우자가 그런 기대를 충족시켜 주지 못하면 실망하고 좌절감을 느낀다. 실망감을 잘 견뎌 내는 사람이 결혼생활도 잘 꾸려 갈 수 있다."

불행의 서약을 맺은 부부들은 불가능한 요구를 통해 무의식적으로 상대를 시험한다. 겁이 나서 내가 못하는 일은 무조건 남편에게 강요했어요. 하고 말한 조안의 경우, 결혼에 대한 실망이 남편뿐만 아니라 자신에 대한 혐오감으로 변했던 것이다. 다시 마사 그로스의 설명을 들어보자. "여러분은 타인의 약점에 대해 동정심을 느끼는가? 남편이나 아내에게 '당신이 연봉 5십만 달러를 벌지 못하는 것을 이해한다. 우리 어머니와 사이좋게 지내지 못하는 것을 이해한다. 나의 고통과 어려움을 해결해 주지 못하는 것을 이해한다.'라고 말할 수 있는가? '모든 게 당신 책임이야, 나쁜 인간아!'라고 말하는 대신, '내 남편 또는 아내는 그렇게 할 수 없지만 나는 그 사정을 이해한다. 이것은 모두 내 책임이다.'라고 말할 수 있는가?"

시간이 흐르면서 조안은 잡지에서 흔히 볼 수 있는, '이혼 후 자신을 되찾고 새 삶을 시작한 여성'이 되었다. 그리고 창업강좌를 수료해 컴퓨터 기술을 전문으로 하는 홍보회사를 설립했다. 강하지도 않고 해군 제독도 되지 못했다는 이유로 남편을 몰아붙이던 조안은 이제 스스로를 몰아붙여서 여성 사업가로 성공했고, 스스로의 힘으로 목표를 달성했다.

정면 대결을 제대로 하지도 않고 헤어지는 부부도 있다. 배우자에게 헤어지자는 말을 했지만 그 말을 하게 된 이유에 대해서는 설명을 하지 않는 것이다. 이는 주로, 새로운 사람을 만나 그 사람과의 관계 때문에 이별을 요구하는 것이 대부분이며 상대에게 형편없는 사람으로 보이고 싶지도 않고, 또 약점을 잡히고 싶지도 않아서 사실을 밝히지 않는 것이다. 하지만 이런 경우, 마음은 이미 오래 전에 결혼을 떠났으며 헤어진 후의 새 삶에 대해서도 이미 준비가 끝난 상태이다. 게다가 새로운 사랑도 만났다. 또 더 이상은 배우자에게 기대하는 것도 없다. 그러니 남은 일은 이제 헤어지는 것뿐이다. 지금의 결혼생활은 끝났다.
새로운 사랑과 새로운 관계가 여러분을 기다린다.

* * *

58세의 빌 다니엘스는 아내에게 조심스럽게 접근한다. 두 사람은 25년 간 결혼생활을 유지했으며 아이들은 모두 자라 결혼했고, 빌은 미시간의 대규모 제지회사에 근무한다. 그는 군복무시절 지금의 아내인 조이스를 만났다. "한편으로는 그녀가 마음에 들었지만 또 한 편으로는 그렇지 않았습니다. 물론 그녀는 굉장히 매력적이었습니다. 하지만 내가 그녀에게 끌린 것은 나와는 전혀 다르다는 점 때문이었습니다." 둘의 관계에서 조이스는 '키스를 하는 사람'이었고 빌은 '키스를 받는 사람'이었다. 결혼에 대한 계획을 세운 것도 조이스였다. 빌은 두 사람의 관계에 회의적이었지만 조이스의 마음을 아프게 하고 싶지 않았다. "그녀와 결혼을 하고 싶은 마음은 없었지만 그렇다고 해서 결혼식장에 그녀만 남겨 두고 달아나고 싶지도 않았습니다. 그랬다가는 조이스가 말도 못하게 실망할 테니까요." 빌은 그 뒤로 25년 동안 조이스를 실망시키지 않으려고 무던히 애썼다.

"그녀는 마치 '내가 결혼해 주었으니까 당신을 철저히 개조할 거예요. 내가 원하는 대로 당신을 완전히 바꿔 놓을 거예요.'라고 생각하는 것 같았습니다."

결혼 7년 후부터 빌은 성격이 강한 지배자 타입의 또 다른 여자와 몰래 관계를 유지했다. "돌이켜 생각해 보면 그 여자는 자신을 지탱하기 위해 나를 이용했던 것 같습니다. 그 여자의 남편은 내 아내와 비슷했어요. 그래서 '잠자리를 함께 하기 전에는 반드시 몸을 깨끗이 씻어라, 나는 당신이 깨끗하길 원한다, 나는 냄새나는 여자는 싫다.'라고 했다더군요. 그런데 그녀는 그런 걸 전혀 좋아하지 않았어요. 나를 만나기 전에는 인근에서 아주 유명한 신경과 의사와도 바람을 피웠는데 그 의사는 그녀의 구두를 벗겨 때리는 게 취미였다고 하더군요."

내성적인 빌에게는 외도가 마치 롤러코스터 같았다고 했다. "그녀와의 비밀스럽고, 위험하고 은밀한 관계는 정말 짜릿했습니다. 전율 그 자체였죠. 그녀는 활기로 가득 차 있었습니다. 집에서는 그런 기분을 느껴 보지 못했습니다. 아내와 나는 1년 이상 서로의 몸에 손도 대지 않고 있었으니까요."

빌은 마치 첩보원 '007'이라도 된 듯 전율을 만끽하며 외도를 계속했다. 한 번은 밤중에 2층 창문에서 뛰어내린 적도 있다고 했다. "그녀의 남편은 개인 비행기로 출장을 다녔는데 공항이 집에서 채 10분도 안 되는 거리에 있었습니다. 그 사람이 밤에는 비행기를 타지 않는다는 걸 알고 있었기 때문에 나는 밤중에 그녀를 찾아가곤 했지요. 그러던 어느 날 밤 그녀와 함께 침대에 누워 있을 때 갑자기 비행기 소리가 들렸습니다. 그녀는 얼굴이 하얗게 질렸고 나도 심장이 멎는 줄 알았지요. 우리는 얼른 탈출 계획을 세웠습니다. 그리고 나는 서둘러 바지를 입고 창문으로 뛰어내려 차를 탔습니다. 차는 언제나 대로 가까이에 주차해 두고 있었으니까요. 그렇게 하는데 딱 3분이 걸렸습니다." 빌은 자랑하듯 당시를 회상했다.

빌의 외도는 12년 간 지속되었다. 그러다 상대 여자가 남편과 함께 캔자스로 이사하면서 둘의 사이는 끝이 났고, 그 무렵 빌은 아내에게서 완전히 멀어졌다. 그 뒤로 10년 동안 빌은 계속해서 새로운 여자들을 만났다. "굳이 여자를 찾으러 돌아다니지 않아도 자연스럽게 여자들을 만날 수 있었습니다."라고 빌은 말했다. 빌은 새로운 여자를 만나도 여전히 주도권을 여자에게 맡겼다. 그리고 현실을 부정하는 조이스는 결혼생활에 아무 문제가 없는 척 했고, 빌은 그런 아내에게 계속해서 주도권을 양보했다.

시간이 흐르고 빌은 생산부에서 승진을 계속하다 소매업 부문으로 자리를 옮겼다. 그 해 늦은 9월 관련업계 총회에 참석하기 위해 LA에 간 빌은 야무진 잿빛 눈에 금발을 짧게 자른 여자를 만났다. 20년이나 연하인 그녀는 총회를 주관하는 여행사 직원이었다. 그녀는 비벌리 힐스 근처 호텔에 투숙하고 있던 빌에게 먼저 시내 안내를 자청했다. 그리고 그에 대한 답례로 빌은 술을 대접했으며, 저녁까지 함께 하면서 많은 대화를 나누었다. 빌은 그날 저녁 그녀와 헤어지면서 몹시 섭섭한 마음을 느꼈다. 총회가 계속되는 동안 두 사람은 매일 만났고 매일 밤을 함께 보냈다.

"우리 둘 사이에 불꽃같은 게 일었습니다. 그래서 나는 스카프며 향수, 책 등을 선물하고 적극적으로 접근했는데, 그 중에서도 그녀에게 제일 많이 보낸 건 장문의 편지였습니다."

아내와의 관계에서 늘 복종적이고 소극적이었던 빌은 시간이 갈수록 점점 적극적으로 먼저 유혹하는 사람으로 변했다. 그는 다시 LA로 가서 그녀에게 산타페에서 만나자고 했다. 그녀는 좋다고 했고 빌은 열흘 동안 그녀에게 여기저기를 안내했다. 미술관도 가고 등산도 갔다. "나는 그녀가 한번도 보지 못한 것들을 보여 주었습니다." 그녀와 함께 있을 때면 빌은 리더가 되고 어른처럼 굴 수 있었다. 더 이상 여자한테 끌려 다니지도 않았다. 그는 리더가 되어 지배하는 법을 배웠다. 그리고 새로 경험한 역할이 아주 마음에 들었다.

그로부터 몇 달 후, '때마침' 아내가 애틀랜타에 있는 오빠를 만나러 가자 빌은 다시 그녀를 만났다. "이번에는 나의 영원한 사랑이자 친구이자 미래의 아내인 그녀에게 내 집에 와서 나이 많은 사람이 어떻게 사는지 보라고 했습니다." 그녀와 함께 할 때면 빌은 성숙한 남자가 되었고 모든 것을 자신이 주도했다. 두 사람은 아내가 없는 집에서 꿈같은 2주일을 보냈다. 그녀는 빌만 쳐다보며 그가 하는 말에 무조건 동의했다. 그는 빌과 영원히 함께 하고 싶어하는 듯 보였다. 그리고 빌과의 결혼도 바라는 듯 보였다. 빌은 용기를 얻어 아내와 정면 대결을 하기로 마음먹었다.

"다음 행동은 내가 주도해야 한다는 생각이 들었습니다. 그래서 용기를 내서 하고 말았습니다. 세상에, 나한테 그런 용기가 있었다니. 새로운 삶을 살고 싶다는 열망이 내게 힘을 주었습니다. 하지만 25년이나 함께 산 아내를 힘들게 하고 싶지는 않았습니다. 물론 미래의 아내를 힘들게 하고 싶지도 않았습니다."

일요일 아침, 아내는 아직 침대에 누워 있었다. "내가 침실로 들어가자 아내가 '무슨 일 있어요? 이리 와서 등 좀 두드려 줘요.'라고 말했습니다. 그녀는 뭔가 잘못되고 있다는 걸 느낀 게 틀림없었습니다."라고 빌은 말했다. 그는 침대 가장자리에 앉아 방바닥만 내려다보았다. 정말 견디기 힘든 순간이었다고 빌은 당시를 회상했다. "나는 '더 이상은 못 참겠소. 더는 못 견디겠소.'라고 아내한테 말했습니다." 그리고서 빌은 울음을 터뜨렸다. 아내는 남편이 무엇을 못 참겠다는 건지 이미 잘 알고 있었다.

"아침 먹으면서 이야기해요." 그때까지도 주도권을 놓지 않고 있던 아내가 말했다. 곧 두 사람은 아침 식탁에 앉았다. "나는 아내한테 이혼을 원한다고 말했습니다. 그러자 아내가 '날 내쫓겠다는 거예요?'라고 하며 소리를 지르기 시작했습니다. 나는 새로운 여자에 대해서는 말하지 않았습니다. 솔직히 나는 겁이 났습니다. 히스테리가 심한 아내가 나의 외도에 대해 알면 돌아 버릴지도 모른다는 생각이 들었기 때문입니다. 물론 겁쟁이 같은 행동이라는 건 알았지만 어쩔 수 없었습니다. 만약 나의 외도 사실을 알면 아내는 보상을 요구할 게 분명했으니까요. 게다가 아내는 그녀와 나의 관계를 훼방하기 위해 일부러 이혼을 미룰지도 모를 일이었습니다. 그래서 나는 아내한테 더 이상 이런 생활을 견딜 수 없다, 그만 두고 싶다고만 설명했습니다. 물론 그 말은 모두 사실이었습니다. 그러자 아내는 '결혼문제 상담을 받아 보자, 그리고 당신은 심리치료도 받는 게 어떻겠느냐'라고 했습니다. 언제나 그렇듯 아내는 또 내 탓을 하더군요. 아내는 늘 그런 식이었습니다. 자기는 아무 문제없으니까 나더러 정신과 의사를 만나 보라는 거지요.

아내의 말에 빌은 화가 났다. 그런데 그때 갑자기 아내가 이렇게 물었다. "혹시 다른 사람이 생겼어요?" 빌은 아내를 똑바로 쳐다보며 말했다. "그런 건 아니야." 그러자 아내가 흐느껴 울기 시작했다. "이제 난 어떡해요? 일을 그만둔 지도 한참 됐는데." 빌은 뭐든 제멋대로 하던 아내가 그렇게 나약한 모습을 보여 주리라고는 상상도 못했다. 빌은 갑자기 죄책감이 들어 이렇게 말했다. "난 당신한테 일하지 말라고 한 적 없소. 당신을 편하게 해 주려고 그랬던 거요. 헤어진 후에도 당신은 집에서 책보고 고양이를 돌보며 살 수 있소."

아내는 소리를 지르기 시작했다. "이제 난 어떡해요? 어디로 가야 돼요? 당신마저 믿을 수 없다면 이 세상에서 내가 누굴 믿고 살아야 하죠? 이제 더 이상 아무도 못 믿을 것 같아요." 아내는 애처로운 얼굴로 빌을 쳐다보며 이렇게 말했다. "내가 당신을 얼마나 사랑하는지 잘 알잖아요. 난 당신을 믿어요. 지금 우리가 이게 무슨 꼴이에요?"

빌은 마음이 찢어질 것 같았다. 기고만장하고 제멋대로였던 아내가 불쌍하게 흐느껴 울며 말도 안 되는 소리를 떠들어대는 걸 보자 죄책감이 들고 마음이 아팠다. 하지만 그는 후회하지 않았다. 그는 떠나고 싶었다. 그리고 마음은 벌써 아내를 떠난 후였다. 두 사람의 불행의 서약은 끝이 났다. 이들의 이혼은 누구의 책임인가? 그 뒤로 빌은 힘들고 지루한 이혼 절차를 밟아야 했다.

헤어지기로 결정했다면 이제 과거에 대한 후회와 미래에 대한 기대를 꼼꼼히 살펴봐야 한다. 그리고 과거에서 완전히 벗어나야 하고 자신의 감정을 새롭게 추슬러야 한다. 그것은 여러분의 배우자도 마찬가지이다. 누가 결정을 내렸든, 부부 두 사람 모두 개인

적이고 현실적인 변화를 겪게 된다. 그리고 이제부터는 영원히 끝나지 않을 것 같은 '감정적 별거 단계'로 들어서게 된다. 결혼은 끝났다. 하지만 아직 결혼에서 완전히 벗어난 것은 아니다. 현재로써는 완전히 이혼을 할지 아니면 다시 합칠지 알 수 없다.

중요한 것은 파괴적인 관계에서 벗어나기 위해 굳이 이혼을 택할 필요는 없다는 점이다. 별거를 통해 다시 화해하고 합치는 부부들도 있으니까. 불행의 서약에 정면으로 맞서 둘의 관계를 새롭게 정립하기만 하면 불가능할 것도 없다. 하지만 그것은 길고도 어려운 과정이다. 그러나 정면 대결이라는 고통스러운 순간에도, 배신과 환상으로 결혼이 깨어지는 비참한 순간에도, 굳이 이혼을 하지 않고 얼마든지 새로운 삶을 찾을 수 있다는 것을 기억하기 바란다. 그에 대해 워싱턴 DC의 결혼과 가족문제 연구소의 앤 F. 리히 소장은 이렇게 말한다. "남편과 아내 모두 착하고 좋은 사람들인데도 결혼생활이 원만하지 않을 때, 굳이 이혼을 택하는 대신 결혼이라는 제도 속에서 서로 성장하고 변하도록 기다려 보는 것은 어떨까?"

여러분은 이혼을 하게 될지도 모른다. 여러분 스스로 이혼을 원할 수도 있고, 여러분의 뜻과 상관없이 남편이나 아내가 이혼을 원할 수도 있다. 어떤 경우든, 위기가 닥쳐 부부가 별거를 하게 되었을 때 그 결과가 항상 이혼으로 이어지는 것은 아니다.

이에 대해 커쉬는 다음과 같이 말한다. "누가 궁극적으로 이혼을 하고 또 누가 결혼생활을 계속 유지하게 될 것인지 미리 예측하는 것은 거의 불가능하다. 대개 불화가 심하고, 둘 사이의 싸움이 치열할수록 화해하고 재결합할 가능성이 높기 때문이다. 그래서 결혼문제 상담의 목적은 이혼의 위기에 이르게 된 것에 대해 부부 두 사람에게 얼마나 책임이 있는가를 스스로 깨닫도록 하는 것에 있다."

물론 이렇게 하기 위해서는 불행한 결혼에 대해 떠오르는 잡념들에 귀를 기울여야 한다. 남편과 혹은 아내와 맺은 불행의 서약은 얼마든지 깨부수고 새로 쓸 수 있다. 결혼이 파탄 난 이유도 얼마든지 알아낼 수 있다.

커쉬는 너무 화가 나서 차를 타고 가다 싸움을 한 남자에 대한 이야기를 인용한 바 있다. 그 남자는 얌전하고 말 잘 듣던 아내가 갑자기 자기 대신 문을 열게 된 것에도 화를 내며 마다하는 혁명적인 여성운동가로 변한 것에 말할 수 없이 화가 났다. 그래서 그는 자녀들이 보는 앞에서도 아내를 '나쁜 년'이라고 욕했다. 여기서 짐작할 수 있듯이 그는 폭군이었던 것이다. 또 그는 아내를 때리기도 했다.

두 사람은 결혼문제 상담을 시작했다. 상담을 통해 아내는 자신이 남편을 두려워했으며, 남편에게서 아버지의 역할을 기대하고 있었다는 것을 알게 되었다. 그리고 남편은 아내가 자신을 늙은 호색한처럼 대하는 것 때문에 자신이 상처받았음을 알게 되었다. 상담을 받으면서 아내는 점점 자신감이 생기고 적극적으로 변했다. 그리고 남편으로 인한 심리적 위축감에서 벗어났고 남편에 대한 두려움도 많이 줄어들었다. 반면에 남편은 갈수록 나약해졌다. 이제 남편은 아내의 아버지 역할을 할 필요가 없었다. 그리고 지금처럼 제멋대로 하다가는 아내와의 관계도 끝장난다는 것을 알았다. 또 그는 아내한테 의지해도 된다는 것을 알게 되었고 그렇게 하는 것에 조금씩 익숙해졌다. 두 사람이 불행의 서약을 완전히 벗어나기까지 8년의 세월이 걸렸다. 그러나 과거의 결혼생활에서 벗어나는데 성공한 두 사람은 재결합했다.

불행한 결혼생활에서 벗어나 새로운 부부관계를 정립하는 것은 결코 쉬운 일이 아니다. 불행의 서약에서 벗어나는 데는 오랜 시간이 필요하기 때문이다. 그리고 모든 사람이 불행의 서약에서 벗어나 다시 결혼생활을 유지할 수 있는 것도 아니다. 여러분이 앞으로 어떤 길을 가게 될지는 아무도 모른다. 그저 최선을 다해 앞으로 나가는 수밖에…….

대부분의 경우, 정면 대결 상황까지 가면 이미 서로에게 지칠 대로 지쳐 예전처럼 서로 사랑하던 사이로 돌아가기가 거의 힘들다. 이에 대해 시카고 대학의 발달 심리학자 린제이 체이스 란스데일은 다음과 같이 말한다. "결혼문제 상담을 위해 찾아오는 부부는 갈등이 심하고 이미 서로에게 화가 나 있고, 상처를 받을 대로 받아서 둘의 관계를 재조정하기에 너무 늦은 경우가 대부분이다."

감정적으로 서로 멀어진 시간들로 인해 이미 두 사람은 지칠 대로 지쳤다. 상대로 인해 상처받은 기억도 너무 많다. 이제는 서로를 존중하는 마음도, 잘해 주고 싶은 생각도 없다. 게다가 새로운 삶을 살 수 있다는 가능성도 맛보았다. 즉 이제 와서 다시 옛날로 돌아가 지겨운 상대와 노력하고 싶은 생각은, 최소한 지금 당장은 없다.

이혼의 정치학은 국가들 간의 정치와 많은 점에서 비슷하다. 러시아의 여류 시인 지나이다 기피우스 메레츠코바스카야(Zinaida Gippius-Merezhkovaskaya)는 10월 볼셰비키 혁명이 있기 8개월 전인 1917년 초 일기에 이런 글을 적었다. "혁명(Revolution)을 하기엔 너무 이르고 개혁(Reform)을 하기엔 너무 늦었다."

정면 대결과 함께 별거를 시작하는 부부들의 대부분은 결혼에 대한 구조 조정을 하기엔 이미 너무 늦었다. 하지만 이혼을 하기엔 아직 너무 이르다.

제 II 부

크레이지 타임

죽일 때가 있으면 살릴 때가 있고 허물 때가 있으면 세울 때가
있다.
 - 전도서 3장 3절

제 4 장

벼랑 끝에서

대개 이혼은 사람을 미치기 일보 직전까지 몰고 간다. 그래서 이혼의 상황에서 견디지 못해 자신을 파괴하고 가족을 파괴하는 사람도 종종 있다. 그리고 그들은 가미가제(특수임무나 기습공격을 실시하기 위해 특별히 편성된 훈련, 장비된 특수부대로 제 2차 세계대전 때 비행기나 특수 잠수정을 직접 조종, 연합군의 함정에 돌격하여 충돌하거나 자폭한 일본군 자살 공격부대를 일컫는다) 식으로 적을 없애기 위해 자신의 목숨까지 던져 버린다. 물론 더 많은 대부분의 사람들은 이 힘든 시기를 무사히 넘긴다. 하지만 살인이나 자살, 정신병에 희생되는 사람들도 적지 않다. 그리고 겉으로는 심각한 증세가 나타나지 않지만 속으로는 서서히 죽어 가는 사람들도 많다. 다시 말해 드러나는 증상이 훨씬 더 부드럽고, 잔인하지도 않고 사회적으로 용납 가능한 것일지라도 여러분의 정신에 치명적이기는 매한가지라는 사실이다. 즉 이혼을 경험하게 되면 누구나 조금씩은 가미가제 식의 정신이상을 겪게 된다.

물론 정신이상을 겪는다고 해서 무조건 자살하거나 배우자를 살해하는 것은 아니다. 정상적인 대부분의 사람들도 이혼의 암흑기를 거치면서는 마음속의 악마로 인해 자살이나 살인 충동을 느끼게 되기 때문이다. 사실 이런 충동은 심각하게 고민할 것이 못 된다. 왜냐하면 그것은 그저 자신과 치르는 게임에 불과하기 때문이다. 기본적으로 여러분은 정상적인 사람인데 지금 일시적으로 엉뚱한 생각이 머리에 떠오르는 것뿐이다. 자기도 모르는 사이에 남편이나 아내가 교통사고라도 당하면 또는 음식이 목에 걸려 질식해 죽어 버리면 차라리 모든 일이 쉽게 풀리지 않을까 하는 생각이 드는 것일 뿐이다. 물론 이런 생각을 하지 않으려고 해도 뜻대로 되지 않는다. 심지어는 이러다 내가 음식이 목에 걸려 죽으면 어쩌나, 하는 생각에 식사를 할 때마다 조심스러워지기까지 한다.

이혼을 하면서 겪는 가장 큰 충격은 바로 경제적인 문제다. 이혼을 하면 이전보다 훨씬 가난해지기 때문이다. 실컷 마음고생을 하고 나서 경제적 여유가 조금만 있으면 그 동안 힘들었던 마음을 달랠 수 있을 것 같은데 이제 다시 돈 때문에 고생을 해야 하다니, 너무 불공평하다는 생각이 든다. 남자의 경우는, 20년 동안 뼈빠지게 일해서 겨우 살 만한 가정을 꾸렸는데, 이제 와서 다시 손바닥만한 월세 방으로 쫓겨나고 그것으로도 모자라 아이들 양육비에 학비까지 대야 한다면……, 그나마 월세 방이라도 감지덕지하게 여겨야 한다. 그리고 10년 넘게 전업주부로 지낸 여자는 대출도 쉽게 안 되고, 신용카드도 만들 수 없다. 물론 일자리를 얻기도 쉽지 않다. 기술도 없고 경력도 없으니 취직을 할 수도 없고, 설사 취직이 된다 해도 아이들은 또 누가 돌볼 것인가? 이제 여러분의 인생은 벼랑 끝에 섰다.

겨울은 다가오는데 보일러가 터진다. 자동차는 고장나고 냉장고도 전기가 나갔다. 이 지경이 되도록 만든 남편이 혹은 아내가 죽도록 밉다. 은행에 가서 겨우 대출을 받아 또다시 빚더미에 올라앉고 나면 갑자기 살기가 싫어진다. 이런 상태에서 영원히 벗어나지 못할지도 모른다. 평생 이렇게 쪼들리며 살아야 할지도 모른다. 그러다 문득 죽어 버리면 어떨까 하는 생각이 든다. 내가 죽으면 사람들이 뭐라고 할까? 내 장례식에 오기는 할까?

세상이 뒤집어졌다. 여러분은 중심을 잃고 헤맨다. 발을 땅에 대고 서 있을 수가 없다. 마치 우주에 나간 우주 비행사처럼 느린 동작으로 방향도 없이 이리저리 떠다닌다. 앞으로 나가는 것도 아니고 뒤로 물러나는 것도 아니다. 그저 둥둥 떠다니다 가라앉았다가는 다시 떠다니다 또 가라앉는다. 내가 아닌 것 같다가 또 어느 순간에는 벼랑 아래로 한없이 떨어지는 것만 같다. 정신상담을 받으러 가도 이혼은 혼란스러운 일이라고만 말한다. 그것은 여러분도 이미 알고 있는 사실이다. 이제는 눈 딱 감고 이 혼란에서 벗어나고 싶다.

그는 아파트 지하층 방에 혼자 앉아 있다. 테이블에는 38구경 권총이 놓여 있다. 총알은 집에 두고 왔다. 주말에 아이들을 데리러 가서 이번에는 권총을 집에 두고 대신 총알을 아파트로 가져왔다. 그는 권총과 총알을 같은 곳에 두지 않으려고 최대한 조심한다. 지금 그는 자신과 게임을 하고 있다. 권총 부리를 머리에 대고 방아쇠를 당겨 본다. "과거의 나는 죽었다. 나는 새로 태어났다!" 그는 소리친다.

이런 것이 '크레이지 타임'이다. 크레이지 타임은 이혼이나 별거 후 대개 2년 정도 계속된다. 이 시기에는 감정의 기복이 심해 행복했다가 갑자기 화가 나고, 헤어지길 잘 했다는 생각이 들다가도 다시 후회가 밀려오고, 깊은 좌절감에 빠지고, 갑자기 수치스러워지고, 무모한 짓을 하기도 한다. 제정신이 아니다. 자신이 누구인지도 모른다. 가끔은 자신이 누구인지 알고 싶지 않을 때도 있다. 아무나 붙잡고 섹스를 하고 싶은 충동이 일기도 한다. 가만히 누워 몸을 잔뜩 긴장시킨 채 얕은 숨을 쉬며 부정적인 상상만 하기도 한다. 그러다 크레이지 타임이 절정에 달할 즈음 구제의 손길이 다가온다. 새로운 사랑에 빠지는 것이다.

답답하던 가슴이 뻥 뚫린다. 내게 다시 사랑이 찾아오다니, 믿어지질 않는다. 마냥 웃음이 나오고 덩실덩실 춤이라고 추고 싶다. 너무 이른 것은 아닐까 하는 생각이 들기는 한다. 바닥에는 구멍이 뚫렸고 노도 없는 구명보트에 무작정 뛰어들었다는 생각이 들기는 하지만 너무 오랫동안 힘들었던 것을 생각하면 즐겁고 행복하기만 하다. 심리치료사들은 이런 현상을 사랑으로 문제를 해결하려는 시도라고 해석한다. 하지만 대부분의 경우 그런 사랑으로는 문제가 해결되지 않는다. 여러분은 다시 무너진다. 꿈같던 새 사랑이 다시 꿈처럼 사라지면 여러분은 이제 정말로 두려워진다. 방향도 없이 이리저리 흔들리기만 하는 상태가 영원히 끝나지 않을 것만 같다. 이렇게 힘들게 살아야 한다는 게 믿어지지 않는다. 너무 괴롭고, 하루 하루가 고단하고, 두렵기까지 하다. 돈도 없고, 건강도 나빠지고 정신 상태까지 이상해지는 것만 같다. 이혼하던 순간보다 더 힘들어졌다는 게 믿어지지 않는다. 정말 벼랑 끝에 서 있는 기분이다.

이혼을 하면 아픔 속에서 성장해 새로운 자아를 찾을 수 있다는 말은 많이 하지만 이렇게 힘든 '크레이지 타임'을 겪는다는 말은 아무도 안 한다. 하지만 자신만의 새로운 삶을 구축하기 위해서는 이 힘든 '크레이지 타임'을 반드시 통과해야 한다. 크레이지 타임은 상중(喪中, 상을 당하고부터 장례를 치를 때까지의 동안)이나 다름없다.

이혼은 죽음이며 또한 전쟁이다. 그러니 이혼을 겪으면서 정신이 이상해지는 것도 무리가 아니다. 내 삼촌 중 한 분은 2차 대전 참전 병사들 중에 전역 이후에도 견디기 힘든 전쟁을 겪은 후유증으로 줄곧 한쪽 다리로만 산 사람이 있다고 말씀하신 적이 있다. 이혼도 마찬가지이다. 견디기 힘든 일을 보고 듣고 겪으면서 심각한 후유증을 앓게 된다.

이혼을 하면 엄청나게 많은 것을 잃게 된다. 부부관계가 끝나고, 지난 추억들을 잊어야 하고, 지금껏 꿈꿔 온 삶을 포기해야 한다. 그리고 자신의 어린 시절과 가족 그리고 친구들의 새로운 모습을 보고 알게 된다. 이혼의 어두운 비밀이 바로 여기 있다. 갑자기 너무 많은 것을 잃고 몰랐던 것을 알게 되는데, 때로는 그것이 너무 견디기 힘들어 사람들은 조금씩 정신이 이상해진다.

이혼이 미치는 영향에 대해 연구하는 버지니아 대학 심리학과 과장 E. 메이비스 헤더링턴은 다음과 같이 말한다. "미처 나아질 틈도 없이 사정은 점점 더 나빠진다. 이혼 후 약 1년이 지날 즈음이면 이혼한 여성과 자녀는 이혼 2개월 전에 비해 자신의 역할을 제대로 수행하지 못한다. 그들은 '세상에, 내가 왜 이러지? 점점 나아지는 줄 알았는데 더 나빠졌잖아.' 하고 생각한다. 하지만 결국에는 다시 사정이 좋아진다. 조사 대상의 대부분은 2년 후 훨씬 나아진 모습을 보여 주었다."

캘리포니아 이혼 가정 프로젝트의 조사 결과도 위의 내용을 뒷받침하고 있다. 조사 대상인 남녀 120명 모두 이혼 후 2년에서, 혹은 그 이상 매우 힘든 시기를 보냈다. 그들은 사소한 일에도 화를 내고 좌절하는 것 외에도 심각할 정도로 불안한 행동을 나타냈다. 대개 이혼을 먼저 요구한 쪽은 죄책감과 자긍심 결핍 증세를 보이고, 이혼을 반대한 쪽은 폭력적 성향을 보인다.

이 조사를 주도한 조안 켈리는 다음과 같이 설명한다. "그런 사람들은 남녀를 불문하고 유치하고, 퇴행적이고 자기통제가 불가능한 행동이 돌발적으로 나타나는 혼란의 시기를 겪는 것으로 보인다." 조사 대상 남성의 25퍼센트는 극도로 혼란스러운 시기를 보내는 것으로 보고서는 밝히고 있는데, 그런 사람들은 "이혼한 상대를 몰래 엿보고, 밤에 갑자기 찾아가 문을 부시기도 하고, 음란하고 위협적인 전화를 하고, 물리적 폭력을 가하고, 기물을 파손하고, 자녀 유괴를 시도하기도 한다. 그리고 여성 역시 비슷한 수가 극도의 혼란 상태를 경험한다."라고 켈리는 말한다.

미국 메릴랜드 주 노스비치 발. 시의회 의원이 오늘 조용한 메릴랜드 남부 주택가에서 아내와 아홉 살 된 딸을 살해한 후 자신도 권총으로 자살했다. 주 경찰에 따르면 가정불화가 원인인 것으로 보이는 이번 사건은……. 한편 살해된 딸은 최근 함께 놀던 이웃 소년에게 '엄마와 새아빠와 함께 다른 동네로 이사할 것이다.'라고 말한 것으로 밝혀졌다(1981년 8월 25일 워싱턴포스트지).

불행한 결혼에서 벗어나고 싶고, 또 그렇게 할 방법을 연구하고 계획하면서도 정작 이혼할 때는 아무런 준비도 하지 않은 경우가 대부분이다. 그리고 이혼 과정에서 발생하는 심각한 정신적 문제들은 대개 이런 준비 부족이 원인이 된다. 한 조사에 의하면, 대부분의 경우 이혼을 요구한 당사자를 포함해서 부부 두 사람 모두 심리적으로 전혀 준비가 되어 있지 않은 상태에서 이혼을 감행한다고 한다. 또 다른 조사에서는 남성의 53퍼센트 그리고 여성의 47퍼센트가 최종적으로 이혼이 결정되기 전, 최소한 한 번 이상의 별거를 겪는데도 불구하고 이혼 과정에서 남편들의 37퍼센트와 아내들의 30퍼센트만이 이혼에 앞서 준비를 하는 것으로 나타났다.

캘리포니아 이혼 가정 프로젝트는 이혼 직후 나타날 수 있는 심리적 문제를 예측하는 것에 있어 이혼을 먼저 요구한 배우자가 중요한 지표가 된다고 결론 내렸다. 버림받은 배우자 즉, 이혼을 반대하는 쪽은 대개 이혼에 대해 전혀 준비되어 있지 않고, 폭력과 심각한 이상 행동에 취약한 것으로 나타났다.

미시간 주 페어웰. 포스트 일가 일곱 명이 화요일 저녁 살해당했다. 가장인 조지 W. 포스트와 아내가 살해당했다. 주방에는 이들 부부 외에도 포스트 부인의 이전 결혼에서 태어난 딸 가네타 헤가트(23세)도 있었는데 헤가트 양 역시 권총으로 살해당했다. 경찰은 조지 포스트의 농가 앞에서 그의 이전 결혼에서 태어난 딸 헬렌 카프니(29세)와 그녀의 자녀인 안젤라(10세), 팀(8세), 에이미(4세)의 시체도 찾아냈다. 이들 역시 모두 권총으로 살해당했다.
클레어 카운티의 게이지 H. 알렉 보안관은 오늘 가네타 헤가트의 남편 로버트 리 헤가트(31세)에 대한 체포 영장을 발급 받았다. 가네타 헤가트는 주말에 플로리다 주 브랜든에서 페어웰로 왔으며, 화요일 카운티 법원에 이혼에 대한 최종 판결을 받을 예정이었다(1982년 2월 18일 뉴욕 타임즈).

크레이지 타임은 기진맥진한 이혼 파멸 상태가 가까울 때 찾아온다. 운이 좋은 경우에는 상처를 극복하고 새 삶을 찾기도 하고, 많은 사람들이 이 시기에 미래의 기초가 될 수 있는 정신적 힘을 찾는다. 하지만 종이 한 장 차이로 그렇게 하지 못하고 영원히 파멸의 길로 빠져드는 사람들도 있다. 지난날을 한 번 돌아 보라. 여러분도 자칫하면 그렇게 될 수 있었다. 이런 힘든 시기를 겪는 것은 여러분 혼자만이 아니다. 이혼을 하는 대부분의 사람들이 한 번은 여러분처럼 벼랑 끝에 선다.

* * *

48세의 마가렛 시몬스도 그랬다. 대단히 마른 몸매의 마가렛은 밝은 색의 맞춤 실크 블라우스를 매우 좋아하는데 지금도 그런 블라우스를 가지고 있다. 그녀는 뉴욕 데일리의 기자로 일하면서 센트럴 파크가 내려다보이는 아파트도 있고, 애인도 있고, 애인과 공동명의로 교외에 별장도 가지고 있다. 하지만 20년 전의 마가렛은 미시간 주 디트로이트의 한 병원 응급실에서 위 세척을 받으며 누워 있었고, 그녀의 환자 일지에는 '자살 기도'라고 적혀 있었다.

마가렛은 학구적인 분위기 속에서 자랐다. 그녀의 아버지는 미시간에서 미국 역사학 교수로 재직했고, 어머니는 가족계획 단체에서 일하면서 지방신문에 서평을 기고했다. 마가렛은 1950년대 미국의 지적인 보헤미안 기질이 넘치는 가족의 따뜻한 품에서 보호받으며 곱게 자랐다. 대학 신입생 시절 마가렛은 사랑에 빠졌다. 상대는 우울한 갈색 눈에 일찍 머리가 센 네 살 연상의 조셉이었다. 그는 학교 안에서 전설적인 인물로 꼽힐 정도로 매우 똑똑했지만 마가렛은 그의 어두운 모습을 간파했다.

조셉의 어머니는 그가 열두 살 때 자살했다. 그러나 그 일에 대해서는 아무도 말하지 않았다. 마가렛은 조셉의 어두운 과거에 대해 일종의 환상을 품게 되었다. 자신보다 나이가 많으니 세상에 대해 자신보다 더 많이 알 것이라는 생각도 했다. 그리고 조셉은 항상 마가렛에게 자신은 미시간 최고의 부동산 재벌이 될 것이라고 말했다. 두 사람은 마가렛이 스무 살 생일을 맞이하기 직전 결혼했다. 무의식 속에서 맺은 불행의 서약에서 마가렛은 '위대한 남자'를 얻었고 조셉은 '완벽한 내조자'를 얻었다. 조셉이 지배적인 위치가 되고 마가렛이 복종적인 위치가 된 것이다. 당시에 대해 마가렛은 다음과 같이 회상했다.

"조셉의 성공이 우리 사이를 지탱해 주는 끈이었습니다. 우리는 오랫동안 서로를 열렬히 사랑했습니다. 그가 학교에 다니는 동안 나는 일을 했습니다. 우리는 작은 아파트에 살면서 스파게티를 먹고 베토벤의 음악을 즐겼어요. 그 시절은 정말 낭만적이었지요. 조셉은 수석으로 졸업했고, 나는 마치 내 자신이 학위를 받은 것 같은 기분이 들었습니다."

마가렛의 말처럼 조셉은 빠른 속도로 성공해서 부를 쌓았다. 그는 쇼핑센터며 아파트 등을 개발하고 건축했다. 그리고 마가렛 부부는 그로스 포인트에 수영장이 있는 대저택을 구입했다. 결혼 7년 만에 조셉은 디트로이트 최고의 부동산개발업자로 신문에 칼럼도 기고했다. 그 사이 마가렛은 세 명의 아이를 낳고, 개 두 마리를 기르고 하녀도 둘이나 두었지만 심각한 우울증에 빠져들었다.

"남편은 점점 성공하는데 나는 아무것도 아니라는 생각이 들었어요."라고 마가렛은 말했다. 직접 희곡을 쓰고, 저녁식사 때면 부모가 월레스 스티븐스의 시에 대해 토론하는 것을 즐겨 듣던 자유분방하고 지적인 소녀는 어디로 간 것일까? "아이들을 기르는 것도 보람 있는 일이지만 지적인 자극을 주지는 못했어요. 나는 점점 지쳐 갔지요. 세상에서 완전히 버림받은 기분도 들었습니다. '졸업'이라는 영화를 보러 갔는데 '세상에, 살아오면서 난 늘 어리다고만 생각했는데 지금 보니 갑자기 늙어 버렸네. 그 사이 내 시간은 다 어디로 간 거지?' 하는 생각까지 들더군요."

마가렛을 불편하게 하는 것은 이뿐만이 아니었다. 그녀는 남편과의 잠자리에서 한 번도 오르가슴을 느껴 본 적이 없었다. 그리고 마가렛에게는 남편이 첫 남자이자 유일한 남자였다. "나한테 문제가 있는 줄 알았어요. 성에 대해 무지하다고만 생각했었죠."

게다가 언젠가부터 조셉은 도박을 하고 밤에 늦게 들어오기 시작했다. 그러면서 '부자들은 원래 이렇게 한다, 모두가 사업을 위해 하는 일'이라고 변명했다. 그 뒤로 2년 간 결혼생활은 점점 힘들어졌다. "우리는 두 번이나 별거를 했다가 다시 화해하기를 반복했어요. 물론 결혼문제 상담소에도 찾아갔지요. 그러다 마침내 제가 먼저 '우리 그만 헤어져요'라고 말했어요."

당시 29세였던 마가렛은 여덟 살, 다섯 살, 세 살 된 아이들 외에는 아무것도 없었다. 반면 33세였던 조셉은 돈과 명예, 지위 그리고 아름다운 아내와 귀여운 세 아이를 둔 디트로이트 최고의 부동산개발업자가 되어 있었다. 조셉은 좋은 내조인인 마가렛을 놓치고 싶지 않았다. 그래서 그는 불행의 서약을 고수하면서까지 '위대한 남자'의 역할을 계속했다. 그러자 마가렛이 남편을 배신했다. 결혼을 끝장내기 위해 마가렛은 남편의 꿈의 토대를 파괴하기 시작한 것이다. 그는 '어떻게 나한테 이럴 수가 있어?' 하고 생각했다. 그리고 조셉에게도 점점 어둠의 그림자가 드리우기 시작했다. 아무에게도 말은 하지 않았지만 늘 마음 한 구석에 어머니의 자살을 담고 있던 조셉은 달라진 아내 때문에 어린 시절의 상처가 다시 불거지고 있었다. 그는 자신의 약점을 건드리는 아내가 죽이고 싶을 정도로 미웠다.

"조셉은 불같이 화를 냈어요. 나를 괴롭히려고 내 전화에 도청장치를 하고, 나를 미행하게 했지요. 심지어는 총을 들고 나를 뒤쫓은 적도 있어요." 하고 마가렛은 말했다. 조셉은 전형적인 패턴을 따랐다. 문제의 존재 자체를 부정하는 결혼의 '지배자'로서 조셉은 이혼을 거부하고 별거 기간 동안 폭력을 휘두르며 분노를 터뜨렸던 것이다. 마가렛 역시 수동적인 '복종자'의 전형적인 패턴에 따라 결혼의 문제점을 인식하고 먼저 이혼을 요구했다. 하지만 독립생활에 전혀 익숙지 않았기 때문에 새로 생긴 가족부양의 책임도 감당하기 힘들었고 남편의 광기에 가까운 분노도 어떻게 감당해야 할지 몰랐다. 조셉은 그로스 포인트의 대저택을 나갔지만 별거 부양비나 자녀 양육비 지급은 거부했다. 하지만 그가 지역에서 너무나 유명한 사람이었기 때문에 처음부터 제대로 된 변호사를 구하기는 힘들다는 걸 마가렛은 알았다.

어느 날 오후, 마가렛은 침실 창가에 앉아 있다가 남편이 자신의 자동차 계기판을 박살내는 것을 목격했다. 그녀는 곧 경찰을 불렀다. 하지만 경찰은 오지 않았다. "혼자라는 생각에 견딜 수 없이 괴로웠어요."라고 마가렛은 당시를 회상했다. 두려움은 편집증으로 이어졌다. 더 이상 자기가 할 수 있는 일이 없다는 생각이 들었고, 모두가 적이었다. 성공한 남편과 이혼하려는 자신을 이해해 주는 사람은 물론 아무도 없었다. 친구들이 "단지 지쳤다는 이유로 남편과 헤어지겠다는 거야?"라고 물으면 마가렛은 대답할 말이 없었다. 심지어 그녀의 부모조차도 "너 대체 왜 그러는 거니?"라고 물었다. 그 때문에 마가렛은 부모님에게 전화도 하지 않았다. 점점 죄책감이 밀려왔다.

"6개월 동안 울기만 했어요. 아이들의 친구가 찾아와서 문을 열어 줄 때도 금방이라도 눈물이 쏟아질 것만 같았지요."

오래지 않아 은행에서 그녀의 집이 유질 처분(채무불이행의 경우 질권(質權)설정과 동시에, 또는 변제기간 전에 하는 계약에 의해 채권자가 질물(質物)의 소유권을 취득하거나 질물을 임의 매각하여 채권의 우선변제에 충당하는 것)되었다고 통지했다. 마가렛은 낮에는 식당 종업원으로 일하면서 아이들과 보모들과 씨름했다.

"너무 힘들었어요. 나는 사람답게 살 수 있는 기회를 모두 포기해 버린 거였죠. 겨우 스물 아홉 살에 내 인생이 끝나 버렸어요.

난 내 자신이 너무 형편없는 사람처럼 느껴져 견딜 수가 없었어요. 더구나 내가 짊어지고 있는 책임은 너무 무거운 것이었죠. 또 내 곁에는 아무도 없었어요. 난 내가 그 어디에 기댈 수도, 기대할 것도 없다는 생각이 들자 죽어야겠다는 마음이 들더군요."

아침 9시 30분. 아이들은 모두 학교에 갔고, 마가렛은 아스피린 병을 뚫어지게 쳐다보았다. 오래 걸리지 않을 거야, 다들 이렇게 하잖아, 하는 생각이 들었다. 그녀는 먼저 다섯 알을 삼키고 또 다시 다섯 알을 삼켰다. 그리고 금방 150알을 삼켰다. "자살은 거의 성공할 뻔했어요. 그런데 하필이면 그때 우연히 친구가 찾아왔지 뭐예요. 친구는 문을 두드렸지만 나는 '꺼져 버려!'라고 소리쳤어요. 그러자 친구가 문을 억지로 밀고 들어왔고 내 모습을 보더니 구급차를 불렀어요." 마가렛은 몇 주일이나 병원에 입원해 있어야 했다. 그녀는 심각한 신경쇠약이라는 진단을 받았다. 그녀의 세상은 여전히 그대로 멈춘 듯 했다.

당시를 돌이켜보면 자살 기도가 오히려 자신의 목숨을 구한 셈이라고 마가렛은 말한다. "병원에 있던 동안이 결정적인 전환점이 되었어요. 그때까지 나는 결혼문제나 감정처리를 누구의 도움도 받지 못하고 혼자 처리하려고 애쓰고 있었으니까요. 그런데 다행히 훌륭한 심리치료사를 만났습니다." 마가렛은 몇 년 동안 심리치료를 받았다. 그리고 그 사이 자신을 대변해 줄 변호사도 선임했다. 이혼은 자살 기도 1년 후에 이루어졌으며 이혼 절차가 진행되는 동안 마가렛은 아이들과 함께 플로리다 주로 이사해 세인트 피터스버그 타임즈 신문에 헤드라인작성 기자로 취직했다.

마가렛은 당시에 대해 이렇게 말했다. "격분의 시기는 2년 정도 지속되었습니다. 전남편은 이혼 후 곧 재혼했어요. 그와 그의 새 아내는 그로스 포인트의 대저택에 살았습니다. 그들은 모든 걸 가졌어요. 하지만 아이들과 나한테는 아무것도 없었습니다. 우리가 가진 것이라고는 냄비 세 개와 천장에 뚫린 구멍 다섯 개가 전부였습니다. 하지만 그 시절에 나는 비로소 혼자 서는 법을 배웠습니다. 아무것도 없었지만 아무것도 없는 주체가 바로 나였습니다. 나는 내 힘으로 일어섰습니다. 나는 혼자 힘으로 일어서려면 자신이 하는 모든 일에 책임져야 한다는 것을 배웠습니다. 정신적으로든 경제적으로든 의존해서는 혼자 힘으로 일어설 수 없습니다."

이혼 후 20여 년이 지났는데도 전남편은 여전히 마가렛을 미워하고 있었다. 게다가 자녀 문제로 통화를 할 때면 제멋대로 끊어 버리기 일쑤이며 그의 현재 아내는 수척해 보였다고 했다. 이런 말을 하는 마가렛의 눈에는 심술궂은 만족감이 스쳤고, 곧이어 미소를 지었다. 그것은 전남편에게서 벗어난 것을 다행으로 여긴다는 미소였다.

이혼하고 새 인생을 시작하는 사람들 모두가 마가렛처럼 젊고 능력이 있는 것은 아니다. 그리고 마가렛 역시 아무 상처 없이 크레이지 타임을 통과한 것도 아니다. 그녀는 지금도 이성과의 관계가 조심스럽다. 같은 일을 또 겪으면 어쩌나 하는 걱정 때문이다. 그녀에게 전남편과의 삶은 너무도 괴로운 일이었다. 지금까지도 마가렛은 전남편이 자신에게 왜 그토록 화를 냈는지 모른다. 하지만 "그런 일은 '정상적인 두 사람' 사이에서는 절대 일어날 수 없는 일이다." 하는 생각만은 절대 잊지 않을 작정이다.

크레이지 타임 동안 가장 많이 느끼는 것이 불확실함이다. 즉 무슨 일이 벌어지고 있는지 확실히 안다는 자신이 없다. 그래서 불안감이 커지는 것이다. 자기 기분이 어떤지 자신이 무엇을 원하는지도 잘 모른다. 여러 가지 감정과 생각은 머리 속에서 충돌한다.

여러분의 불확실한 상태는 배우자에게 고스란히 반영되어 여러분만큼이나 그 사람도 정신이 나간 것처럼 행동한다. 여러분은 단서를 찾는다. 이별로 가는 과정들이 빠르게 지나간다. 지금 여러분은 어떤 상황에 처해 있는가? 여러분은 이혼을 요구하고 배우자는 화를 내고 절망한다. 하지만 이런 상황에도 희망이 있고 웃음이 있다. 어쨌든 두 사람은 오랜 세월을 함께 해 왔다. 그리고 좋았던 기억도 많다. 잘했다는 확신만 생기면 좋으련만, 이런 상태라면 헤어졌어도 헤어진 게 아니다. 이렇게 마음이 여러 가지 생각으로 갈라지는 것을 '심리적 지진 상태'라고 한다. 이에 대해 로버트 커쉬는 다음과 같이 말한다. "갖가지 감정이 동시에 떠오르는데 자녀가 있는 경우 특히 더 심하다. 정신이 나간 것 같기도 하고, 돌아 버린 것 같기도 하고, 평소의 자신답지 않다는 생각이 들기도 한다."

이혼이나 별거 후의 정신적 방황은 사춘기의 고통이나 방황과 유사하다. 심리치료사들에 따르면, 16세에서 20세 사이의 청소년은 물리적으로는 부모 품을 떠나지만 심리적인 독립은 30대에 들어서야 이루어진다고 한다. 즉 배우자를 떠나는 것은 부모와 집을 떠나는 것과 유사하며, 젖을 떼는 과정의 시작이라고 볼 수 있다. 문을 쾅, 닫고 나오긴 했지만 정신적으로는 아직 떠날 준비가 되지 않은 것이다.

이혼은 해결하지 않고 묻어 버린 어린 시절의 갈등을 다시 파헤치는 기회가 되기도 한다. 즉 아직 심리적으로 부모 품을 벗어나지 못한 사람은 끝내야 할 과제가 남아 있는 셈이다. 때문에 이런 상태로 이혼까지 하게 되면 어린 시절의 정리 안 된 감정과 현재 결혼에 대한 감정이 뒤섞이게 된다. 그래서 이혼과 함께 배우자뿐만 아니라 부모의 품도 떠나야 하기 때문에 이중고(二重苦)를 겪게 되는 것이다.

이런 상태는 해변에서 파도에 휩쓸리는 것과 비슷하다. 복잡한 감정의 파도에 휩쓸려 거꾸로 뒤집어지고 질질 끌려간다. 사랑하면서도 한편으로는 미워한다. 용서하고 싶은데도 화가 나고, 떳떳하면서도 한편으로는 죄책감이 들고, 후회하면서도 희망이 생긴다. 지금 여러분은 심리적 궁지에 몰려 있다. 서로 상충하는 감정이 계속되고 이런 상태가 영원히 끝나지 않을 것만 같다. 전처가 아직도 여러분이 지난 크리스마스에 선물한 스카프를 매고 있다. 전 남편이 아이들과 놀아 주고 잔디까지 깎아 준다. 그런데 지금 여러분은 어떤 상태인가? 깨어 있는 시간보다 자는 시간이 더 많고, 머리 속은 한없이 복잡하다. 그리고 밤마다 지난 결혼에 대한 잡념들이 머리를 헤집고 돌아다닌다.

* * *

51세의 존 리치는 지금 교회에 와 있다. 때는 크리스마스 직전. 곁에는 18년 간 함께 살다 이혼한 전처 캐롤이 함께 있다. "눈을 감고 기도를 하는 동안 환상을 보았습니다. 환상 속에서 나는 하늘에 뚫린 거대한 구멍으로 날아가는 로켓에 타고 있었습니다. 그리고 그 거대한 구멍 앞에는 캐롤이 있었습니다. 나는 로켓을 탄 채 캐롤을 뚫고 지나갔습니다. 반대편으로 뚫고 나오자 캐롤이 놀란 얼굴로 나를 바라봤습니다. 내가 뚫고 통과하자 캐롤은 몸을 굽히며 내가 통과한 자리를 움켜쥐었습니다. 그러더니 로켓에 올라타 나와 함께 하늘의 구멍 속으로 들어갔습니다." 존 리치는 미소를 지으며 계속해서 이렇게 말했다.

"그 환상을 본 후 나는 집에 와서 다른 것은 생각하지 않고 캐롤에게 다시 합치자고 말했습니다. 잘 될 거라는 느낌이 들었기 때문입니다."

남편 또는 아내를 파괴해야 결혼을 지킬 수 있다는 것이 말도 안 되는 소리처럼 들리지만 사실 그것이 크레이지 타임의 논리이다. 즉 존 리치는 아내한테 자신이 강하며 결단력 있는 남자라는 것을 보여 주고 싶어했던 것이다. 그래서 아내한테서 자신을 필요로 한다고, 곁에 있어 달라고 부탁하는 말을 듣고 싶었던 것이다. 때문에 자신이 조종하는 로켓에 아내가 올라타는 환상을 본 것이다. 그는 결혼생활을 하는 동안 내내 아내가 자신을 몰아세우는 것이 끔찍이도 싫어서 아내를 죽이고 싶을 정도였다. 그리고 아내에게 자신의 존재를 똑똑히 인식시키기 위해 존 리치는 로켓을 타고 아내의 몸을 통과했다. 그러자 두 사람이 함께 로켓을 타고 하늘의 구름 속으로 날아갈 수 있었다.

미움에서 사랑으로의 도약은 크레이지 타임에서 흔히 있는 일이다. 이를 두고 심리치료사들은 서로 상충하는 복잡한 감정들을 외면하지 말고 잘 살펴보아야 현재의 상황을 끝내고 결단을 내릴 수 있다고 말한다. 이상하게 들릴 수도 있지만, 이혼 과정에서는 상충하는 복잡한 감정과 생각을 가지고 있다는 것을 인정할 때 비로소 그런 격하고 모순된 감정들을 극복할 수 있다. 그리고 만약 여러분이 운도 좋고 끈기도 있다면 언젠가는 자신의 감정도 통제할 수 있다. 그런데 존 리치한테는 한 가지 문제가 있었다. 그는 불확실한 감정 상태를 자신의 관점에서만 인식한다는 것이다. 그는 현실에서 자신의 감정을 살펴보아야 한다는 것을 잊었다. 즉 그는 여전히 결혼에 대한 통제력을 놓지 않은 것이다. 하지만 아내는 남편의 불확실한 감정 상태를 받아들이지 않았다. 그녀 역시 자신만의 크레이지 타임을 겪고 있었기 때문이다. 그래서 존 리치가 로켓을 타고 아내의 몸을 통과하는 상상을 했다며 화해를 청하자 그녀는 공포에 질려 소리쳤다. "당신 미쳤어요? 날 죽일 작정이에요?"

AP 통신 올란도 발. 오렌지카운티의 에드 메이슨 회장은 월요일 가정불화로 인해 아내를 총으로 쏘아 살해했다. 그는 아내를 살해할 당시 제정신이 아니었다고 진술했지만 36세의 메이슨 회장은 5월 17일 올란도 남동부에 위치한 아파트 발코니에서 아내 다이안 메이슨(34세)에게 총알 다섯 발을 발사해 살해한 혐의로 1급 살인 판정을 받고(메이슨은 후에 2급 살인죄를 판정 받았다) 기소된 상태다. 메이슨은 아내가 화해를 청하는 자신을 비웃자 총을 발사했으며 사건 직후 차를 몰아 자살하려 했다고 경찰에 말했다. 그는 자신의 외도로 이혼에 이르게 되었다며 자책했다. 메이슨 부부는 지난 2월까지 두 차례에 걸쳐 별거했다. 메이슨은 아내를 사랑했다고 주장했다(1981년 10월 13일).

문제다. 크레이지 타임을 통과하기 위해서는 한동안 통제력을 포기해야 한다. 자신의 삶에 대한 통제력을 얻기 위해 한동안은 통제력을 포기해야 하는 것이다. 고통과 불안을 일으키는 복잡하고 불확실한 감정과 생각들을 외면하거나 묻어 두지 말고 잘 살펴보아야 한다. 그래야만 과거를 극복하고 결혼에서 완전히 벗어날 수가 있다. 그러지 않고 계속 감정을 통제하려 들면 잠깐 동안은 혼란에서 벗어날 수 있을지 몰라도 오랜 기간은 불가능하다. 즉 한동안은 기분이 나아질지 몰라도, 장기적으로 봐서는 감정적 이혼에서 벗어나는 것에 방해가 될 뿐이다. 그러면 감정적 이혼 단계에서 발목이 잡혀 오도 가도 못하고 말 그대로 '크레이지' 즉, 미쳐 버린다.

대개 이혼을 받아들이려 하지 않는 사람들이 크레이지 타임을 제대로 통과하지 못한다. 그들은 이혼으로 인한 감정적 혼란을 인정하려 들지 않는다. 그래서 마지막까지 상황을 자기 마음대로 통제하려 고집하다 끝내는 살인, 자살, 폭력 같은 통제 불가능한 행동을 저지르고 마는 것이다. 폭력은 패배자의 해결방식일 뿐이다. 또한 폭력은 부정의 한 형태이기도 하다. 예를 들어, 여러분이 이혼을 거부하는 쪽이라면 지금 겪는 모든 문제의 원인을 제공한 배우자를 파괴함으로써 이혼의 발생을 부정하려고 들 수 있다. 나쁜 소식을 전달한 사람을 없애 버리는 것이다. 혹은 여러분 스스로를 없애 버릴 수도 있다. "다 당신 때문이야" 하고 말하면서 말이다.

제 3자의 말을 빌리면, 론과 잉그리드는 골치 아픈 이혼 절차를 밟는 중이었다. 흑인 미군과 오스트리아의 백인 여교사의 딸로 태어난 33세의 잉그리드와 버지니아 농촌의 페인트공 출신인 34세의 론은 결혼생활 15년 동안 힘들게 일해 장만한 캠프 스프링스 메릴랜드 외곽의 벽돌 주택에 살고 있었다. 두 사람은 어려서 결혼했는데, 결혼 당시 잉그리드는 17세였고, 론은 그보다 한 살 연상인 18세였다. 두 사람은 아이들에게 발레와 자전거를 가르치고, 커다란 스테이션 왜건을 사고, 뒷마당에는 수영장이 있는 집을 사는 것이 꿈이었다. 그래서 론은 페인트공으로 일했고, 잉그리드는 아이 셋을 낳아 기르면서도 경찰로 근무했다.

"론은 아내가 자신을 떠날 거라고 말했습니다. 하지만 그는 가정이 깨지는 걸 원치 않았습니다. 그는 슬퍼 보였습니다. 그러나 우리는 그가 포기하리라고는 생각하지 않았습니다."라고 이웃에 사는 론의 친구는 말했다. 잉그리드는 집을 나와 친구와 함께 지냈다. 부부는 꿈의 보금자리를 팔았다. 당시 론은 부동산 중개업자에게

"예, 이 집은 말 그대로 꿈의 보금자리였습니다."라고 말했다.

경찰이 발견할 당시 잉그리드는 머리, 목, 가슴에 권총으로 인한 관통상을 입고 계단 아래에 숨진 채 쓰러져 있었다. 그리고 집 안에는 두 딸을 비롯해 다섯 구의 시체가 더 발견되었다. 부검의는 각각의 시체에 셀 수 없을 만큼 무수한 총상이 나 있었다고 말했다(1981년 5월 10일 워싱턴포스트지 기사에 의거한 보고서).

이렇게 충격적인 방법이 아니더라도 배우자와 자신을 겉으로 드러나지 않게 서서히 파괴하는 방법도 있다. 배우자를 서서히 파괴하는 방법으로는 우선, 양육권을 빼앗기 위해 재판정에서 서로를 부모 자격이 없다고 욕하는 것이다. 또는 전화나 편지로 협박을 하거나 부부 공동명의의 은행계좌를 해지하는 일, 부부 두 사람과 모두 친한 친구들에게 상대의 술버릇이나 외도 사실 등을 털어놓는 일이다. 즉, 상대가 얼마나 형편없는 인간인가를 고자질하는 것이다.

반대로 자신을 서서히 파괴하는 방법도 있다. 예를 들면 약물을 복용하거나 의사들을 전전한다. 또 술집을 전전하며 알코올중독에 빠진다. 그래서 아내나 남편을 간접적인 살인자로 만드는 것이다. 이렇게 하다 보면 이혼을 받아들이기 위해 전남편 또는 전처 그리고 자신과 힘 겨루기를 하는 중이라는 사실은 까맣게 잊어 버린다. 그러나 자세히 들여다보면 이 모두는 여전히 불행의 서약 속에서 헤매고 있다는 뜻이다. 즉 이렇게 과거에 매여 살다 보면 오래지 않아 이혼 파멸 상태에 빠져 버린다. 그래서 결국 마지막에는 살인, 자살 또는 겉으로 드러나지 않는 파괴적인 방법 등 '폭력'이라는 수단을 동원하면서 패배한다.

이혼을 하는 모든 사람들이 크레이지 타임의 극한 상황까지 내

달린다. 그리고 그 중 대부분이 오직 상상 속에서만 폭력을 휘두른다. 하지만 그것 역시 이혼 전쟁에 대해 통제력을 발휘하고 싶다는 욕구의 표현이다. 단지 상상일 뿐이지만 폭력은 참을 수 없는 상황을 자신이 통제한다는 쾌감을 안겨 준다. 나만의 방식으로, 나만의 정신 나간 방식으로 문제를 해결한다는 만족감을 주는 것이다.

* * *

41세의 시애틀 출신 변호사 칼 힐링스는 아내에 대한 증오심이 극에 달해 여름 내내 아내를 죽일 계획을 세우는 것에 몰두했다. 그는 동료인 론 크라우스와 함께 술집에 앉아 아내를 죽이는 상상을 했다. 두 사람의 아내는 아이들과 함께 산호세 섬으로 8월 한 달 간 여름휴가를 떠난 상태였다. 두 남자는 도시에 남아 밤마다 술집을 전전했다. 그리고 술이 어느 정도 들어가고 나면 둘은 칼의 아내를 살해하는 계획을 세웠다.

처음에는 농담처럼 시작한 이야기였지만 날이 갈수록 그 계획은 점점 더 구체적으로 변했다. 함께 있던 론은 칼이 어떤 처지인지 잘 알고 있었다. 론은 5년 전 이혼 후 재혼해서 세 살도 안 된 자녀 둘을 두고 있었다. 8월 내내 두 변호사는 퇴근하면 곧잘 술집에 가서 살인 방법에 대해 이야기했다. 독살, 방화, 권총 등등. 그리고 살해 계획도 짰다. 그 일에 대해 칼은 다음과 같이 말했다.

"처음에는 그런 생각을 하는 내 자신에게 놀랐습니다. 하지만 그 생각이 머리를 떠나지 않았습니다. 계속 생각을 하다 보니 어느 순간 완벽한 계획이 떠오르더군요. 달밤에 아내와 함께 카약을 하러 가는 겁니다. 아내는 카약을 조종할 줄 알지만 힘은 그리 세지 않습니다. 우리는 넓은 바다까지 배를 타고 나갑니다. 그런 다음 내가 아내의 배를 뒤집어 버리는 겁니다. 해안에서 몇 마일이나 떨어진 곳에서 그것도 한밤중에 살아난다는 것은 거의 불가능한 일입니다. 아주 완벽한 계획 아닙니까?" 상상을 즐기는 듯 칼은 미소지었다.

칼은 상상을 실천에 옮기지 않은 채 그 여름과 크레이지 타임을 무사히 넘겼다. 사실 결혼생활 동안 그는 소극적이었다. 그래서 그는 늘 아내가 자신에게 이래라저래라 명령한다고 느꼈다. 하지만 크레이지 타임을 겪으면서 그는 아내를 살해하는 상상으로 언젠가는 아내한테 정면으로 맞서게 될 때 필요한 힘을 기른 것이었다. 즉 칼은 자신이 극한 상황까지 치달았다는 것을 인정한 덕분에 완전히 미쳐 버리는 것을 모면한 것이었다.

크레이지 타임이 깊어 갈수록 마음은 점점 편해진다. 인생이 드라마처럼 변한다. 황홀한 연애는 짧게 끝난다. 오랫동안 보지 않던 사랑 영화를 보며 한숨짓기도 하고 이탈리아 오페라에 심취하기도 한다. 지루한 결혼에 비하면 이혼의 고통은 오히려 살아 있음을 느끼게 한다. 자신처럼 이혼의 여정을 가고 있는 동지들과 대화도 나눈다. 그러다 보니 지금의 고통이 자기 혼자만 겪는 일이 아니라는 것을 깨닫게 된다. 이제 여러분은 전쟁이나 예술이 아닌 이혼이라는 공통분모를 가진 상실의 세대의 일원이다. 작가 오스카 와일드는 《레딩 감옥의 발라드》에서 이렇게 적고 있다. "모든 사람은 자신이 사랑하는 것을 죽이나니, 겁쟁이는 입맞춤으로 죽이고, 용감한 자는 검으로 죽인다!"

결혼이 깨지고 감정적 이혼을 하기까지는 시간이 걸린다. 하지만 언젠가는 반드시 하게 된다. 크레이지 타임도 언젠가는 끝난다.

그러면 결혼은 완전히 끝이 난다. 하지만 그 시기를 겪는 동안에는 자신에게 그런 일이 벌어졌다는 것을 믿을 수 없다. 그리고 그 시기를 돌이켜보면 서로 잡아먹을 듯 괴롭혔던 전 배우자와 다시 정상적인 인간관계를 맺는다는 것은 불가능해 보인다. 하지만 크레이지 타임의 최악의 순간을 넘기고 나면 나쁜 기억은 잊어버리고 전 배우자와 원만한 인간관계를 다시 형성할 수 있다.

* * *

48세의 산드라 홀튼은 그 당시의 일을 똑똑히 기억하고 있다. 당시 35세였던 산드라는 홍보업계에서 자수성가한 남편 로저와 12년간의 결혼생활을 끝내고 네 살도 안 된 아이 셋과 함께 인디애나폴리스의 새 집에 혼자 남았다. 결혼 전 산드라는 반항적인 1960년대 히피였다. 그녀는 대학 졸업 후 뉴욕에 갔으며 트럭 기사들과 어울렸고, 그레이하운드 고속버스 터미널에서 쟁의 활동(노동관계 당사자가 쟁의권에 의거, 그들의 주장을 관철시키고자 업무의 정상적인 운영을 저해하는 행위)에 참여하기도 했다. 그러다 산드라는 청년 공화당 클럽에 소속된 아칸소 출신의 로저와 결혼했다.

"열정적인 사랑에 빠졌다기보다는 오랜 친구와 결혼하는 느낌이었어요. 편안하고 아늑했거든요. 그는 매우 강한 남자였어요. 나는 불우한 어린 시절을 보냈는데 그와 함께 있으면 돈 걱정이나 사는 걱정은 할 필요가 없을 것 같았어요."라고 산드라는 말했다. 무의식적인 결혼계약에서 로저는 새로운 계층을 경험할 기회를 얻었고, 산드라는 보호자를 얻었다. 즉 로저는 지배적인 위치였고 산드라는 수동적이고 복종적인 위치였다.

결혼 후 두 사람은 인디애나폴리스로 이사해 젊은 신세대 부부다운 생활을 시작했다. 하지만 로저는 아내에게 더 이상 쟁의 활동을 못하게 했다. 그는 아내가 지저분한 청바지를 벗고 우아한 옷을 입기 원했다. 그런데 그 뒤로 오래지 않아 산드라는 불행의 서약을 깨뜨릴 외도를 저질렀다.

"어쩌다 보니 그렇게 됐어요." 외도를 할 때도 산드라는 여전히 복종적인 위치에 갇혀 있었다. "상대를 찾으려고 애쓴 것도 아니에요. 그냥 파티에서 우연히 만나게 됐지요. 그는 매우 강하고 외향적인 사람이었어요. 그래서 그 사람과 함께 있으면 내게도 힘이 생기는 것 같았지요." 그 사이 결혼생활은 점점 꼬여 갔다. "결혼생활을 유지하면서 외도를 하려니 너무 힘이 들었어요." 로저와 산드라는 더 이상 잠자리도 함께 하지 않았다. 두 사람이 사랑을 나눈 것은 이혼하기 3년 전 막내 아이를 임신할 때가 마지막이었다. "집 안에서 마주칠 때면 서로 눈을 외면한 채 '잠깐 지나갈게.'라고만 말했어요. 정말 견디기 힘든 생활이었지요."

산드라는 심리치료사를 찾았다. 남편과의 생활이 끔찍이 싫었지만 이혼을 할 용기도 없었던 산드라는 결국 심리치료사를 통해 남편에게 이혼하고 싶다는 뜻을 밝혔다. 하지만 로저는 생각조차 하기 싫다며 딱 잘라 거절했다. "말도 안 되는 소리 집어치워. 우리 집안에서는 아직 아무도 이혼한 적 없어. 당신 마음대로 우리 가정을 망가뜨릴 수 없어." 로저는 산드라에게 고함을 질렀다. 결국 심리치료사의 도움으로 산드라는 남편 곁을 떠났다. 산드라는 이후 친정 부모에게 돈을 얻어 아이들을 데리고 근처로 이사했다. 하지만 복종적인 위치를 차지하는 사람이 먼저 이혼을 요구하는 대부분의 경우와 마찬가지로 독립을 위한 최초의 투쟁은 너무도 힘겨웠다. 산드라는 날마다 닥치는 새로운 문제에 지치고 기가 질렸다. 게다가 로저도 산드라를 괴롭히기 시작했다.

"제일 힘들었던 건 로저가 술에 취해 전화해서는 자살하겠다고 말할 때였어요. 그는 우울할 때면 술주정이 더 심했지요. 그래서 밤 11시쯤에 전화해서는 '나쁜 년'이라고 욕을 퍼부으며 '나는 더 이상 살 이유가 없다. 자살을 할 거다. 하지만 사고처럼 꾸밀 작정이다. 그러니 참견할 생각 마라' 하며 끔찍한 소리를 했어요. 그럴 때마다 나는 '지금 내가 무슨 짓을 한 거지?' 하는 후회가 들곤 했지요." 산드라는 로저가 얼마나 심각한 상태인지 알아내려고 간접적인 방법을 동원했다. "그의 친구에게 전화했더니 로저는 단 하루도 결근하지 않았고 별 다른 문제도 없어 보인다고 하더군요."

산드라는 상황이 잠잠해지기를 기다렸다. 로저는 자살하지 않았지만 주도권을 되찾으려는 투쟁을 계속했다. 그는 아이들에게 이혼이 전적으로 엄마 책임이라고 말했다. 또 그는 자신의 어머니는 물론이고 산드라의 어머니 그리고 친구들, 술집 종업원, 담당 회계사, 변호사, 판사에게까지 모든 게 산드라 책임이라고 떠들었다. 그는 또 아이들을 만나러 올 때면 "아이들 꼴이 이게 뭐냐?", "술집에서 누가 그러는데 당신이 그 술집에 오는 남자들 모두하고 잤다더라. 당신이 온 시내를 돌아다니면서 남자들하고 어울린다고 누가 그러더라"라고 하며 이죽거렸다. 이런 일은 2년 동안 계속되었다. "점차 상황이 좋아졌어요. 로저가 시카고로 이사한 후로 우리는 점차 정상적인 커뮤니케이션이 가능해졌지요."

이제 산드라와 로저는 이혼한 지 10년이 지났다. 아이들도 어느덧 10대가 되었다. 아이들은 매년 여름을 로저와 함께 보내고, 그는 한 달에 한 번 아이들을 만나러 인디애나폴리스에 온다. 그리고 로저와 산드라는 아이들의 시험 성적이나 대학 진학에 대해 함께 의논하기도 한다. 산드라가 상점을 열기로 하자 로저는 좋은 자리를 찾도록 도와주기도 했다. '영원한 것은 없다.'라는 말은 크레이지 타임에도 적용된다. "이제 우리는 오래된 친구 같은 사이가 되었어요. 지난 크리스마스 때는 로저가 여자 친구와 함께 찾아와 우리 모두 모여 술을 마시기도 했어요. 가끔은 그런 제 자신이 믿어지지 않는답니다."라고 산드라는 말했다.

크레이지 타임은 지극히 정상적인 현상이다. 여러분 혼자만 그런 일을 겪는 것이 아니다. 좋은 친구가 "우리 저녁이나 함께 먹자"라며 초대해 주고, 부모님이 "다음 주말에는 우리가 아이를 봐주마"라며 도와주고, 이따금 스스로에게 "하루쯤 쉬자"라고 말하면 무사히 넘길 수 있는 것이 크레이지 타임이다.

크레이지 타임은 자신을 아끼고 잘 보살펴야 하는 시기이다. 따뜻한 물에 몸을 담고 와인이라도 한 잔 마시며 좋아하는 음악을 듣는 정도라도 좋다. 하루아침에 크레이지 타임을 극복할 수는 없다. 할 수 있는 한 천천히 나가자. 그리고 극한 상황까지 치달았다고 생각되면 잠깐 멈추고 숨을 돌리자. 이런 상태는 머지않아 끝난다. 그리고 크레이지 타임은 아직 적절한 도움을 구하지 않은 대부분의 사람들이 심리치료를 시작할 수 있는 기회이기도 하다. 요즘은 결혼생활에 문제가 생기면 상담을 받는 사람들이 많다. 상담 서비스도 전통적인 심리치료부터 사회단체나 종교단체 등과 연계한 모임 등 종류가 다양하다. 이혼을 생각한다면 힘이 되어 줄 사람들과 정보가 필요하다. 기댈 수 있고, 이혼에 대한 여러분의 복잡한 마음 상태를 이해해 주고, 여러분이 폭력과 절망에 빠져들 위험에 처해 있음을 알아차릴 사람이 필요하다.

대충 2년 정도 시간 여유를 갖자. 크레이지 타임은 이혼 과정에서 특히 힘든 시기이다. 그렇지만 제일 많이 성장하고 새 인생을 위한 기초를 다지는 시기이기도 하다. 그러니 서두르지 말고 한

발 한 발 앞으로 나가자. 가족과 친구들에게도 도움이 필요하다는 것을 알리자. 직접 겪어 본 사람이 아니면 지금 여러분이 얼마나 힘든지 모른다. 따라서 가족과 친구들이 도움을 줄 수 있도록 여러분이 먼저 길을 열어 주어야 한다.

제 5 장

안도감 그리고 부인(否認)

어둠 속에서 여러분은 고민한다. 내가 꿈을 꾸고 있는 건 아닐까? 별안간 자신의 삶이 더 이상 자신의 것이 아닌 듯 느껴진다. 마치 드라마 속의 등장인물이 된 것만 같다. 남이 써 준 드라마의 대본대로 살고 있는 기분이다. 그렇다면 이 드라마 속에서 나는 착한 사람일까? 나쁜 사람일까? 내 대사는 뭘까? 시청자들은 나에 대해 뭐라고 할까? 다음 장면에서는 어떤 일이 벌어질까? 혹시 작가가 내 역할을 없애 버려 내가 갑자기 사라지게 되면 어쩌지? 하지만 '다음날 아침이면 이런 상태도 언젠가는 모두 끝날 거야.'라고 생각한다.

지금 여러분은 쇼크 상태다. 크레이지 타임의 첫 단계로 대개 헤어진 직후 나타나는 감정의 마비 상태에 빠져 있는 것이다. 이혼이라는 고통스러운 결단 이후 정신이 휴식을 취하는 시기인 셈이다. 대부분의 경우, 이런 마비 상태는 안도감과 불신이 뒤섞여 있는 시기이며, 크레이지 타임의 질풍노도가 밀어닥치기 직전의 고요다. 맨 처음 쇼크 상태에 빠져 있는 동안 여러분은 앞으로 펼쳐질 고통과 혼란을 직면할 용기가 생긴다. 결혼 직후 갈라서는 경우를 제외하고는 고통 없는 이혼이란 없다. 결혼에 인생의 꿈을 투자하고, 아이를 낳으며 몇 년을 함께 산 두 사람에게 이혼은 죽음 이상의 고통일 수밖에 없다.

처음에는 안도감이 들면서 동시에 현실을 부인한다(결혼생활에서 어떤 위치를 차지했는지 그리고 누가 먼저 이혼을 요구했느냐에 따라 둘의 비율이 달라진다). 이혼을 반대하는 쪽에서 제일 먼저 보이는 반응은 부인이다. "나한테 이런 일이 벌어질 수 없어!" 부인(否認, Disbelief)은 대개 부정의 연장선장에 있다. 그래서 이혼 결정을 받아들이기를 거부한다. "이건 사실이 아니야. 이건 꿈이야!" 부인은 자신이 버림받았다, 쓸모없는 존재가 되었다는 고통을 '잠시나마' 잊게 해 준다. 반면에 이혼을 요구하는 쪽, 그리고 무의식적으로 이혼을 환영하는 쪽에서 제일 먼저 보이는 반응은 안도감이다. 결혼생활의 고통과 거짓의 거품이 드디어 폭발했다. 결혼을 끝내야 할지 말아야 할지 벌써 몇 달째 고민 중이다. 이혼 후 어떤 문제가 닥칠지는 아직 모르지만 그래도 마음은 편하다. 생각을 멈추고 깊이 심호흡을 하면 배우자와 정면 대결하느라 탈진한 마음에 구석구석까지 새로운 힘이 솟는다.

많은 면에서 안도감과 부인은 닮았다. 둘 다 시간을 벌기 위한 수단이기 때문이다. 이런 일이 벌어지다니 믿을 수 없다고 하는 생각이나 만세, 드디어 해방이다 하는 생각 모두 이혼 절차에 한 발을 내디딜 수 있도록 떠미는 유연한 심리적 자극이다. 이혼을 하는 데는 수많은 현실적 문제가 따른다. 누가 집을 나갈 것인가? 아이들 학비는 누가 부담할 것인가? 아이들한테는 뭐라고 설명할 것인가? 그리고 친구들한테는, 부모님들한테는 뭐라고 설명하나?

정신적 문제도 만만치 않다. 나는 대체 누구인가? 무엇이 잘못되었는가? 누구의 잘못인가? 혼란스러운 생각들이 꼬리에 꼬리를 물고 이어진다. 그리고 앞으로 5년 또는 그 이상, 여러분은 자신과 결혼생활 그리고 과거를 돌아보고 미래에 대한 꿈도 수정하게 될 것이다. 하지만 이 모든 것을 한꺼번에 하기는 너무 벅차다. 뿐만 아니라 지금은 최종적으로 이혼을 할지 안 할지도 아직 정하지 않은 상태다. 그런 중요한 결정은 당장 조급하게 내려서는 안 된다는 생각이 본능적으로 든다.

크레이지 타임의 첫 단계는 단 이틀만에 끝나기도 하고, 여러 달 지속되기도 한다. 그리고 경우에 따라서는 헤어지자는 결정을 받아들이는 이 시기가 이혼 과정에서 제일 중요하고 또 제일 어려운 시기가 되기도 한다.

이 시기에는 이혼을 요구하는 쪽과 거부하는 쪽 모두, 어느 정도 조증(躁症)에 걸려서 때로는 다행증(多幸症)이 나타나거나 엄청난 기운과 의욕이 솟구치기도 한다. 그래서 갑자기 모든 일에 열심히 나선다. 영화를 보고, 술집에 가고, 소풍을 가기도 하고, 일에 열중하고, 빈방에 새로 도배를 하고, 아이들과 함께 박물관에 가고, 연극도 보고, 동물원도 가고, 새 옷도 산다. 그리고 마치 드라마의 한 장면을 이야기하듯 지금껏 숨겨 왔던 일들을 털어놓으며 희열을 느끼기도 한다.

다음은 메리라는 여성의 경험담이다. "존하고 갈라서기로 했어. 나한테 이런 끔찍한 일이 벌어질 줄은 꿈에도 생각 못했어."

말은 이렇게 하지만 친구들 눈에는 메리가 그 어느 때보다도 행복해 보였다. 얼굴에는 화색이 돌고, 눈도 초롱초롱했다. 그녀는 마치 스스로에게 이 모든 것이 사실임을 확인시키려는 듯 "존하고 나 갈라서기로 했어."라는 말을 몇 번이고 반복했다. 그리고는 함께 있던 사람들을 살폈다. 혹시 누군가 '안 돼'라고 말하면 어쩌지? 하고 생각하듯. 다들 고개만 끄덕이자 메리는 아까 한 말을 잊은 듯 또 한 번 "존하고 갈라서기로 했어."라고 말했다. 모두들 다시 한 번 고개를 끄덕였다. 그리고는 안 됐다고 말했다. 그제야 메리는 정말로 남편과 헤어지기로 한 것이 실감났다.

이와는 반대로 넋이 나가고, 눈빛이 희미해지고, 눈 밑에 시커멍

게 그림자가 드리우고, 뺨이 홀쭉해지고, 손이 떨리고, 같이 있는 사람에게 제대로 집중할 수도 없고, 말도 제대로 안 나오는 때도 있다. 고통에 파묻혀 모두들 자신의 상황을 알고 있을 게 분명한데도 차마 자기 입으로 사실을 털어놓을 수가 없다. 하지만 이러는 동안에도 일상생활은 계속 반복한다. 늘 그랬던 것처럼 저녁이면 텔레비전 뉴스를 보고, 화요일과 목요일에는 쓰레기를 내놓고, 월요일에는 부서 회의를 하고, 금요일에는 카풀을 한다. 언제나 그랬던 것처럼.

이혼과 함께 모든 것이 엉망이 되었는데도 겉으로 보기에는 아무것도 달라진 게 없다. 그러고 보니 저녁 텔레비전 뉴스는 이혼 전에도 늘 혼자 봤다는 게 생각난다. 앞으로도 월요일에는 늘 부서 회의가 계속될 것이다. 대통령이 예산안 삭감을 발표하고, 우주비행선의 발사가 연기되고, 좋아하는 가수는 콘서트를 한다. 여러분이 이혼을 하건 말건 세상은 계속 돌아간다.

대개 이혼을 강력히 반대하는 쪽이 이 시기에 상당한 어려움을 겪는데, 특히 결혼의 위기를 전혀 눈치 채지 못한 사람은 고통의 강도가 더 심하다. 결혼생활에서 주도권을 쥐고 흔들었던 사람은 자신이 마음대로 주무르던 세상이 눈앞에서 와르르 무너지는 것을 느낀다. 이제 누구를 믿을 수 있을까? 이 세상에 믿고 의지할 수 있는 사람이 남아 있긴 한 걸까? 크레이지 타임에는 정신적으로 해야 할 일이 많다. 어디서부터 시작해야 하는지도 모른다. 그러니 여유를 가지고 시간을 들여 차근차근 헤쳐 나가야 한다. 부인은 사회적으로 용인된 반응일 뿐만 아니라 너무 오래 가지 않는다면 감정을 보호하는 방패 역할을 하기도 한다.

* * *

　베일리 와스워드는 아내가 이혼 요구를 했을 때 도저히 믿을 수가 없었다. 그는 자신에게 그런 일이 닥치리라고는 상상도 못했다. 55세의 베일리는 자신을 보기 드문 신사라고 자부하는 남자다. 보스턴 출신인 그는 아버지가 물려준 허름한 망토를 입고 다녔다. 그리고 찬물에 샤워를 하고, 지저분한 운동화를 신고 다니고 팔꿈치에 헝겊을 덧댄 스웨터를 입고 다녔다. 사각형 얼굴에 검은머리 그리고 푸른 눈을 한 그는 사춘기 시절에는 성격이 큰 장점이 되었다. 텍사스 출신들이 돈은 많을지 몰라도 그는 보스턴 출신이 좋은 성격이 장점이라는 것을 알게 되었다. 자신에게 장점이 있다는 것을 깨달은 그는 그 장점을 철저히 이용했다.

　베일리는 로드아일랜드에 사는 헬렌 고모네 파티에서 캐더린을 만났다. 당시 베일리는 하버드 법대 1학년이었고 캐더린은 헬렌 고모의 기숙학교 동창의 딸로 버지니아 출신이었다. 두 사람의 첫 만남에 대해 베일리는 이렇게 회상했다. "기가 막힐 정도로 예쁘다고는 생각하지 않았습니다. 괜찮게 생긴 얼굴이긴 했지만 평범한 축에 속한다는 생각이 들었습니다."

　알고 보니 캐더린은 뉴잉글랜드 예술학교에서 음악을 전공하는 학생이었다. 그 해 가을 베일리는 두 살 어린 남동생의 결혼식과 대학 룸메이트의 결혼식에서 신랑 들러리를 섰다. 그러자 자신도 곧 결혼을 해야겠다는 생각이 들었다.

　"결혼하고 싶다는 마음이 들었습니다. 기본적으로 캐더린에 대해서는 배우자감으로 적당한 여자라는 생각이 들었습니다. 당시 나는 주위의 압력이나 외로움 때문에 하루라도 빨리 결혼하고 싶었습니다." 베일리는 결혼해서 가족을 이루며 주위 사람들과 비슷한 삶을 사는 것이 당연한 일이라고 생각했다.

베일리는 이렇게 말했다. "가급적 실용적인 원칙 하에 결혼을 시작하려고 했습니다. 그렇게 하면 결혼 역시 영원히 실용적으로 계속되리라 믿었습니다. 그러느라 결혼한 이후로는 아내의 마음에 대해서는 거의 신경을 쓰지 않았던 것 같습니다. 하지만 일단 결혼한 다음에는 그런 건 문제되지 않는다고 생각했습니다. 그리고 이혼 같은 건 나하고는 아무 상관없는 일인 줄만 알았습니다."

무의식적인 결혼계약에서 베일리는 자신이 생각한 결혼이라는 틀에 어울리는 좋은 아내를 얻었고 캐더린은 자신이 원하던 존경할 수 있는 남편을 얻었다. 불행의 서약에서 베일리는 지배적인 위치를, 캐더린은 복종적인 위치를 차지한 것이었다. "나는 당연히 내가 지배적인 위치를 차지해야 한다고 생각했습니다. 사실 그것이 너무도 당연한 것이었기 때문에 깊이 생각하지도 않았습니다."

두 사람은 결혼해서 엘리베이터가 없는 아파트에서 신혼살림을 시작했다. 베일리는 법대를 졸업하고 2년 간 워싱턴의 법무부에서 일하다 3년을 미니애폴리스에서 조용히 지냈다. 그 뒤로 다시 보스턴에 돌아와서 전통 있는 법률회사에 취직할 무렵까지도 베일리와 캐더린은 아이를 넷 두고 단란한 가정을 유지하고 있었다. 고향으로 돌아오자 두 사람은 일요일 점심에는 친척들을 초대하고, 노동절 휴가 때는 헬렌 고모 댁에 놀러 가고, 연주회에도 자주 다녔다.

생활은 늘 변함이 없었고, 특별히 재미있지도 않았다. 하지만 베일리는 한 번도 재미를 기대한 적이 없었다. 그가 관심을 가지고 온 정열을 쏟는 것은 오직 자신의 일이었다. 그는 빠르게 승진했고 새로운 프로젝트도 많이 맡았다. 출장도 잦아서 한 달씩 집을 비우는 일도 많았다. 그는 출장 다니는 것을 좋아했고 혼자만의 시간을 즐겼다. 그는 완벽한 직업, 완벽한 인생을 산다고 자부했다. 법대를 졸업한 지 한참만에 어느 정도는 마음대로 쓸 수 있을만큼 재정상태도 좋아졌다. 이제 고생은 끝났다. 그 사이 베일리는 몇 번의 대수롭지 않은 외도도 했다. 큰아이는 내년이면 대학에 간다. 베일리와 캐더린은 좋은 프랑스 샴페인으로 결혼 18주년을 축하했다.

멕시코시티 외곽에 있는 새 고객을 만나러 지사로 차를 몰던 베일리는 앞쪽에서 흰빛이 반짝, 하는 것을 보고 급하게 핸들을 꺾었다. 나무를 들이받을 뻔한 것을 간신히 피하고 욕을 하며 다시 도로로 진입하는 순간 무섭게 달려오는 트럭이 눈에 보이는가 싶더니, 그는 정신을 잃고 말았다. 충돌 순간은 기억나지 않았다. 멕시코 말이 들리더니 병원으로 실려 갔다. 그는 척추를 심하게 다쳤다.

베일리는 들것에 실려 보스턴으로 돌아왔다. 의사들은 그가 다시는 정상적으로 걷지 못할 것이라고 말했다. 그의 병실은 꽃으로 가득 찼다. 회사도 그의 자리를 공석으로 남겨 두었다. 퇴원해 집에 오자 캐더린이 그 다음해까지 정성껏 간호했다. 베일리는 지팡이, 휠체어, 부목에 의지해 걸음을 시작했다. 의사들은 그를 격려했다. 기대 이상으로 빨리 회복하고 있다고도 말해 주었다. 하지만 베일리는 기쁘지 않았다. 자신의 꿈이 산산조각 났기 때문이다.

"그 빌어먹을 교통사고 때문에……." 베일리는 못 쓰게 된 다리를 쿡쿡 찌르며 계속 말했다. "나는 완전히 통제 불가능하게 되었습니다. 내가 계획했던 모든 것이 막 현실로 이루어져 좀 더 재미있게 살고, 휴가도 즐기고 여행도 하려고 했습니다. 그런 꿈을 이루기 위해 그토록 열심히 일했던 건데. 그래서 이제 겨우 생활이 안정하나 싶던 차에 사고가 난 겁니다. 나는 아무것도 할 수가 없었습니다. 몸을 꼼짝 못하니 캐더린이 나를 돌봐 주어야 했습니다. 그것은 정말 엄청난 충격이었습니다. 6개월 간 집중치료를 받는 내내 나는 죽은 거나 다름없었습니다."

베일리는 점차 좋아지기 시작했다. 장애인을 위해 특수 제작된 자동차 운전법도 배우고 직장에도 복귀했다. 그는 다시 기운이 났다. 새 고객과 새 동료를 만나고 출장도 다시 다니기 시작했다. 지팡이를 짚고 다니는 것도 훨씬 익숙해졌다. 파티도 가서 사람들에게 농담도 했다. 사고 때문에 잊고 지내던 세상으로 다시 돌아온 것이었다. 그런데 그 즈음 캐더린이 이혼을 요구했다.

몸이 마비된 남편에 네 아이를 책임져야 했던 캐더린은 책임감에 짓눌리고 외로움과 두려움에 시달렸다. 착하고 훌륭한 아내인 캐더린에게도 그 짐은 너무 무거웠던 것이다. 그런 와중에 친정어머니가 암에 걸렸다. 죽음을 앞둔 사람을 보면 그동안 못해 준 모든 것들이 후회스러운 법. 캐더린은 어머니를 병원에 모셔 간 다음에는 다시 베일리를 데리고 물리치료를 받으러 가고, 아이들을 축구 경기로, 스케이트장으로 실어 날랐다. 그러면서 핵전쟁 반대 운동에 참여하고, 일주일에 한 번은 가족계획운동 협회에서 봉사활동을 하고, 가족들에게 크리스마스카드를 보내고, 자동차 정기점검도 하고, 자신이 사는 지역 상원의원들에게 탄원서도 보냈다. 어머니는 돌아가셨지만 베일리는 호전되었다. 아이들은 쑥쑥 자랐다. 이제 마흔 한 살로 접어든 캐더린은 더 이상 이런 결혼생활을 계속하고 싶지 않았다.

베일리는 처음에는 침착하게 대응했다. "나는 어느 정도 회복된 상태였습니다. 지적 능력은 전혀 손상을 입지 않았고 몸도 많이 회복되어 지팡이를 짚고 다니는 것에 익숙해졌습니다. 그런데 갑자기 이혼 이야기가 나온 겁니다. 우리는 몇 번 싸우기도 했지만 이혼에 대해 심각하게 이야기하기 시작했습니다. 그 당시 나는 모든 것에 대해 화가 나 있는 상태였습니다. 내 모든 계획이 사고 때문에 엉망이 되었기 때문에 세상에 대해 화가 나 있었습니다. 그런데 캐더린까지 이혼을 요구하고 나서자 젠장, 빌어먹을, 이란 생각이 들더군요. 그래서 그래, 좋다, 까짓 거 이혼하지 뭐, 우린 어차피 서로 사랑하지도 않았으니까 말이야, 하고 말해 버렸습니다. 하지만 캐더린이 정말 이혼 절차를 밟으리라고는 상상도 못했습니다. 말은 그렇게 했지만 어떻게든 결혼생활을 유지할 수 있으리라 생각했습니다. 그 당시 내가 알던 캐더린은 이혼 절차를 견뎌 내지 못할 여자였기 때문에 결국 다시 돌아와 합칠 것이라고만 생각했습니다. 그때 나는 아내보다 정신적으로 한 수 위라고 생각했습니다. 끔찍한 사고로 몸이 불편한 남편을 내버려두고 이혼을 감행할 사람이 있으리라고는 상상도 못했습니다. 그런데 그런 나의 믿음을 저버리고 캐더린은 이혼을 감행했습니다.

캐더린이 너무도 분명하게 이혼에 대한 의사를 밝히자 현실을 외면하기만 하던 베일리는 분노가 치밀어 올랐다. 두 사람은 도버의 집을 팔았다. 그리고 베일리는 도심으로 이사했고 캐더린은 아이들을 데리고 노스쇼어의 해밀턴으로 이사했다.

"결혼에 대한 기본적인 생각 때문에 그리고 내 힘으로 지금의 가정을 꾸렸다는 생각 때문에 그 모든 것이 파괴되는 걸 보자 도저히 견딜 수가 없었습니다."라고 베일리는 말했다.

펑, 순식간에 그가 이룩한 세상이 무너졌다. 베일리는 솟구치는 분노를 참을 수가 없었다. 무엇보다도 돈 때문에 화가 났다. 교통사고와 이혼, 그리고 이혼의 원인인 캐더린에 대한 분노는 모두 돈에서 비롯된 것이었다. 두 사람에게는 아이가 넷이나 있었다. 그러니 대학 교육비도 네 배로 들고, 운동화도 네 켤레가 필요하고,

스웨터도 네 벌이 필요했다. 아무리 성격 좋은 자신에게도 이건 너무 지나치다고 베일리는 생각했다.

하루, 이틀이 지나고 다시 몇 달이 흘렀다. 베일리는 이 모든 상황을 믿을 수가 없었다. 내가 정말 이혼을 하다니. 머리가 멍해지고, 화가 나고, 절망에 빠졌다. 그는 난생 처음 심리치료사를 찾았다. "뭔가 잘못되었다고 생각했습니다. 그때까지 내가 알고 있던 모든 원칙이 한 방에 무너져 버렸으니 기본적으로 뭔가 크게 잘못된 게 틀림없다고 생각했습니다."

그것은 고통스러운 여정의 시작이었다. 베일리는 자신의 상황을 분석하기 시작했다. 다리는 점점 호전되고 있었고 그는 새로운 삶을 꿈꿨다. 회사에서도 다시 인정받기 시작해 법률 프로젝트를 위해 아르헨티나에 출장도 갔다. 그림과 사진도 배우기 시작했다. 하지만 참을 수 없는 분노는 그 뒤로도 몇 년간 계속되었다. 그는 혼자 있을 때면 자신의 처지에 대해 화를 터뜨렸다. 이런 말도 안 되는 일을 어떻게 받아들이란 말인가? 그러던 중 화려한 색의 거친 추상화인 그의 그림들이 관심을 끌기 시작했다. 그는 작품 몇 개를 친구들에게 팔았다. 그리고 태어나서 처음으로(마지막은 아니었지만) 사랑에 빠졌다. 캐더린에 대한 마음도 조금씩 변하기 시작했다.

"결혼 18년 동안 곁에 있는 줄도 몰랐을 만큼 존재감이 없던 그녀에 대해 다시 한 번 생각해 봐야 했습니다. 그럴 정도로 그녀는 변했습니다. 그리고 무엇보다 더 중요한 것은 그녀에 대한 내 생각이 바뀌었다는 것입니다. 이제 나는 캐더린을 많이 좋아합니다. 하지만 그녀의 사고방식은 견딜 수가 없습니다. 그녀는 하나님을 믿고, 반체제이면서도 리무진으로 출퇴근하고, 우리 어머니와 같은 동네에 살고 있습니다. 그것이 얼마나 모순된 행동인지 그녀는 모르는 것 같습니다." 베일리는 웃음을 터뜨리다 다시 이야기를 계속했다. "나는 캐더린과 그런 문제로 싸우는 것을 즐기는 것 같습니다. 그리고 그녀가 한 일들을 존경합니다."

베일리는 지금도 지팡이를 짚고 다닌다. 그리고 자신이 믿었던 원칙들이 왜 이렇게 변했을까 의아해 하고 있다. 조건을 맞추는 중매결혼에도 분명히 장점은 있다고 그는 생각한다. 그렇다면 찰스 왕자와 다이애나 비는 정말로 서로 사랑했을까? 이 물음에 베일리는 미소를 지었다. 그는 자신의 결혼생활도 얼마든지 즐겁고 행복할 가능성이 있었다는 건 안다. 사고를 당한 지 10년, 이혼한 지 9년이 지난 지금 그는 이렇게 말한다. "하지만 모든 것을 고려해 볼 때 이혼하길 정말 잘 했다는 생각이 듭니다."

이혼을 요구하는 쪽은 비록 실천에 옮기지는 않더라도 오랫동안 이혼에 대해 고민해 왔기 때문에 스트레스가 제일 심한 시기는 이미 통과한 셈이다. 콜로라도 대학이 먼저 이혼을 요구하고 최근 별거한 153명의 성인을 대상으로 한 조사를 봐도, 가장 흔한 스트레스 증상 예를 들면 신경성 위장병, 체중변화, 두통, 신경쇠약, 기운 상실 등은 보통 별거 6개월 전에 나타난다는 사실을 알 수 있다.

일단 별거를 시작하면 이혼을 야기한 극도의 스트레스로부터 어느 정도는 해방된다. 그래서 캘리포니아 이혼 가정 프로젝트는 이혼을 경험한 성인의 50퍼센트(이혼에 반대한 소수를 포함해서)가 별거 당시 상당한 안도감을 느낀다고 보고한 바 있다.

* * *

아주 특별한 이유로 인해 이혼하는 경우도 있다. 루엣 설리반도 그런 경우였다. 그녀는 동성애자 남편과 7년 간 부부로 살았다. 그 사이 두 사람은 한 번도 잠자리를 함께 하지 않았다. 루엣은 만약 자신이 카톨릭 신자였다면 혼인 무효선언을 했겠지만 엄격한 장로 교파였기 때문에 이혼은 생각도 할 수 없었다고 했다. 하지만 고통스러운 결혼생활 끝에 결국은 남편과 헤어지기로 결심했다.

루엣은 결혼 첫날밤도 처녀인 채로 보냈다. 그러니 남편이 어떤 상태인지 알 수 없는 것은 당연한 일이었다. 그녀는 결혼하자마자 남편이 자신과 맞지 않다는 것을 알았지만 다른 도리가 없다고 생각했다.

미국 북부 일리노이 주 출신 루엣은 남편의 고향 사우스캐롤라이나에서 이방인이나 다름없었다. 남편의 집안은 시어머니 옆집에 살면서 시댁 눈치를 살피고, 흑인 하녀를 부리고, 남자는 멋지게 말을 타는, 과거 남부에 대한 향수에 여전히 젖어 사는 곳이었다. 그래도 루엣과 남편은 잘 어울려 보였다. 매력적인 남편은 집안 사업을 물려받아 운영했고, 루엣은 갓 대학을 졸업한, 밝고 진지하고 신앙심 깊은 여성이었다.

결혼식을 마치고 두 사람은 호주로 신혼여행을 갔다. 그러나 신혼여행 내내 남편은 루엣의 몸에는 손끝 하나 대지 않았다. 여행을 마치고 사우스캐롤라이나로 돌아왔을 때 남편은 최소한 일주일에 나흘은 시내에서 보낼 것이라고 말했다. 그리고 오래지 않아 루엣은 떠도는 소문을 듣기 시작했다. 하지만 그녀는 아무에게도 사실을 말하지 않았다. 심지어는 친정 부모에게조차 말하지 않았다. 그녀는 시댁에 어울리는 아내 역할을 충실히 하려고 최선을 다했다. 이혼은 생각도 하지 못했다. 그러는 사이 두 사람은 점점 멀어지고 외로움은 더해만 갔다. 몇 년의 세월이 흐르고 힘이 되어 주는 목사와의 상담을 통해 루엣은 겨우 이혼의 가능성에 대해 생각할 수 있게 되었다. 그 뒤로도 다시 1년이 지나고 나서야 이혼을 결심하게 되었고 다시 1년 후에 그 결심을 실천에 옮겨 남편 곁을 떠났다.

두 사람의 이혼은 마을에 엄청난 파문을 몰고 왔다. 남편은 엄청나게 화를 냈다. 북부 출신은 믿을 수 없다고 욕까지 했다. 하지만 루엣은 새로운 인생을 시작한다는 기분이 들었다. 이혼 후 몇 달이 지나서 루엣은 이렇게 말했다. "가장 많이 느끼는 건 안도감이에요. 그 속에서 빠져나왔다는 안도감 말이에요. 이제부터 무엇을 해야 할지 또 어디로 가야 할지도 모르겠지만 지금은 그냥 행복해요."

결혼생활이 너무 괴로우면 이혼이 축복처럼 느껴질 수도 있다. 이는 대개 한쪽 배우자가 알코올이나 약물중독, 폭력을 일삼거나 범죄에 가담하는 등 문제가 있어 도저히 가정을 꾸려 나갈 수 없을 때 해당된다. 만약 여러분 혹은 아이들이 육체적, 성적으로 학대당하고 있다면 다음 행동을 신중히 선택하거나 고려할 시간 여유가 없다. 여러분과 가족 모두 더 이상 피해를 입지 않도록 즉시 도움을 요청해야 한다. 하지만 가정 폭력으로 인한 이혼은 극단적인 예이다. 대부분의 경우 이혼 사유는 그보다 훨씬 더 불분명하다. 불행의 서약으로 인한 피해는 미묘해서 겉으로 잘 드러나지도 않고 또 심리적인 것일 때가 많기 때문이다. 배우자들도 비교적 서로 대등하고 둘의 사이는 매우 복잡하다. 불행의 서약을 깨는 것은 기분 좋은 변화다. 하지만 그런 안도감은 힘든 장거리 비행 중에 하룻밤 좋은 호텔에서 푹 쉬는 것처럼 일시적인 것이다. 기나긴 이혼 과정에서 스쳐 지나가는 짧은 한 부분일 뿐이다.

* * *

콜로라도 주의 제인 리카르도는 안도감을 느끼던 시기를 돌아보며 심리적인 휴가라고 말한다. 그녀는 타고난 걱정 꾼이었다. 자신의 외모에 대해 걱정하고, 지방 교육청에서 일하는 자신의 직업을 걱정하고, 유해 폐기물과 환경문제도 걱정한다. 그러나 아이들이 모두 자란 지금 그녀는 재혼을 생각하고 있다. 22년을 함께 산 전 남편과 이혼한 지도 벌써 5년이 지났다.

"그가 떠난 후 처음 석 달 동안은 말할 수 없이 행복했어요."라고 제인은 말했다. 초록색 눈에 붉은 빛이 도는 갈색 머리의 제인은 결혼으로 인해 많은 것을 잃었다. 그녀의 남편 마이클은 검은 머리에 긴 코를 한 예술가 같은 외모에 낙천적이지만 자신감은 없는 남자였다.

두 사람은 마이클이 경제학과 대학원에 재학중일 때 결혼했다. 제인의 아버지는 유명한 경제학 교수였다. 마이클도 경제학을 공부하고 있으니 제인은 그도 유명한 교수로 만들겠다고 결심했다. 두 사람의 무의식적인 결혼계약에서 제인은 남편을 자신의 아버지만큼 성공시키는 목표를 세웠고, 마이클은 자신을 성공시켜 줄 후원자를 얻었다. 즉 제인은 지배적인 위치를 차지했고, 마이클은 복종적인 위치를 차지했다.

제인은 마이클의 논문을 검토하고 구술시험 연습도 함께 했다. 그리고 남편의 대학원 동료들을 저녁식사에 초대하기도 하고, 그가 잘하도록 여러모로 신경 썼다. 마이클의 동료들은 그가 훌륭한 내조자를 얻었다고 부러워했다. 하지만 마이클은 아내에게 지나칠 정도로 의존하고 있었다. 아내가 도와주지 않으면 그는 아무것도 할 수 없을 것만 같았다.

얼마 후 두 사람에겐 아이들이 태어나고, 마이클은 콜로라도 대학에 교수직을 얻었다. 겉으로 보기에 그는 똑똑한 경제학 교수였다. 하지만 당시의 생활이 행복한 것만은 아니었다며 제인은 이렇게 말했다. "우리의 결혼생활은 주도권을 놓고 벌이는 전쟁으로 변해 갔어요."

두 사람은 집안 청소, 자동차 운전, 아이들의 학교 문제 등 사소한 일로 자주 싸웠다. 제인은 자기주장이 강했고 마이클은 그때마다 술을 마시기 시작했다. 주도권 경쟁은 점점 치열해졌다. 그러는 사이에도 동료들은 강하고 적극적으로 후원해 주는 아내를 둔 마이클을 부러워했다. 제인은 남편의 논문을 비판하고, 논문이 얼마나 중요한지 모르냐며 남편을 다그쳤다. 마이클은 논문을 포기하고 미식축구 경기를 보는 것에 저녁시간을 모두 허비했다. 학과장이 개최한 칵테일파티에서 마이클은 술에 취했다. 제인은 남편이 말썽을 부리지 못하게 애쓰며 학과장과 경제학에 대한 대화를 나누었다. 그러다 마이클이 거실에서 넘어지자 제인은 곧 달려가 "다치지 않았어요, 여보?" 하고 물었다. 마이클은 아내를 노려보았다. 또다시 제인이 이긴 것이었다. 그리고 모두들 두 사람의 모습을 지켜보고 있었다. 제인은 술에 취한 교수 남편을 감싸는 씩씩한 아내 역할을 멋지게 해냈다. 마이클은 학생들의 논문도 채점하지 않았다. 당연히 종신 재직권도 따지 못했다.

제인도 더 이상은 참을 수가 없었다. 이들 부부의 경우에는 지배적인 위치를 차지하는 제인이 의존적인 남편을 더 이상 책임지지 못하겠다며 먼저 이혼을 요구했다. 그 뒤로 한두 달간 제인과 마이클은 별거에 대해 이야기를 나눴다. 그리고 마침내 제인이 추수감사절로 날짜를 잡았다.

추수감사절 저녁 만찬에는 모두 함께 모여 식사를 했다. 식사

후에 마이클은 학과 동료들과 술을 마시며 밤을 보냈다. 그 다음 날 제인은 집안의 모든 열쇠를 바꿨다. 드디어 별거가 시작되었고 제인이 느낀 최초의 감정은 안도감이었다. 당시에 대해 제인은 이렇게 회상했다. "처음에는 말할 수 없을 정도로 홀가분했어요. 그리고 나는 내 자신을 되돌아 봤어요. 난 일주일에 네다섯 권씩 책도 읽고, 몇 년간 하지 않았던 피아노도 연주했어요. 마이클은 언제나 집을 깨끗이 해야 한다고 했지만 나는 청소도 하지 않았어요. 사소한 일도 나를 행복하게 했어요. 예를 들면 침대를 통째로 나 혼자 쓴다거나, 밤늦게까지 마음대로 책을 읽을 수 있다는 것 같은 일들 말이에요. 마이클은 자기가 잘 때 내가 불 켜는 것을 몹시 싫어했거든요. 내 마음에 드는 치마를 사도 몰래 집안에 숨겨 둘 필요가 없었어요. 무엇이든 내 마음대로 결정할 수 있었지요. 정말 말할 수 없을 정도로 편했어요.

제인은 남편이 없는 생활을 실컷 즐겼다. 그리고 그런 행복감은 석 달간 계속되었다.

"그러다 갑자기 무너졌어요."라고 제인은 말했다. 이혼의 밀월기간이 끝난 것이다. 제인은 크레이지 타임에 빠져들었다.

"나는 혼자였어요. 직업도 없는데 지붕에서는 물이 샜지요. 남자들을 몇 번 만나긴 했지만 십대처럼 데이트하는 것은 정말 너무 끔찍하더군요. 하지만 남편은 나보다 훨씬 편하게 사는 것처럼 보였어요. 그러자 별안간 그 사람을 죽이고 싶다는 생각이 들더군요. 그리고 정말 너무 너무 무서워졌어요. 영원히 이런 상태가 끝나지 않을 것만 같았지요."

안도감과 해방감의 시기가 끝나자 제인은 이혼의 현실에 직면하게 되었다. 이혼 결정을 후회하지는 않았지만 결혼을 완전히 끝내기 위해 그 뒤로 2년 동안 제인은 힘겨운 시간을 보냈다. 그녀는 지금도 특히 아이들에게는 죄책감이 든다고 했다. 그리고 전남편에 대해서도 걱정하고 있다. 마이클은 이혼 후에 제대로 된 생활을 하지 못했다. 그는 여전히 제인을 자신의 보호자로 생각하는 듯 했다. 이혼 후에 마이클이 무너진 모습은 그가 제인에게 전적으로 의존했음을 분명히 보여 주었다.

이혼하고 5년이 지나면서 제인의 생활은 조금씩 나아졌다. 직장도 얻고, 연애도 하고, 심리치료도 시작했다. 그리고 얼마 후 한 남자를 만나 재혼도 생각하게 되었다.

제인의 눈에는 이혼한 사람들 대부분이 가지고 있는 주저하는 빛이 어려 있었다. 다음에는 잘 될까? 그 질문에 제인은 미소를 지으며 이렇게 대답했다.

"이번에는 달라요. 그의 기분이 어떤지, 무엇을 하는지, 왜 일이 잘 안 풀리는지 등등 그 사람에 대해 걱정하지 않아요."

제인은 새로운 관계를 맺음으로써 불행의 서약에서 벗어나게 되었다. 그녀의 미래는 희망적이다. 하지만 크레이지 타임의 고통은 잊지 않았다.

"너무도 행복했던 처음의 몇 달이 없었다면 나는 용기를 잃었을 거예요. 그 시간들이 내게는 너무도 소중했어요. 그 시간 동안 나는 내 자신을 진정으로 좋아하게 되었지요."

이혼을 먼저 요구하는 사람들의 경우, 대부분 그런 안도감의 시간은 너무 빨리 끝난다. 그래서 크레이지 타임의 스트레스에서 벗어날 방법이 없다. 반대로 이혼을 거부하는 쪽의 경우는 현실을 부인하는 시간이 너무 오래 지속될 때가 많다. 그들은 결혼생활을 하는 동안 계속해서 현실을 부정했다. 그래서 크레이지 타임의 첫 단계인 부인의 시기에서 쉽게 빠져나오지 못하는데, 이때 자칫하면 이혼 파멸 상태에 빠질 수도 있다. 그래서 폭력을 휘둘러 엄청

난 결과를 초래하기도 하고, 과거에 얽매여 눈에 보이지는 않지만
조금씩 상대와 자신을 파괴하기도 하는데, 두 경우 모두 끝까지
결혼이 끝났다는 사실을 받아들이지 않아 생기는 결과다.

* * *

하워드 리차드스는 아내 제니스와 별거를 시작한 지 8년이 지나
서야 겨우 이혼했다. 그 사이 하워드는 자신이 여전히 결혼생활을
유지하고 있다는 환상에 사로잡혀 살았다. 그는 지배적인 위치에
있었다. 지배적인 성격이 너무도 강해 아내와 함께 사는 세상을
자신이 창조했다고 믿을 정도였다. 그는 행복한 결혼생활을 한다
고 생각했다. 하지만 아내는 그와 반대되는 생각을 하고 있었다.
물론 하워드는 전혀 눈치 채지 못했다. 아내가 짐을 싸 다른 도시
로 이사한 후에도 결혼생활에 문제가 있다고는 생각하지 않았다.
언젠가는 아내가 돌아올 거라고 생각했다. 별거를 시작한 후에도
두 사람은 크리스마스를 함께 보냈고 아이들의 생일파티도 함께
했다. 두 사람은 많은 것을 공유했지만 결혼생활만은 함께 하지
않았다. 왜냐하면 이미 끝이 났기 때문이었다. 그런데도 하워드는
그런 사실을 받아들이지 않았다.

하워드는 190센티미터쯤 되는 큰 키에 몸집도 크고 검은색 고수
머리에 갈색 눈을 가진 입술이 두꺼운 남자였다. 그는 스스로 섹
스를 좋아한다고 인정했다. 베트남 출신 베이비시터, 여성운동가,
매주 아이들과 함께 가는 식당 여종업원까지, 상대를 가리지 않았
다. 그는 쉽게 여자들에게 접근했다. 어떤 여자든 상대하는 것에
문제가 없었다. 하지만 제니스는 달랐다. 하워드는 텍사스 주 오스
틴에서 소규모 유정굴착장비 회사에 근무했다. 그곳에서 그는 아

이들 셋과 함께 살았고 제니스는 달라스에서 살았다.

뉴저지 주의 시골 출신인 하워드는 주 정부에서 자동차 등록업무를 담당하는 고지식한 공무원 아버지와 무미건조한 결혼생활에서 오로지 음식으로 애정표현을 하고 늘 불평불만이 그치지 않는 어머니 밑에서 자랐다. 그는 가족들에게 별 애정이 없었으며 열일곱 살이 되던 해 집을 나와 캘리포니아로 갔고 그 이후로 한번도 고향에 돌아가지 않았다. 학자금 대출을 받아 LA 캘리포니아 대학에 입학한 하워드는 경영학과 18세기 영국문학을 전공하며 스물다섯 살이 되어서야 겨우 졸업했다. 그 뒤로 그는 텍사스의 유정 굴착장비 회사에 취직했다. 그곳은 연봉도 높고 출장 기회도 많은 회사였다. 하워드는 자신의 인생을 사랑했고 아내 제니스도 사랑했다.

두 사람이 처음 만난 것은 하워드가 스무 살이고, 제니스가 열일곱 살 때였다. 당시에 대해 하워드는 이렇게 말했다. "그녀는 너무 아름다웠고 우리 두 사람은 금방 사랑에 빠졌습니다. 우리는 서로를 무척 아꼈습니다. 정말 행복한 만남이었습니다." 제니스에게 하워드는 세상을 변화시킬 잘 생긴 구세주였고, 제니스는 그를 존경하는 예쁜 소녀였다. 그리고 처음엔 제니스도 하워드의 꿈을 위해 열심히 내조했다.

하워드는 출장이 점점 잦아졌다. 그리고 출장을 갈 때마다 주위에는 여자가 넘쳤다. "집만 나서면 다른 여자를 만났지만 심각한 사이로 발전한 경우는 한번도 없었습니다. 눈에서 멀어지면 마음이 멀어진다는 말처럼 말입니다. 그래서 나는 한번도 아내에게 다른 여자에 대해 말하지 않았습니다. 아내와 나 사이에 다른 여자란 절대 존재하지 않는 것처럼 말입니다."

10년의 세월이 흐르는 동안 부정과 기만의 게임은 계속되었다.

그런데 하워드가 모르는 사이 제니스도 같은 게임을 하고 있었다. 그녀는 남편이 다른 여자들과 어울린다는 것을 알면서도 아무 말도 하지 않았다. 그리고 그런 사실을 알고 처음에 얼마나 상처를 받았는지도 말하지 않았다. 자신이 느낀 분노에 대해서도 털어놓지 않았다. 그러다 그녀에게 변화가 생겼다. 어느 가을 주말, 제니스는 달라스의 라디오 방송국에서 일하고 싶다고 남편에게 말했던 것이다.

"우리가 갈라서게 되리라고는 상상도 못했습니다. 나는 아내한테 좋다고, 하고 싶은 일을 하라고 말했습니다. 우리는 신세대 부부였으니까요. 그래서 일단 2년 간은 떨어져 있기로 했습니다."

제니스는 하워드에게 아이들을 맡겼다. 그는 아내를 공항까지 바래다주었고 아이들은 엄마에게 잘 다녀오라고 손을 흔들며 인사했다. 친구들은 하워드에게 제니스가 영원히 돌아오지 않을 거라고 말했다. 동료들의 아내들도 제니스가 돌아오지 않을 거라고 했다. 심지어는 하워드의 비서도 그렇게 말했다. "하지만 난 그 말을 믿지 않았습니다."라고 하워드는 말했다.

그 뒤로 2년 간 하워드와 제니스는 주말에만 만났다. 제니스는 달라스 시내에 아파트를 얻었고, 라디오에 출연하기 시작해 오래지 않아 낮 시간대 대담 프로그램의 정규 진행자가 되었다. 그녀는 하워드에게 돈도 요구하지 않았다. 혼자 힘으로 살고 싶었기 때문이었다. 적어도 2년 간 모든 일이 잘 돌아갔다고 하워드는 말했다. 11월의 마지막 주말이 오기 전까지는.

그 날 제니스와 하워드가 같은 자리에 있지도 않고 두 사람 사이에 말이 오가지도 않았지만 두 사람은 처음으로 정면 대결을 했다. 그날 하워드는 주말을 맞아 제니스의 아파트로 찾아왔다. 마침 제니스는 외출하고 없었고 탁자 위에 공책 하나와 오래 된 달력이 놓여 있었다. "마치 나더러 보라고 놓여 있는 것 같았습니다. 그래서 펼쳐 봤죠. 마치 그녀가 일부러 거기 놓아둔 것 같았습니다. 공책과 달력에는 이름들이 적혀 있었습니다. 모두 남자였고 내가 아는 사람들, 내 동료들이었습니다. 제니스는 그들과, 내 친구들과 잠자리를 같이 한 게 틀림없었습니다. 그때는 아직 우리 두 사람이 함께 살고 있던 때였는데 말입니다. 순간 나는 환상이 깨지면서 내가 집을 떠나 있을 때 아내도 가만히 집에서 나만 기다린 게 아니라는 것을 깨달았습니다. 그 긴 세월 동안 우리는 서로를 속여 왔던 겁니다. 말을 해서 속인 게 아니라 말을 하지 않음으로써 서로를 속였던 겁니다. 제니스는 내가 다른 여자들을 만난다는 걸 알고 있었지만 그에 대해 한 마디도 하지 않았습니다. 하지만 그녀의 달력에는 내 친구들의 이름이 적혀 있었습니다. 그걸 본 순간 너무 끔찍해서 죽을 것만 같았습니다."

놀라운 현실을 목격했지만 부정하던 버릇이 너무 강했던 탓에 하워드는 서로의 배신을 가슴속에 묻어 두고 결혼생활에 더욱 집착했다. 마치 불치병 환자가 그러하듯 하워드는 부인의 단계를 지나 '흥정의 단계'로 넘어갔다. 그는 자신의 상황을 바꾸려고 했다.

집으로 돌아온 하워드는 제니스가 달라스에 잘 있다고만 말했다. 자신이 마음만 먹으면 모든 상황을 바꿔 버릴 수 있다고, 그래서 모든 것을 원상태로 돌릴 수 있다고 생각했기 때문이었다. 그는 자신이 남의 마음은 생각도 하지 않는 둔한 남성 우월주의자였다는 것을 인정했다. 제니스가 그렇게 된 것은 하워드의 탓이었다. 만약 그가 조금만 더 자상하게 굴었다면, 조금만 더 이해하고 도와주었더라면 둘은 순탄하게 영원히 잘 살 수도 있었다.

하워드는 심리치료를 받기 시작했다. "나는 훨씬 더 친절해졌습니다. 자상해지고, 이해심도 많아졌습니다. 원수를 사랑하라는 예수님만큼이나 말입니다."라고 하워드는 말했다. 그는 제니스와 이혼했다는 생각을 잊을 수 있는 일이라면 무엇이든 했다. 그때까지 하워드는 아름다운 열일곱 살 소녀와 결혼했다는 꿈에 매달려 살았다. 그 사이 아이들은 계속 하워드가 길렀다. 제니스는 주말에 아이들을 만나러 왔다. 두 사람은 이혼 조건에 합의했다. 제니스가 집을 나간 지 8년 만에 드디어 이혼을 한 것이다. 하지만 하워드는 여전히 제니스를 남이라고 생각하지 않았다. 그저 법적으로 갈라선 것뿐이라고만 생각했다. 이혼 후에도 두 사람은 여전히 크리스마스를 함께 보냈고 멕시코로 아이들을 데리고 휴가 여행도 함께 갔다. 크리스마스 다음날 하워드는 조깅하겠다고 나가서는 가족들의 선물을 사 왔다. 막내딸에게는 인형을, 아들에게는 계산기를, 큰딸에게는 은으로 만든 머리핀을 선물했고, 제니스에게는 은과 터키석으로 장식한 해바라기 모양의 목걸이를 선물했다. 그는 저녁식사시간에 맞춰 돌아왔고 모두들 식탁에 와서 앉았을 때, 선물 보따리를 풀어놓아 모두를 깜짝 놀라게 했다.

"선물을 한 것은 큰 성공을 거두었습니다. 아이들 모두 굉장히 좋아하더군요. 정말 기분이 좋았습니다."라고 하워드는 당시를 회상했다. 그때 하워드는 결혼생활을 유지할 수만 있다면, 아내와 이혼했다는 사실을 부정할 수만 있다면 무엇이든 할 작정이었다. 그런데 식사가 끝나 갈 무렵 제니스가 재혼을 심각하게 고려중이라고 말했다. 냉정한 현실이 하워드의 가족을 덮친 것이었다.

하워드는 너무 놀라 꼼짝도 할 수 없었다. "제니스의 말을 믿을 수가 없었습니다. 사실 지금도 그 말을 믿을 수가 없습니다."

크리스마스를 맞아 모두 함께 모인 그 자리에서, 하워드가 이제 막 산타클로스처럼 선물까지 나눠주었는데 아내가 재혼 이야기를 꺼내다니. 나를 괴롭히려고 일부러 저런 말을 하는 건가, 하는 생각까지 들었다고 하워드는 말했다. 내가 다른 여자와 바람피운 것 때문에 아직까지 화가 난 건가? 정말 다른 사람이랑 결혼하겠다는 건 아니겠지?

하워드에게 이혼은 뒷마당에 UFO가 날아오는 것만큼이나 믿을 수 없는 일이었다. 게다가 결혼생활 내내 지배자의 위치를 누려 온 그는 모든 상황을 자신이 통제해야 한다고 생각했다. 그는 잔 디를 깨끗이 깎고 야외용 의자와 테이블을 놓아두면 UFO가 착륙할 틈이 없으리라고 생각한 것처럼 결혼도 마찬가지라고 믿었다. 그래서 심리치료를 받고 가족들에게 선물만 하면 아내와의 관계는 계속 유지할 수 있다고 믿었다. 하지만 하워드가 모르는 사이에 UFO는 이미 뒷마당에 착륙했고 결혼은 이미 끝나 버렸다.

현실을 외면하는 부인(否認)의 시기는 심리적 안정을 위한 여유를 주지 못한 채 불안과 좌절감만 키웠다. 부인의 시기가 너무 오래 계속된 탓에 하워드는 결혼과 이혼 사이의 정신적 연옥에 갇혀 버린 것이었다. 그래서 제니스와의 관계를 지키지도 못했고 그 관계에서 빠져나오지도 못했던 것이다. 그 후로 현실을 부정하는 습관에서 벗어나 이혼 절차를 밟기까지는 다시 오랜 시간이 걸렸다.

크레이지 타임의 초기 단계에서 영원히 헤어나지 못하는 사람들이 있다. 그들은 술집이나 친구들의 모임에서 나한테 이런 일이 벌어질 줄 몰랐어. 내 이야기를 들으면 아마 깜짝 놀랄 거야. 도저히 못 믿겠어. 하며 신세 한탄을 늘어놓는다.

70세의 한 여성은 1945년 남편이 자신을 떠난 일만 생각하면 아직도 믿을 수가 없다고 말했다. 그녀는 그 순간 남편이 어떤 말을 했으며, 자신은 어떤 옷을 입었는지 그리고 다음날 갈 예정이었던 연극공연 표는 어떻게 구했는지까지 모두 기억하고 있었다. 그녀는 그 날의 일을 마치 전날 일인 양 꼼꼼하게 묘사했다.

이렇게 이혼 과정의 한 단계에서 영원히 빠져 나오지 못하는 사람들 역시 이혼 파멸 상태에 처한 사람들이다. 그들은 절대 크레이지 타임의 다음 단계로 넘어가지 않는다. 그래서 이혼 과정을 마무리짓지도 못하고 새로운 인생을 시작하지도 못한다. 법적으로는 완전한 이혼이 이루어져도 그들의 마음속에서는 결혼이 영원히 끝나지 않는다.

여러분은 헤어진 지 얼마나 되었는가? 배우자와 헤어지고 나면 대부분의 사람들이 처음에는 안도감 또는 부인의 시기를 겪는다. 결코 여러분 혼자 이런 일을 겪는 게 아니다. 안도감과 부인의 시기가 닥치면 이혼 결정을 받아들이고 이혼의 다음 단계로 넘어갈 준비를 해야 한다.

제 6 장

극도의 충격

결혼이 파탄 나면 아무것도 못하고 무력해지는 사람들이 있다. 안도감이 생기거나 현실을 부인하는 것이 아니라 극도의 충격에 빠지는 것이다. 이런 상태가 되면 외부의 자극에 반응을 하지도 않고, 할 일도 제대로 못한다. 그래서 한동안 '일상'에서 일탈하게 된다. 아무도 없는 황무지에 묻혀 깊이 생각하고 깨달음을 얻는 위대한 성자들처럼 사람을 피하고 혼자만의 세계로 파고든다. 친구도 가족도 그런 상황을 이해하지 못한다. 그저 "사람이 이상해 졌어."라는 말만 할 뿐이다. 그러면 당사자는 지금 당장은 "아무 말도 못하겠다"라는 말로 변명을 대신한다. 극도의 충격에 빠지면 일상생활을 잠시 접어 두고 혼자 힘으로 흥분과 충격을 가라앉혀 야 한다. 그런 후에 혼자만의 세계에서 빠져나오면 그때부터는 자신의 결혼생활과 과거에 정면으로 맞서야 한다. 현실에 제대로 맞서기 위해서는 그처럼 반드시 심리적 동면기간이 필요하다.

* * *

시카고에 사는 내과 전문의 게리 레만은 3개월 동안 현실에서 일탈한 것이 이혼 여정을 겪는 것에 많은 도움이 되었다고 말한다. 그의 친구들은 그 기간 동안 게리가 정신이 조금 나간 것 같았다고 했다. 그 당시의 이야기를 하면서 게리는 미소지었다. 고수머리에 푸른 눈을 하고 둥근 금테 안경을 쓴 45세의 게리는 12년의 결혼생활이 연기가 사라지듯 끝나자 변두리의 허름한 원룸 아파트로 이사했다. 기하학적인 무늬의 리놀륨 장식재가 덮인 방 한 가운데에는 레몬나무 화분이 하나 있고 매트리스와 이불 한장 그리고 담요 하나가 전부인 아파트는 온수도 나오지 않았다. 그 곳에서 게리는 조리용 철판과 싱크대, 통조림 따개 두 개 그리고 참치 통조림만 가지고 3개월을 지냈다.

이런 궁핍한 생활에도 불구하고 게리는 돈을 벌려고 하지 않았다. 시카고에서 진찰전문의로 명성이 높았던 게리는 까다로운 환자들을 많이 다루었다. 그는 단서를 찾는데 일가견이 있었는데 다른 의사들은 찾지 못하는 단서를 그는 쉽게 찾아냈다. 한 가지 단서 안에도 수많은 설명이 숨어 있다는 것이 게리의 생각이었고, 그래서 게리는 모든 단서를 찾아 분석하고 환자에게 딱 맞는 처방을 내렸다. 환자들은 그를 좋아했다. 그들은 게리를 기적의 의사라고 칭송했다. 게리는 이 말을 하면서 유전적으로 물려받은 습관일 뿐이라며 머쓱해 했다. 그는 현실을 3차원적으로 보는 것이 아니라 3백 차원으로 보았다. 즉 이 때문에 아무리 사소한 단서라도 그의 눈을 피해 갈 수 없었다. 그래서 환자들을 대할 때면 질병의 원인을 쉽게 찾아냈던 것이다. 하지만 아내와의 결혼생활에 대해서만큼은 그의 예리한 관찰력이 제 힘을 발휘하지 못했다.

아내와의 결혼생활에 대해 제일 잘 안다고 자신하고 있었는데 실은 그렇지 못했다는 사실에 게리는 심한 충격을 받았다. 훌륭한 의사인 자신이 어떻게 아내와 자신과 결혼생활의 문제점을 알아차리지 못할 수가 있단 말인가? 결혼의 위기로 인해 게리는 자기 인생의 모든 것에 대해 의문을 갖게 되었다.

그는 우선 과거부터 돌이켜보았다. 게리의 부모는 독일에서 이민 온 유대인으로 뉴욕 브룩클린의 보수적인 유대인 거주지역에 자리를 잡았다. 그가 단서를 찾는 습관을 갖게 된 것은 가정환경의 영향이 컸다. 그가 여덟 살 되던 무렵, 어머니에게 로젠버그 부부(1953년 미국의 핵 기술을 소련에 넘겨주었다는 혐의로 처형된 미국인 부부. 전 세계적으로 처형 반대 운동이 격렬하게 일어났고 이상할 정도로 재판이 빨리 진행되는 등 현재까지도 의혹이 남아 있는 사건이다. - 옮긴이)가 왜 처형되었냐고 물었다. 신문에는 줄리어스 로젠버그와 에델 로젠버그가 러시아에 기밀을 팔아 넘기는 간첩 행위를 했다는 기사가 실려 있었다. 당시 게리의 가족은 모두 식탁에 모여 앉아 있었는데 어머니가 이렇게 말했다. "그건 반유대주의 때문이고 또 다른 유대인 학살의 시작이란다." 그러자 고등학생이며 학년 대표를 맡고 있고 조지 워싱턴보다도 더 미국인다웠던 형이 이렇게 반박했다. "아니에요. 이건 단지 지금이 맥카시 시대이기 때문이에요. 그리고 로젠버그 부부는 정말로 유죄일 가능성이 많아요." 형의 말을 들은 아버지는 이렇게 말했다. "창문 닫아라. 누가 우리 이야기를 엿듣고 있을지도 모른다."

이런 집안 분위기 속에서 게리는 어려서부터 모든 일은 여러 가지 시각으로 해석할 수 있다는 것을 알게 되었고, 자라면서 모든 것에 대해 의심을 갖고 분석하고 단서를 찾고자 했다. 게리는 이런 습관 덕분에 훌륭한 의사가 되었지만 여자를 대하는 것에 있어서는 이 습관이 오히려 방해가 되었다. 모든 것을 의심하는 습관 때문에 여자와의 관계가 제대로 풀리지 않았던 것이다. 그는 상대에 대해 제대로 알기 위해 찾아낸 단서들을 하나씩 풀어 나가는 대신, 즉 사람과 좀 더 가까워지기 위한 첫 시도를 하는 대신, 단서만 찾고는 뒤로 물러나 버렸다. 의심이 너무 심해 나무만 볼 뿐 숲을 보지 못하기 때문이었다. 하지만 그렇게 하면 여자들과 일정한 거리는 유지할 수 있었다. 게리는 하버드대학에 입학해 다시 하버드 의과대학에 진학했고, 의사로 성공했지만 수줍음 많고 지나치게 신중한 모습에는 변함이 없었다.

스물 네 살이 되고 베트남 전에 육군 중위로 참전할 때까지 게리는 한번도 사랑에 빠지지 않았다. 그러다 너무도 우연히 유라시아 계의 신비로우면서도 신경질적인 여자에게 한 눈에 반했다. 그녀 앞에서는 의심하는 습관도 힘을 발휘하지 못했고, 두 사람은 몇 달에 걸쳐 동거도 했다. 그런데 나중에 알고 보니 그녀는 CIA 요원이었다. 게리는 너무도 놀랐다. "그 사실을 알고 나자 그녀에 대해 아무것도 모르고 있었다는 생각이 들었습니다."라고 게리는 말했다.

그녀와의 관계는 비교적 짧게 끝났지만 게리는 그 후로도 신비로운 여자에게 육체적으로 강하게 끌렸다. 그것은 앨리스 테리와 결혼한 후에도 마찬가지였다. 지저분한 금발에 승마용 부츠 차림의 앨리스는 바사대학 출신으로 추리소설 작가이며 게리와 마찬가지로 자신의 출생에 대해 심한 거부감을 가지고 있고, 게리의 복잡한 성격과 자상함에 끌렸다.

"우리는 정말 좋은 친구였습니다. 우리를 맺어 주는 것은 열정이 아니었습니다. 우리는 마치 남매 같았습니다. 내가 앨리스를 좋아한 건 그녀가 너무도 솔직하기 때문이었습니다. 나는 의심이 너무 많아 사람을 믿지 못했는데 그녀는 매우 솔직한 성격이었죠. 그래서 나는 그녀를 보자 너무 좋았습니다."

두 사람의 무의식적인 결혼계약에서 게리는 믿을 수 있는 사람, 인생에 대한 의심과 불안을 없애 준 사람을 얻었고, 앨리스는 게리의 상냥함과 의심 많은 성격을 얻었다. 그리고 두 사람 모두 자신의 과거로부터 탈출할 수 있는 기회를 얻었다. 불행의 서약에서 앨리스는 지배적인 위치를 그리고 게리는 복종적인 위치를 차지했다. 두 사람의 결혼생활에 대해 게리는 이렇게 말했다. "나는 내과 전문의였고 앨리스는 대인 관계에 있어서 전문가였습니다. 병원 일은 인간관계와 얽힐 일이 거의 없었기 때문에 나는 우리 생활의 대부분을 그녀에게 의존했습니다."

게리는 아내의 자신감 넘치는 태도 그리고 자유분방함을 좋아하고 부러워했다. 하지만 사실 앨리스도 게리만큼이나 조심성이 많은 사람이었다. 추리작가이니 단서를 수집하고 모든 것을 의심하는 것은 당연한 일이었던 것이다. 결혼을 하기까지 두 사람은 오랜 기간이 걸렸다. 4년을 동거하고서야 비로소 결혼을 결심했으니까. 두 사람 모두 일을 소중히 여겼기 때문에 아이는 나중에 갖기로 했다. 결혼 당시 앨리스는 자신의 최근 추리소설을 바탕으로 영화대본을 집필중이었고, 게리는 시카고의 유명한 개인병원에서 내과를 책임지게 되었다. 두 사람은 각자의 생활에 몰두했다. 게리는 그때가 제일 완벽한 시절이었다고 말했다. 두 사람은 서로에게 소중한 친구였다. 모든 것을 이야기하고 서로의 일을 존중했다. 게리는 자신이 그렇게 행복하게 살 수 있으리라고는 상상도 못했다.

그런데 게리가 조금씩 변하기 시작했다. 병원 일이 점점 싫증났던 것이다. 돈은 많이 벌었지만 환자를 진찰하는 일은 점점 줄어들었다. 내과 전체를 책임진다는 것은 식료품 점을 운영하는 것과 다를 바 없다는 생각이 들었다. 직원들의 급료는 다른 병원들과 비교해서 경쟁력이 있는가? 간호사들이 계속 근무할까? 접수계 직원이 휴가를 가면 대신 누구를 써야 하나? 새로운 컴퓨터 경리 시스템을 도입할까? 등등. 환자를 돌보는 일 외에 처리해야 할 일이 한두 가지가 아니었다. 그리고 이 무렵부터 게리는 정치적인 내용을 담은 짧은 만화를 그리기 시작했다. 앨리스는 게리에게 시내에 있는 유명 신문사의 편집장을 소개해 주었다. 세 사람은 함께 저녁식사를 했고, 오래지 않아 게리는 매주 신문에 만화를 연재하게 되었다. 앨리스와 게리는 샴페인으로 자축했다. 이 일을 기회로 게리는 직업을 바꿔 보겠다는 생각을 하기 시작했다. 만화가 등단은 현실에서 탈출하기 위한 첫걸음이었던 것이다.

그러던 중 워싱턴의 보건사회국에서 갑자기 멋진 일자리 제의가 들어왔다. 게리는 메디케어(65세 이상 미국 노인의 의료보험제도 - 옮긴이)와 신장투석, 노화대책 등에 대한 자문 역할을 맡게 되었다. 그는 많은 시간을 일해야 했다. 이 무렵 앨리스는 대본 집필의 마감이 가까워 왔기 때문에 시카고에 그냥 남기로 했다. 그러다 일이 벌어졌다. 게리가 또 다시 신비롭고 신경질적인 여자에게 유혹당한 것이다.

"나도 모르게 사랑에 빠졌습니다."라고 게리는 말했다. 그는 자신이 신비로운 여성을 원했다고 생각했다. 아내를 떠올려 보니 지금껏 여자를 대할 때 자신이 소극적이었다는 것을 깨달았다. 여자가 먼저 다가와 유혹하고 결혼하자고 할 때까지 기다렸다는 것도 깨달았다. 그렇게 하면 자신이 헌신하겠다고 먼저 약속하지 않아도 상대가 대신 헌신을 약속했다. 그때부터 게리는 천천히 변하기 시작했다. 사실 그는 깨닫지 못했지만 만화를 그리며 직업을 바꾸려고 할 때부터 이미 변화와 반항은 시작되었다. 새로운 여자와의 외도를 보는 시각이 달라진 것도 복종적인 결혼생활에 대한 일종의 반항이었다. "밖에 나가 바람을 피우는 것보다 소극적인 공격이 어디 있겠습니까?" 하지만 외도는 곧 끝났다. 워싱턴 보건사회국에 인사이동이 있어 게리는 다시 앨리스가 있는 시카고로 돌아왔다. 그때까지도 그는 아내를 제일 가까운 친구라고 생각했다. 두 사람은 여전히 모든 것을 이야기했고 게리는 외도에 대해 아내에게 털어놓는 것이 당연한 일이라고 생각했다.

하지만 그것은 결혼에 대한 게리의 환상이었을 뿐, 현실은 그렇지 않았다. 남편의 외도 사실을 듣자 앨리스는 게리가 늘 연장자처럼 존중하던 이해심 많은 친구의 모습에서 완전히 변해 버렸다. 그녀는 아무것도 이해하려 들지 않았다. 2, 3주일 후 앨리스는 집을 나가 바람을 피우고는 게리에게 그 사실을 통보했다. 아내와 남편 모두 불행의 서약을 깨뜨린 것이었다.

"헤어지는 게 낫겠다."고 게리는 아내한테 말했다. 하지만 마음속으로는 설마 헤어질 리는 없겠지, 하고 생각했다. 그는 절망한 아내만큼이나 자신도 괴로워하는 체 했다. 둘 다 바람을 피웠으니 누구의 잘잘못을 따질 필요가 없어졌다고도 생각했다. 그리고 조금만 더 있으면 다시 예전 같은 사이로 돌아갈 수 있으리라고 기대했다. 하지만 앨리스는 게리의 기대를 저버렸다. "당신이 나가는 게 좋겠어." 아내의 요구에 게리는 기절할 듯 놀랐다. "당신 진심이야?"

게리는 믿을 수가 없었다. 앨리스는 이혼 소송을 청구했다. 그리고 이혼하자마자 마치 게리와의 결혼생활은 존재하지도 않았다는 듯 곧 재혼해서 아이까지 낳았다. 극도의 충격에 빠진 게리는 다짜고짜 허름한 원룸 아파트로 이사했다. 병원에서 환자가 기다린다는 연락이 와도 그는 진찰을 뒤로 미뤘다. 신문사에서 만화 원고를 독촉해도 그는 나중에 주겠다는 말만 반복했다.

그의 하루는 아주 단순했다. 우선 망치와 끌을 가지고 바닥을 조금씩 벗겨 냈다. 그리고는 방 한 가운데 있는 화분 주위를 맴돌았다. 병원에서는 환자와의 약속을 알리는 전화가 계속 걸려 왔지만 게리는 번번이 뒤로 미루고 다시 바닥을 벗겨 냈다. 바닥 장식재 밑에는 단단한 목재가 깔려 있었다. 때때로 워싱턴에서 만난 신비로운 여인이 찾아오면 그녀와 하룻밤을 보내기도 했다. 하지만 오래지 않아 그녀에게 싫증이 났다. 그녀 역시 게리가 이상하다고 생각했다.

그는 날마다 바닥을 벗겨 냈다. 그런 모습은 마치 자기 심리의 뿌리를 찾으려는 행동으로, 진실을 감추고 있는 껍질을 벗겨 내는 행동으로 보였다. 바닥을 반쯤 벗겨 냈을 무렵, 게리는 신비로운 여자들에 대한 환상에서 벗어나 앨리스에 대해 생각하기 시작했다. 그녀는 어떤 사람이었지? 하루가 가고 또 하루가 갔다. 병원에서는 더 이상 연락이 오지 않았다. 게리는 면도도 하지 않았다. 씻지 않아 몸에서는 냄새가 났다. 그는 여전히 바닥을 벗겨 내고 화분 주위를 맴돌았다. 먹을 것을 살 때만 잠시 밖에 나갔다. 이런 일이 자신에게 벌어진 것이 믿어지지 않았다. 앨리스가 떠나다니, 내가 이혼을 하다니……

석 달이 지나자 바닥을 완전히 벗겨 냈고, 가을은 겨울로 접어들고 있었다. 게리는 산책을 나갔다. 사람들이 그를 힐끔힐끔 쳐다보았다. 거리에 쌓인 눈에 반사된 빛 때문에 눈이 시렸다. "나는 다른 누구보다 앨리스에 대해 잘 안다고 자부했습니다. 그녀는 독서를 좋아했습니다. 그래서 책을 읽지 못하면 죽을 거라고, 몸의 세포 하나 하나가 흩어질 거라고 생각했습니다. 언젠가 그녀와 함께 술집에 갔는데 종업원이 우리 코트를 가져다주길 기다리는 사이에도 그녀는 책을 읽었습니다. 그런 그녀가 재혼을 하더니 아기를 가졌습니다. 이제 그녀가 하는 일은 추리소설을 쓰고 가족을 돌보는 일이 전부라고 합니다. 책을 읽을 시간도 없다고 하더군요. 그런데도 그녀는 무척 행복해 보였습니다. 난 그녀의 그런 모습을 보자 너무 괴로웠습니다. 나는 그녀와 12년을 함께 살았습니다. 그래서 누구보다 그녀를 잘 안다고 생각했는데 이제 보니 나는 그녀에 대해 아무것도 모르고 있었던 겁니다. 그러니까 만약 내가 그녀에 대해 제대로 알았더라면 우리의 결혼을 지킬 수도 있었던 겁니다."

그에게는 과거에 대한 후회가 자꾸 떠올랐다. 아내에 대해 제대로 알았더라면 이혼까지는 하지 않았을 텐데. 그런 사실을 인정하기란 쉽지 않았다. 하지만 심리적 이혼을 마무리짓기 위해서는 그런 후회가 꼭 필요했다. 게리는 이혼에 대한 자신의 책임을 깨달았다. 그것은 옳고 그름이나 좋고 나쁨 혹은 평등 불평등의 문제가 아니었다. 도덕성은 중요한 게 아니었다. 그보다는 상대방에 대해 그리고 자신에 대해 아느냐, 모르느냐라는 이해의 문제였다.

원룸 아파트에서의 칩거 생활로부터 벗어나자 게리는 자신의 과거를, 자신의 뿌리를 되짚어 보기 시작했다. 그래서 형이 레코드 연쇄점을 운영하는 브룩클린으로 갔다. 아버지는 10년 전에 돌아가셨다. 어머니도 암에 걸려 양로원에서 살고 있었다. 게리는 어머니를 찾아갔다. 어머니는 몸이 많이 약해졌고 화학요법 때문에 머리카락이 많이 빠져 있었다. 그리고 눈의 초점도 흐렸고, 목소리도 약했다. "후식으로 초콜릿 아이스크림이 먹고 싶어요."라고 게리가 말하자 어머니는 갑자기 눈을 반짝이더니 날카롭게 아들을 쳐다보며 팔꿈치로 버텨 몸을 일으켰다. "하지만 넌 언제나 딸기 아이스크림을 좋아했잖니." 어머니가 말했다. 이 말에 게리는 미소지었다.

그는 삶에 대한 단서들이 모순을 일으켜 고통 받고 있다는 것을 어머니한테 말하지 않았다. 단서를 찾으려는 버릇을 뿌리뽑기 위해 몇 달씩 방바닥을 벗겨 냈다는 말도 하지 않았다. 그런 말을 하기에 어머니는 너무 늙었다. 그래서 게리는 작별인사를 하고 어머니를 끌어안으며 사랑한다고, 다시 찾아오겠다고 말했다. 어머니의 눈은 여전히 초점이 맞지 않아 엉뚱한 곳을 헤매고 있었다.

석 달 동안 스스로를 가둠으로써 게리는 고통스러운 크레이지 타임을 끝냈다. 이제는 슬프기도 하지만 한편으로는 마음이 편해 졌다. 그는 지금도 앨리스를 만난다. 두 사람은 적어도 일주일에 한 번은 전화 통화를 하고 앨리스의 소설에 대한 의견도 말해 준 다. 앨리스는 게리의 만화를 즐겨 읽는다. 이제 그는 의사 일은 거 의 포기했다. 애인이 생겼지만 결혼을 하고 싶은 생각은 없다. 사 소한 부조화에서 단서를 찾으려는 버릇을 버리기가 쉽지 않다고, 그 때문에 여자와의 관계가 늘 위태롭다고 그는 말했다. 하지만 그 버릇을 없애려고 계속 노력중이라고 덧붙였다. 지금 사귀는 여 자에 대해서는 많이 알고 있다고 생각하지만 더 진지한 관계로 가 는 것은 왠지 망설여진다고 그는 말했다. 어쩌면 진심으로 사랑하 지 않기 때문인지도 모른다는 것이 이유였다. 거기까지 말하고 게 리는 미소를 지었다. 그로부터 8년 후 게리는 결혼해서 아이를 얻 었다.

극도의 충격 상태에 빠지는 것은 일종의 자기 방어 수단이다. 그 리고 가장 현명한 처사이기도 하다. 지금 운명이 여러분을 한 방 먹였다. 깨진 것은 결혼만이 아니다. 맞서야 하는 충격이 한두 가 지가 아니다. 가끔은 도저히 못 견디겠다 싶을 때도 있다. 그런 와 중에 부모님이 돌아가시거나 교통사고로 형제가 불구가 되거나, 아 이가 백혈병에 걸리기라도 하면 도저히 감당 못하겠다는 생각이 든다. 신경이 극도로 날카로운 때에 이런 불행까지 겹치면 더 이상 버틸 자신이 없어진다. 한 번 울기 시작하면 영원히 울음을 그치지 못할 것만 같다. 밤낮이 바뀌는 것말고는 세상 돌아가는 것도 눈에 들어오지 않는다. 하지만 이럴 때일수록 감정을 단련시켜야 한다. 여러분의 시간과 감정을 허비하라고 요구하는 이들에게 '싫다'고 거절하는 법을 배워야 한다. 그러기 위해서는 극도의 충격 상태라는 심리적 고치 속에 숨어 한동안 일상에서 벗어나야 한다.

* * *

샐리 바넷은 감정적으로 너무 지쳐 여동생의 장례식에도 가지 못했다. 여동생의 죽음이라는 비극을 직면하면 힘든 결혼생활로 인한 고통을 도저히 감출 수 없을 것 같았다. 그녀는 두 아이와 힘든 결혼생활로도 벅찬데 동생의 죽음까지 슬퍼할 여유가 없었다. 그래서 샐리는 동생 생각은 하지 않기로 했다. 그것은 본능적인 자기 방어였다. 무작정 동생의 죽음을 머리에서 지워 버렸다.

35세의 샐리는 애리조나 주 남서부에서 정말 행복하게 사는 걸로 모두들 알고 있었다. 왜냐하면 몇 년 동안 메인 주에 사는 친정 식구한테 편지를 보낼 때마다 자신은 행복하다고 썼기 때문이다. 자신이 얼마나 불행하게 사는지 알면 친정 부모가 실망할 것이라고 샐리는 생각했다. 그녀는 모래 빛 금발 머리에 각진 턱, 매우 자부심이 강한 장녀였다. 그리고 그녀의 남편 클린트는 180센티미터에 가까운 키, 호리호리하고 붉은 머리를 한 남자로 미국 지질학회에서 근무했다.

샐리와 클린트는 버몬트 주의 미들버리 대학 4학년 때 만났다. 그 당시에 대해 샐리는 이렇게 말했다. "우리는 사랑에 빠졌어요. 대학에서 흔히 볼 수 있는 캠퍼스 커플이었죠. 나는 우리 두 사람이 평생 부부로 살 것이라고 확신했어요. 이 남자는 내가 갖지 못한 모든 훌륭한 점을 다 가지고 있다고 생각했어요. 정말 말도 안되는 생각이었죠. 우리는 둘 다 어린아이였어요. 7년 동안은 아이도 갖지 않고 정말 어린아이처럼 살았어요. 한동안은 캘리포니아에 살다 또 한동안은 멕시코로 옮기고, 다시 플로리다의 해변 저택에서 살다 유럽에서도 한동안 지냈어요. 아무 책임감 없이 사는 동안은 정말 낭만적이었습니다." 그러다 샐리는 아기를 갖기로 결심했다. "일단 아이를 하나 낳고 나자 하나를 더 낳게 되더군요." 라고 샐리는 말했다.

장녀라 동생들을 돌보는 것에 익숙해 있던 샐리는 결혼생활에서 점점 지배적인 위치를 차지하기 시작했다. 그녀는 집안 살림뿐만 아니라 클린트까지도 자기 뜻대로 끌고 나갔다. 두 사람의 불행의 서약에서 샐리는 어머니 역할을 그리고 클린트는 아이 역할을 맡게 되었다. 남들이 보기에 클린트는 강한 아내를 둔 떠오르는 젊은 스타 같았다.

"아이들이 생기자 남편을 제대로 챙길 수가 없었어요. 그러자 그는 내가 제대로 돌봐 주지 못한다는 티를 내기 시작하더군요. 아이들과 남편을 모두 신경 쓴다는 건 여간 힘든 일이 아니었어요." 당시는 1960년대 중반으로 누구나 대마초를 피우던 때였다. 클린트가 일하는 지질학회에는 젊은 사람들이 많았고 그들은 서서히 샐리의 집을 점령했다. 집에서는 걸핏하면 파티가 벌어졌지만 샐리는 파티를 즐길 수가 없었다. "나는 엄마처럼 모든 사람들의 뒤치다꺼리를 해야 했고, 그러다 보면 지쳐 버리기 일쑤였습니다. 그러니 파티를 즐길 여유가 없었지요."

샐리와 클린트는 서로의 신경을 긁어 대기 시작했다. 클린트는 까르르 웃고 떠드는 숭배자들을 거느린 지질학계의 유명인사였다. 반면 샐리는 점점 외톨이가 되었다. 차가운 침대에 함께 누워 있으면 샐리는 머리에 강철 띠가 둘러져 있고, 그 띠가 점점 더 세게 조여드는 것 같은 기분이 들었다. 그러다 보면 어느새 눈이 튀어나올 것처럼 머리가 아파 비명을 지르며 잠에서 깨곤 했다. 그리고 눈알이 튀어나와 침실 거울에 부딪치고 생선 알처럼 산산이 부서지는 악몽도 계속되었다. 샐리가 비명을 지르며 일어나도 클린트는 세상모르고 잠만 잤다. 그는 샐리의 비명을 듣지 못했던 것이다. 심지어 그는 미소까지 지으며 배부르게 먹은 아기처럼 기분 좋게 잠만 잤다. 그러면 샐리는 베개를 집어 들어 남편의 머리를 내려쳤다. 그제야 클린트는 놀라 깨서 새벽 4시에 무슨 짓이냐고 화를 냈다.

두 사람은 심리치료를 받기로 했다. "나는 너무 외롭고 또 절망적이라서 심리치료를 받기로 했어요. 훌륭한 심리치료사를 만난 나는 심리적으로 결혼생활에 의존하는 대신 그 심리치료사에게 의존하기 시작했지요." 그 뒤로도 지질학회의 젊은 연구원들은 계속 샐리의 집을 찾았다. 시를 읽고, 자전거를 타고, 돌봐야 할 아이도 없고, 시장을 보러 갈 필요도 없는 젊은 여자들이 이들 부부의 집을 드나들었던 것이다. "클린트는 내 요구 때문에 심리치료를 시작했어요." 샐리는 물증은 없었지만 클린트가 젊은 여자 연구원들 중 하나와 사귄다고 의심하고 있었다. 그러던 어느 금요일 아침, 샐리는 친정 부모한테서 전화를 받았다. 여동생 레이첼이 교통사고로 죽었다는 소식이었다. 샐리도 잘 아는 도로에서 남자가 운전한 차와 정면충돌을 했다고 했다. 장례식은 그 다음주 수요일이었다.

클린트 하나로도 벅찬데 레이첼까지. 샐리는 도저히 감당할 수 없었다. 목구멍에 솜뭉치가 가득 찬 느낌이었다. 침도 삼킬 수가 없었다. 그때 클린트는 지질 탐사 여행을 위해 짐을 꾸리는 중이었다. 샐리는 친정 부모가 있는 고향의 하얀 집들과 바다를 바라보며 걷는 과부들을 떠올렸다. 지금 사는 집은 붉은 색에 여기저기 녹이 슬었고, 밖에 나가면 옆집밖에 보이지 않았다. 그녀는 고향의 느릅나무들이 죽어 간다는 생각을 했다. 힘있고 부유한 북부의 상징인 느릅나무들은 어린 시절에는 마치 푸른 거인처럼 보였는데…… 샐리보다 열두 살이나 어린 레이첼은 형제들 중 막내였다. 그리고 샐리의 아이들은 레이첼을 딱 한번밖에 보지 못했다. 5년 전 샐리네 식구들이 크리스마스를 맞아 친정에 갔을 때 본 것이 마지막이었던 것이다. 나이 차가 너무 많이 나 어려서는 친하게 지내지 못했기 때문에 샐리는 좀 더 여유가 생기면 레이첼과 가깝게 지내겠다고 늘 생각했었다. 여름이 끝나 느릅나무들의 색이 점점 짙어지던 모습이 눈앞에 떠올랐다.

클린트가 이상하다는 듯 쳐다보자 샐리는 친정 부모에게 장례식에 갈 수 없다고 말했다. "그때 나는 레이첼의 죽음까지 받아들일 마음의 여유가 없었어요. 친정어머니는 몹시 화를 내셨지요. 장례식에 오지 않으면 영원히 날 안 보겠다고 하시더군요. 하지만 그때는 정말 어쩔 수가 없었어요. 그때 나는 정신적 충격이 너무 심해 제대로 된 생각을 할 수 없었으니까요."

결혼이 파탄 난 것이다 동생까지 죽다니, 샐리로서는 도저히 감당할 수 없었다. 동생의 죽음으로 슬픔에 빠진 부모를 위로하면서 동시에 클린트와의 문제를 털어놓는다는 것은 불가능한 일이었다. 어떻게 그런 일을 이야기한단 말인가? 결혼생활이 끝장났다는 것도 받아들이기 힘든데, 하물며 동생의 죽음을 받아들인다는 것은 더 힘든 일이었다. 그 뒤로 몇 주일간 클린트는 샐리를 위로하려고 애썼다. 그는 샐리가 좋아하는 사람들을 집으로 초대했다. 거기다 자신이 좋아하는 사람들과 어울리기 위해 샐리에게 관심을 가질 만한 적당한 남자들도 초대했다. 두 사람의 껍데기뿐인 관계가 깨어지는 것은 이제 시간 문제였다. "레이첼이 죽고 이주일 후 클린트가 연구원 중 하나인 데비와 사귀고 있다는 것을 알게 되었어요. 한 달 반정도 되었다고 하더군요. 내가 가장 두려워하던 일이 현실로 밝혀지던 그때가 내게는 가장 끔찍한 순간이었어요."

한동안 샐리와 클린트는 일종의 계약을 맺었다. "클린트는 이혼하기보다는 데비와 헤어지는 게 낫다고 하더군요. 하지만 그는 그 말을 지키지 않았어요. 데비는 그와 함께 일하는 동료였어요. 두 사람은 날마다 얼굴을 보는 사이였고 그녀는 미혼인데, 젊은 여자들이 상사에게 어떤 감정을 품는지는 다들 알잖아요? 그렇게 오랫동안 함께 살았고 아이도 둘이나 있었기 때문에 나는 이혼은 생각할 수 없었어요. 하지만 그는 이런저런 핑계를 대면서 날마다 늦게까지 집에 돌아오지 않았지요. 그 정도 되면 대충 어떤 일이 벌어지고 있는지 눈치 챌 수 있는데도 나는 현실을 똑바로 보기가 싫었어요."

　그러다 또 한 번 운명이 뒤틀렸다. 그때까지도 샐리는 남편과 잠자리를 함께 했는데 그만 임신을 한 것이다. "이런 끔찍한 상황에 아기를 낳는다는 건 생각도 할 수 없었어요. 그래서 난 중절수술을 하기로 했지요."

　처음에는 동생 레이첼이 죽고, 그 다음에는 남편의 외도 사실을 알게 되고, 이제는 중절수술까지. 이 모든 일이 불과 한 두 달 사이에 모두 벌어진 일이었다. "오래지 않아 모든 게 환상이었다는 생각이 들었어요. 아무리 그리워해도 내가 바라는 건 그저 환상일 뿐, 현실로 이루어질 수 없다는 걸 깨닫게 되었지요."

　클린트가 집을 나가겠다고 말했다. 샐리는 화산처럼 폭발할 것 같았다. "너무 많은 일이 한꺼번에 터졌어요. 도저히 감당할 수 없을 것 같더군요."라고 샐리는 당시를 회상했다. 결국 샐리와 클린트는 레이첼이 죽은 지 1년도 되기 전에 이혼했다. 그는 재빨리 데비와 재혼했다. 그리고 지질학회에서 나와 플로리다 주의 해변 저택으로 이사했다.

　샐리는 자신이 남편을 얼마나 몰아세웠던가, 돌아보았다. 그녀가 다시 힘을 찾아 새 삶을 시작하기까지는 몇 년이 걸렸다. 샐리는 천천히 조각난 삶을 하나씩 끼워 맞춰 나갔다. 그리고 이혼 후 6년이 지나 샐리는 재혼했고 딸을 낳았다. 딸의 이름은 레이첼이라고 지어 주었다. "아직도 동생의 죽음을 받아들일 수가 없어요. 새로 낳은 딸 이름을 레이첼이라고 지어 준 건 동생의 죽음을 받아들이기 위한 첫걸음인 셈이에요. 레이첼의 죽음은 내게 일종의 상징이라는 걸 이제야 깨달았어요. 그 당시에는 동생의 죽음을 감당할 수 없었지만 그 사건을 기회로 나는 비로소 과거에서 벗어날 수 있었어요. 동생의 죽음을 외면하기 위해 결혼의 현실을 똑바로 볼 수밖에 없었던 거죠. 하지만 그 두 가지를 한꺼번에 할 수는 없었어요."

딸 레이첼이 태어난 다음 해 샐리는 딸을 데리고 친정이 있는 고향에 갔다. 그리고 여름이면 친정어머니가 손님들을 모시고 가던 녹스 별장으로 차를 몰았다. 그곳에는 아직도 느릅나무 몇 그루가 남아 있었다. "만약 그때 동생 장례식에 왔더라면 나는 완전히 폭발해 버렸을 거예요."라고 샐리는 말했다. 극도의 충격 상태에 빠졌던 샐리는 한 번에 한 가지 충격밖에 받아들일 수 없었다. 그녀가 여동생의 죽음을 부정한 것은 일종의 자기 방어 수단이었다. 살다 보면 그런 식으로밖에 대처할 수 없을 때도 있다.

하버드의대 심리학자 조엘 딤스데일 박사는 나치 수용소의 생존자들을 대상으로 한 연구를 통해 부정과 심리적 마비 상태는, 너무 오래 계속되지만 않는다면 거대한 충격에 대한 효과적인 대응 방식이라고 했다. "부정은 스트레스에 대한 효과적인 대응 방식이 될 수도 있지만 동시에 스트레스에 제대로 대응하지 못한다는 신호가 될 수도 있다. 그 둘을 구분하는 것은 부정의 기간이 얼마나 오래 지속되느냐에 달려 있다. 부정의 기간이 짧다면 극도의 스트레스를 겪는 동안 부정을 통해 감정적으로 마비 상태에 빠지는 것이 도움이 될 수도 있다." 결국 샐리는 이혼의 충격도 극복했고 동생의 죽음도 담담하게 받아들이게 되었다.

이렇게 샐리처럼 단호하게 외부의 충격에 대해 자신을 닫아 버릴 수 있는 사람은 그리 많지 않다. 여러분만 해도 잠시나마 일상에서 벗어나거나 감정의 고치 속에 숨는 것이 쉽지는 않을 것이다. 그 때문에 두 가지 또는 세 가지 문제와 한꺼번에 싸워야 할 때도 있다. 다른 방법이 없다. 새로운 상황에서 반응하지 않을 수 없다. 하지만 이혼을 할 때는 충격 상태에서 가끔 멍하게 지내는 것도 도움이 된다. 가끔은 멍한 상태에서 집을 부동산 중개소에 내놓거나 취업 면접을 보러 가기도 한다.

극도의 충격에 빠지는 것은 매우 중요한 과정이다. 크레이지 타임에는 그 무엇보다도 먼저 자신을 돌봐야 한다. 둘이었다가 하나가 되는 것은 매우 두려운 변화다. 그런 두려운 변화를 겪을 때는 하루 종일 누워서 비틀즈의 옛 노래를 듣는다거나, 자막도 없는 외국영화를 보거나, 날씨 좋은 일요일 오후 하염없이 산책을 하는 등 몸과 마음을 느긋이 하면서 힘을 되찾아야 한다.

지금 여러분에게 필요한 것은 이혼을 받아들일 수 있는 시간적 여유다. 이런 멍한 상태는 조금만 지나면 끝난다. 그러니 너무 조급해 하지 말자.

제 7 장

분노

극도의 충격이 사라지면 크레이지 타임의 좀 더 깊은 단계로 빠져들게 된다. 이 단계의 가장 큰 특징은 극도의 분노다. 고속도로에서 운전하다 갑자기 화가 나고, 동이 트지도 않은 새벽에 갑자기 화가 나고, 은행에서 줄을 서 있다가, 변호사한테서 청구서를 받을 때, 또는 아이가 제대로 살피지 않고 길을 건너다 차에 치일 뻔할 때도 갑자기 화가 치민다. 가슴에서 치밀어 오른 화로 인해 목구멍까지 막히는 것 같다. 자신이 겁 날 정도로 화가 치밀 때도 있다. 결혼생활이 행복하지도 않았고, 이혼을 반대한 것도 아닌데 왜 지금 와서 이렇게 화가 나는 걸까? 하지만 걱정할 것 없다. 이 무렵에 화가 나는 것은 지극히 정상적인 반응이다. 그리고 심리적 이혼을 위해서는 반드시 필요한 반응이기도 하다. 화내지 않으면 결혼이 끝장 난 것을 슬퍼할 수도 없고, 과거를 흘려 보낼 수도 없다. 화가 나서 소리를 꽥꽥 지르면 불행한 결혼에 대한 후회나 잡념도 날려 버릴 수 있다. 산에 올라가서 시원하게 소리라도 한 번 질러 보자.

끝없이 솟구치는 이 분노는 운명에, 남편 혹은 아내한테, 그리고 자기 자신한테 배신당했다는 생각에서 비롯된 것이다. 그 모두로부터 배신당했다는 생각에 한동안은 분노와 증오심에서 허우적댈 수밖에 없다. 이혼으로 인한 분노에 대해 조안 B. 켈리는 다음과 같이 말한다. "결혼의 실패와 이혼으로 인한 극도의 분노는 이혼 과정의 특징 중 하나이다. 이혼하는 사람들 대부분은 이혼을 하고 나면 오히려 갈등과 고통이 더 심해지고, 많은 경우 원래 있던 스트레스에 예상치 못했던 극도의 분노가 더해진다."

캘리포니아 이혼 가정 프로젝트의 연구에 따르면, 이혼한 남성의 20퍼센트와 여성의 44퍼센트가 "극도의 분노 또는 고통을 겪는다."고 한다. 그리고 남성의 60퍼센트와 여성의 46퍼센트가 "보통 수준의 분노"를 겪는다고 한다. 이런 결과는 이혼한 남녀의 80퍼센트가 이혼 후 눈에 띌 정도의 분노를 느낀다는 것을 뜻한다. 그리고 일반적으로 남성보다는 여성이 분노를 더 많이 느낀다고 한다.

이혼은 인생에 대한 꿈의 종말을 알리는 조종(弔鐘)이다. 아늑한 집, 아이들의 세 발 자전거, 아이들이 자란 후에 다시 가기로 약속한 두 번째 신혼여행도 물 건너갔다. 지금껏 최선을 다해 왔다고 생각했는데 이혼은 그 꿈을, 환상을 모두 산산조각 내 버렸다.

아내와 이혼한 지 5년 됐다는 애틀랜타의 마흔 다섯 살 된 건축가는 이렇게 말했다. "나는 행복한 결혼생활을 할 준비가, 그러니까 많이 베풀고, 많이 아껴 주고, 또 많이 받을 준비가 되어 있다고 믿었다. 내가 바란 것은 서로 사랑하고, 함께 요리하고, 집을 장만하고, 음악회도 함께 가는 것이었다. 하지만 지금 나는 좋은 집에 살지도 못하고, 아이들과도 헤어져 지낸다. 그리고 계속 돈 문제로 고생을 겪고 있다. 여자들에 대한 믿음도 잃어 이제는 모든 여자가 악마처럼 보인다." 이렇게 말하고 그는 입을 굳게 다물었다. 화를 억지로 참고 있는 듯 뺨의 근육이 씰룩거리기까지 했다. 그는 이혼과 함께 모든 꿈이 깨졌고 아직도 새로운 생활에 적응하지 못하고 있었다.

실패한 결혼을 깊이 파고 들어가다 보면 자신의 가치관에 회의가 생긴다. 지금껏 알고 있던 옳고 그름에 대한 기준이 잘못된 것일까? 정직과 거짓은 또 어떤가? 그리고 품위와 타락은? 타협과 복수는? 정말로 나쁜 사람은 벌을 받고 착한 사람은 복을 받는가? 이혼이 공평할 수 있을까? 이 세상은 나쁜 사람이 이기게 되어 있는 것 아닐까? 규칙을 준수하고 점잖게, 예의바르게 행동해 봤자 손해만 보는 것 아닐까?

행복한 결혼생활에서 갑자기 이혼이라는 지저분한 전쟁으로 떠밀려 나면 처음에는 착한 사람이 복을 받고 나쁜 사람은 벌을 받는다는 전통적인 가치관에 매달리게 된다. 동화에나 나올 법한 유치한 생각이라도 상관없다. 그런데 이혼 전쟁이 깊어질수록 어쩔 수 없이 현실이 눈에 들어온다. 누군가 나서서 인생이 불공평한 것이라고 알려 줄 필요도 없다. 무시무시한 현실이 느닷없이 여러분의 얼굴에 주먹을 날릴 테니까. 그러면 여러분은 화가 나고 분노가 치민다. 분풀이 대상은 멀리서 찾을 필요도 없다. '전남편' 또는 '전처'라는 사람이 바로 눈앞에 있으니까.

행복한 결혼의 꿈이 산산조각 나 버린 것에 대한 분노와 상실감 그리고 역시 산산조각 나 버린 가치관에 대한 분노는 전 배우자에게 향한다. 자기밖에 모르는 못된 전남편, 혹은 못된 전처만 없었더라면 이런 끔찍한 일은 당하지 않았을 텐데.

이혼한 사람들 대부분은 전 배우자와 만나기만 하면 서로 못 잡아먹어 안달이다. 결혼생활을 하는 동안에도 사이가 안 좋았는데 이혼하고 나니 사이가 더 나빠진 것 같다. 이혼을 하게 되면 한동안은 크레이지 타임의 지독한 분노가 두 사람의 관계에 큰 영향을 미친다. 그 때문에 '깔끔한 이혼'을 하기란 생각보다 쉽지 않다. 이혼하는 두 사람의 증오심은 지옥 불보다도 더 뜨겁나니……

* * *

세인트루이스의 중산층 저택에서 중산층에 어울리는 아이들을 기르며 중산층다운 꿈을 갖고 살던 베스와 조지 겔라드는 이혼했다. 이혼 후 베스가 조지에게 전화를 했다.

"여보세요, 조지?"

"베스, 당신이구려."

"조지, 방금 치과에 다녀왔어요. 사라가 사다리에서 떨어져 이가 깨졌어요. 피를 흘리면서 울어대는 바람에 치과에 갔는데(잠깐 멈춤). 상태가 안 좋아요. 치근관도 손 봐야 한다는데 아이가 너무 어려서 먼저 이 뿌리부터 치료해야 한데요. 의사 말이……."

"베스, 그게 돈이 얼마나 드는지 알고 하는 소리요?"

"그럼 나더러 어쩌라는 거예요? 치과 치료비까지 나더러 부담하라는 거예요?"

"흥분하지 말아요. 난 지금 화를 내는 게 아니오. 그저 지금 당장 그런 것까지 할 필요가 없다는 걸 말하려는 것뿐이오. 이런 젠장. 난 다른 사람 탓을 하는 게 아니오. 그런데도 당신은 늘 피해의식에 사로잡혀서 마치 내가 화내고 욕을 하는 것처럼 반응한단 말이오."

"내가 피해의식에 사로잡혀 있다면 그 이유가 누구 때문인지는 당신이 더 잘 알겠죠. 당신이 날 이렇게 만들어 놨잖아요. 예전에는 나도 이러지 않았어요. 그리고 사라가 사다리에서 떨어진 게 내 탓도 아니잖아요."

"당신이 어떻게 생각하든 그건 당신 문제고……."

"이게 왜 내 문제예요, 당신 문제지? 치과의사는 사라가 치열교정도 받아야 된다고 했단 말이에요."

"이런 빌어먹을, 베스, 그만 좀 해."

"나도 사랑니가 네 개나 났어, 이 인간아, 그리고 앞니도 다시 해야 하고……."

"알았어, 알았다고. 당신하고 이혼하면 좀 나아질까 했더니 이혼하기 전보다 더 끔찍하군. 대체 언제까지 이러고 살아야 하는 건지, 내참."

사사건건 화를 돋우는 일뿐이다. 참으려 해도 참을 수가 없다. 지금 당장의 일 때문만이 아니다. 별거하고 이혼하면 결혼생활 동안 애써 참아 왔던 과거사까지 모두 떠올라 화를 돋운다. 그래서 시도 때도 없이 별안간 벌컥 화가 치민다. 이제는 전 배우자와 전화통화를 하거나 얼굴만 봐도 서로 소리 지르고, 할퀴고, 발로 차고, 유리잔까지 내동댕이친다. 입에서는 독설이 쏟아져 나온다. 그때 일만 생각하면, 이 나쁜 인간아……. 세상에 당신처럼 지독한 여자는 또 없을 거야, 등등. 지금껏 한 번도 해 본 적 없는 별의별 욕을 다 퍼붓는다. 함께 사는 동안에도 이렇게 지독하게 싸워 본 적은 없다. 그때는 조심했고 또 신중했다. 하지만 이제는 상황이 달라졌다. 이혼의 챔피언이 되기 위해 링에 오른 권투 선수라도 된 기분이다. 땡, 벨이 울리자 달려나가 지금껏 생각조차 해 본적 없는 방법으로 싸움을 시작한다. 지금은 체면이고 양심이고 다 필요없다.

과거를 돌아보면 그저 놀랍기만 하다. '내 남편, 내 아내라는 사람을 내가 이렇게 몰랐다니!'라는 생각이 들고, 남들이 부러워할 만큼 다정한 모습으로 나란히 앉아 있던 그 많은 세월 동안에도 마음은 이미 서로 멀리 떨어져 있었다는 게 믿어지지 않는다.

* * *

메리와 클리프 톰슨은 10년의 결혼생활에 종지부를 찍고 이혼했다. 두 사람은 메리가 채 스무 살이 되기도 전에 결혼했다. 결혼 당시 클리프의 나이는 스물 다섯 살이었다. 그는 포드 자동차의 미니애폴리스 지사 세일즈맨이었다. 메리는 늘 어린아이 대접을 받았다. "내가 아이 취급을 받는다는 걸 깨달았어요. 사람들은 내 앞에서는 지저분한 농담도 안 했어요. 클리프는 늘 '메리가 있으니까 허튼 소리는 하지마.'라고 사람들에게 주의를 주곤 했어요. 그러면 다들 웃으면서 그의 말을 재미있어 했어요."라고 메리는 말했다. 그녀는 친구들 중에서 제일 먼저 결혼했다. 어느 날인가는 메리가 친구에게 시장에 가야 한다고 말하자 그 친구가 "안 돼, 클리프가 너한테 시장에 가라고 말하지 않았잖아."라고까지 했다.

가족문제 전문가들은 불행의 서약을 맺은 부부에게 나타나는 특징 중 하나로 '보호자처럼 말하는 버릇'을 꼽는다. 부모처럼, 선생님처럼, 또는 심판처럼 "내가 당신보다 더 많이 안다"라는 식으로 말하는 것이다. 이에 대해 애틀랜타의 심리학자 나피르는 이렇게 말한다. "언어를 통해 통제가 이루어진다. '이렇게 해, 저렇게 해'라고 말하는 대신 '나는 이렇게 하길 바란다.'라는 식으로 말하는 것이 좋다." 하지만 클리프와 메리는 서로에게 자신이 바라는 것을 말하지 않았다. 서서히 불행의 서약이 굳어지면서 두 사람의 결혼은 무너지기 시작했다. 그러는 중에도 두 사람은 많은 일을 함께 겪었다. 5년 사이 아이가 셋 태어났고, 자동차가 잘 팔리는 해가 몇 년 계속되다 또 잘 안 팔리는 해가 몇 년 계속되기도 하고, 친구와 친지들과의 모임도 계속되었다.

메리는 클리프의 말을 잘 따랐지만 한 가지 이상한 버릇만은 고치지 못했고 사람들은 늘 그 버릇에 대해 이야기했다. 그 버릇에 대해 메리는 이렇게 말했다. "나는 산타클로스를 반대해요. 크리스마스는 예수의 생일이잖아요. 그러니까 산타클로스는 상징에 불과해요. 사람들은 산타클로스가 선물을 준다고 말하지만 사실 아이들한테 선물을 주는 것은 엄마, 아빠 그리고 아이들을 사랑하는 사람이잖아요." 그래서 메리는 아이들에게 한 번도 산타클로스 이야기를 하지 않았다. 부부가 함께 모임에 가서 클리프가 "메리, 아이들한테 산타클로스 이야기를 해 줍시다."라고 하면 메리는 자신의 주장을 내세웠고 그러면 클리프는 "다 아이들을 사랑해서 하는 건데 그냥 내 말대로 합시다."라고 하며 이야기를 끝내 버렸다.

이혼 후 10년이 지나고 클리프와 메리는 아이들의 대학 교육비 때문에 서로 다투게 되었다. 두 사람 다 이미 재혼한 상태였다. 메리는 클리프가 아이들의 학비를 대야 한다고 주장했고 클리프는 아이들의 생활비까지는 댈 수 없다고 말했다. "하지만 당신 아이들이잖아요."라고 메리가 말했다. "학비가 싼 주립 대학에 보내지 그랬소."라고 클리프가 말했다. 그러자 메리는 "아이들한테 최고를 해 주고 싶지 않아요?"라고 쏘아붙였다. 클리프는 메리를 죽이고 싶었다. 그는 자신이 다른 아빠들보다 더 노력했지만 메리 때문에 제대로 아빠 노릇하기가 쉽지 않다고 했다. 그 소리에 메리도 지지 않고 대들었다. "말도 안 되는 소리하지 말아요. 당신은 아이들을 10년이나 내팽개쳤어요. 그래 놓고 이제 와서 좋은 아빠라는 소리는 하지도 말라고요."

다시 옛날 일을 늘어놓으며 소리 지르고 싸운 끝에 두 사람은 아이들의 대학교 학비와 생활비를 분담하기로 결정했다. 이야기를 끝낼 즈음 클리프가 벌떡 일어서며 소리쳤다. "그리고 당신에 대해 마음에 안 드는 게 또 하나 있소. 당신이 늘 주장하던 산타클로스 이야기, 난 그게 언제나 마음에 안 들었소. 그때 조이는 겨우 세 살이었소. 그런 어린아이한테서 산타클로스에 대한 꿈을 빼앗아 버리다니. 당신의 그 말도 안 되는 자유주의 이론 때문에 난 크리스마스까지 싫어졌단 말이오." 그러자 메리는 믿을 수 없다는 듯 말했다. "우리가 같이 살 때 당신은 내가 그런 말을 하는 게 귀엽다고 했잖아요."

참았던 분노를 표현하는 것은 크레이지 타임의 중요한 심리적 변화를 반영한다. 지금껏 여러분은 '우리'의 입장에서 생각했다. 선택을 하거나 결정을 할 때도 '우리 두 사람'에게 제일 좋은 것을 먼저 생각했다. 마치 삼쌍둥이 같은 심리상태에 있었던 것이다. 그러다 결혼이 깨지자 '우리'를 생각할 필요가 없어졌다. 그리고 별거하는 동안(아마도 생애 처음으로) '나'를 먼저 생각하는 법을 배웠다. 감정도 자신의 이익을 우선하는 방향으로 움직이기 시작한다. 분노는 자신을 독립된 존재로 인식할 때 비로소 느낄 수 있는 감정이다.

결혼생활에서 지배적인 위치를 차지하고 주도권을 휘둘러 왔던 사람은 배우자에게 주도권을 내 주어야 한다는 사실에 분노하게 된다. 지금껏 행복한 결혼생활을 위해 최선을 다했다고 믿었는데 이혼을 하게 되다니, 배신감이 느껴지고 도무지 지금의 상황을 이해할 수가 없다. 반대로 결혼생활을 유지하기 위해 수동적이고 복종적으로 무조건 양보만 했던 사람은 참고 살았던 그 세월이 억울하기만 하다. 어떻게든 되 갚아 주고 싶다. 이혼은 심리적 혁명이며, 정치적 혁명과 마찬가지로 분노에 의해 더 뜨겁게 달아오른다. 그래서 이혼 과정을 겪는 것에 있어 전 배우자에게 크게 분노하는 것은 빠질 수 없는 필수 과정이다. 정면 대결과 마찬가지로, 분노는 이혼 과정에서 하나의 이정표다. 마음속에 있는 분노와 증오심을 모두 끄집어내서 소리 지르고, 발로 차고, 침을 뱉고 욕을 퍼부어야 과거와 이별하고 전 배우자와 새로운 인간관계를 형성할 수 있다.

크레이지 타임 동안에는 분노를 건설적으로 다루는 법을 배워야 한다. 분노는 엄청난 힘의 근원이다. 이 힘의 근원을 잘못 다루면 신문지상에 오르내리는 뉴스거리가 될 수도 있다. 하지만 자신이 얼마나 화가 나 있는가는 세상에 알려야 한다. 특히 결혼생활 동안 화를 참고 살았던 사람들은 크레이지 타임을 겪는 동안 반드시 화내는 법을 배워야 한다.

* * *

뉴올리언스의 레이첼 심스는 10년의 결혼생활 동안 한번도 화를 낸 적이 없다. 현재 레이첼은 2년의 별거 끝에 법적 이혼을 마쳤다. 어쨌든 이혼을 먼저 요구한 것이 자신이기 때문에 지금도 그녀는 죄책감과 우울증에 시달리느라 어깨가 늘 축 처져 있다. 레이첼의 남편은 그녀에게 대단히 화가 나 있다. 그는 결혼생활 내내 지배적인 위치를 차지했다. 그는 레이첼을 괴롭히려고 들었고, 그가 바란 대로 레이첼은 힘든 생활을 했다. 직업도 없고 돈도 없이 어린 세 딸을 기르면서도 레이첼은 목소리 한번 높이지 않았다. 남편은 부품판매 연쇄점으로 크게 성공했지만 생활비 한 푼 주지 않았다. 그래도 레이첼은 마냥 죽은 듯 지냈다. 얼굴은 점점 창백해졌고 사람들과 눈도 마주치지 않았다. 그녀는 죄책감에서 헤어 나오지 못했다.

하지만 이런 레이첼도 크레이지 타임에 이르자 분노가 터졌다.

그녀가 화가 난 것은 전남편이 아이들을 데리러 오겠다고 약속한 시간에 매번 늦기 시작하면서부터였다. 당시 막 재혼한 전남편은 도시 반대편의 작은 집으로 이사했다면서 1시간 정도 늦겠다고 전화했다. 그 다음에는 두 시간 늦었고 마침내 어느 날은 다섯 시간이나 늦었다. 레이첼은 무슨 일이 생겼나 싶어 그의 집에 전화를 했다. 하녀가 전화를 받기에 주소를 물어 고물차를 끌고 그곳까지 아이들을 데려갔다.

"그가 말한 '작은 집'은 뉴올리언스 시내를 막 벗어난 주택가에 있었어요. 벽돌담에 둘러싸여 있고 전화가 달린 대문까지 있더군요. 정말 너무 근사한 집이었어요. 돈이 없어 나와 아이들은 굶주리고 있는데 생활비는커녕 양육비도 보내지 않는 그 인간은 근사한 집에서 왕처럼 떵떵거리고 살고 있었던 거예요. 나는 아이들에게 차에서 내리라고 했어요. 그때 아이들은 깨끗하고 예쁘게 입고 있었지요. 남편이 아이들을 데리고 집으로 들어갔어요. 나는 다시 차로 돌아왔는데 갑자기 도저히 못 견디겠다는 생각이 들어 차를 몰면서 20분이나 계속해서 소리를 질렀어요. 소리를 지르고 또 질렀어요. 생각해 보면 그때처럼 속이 후련했던 적은 없었던 것 같아요.

그때부터 레이첼은 달라지기 시작했다. 더 이상 죄책감도 들지 않았다. 죄책감 때문에 꼼짝도 못하던 그녀에게 분노는 최고의 명약이 되었다. 레이첼은 즉시 아이들의 양육비와 생활비를 청구하기 위한 법적 절차를 밟았다. 그리고 궁상맞은 태도에서 벗어나 일자리를 찾아 나섰다. 그 뒤로 여러 해 동안 심리치료도 계속했다. "심리치료사를 통해 얻은 최고의 수확은 분노를 다스리는 법을 배웠다는 거예요. 이제는 화를 낼 수 있다는 게 즐거워요. 화를 내면 힘이 생겨요. 이혼 과정을 통해 나는 화내는 법을 제대로 배우게 된 거지요."라고 레이첼은 말했다.

분노 터뜨리는 것을 남이 보아야 할 때도 있다. 유대인인 마틴 로웬스타인은 말 그대로 바른 생활 사나이로서, 서른 다섯 살도 되기 전에 법률 회사의 파트너 자리를 얻었고, 라켓볼을 하고, 항상 깔끔하게 하고 다니고, 세 명의 자녀를 끔찍이 사랑했다. 하지만 아내 나오미만은 죽도록 미워했다. 아내는 지배적인 사람으로 언제나 자기 마음대로였다. 하지만 두 사람은 한번도 싸운 적이 없었다. 싸움은 좋은 것이 아니니까. 더군다나 아이들 앞에서 부부싸움을 한다는 것은 마틴으로서는 절대 용납할 수 없는 일이었다. 험한 말을 할 바에는 아예 아무 말도 안 하는 것이 낫다는 게 마틴의 사고방식이었다.

아내와 아이들 곁을 떠나 집을 나오고 몇 주 후, 마틴은 처음으로 아내에게 화를 냈다. 그 날은 막내아들의 생일이었다. 헤어진 부부도 이런 가족행사를 위해서라면 기꺼이 얼굴을 마주하는 법. 비록 별거중이라고 해도 부모의 의무는 이행해야 한다는 것이 바른 생활 사나이 마틴의 생각이었다. 그래서 나오미는 핫도그와 빵을 준비했고, 아이들은 생일 파티용 고깔모자를 썼다. 마틴은 아들에게 하얀 실크에 빨간 용이 그려진 커다란 연을 선물했다. 네 살 된 마틴의 아들은 포장지를 벗겼다. 아이는 노란 불을 뿜는 용을 좋아해서 그 자리에서 연을 조립하기 시작했다. 나오미는 허리에 손을 얹고 아들을 지켜봤다. 예상대로 아이는 연을 제대로 조립하지 못하겠다며 울음을 터뜨렸다. 그러자 나오미가 소리를 질렀다. "이럴 줄 알았어. 비행기 기술자가 아니면 만들 수도 없는 물건을 선물이라고 가져오다니, 정말 당신다운 짓이야."

그 순간 마틴의 분노가 폭발했다. "생전처음으로 화를 냈습니다. 나는 연을 갈기갈기 찢었습니다. 어찌나 화가 나던지 할 수만 있다면 그 여자를 바닥에 내동댕이치고 싶을 정도였습니다. 나는 소리를 지르고 또 질렀습니다."라고 마틴은 당시를 회상했다. 아이들은 식탁 밑에 숨었다. 나오미도 겁에 질린 얼굴로 마틴을 쳐다보았다. 그는 미친 것 같았다. 마틴은 계속 소리를 질렀다. 빨간 용 조각들이 마당 여기저기로 흩어졌다. 그는 연을 만드는 막대기도 분질렀다. 연 실도 나무에 내던졌다. 이런 소동이 10분 정도 계속되었다. "그렇게 속이 후련한 적은 처음이었습니다. 내 문제점 중의 하나가 바로 나오미에게 제대로 화를 낸 적이 없다는 것이었습니다. 나는 그녀한테 못된 여자라는 소리 한번 못해 봤습니다. 심지어 나는 그녀가 잘못했다는 말조차 한 적이 없었습니다."

생일 파티는 그것으로 끝났다. 마틴도 소리 지르던 것을 멈췄다. 며칠 후 그는 가족에게 전화해서 생일 파티를 다시 하자고 제의했다. 막내아들에게는 연도 새로 사 주고 주말에 함께 연을 날리러 가자는 약속도 했다. "아내한테 화를 내고 나자 그녀와 상대하기가 한결 쉬워졌습니다."

크레이지 타임 동안 겪는 분노는 종이 한 장 차이로 건설적인 분노가 되기도 하고 반대로 파괴적인 분노가 되기도 한다. 그래서 어떤 사람들은 분노에 휘둘려 물리적 폭력을 가하고 감옥이나 영안실에서 끝을 맺는 이혼 파멸 상태에 빠지고 만다. 물론 이렇게 극단적인 방법이 아니더라도 전 배우자에게 심리적 고통이나 대수롭지 않은 보복을 가하는 경우도 많다.

미국 아칸소 주의 한 남자는 이혼을 위해 법정에 가는 날, 아내에게 향수를 뿌린 편지를 보냈다. 편지에는 25년 전 심장병 때문에 태어난 지 열흘만에 죽은 딸에 대한 이야기가 적혀 있었다. 즉 그때 일을 기억하며 가슴 아파하는 남편을 이혼문제로 괴롭힌다는 것은 여간해서는 하기 힘든 일이리라. 이 남자는 동정심을 자극해 아내를 괴롭히려고 했던 것이다.

파괴적인 분노로 인해 극단적인 행동을 하는 사람은 극소수에 불과하다. 하지만 대부분의 사람들이 극단적인 행동을 하기 직전 상태까지 간다. 크레이지 타임에 접어들면 전 배우자에게 앙심을 품게 되고 성격도 고약해진다. 마치 당뇨병 환자가 인슐린에 의존 하듯 분노에 의존하게 되는 것이다. 그리고 이런 분노는 몇 년씩 지속되기도 한다. 절망과 좌절감에서 벗어나기 위해 분노에 의존 하는 경우도 있다. 분노말고 다른 감정은 느낄 수 없을 것만 같다. 화내지 않으면 죽어 버릴 것만 같다. 그나마 화를 내면 뭔가 한다 는 생각이 든다. 화를 낼 수 있으니 이제 더 이상 겁쟁이가 아니 다. 그동안 배신당하고, 괴롭힘 당한 것을 생각하면 이렇게 화내는 게 당연하다는 생각도 든다. 대체 이 세상에 정의가 존재하긴 하 는 걸까 하는 생각마저 든다. 문제는 이런 분노가 얼마나 오래 지 속되느냐, 하는 것이다.

* * *

트리샤 레이놀즈는 곱게 자란 착한 여자다. 뉴욕 주 마운트 키 스코 출신인 그녀는 필드하키를 하고 고급 쇼핑몰에서 쇼핑을 했 다. 그녀는 학교 성적도 좋았으며 상급생 때는 학년 대표로 뽑히 기도 했다. 그리고 트리샤는 고등학교 졸업 후 스미스 여대에 입 학했다. 그녀는 제일 친한 친구 머피와 함께 주름치마를 입고 미 식축구 경기를 보러 다녔으며 4학년 때는 학생회 회장이 되었는 데, 그 해(1959년) 학생 세 명이 교내에서 술을 마시고 밤중에 기 숙사에 남학생을 불러들인 사건이 벌어졌다. 학생회 회장인 트리샤는 문제를 일으킨 학생들을 퇴학시켜야 한다고 주장했다. 그 정도로 트리샤는 옳고 그름이 분명하고 규칙은 철저히 준수해야 한다고 믿는 사람이었다.

그로부터 20년 후 40대 중반으로 갈색 머리가 희끗희끗해진 트리샤는 시카고의 좁은 집에 처박혀 줄담배를 피워 대는 이혼녀가 되었다. 그녀의 전남편 칼은 트리샤의 단짝이었던 머피와 재혼했다. 사실 그녀의 이런 사연은 쉽게 들을 수 있는 흔한 이야기이다. 트리샤와 칼 그리고 머피와 데이비드는 함께 어울려 다녔다. 졸업 후 트리샤와 머피는 시카고에서 아파트를 얻어 함께 살았다. 2년 후 두 사람 모두 변호사와 결혼했다. 두 부부는 함께 스키 여행을 다녔고 크리스마스이브도 함께 보냈고, 여름이면 위스콘신의 제네바 호수 근처 별장에서 함께 휴가를 즐겼다.

트리샤는 결혼생활을 할 때도 옳은 게 옳은 것이고 규칙은 규칙이라고 믿는 학생회장처럼 행동했다. 트리샤와 칼은 티격태격하며 7년을 보냈고 그 뒤로 다시 12년째로 접어들었다. 두 사람은 몰래 서로를 헐뜯었다. 트리샤는 칼이 술을 너무 마신다고 생각했다. 알코올중독은 아니었지만 모임이 있을 때마다 술에 취해 주정을 부리는 것은 결코 보기 좋은 모습이 아니었다. 하지만 칼은 한 번도 불평을 하지 않았다. 트리샤가 지배적인 위치를 차지하고 주도권을 잡았기 때문이었다. 두 사람의 싸움은 모르는 사이에 조금씩 잔인해졌다. 십대로 접어든 아이들은 숙제를 제대로 하지 않았고 칼의 변호사 일도 잘 되지 않았다. 트리샤는 다시 공부를 하기로 결심했다. 어느 날 저녁 트리샤가 남편의 술버릇에 대해 화를 냈다. "갑자기 뭔가 폭발한 것처럼 이혼 이야기를 꺼냈어요. 그때는 두 사람 다 너무 화가 나 있었어요. 한 가지 문제를 끄집어내면 또 다른 문제가 터져 나왔지요. 결국 우리는 헤어지기로 했어요."

트리샤는 변호사를 만나 이혼 합의서를 작성했다. 그녀는 모든 것을 원칙대로 처리했다. 아이들이 양쪽 부모를 똑같이 만날 수 있도록 하고, 재산도 정확히 반으로 나눴다. 문화인답게 문화적인 이혼을 한 것이다. 법률 문서에 서명한 3주일 후 트리샤는 스미스 여대 동창회에 갔다. 어느 정도 분위기가 무르익을 무렵 그녀는 옛 친구들을 만나 시카고에서 일하는 스미스 여대 졸업생들에게 여름 동안 방을 빌려 주기로 약속했다. 그리고 캘리포니아에서 이사 온 동기생을 만났다. "할 말이 없구나."라고 말하는 동기생에게 트리샤가 남편의 술버릇에 대해 막 이야기를 꺼내려는데 동기생은 다시 이렇게 말했다. "정말이지 머피가 그런 짓을 할 줄은 꿈에도 몰랐어." 하지만 트리샤는 그 말을 귀담아 듣지 않았다. 머피는 그날 동창회에 참석하지 않았다. 생각해 보니 머피와 연락을 하지 않은 지도 한참 되었다. 칼과의 문제 때문에 연락을 할 정신이 없었던 것이다. 그래서 그날 저녁 집에 돌아온 트리샤는 머피의 집에 전화했다. 그런데 칼이 전화를 받는 것 아닌가!

"처음에는 너무 놀라서 믿을 수가 없었어요." 내 남편과 내 제일 친한 친구가 함께 살고 있다니! "그때부터 난 제 정신이 아니었어요. 화가 나서 돌아 버릴 것만 같았지요. 어떻게든 앙갚음을 해 주고 싶었어요. 그래서 난 머피의 집으로는 절대 내 아이들을 보낼 수 없다고 칼에게 말했어요. 그가 내 집으로 찾아오거나 밖에서 아이들을 만나는 것은 괜찮지만 절대 머피의 집에는 데려갈 수 없다고요. 그것은 주도권 싸움이었어요. 나는 주도권을 완전히 상실했지요. 어떻게 제일 친한 친구가 나한테 그럴 수 있어요? 나는 칼보다 머피에게 더 화가 났어요. 두 사람에게 완전히 속았다는 생각이 들더군요. 그리고 칼뿐만 아니라 아이들까지 빼앗길지 모른다는 생각이 들었어요. 머피는 맏아이의 대모였거든요."

트리샤는 아내 자리뿐만 아니라 어머니의 자리까지 빼앗길지도 모른다는 두려움과 절망에 빠졌다. "옳고 그름에 대한 내 생각대로라면 칼은 정말 나쁜 짓을 저질렀으니 벌을 받아야만 했어요. 이런 짓을 한 그에게 무서운 일이 벌어져야 한다고 나는 생각했죠. 내 가치관대로라면 칼은 벼락을 맞아도 싼 사람이었어요. 그래서 나는 그에게 벼락이 떨어지기만을 기다렸습니다." 여기까지 말하고서 트리샤는 담배를 피워 물었다.

"물론 그런 일은 일어나지 않았어요. 하지만 나는 앙갚음을 하고 싶었고 내가 옳다는 것을 증명하고 싶었어요. 그래서 오랫동안 기다렸지요." 그 후로 3년 간 트리샤는 이혼 전쟁에 매달렸다. "우리는 모든 걸 놓고 싸웠어요. 아이들의 방문권과 양육비 때문에 법정에도 갔어요. 그러다 어느 순간 내가 칼을 화풀이 대상으로 삼고 있다는 것을 깨달았어요. 어떤 일에 화가 나면 칼에게 연락해 싸움을 시작했으니까요. 그때 나는 내가 무슨 짓을 하는지 알고 있었어요. 내가 싸움을 걸면 칼은 이틀 후에 똑같이 갚았어요. 그런 식으로 우린 끊임없이 소리 지르고 욕하면서 3년을 살았어요. 그 대가가 뭔지 알게 되기까지는 많은 시간이 걸렸지요."

문제는 소리 지르고 욕하는 싸움에서 영원히 헤어나지 못할 수도 있다는 것이다. '그럴 듯한 이유'가 생기면 화를 낼 때도 더 당당해진다. 자신이 왜 화를 내는지, 화를 내는 게 당연한지 아닌지에 대해서는 생각조차 안 한다. 트리샤처럼 하늘이 대신 복수해 주기를, 그래서 전 배우자한테 벼락이라도 떨어지기를 기다리고, 친구들이 대신 들고일어나 못된 전 배우자에게 돌을 던지기를 바라기도 한다. 그러다 보면 평생 누군가 대신 복수해 주기만을 바라며 살수도 있다.

크레이지 타임에 느끼는 분노는 상당히 모순적이다. 처음에는 잘 모르지만, 여러분이 이 시기에 느끼는 분노가 무조건 전 배우자 때문만은 아니다. 전 배우자에게 화를 내고는 있지만 사실 분노의 원인은 자기 안에 있다. 그런데도 늘 전남편이나 전처 탓만할 뿐, 자신의 분노를 제대로 살펴볼 생각은 안 한다.

다행히 트리샤는 분노의 단계를 무사히 극복했다. 몇 년이 지나자 그녀는 자신의 결혼생활이 어떠했는지 제대로 돌아볼 수 있게되었다. 칼과 자신 사이에 힘의 균형이 이루어지지 않았고, 자신이잔소리하는 엄마, 옳고 그름을 따지는 학생회장, 마지막에 결론을내리는 재판관처럼 굴면서 정작 자신은 시간과 관심을 쏟지 않고늘 남편한테만 많은 것을 기대했다는 사실을 깨달았던 것이다. 그리고 늘 곁에 있어 주는 사람과 사랑에 빠지는 것은 당연한 일이라는 것도 깨달았다. 즉 그 때문에 늘 제일 친한 친구나 직장 동료와 사랑에 빠지는 것이다.

살인과 마찬가지로 사랑도 낯선 사람들 사이에서는 절대 일어나지 않는다. 칼과 머피의 사이를 알고 나서 6년이 지난 후에야 트리샤는 그런 사실을 이해하게 되었다. 이제 그녀는 전남편 일에대해 더 이상 화가 나지 않는다고 했다. "내 자신의 일에 집중하면서 칼과 그의 생활 그리고 무엇이 옳고 무엇이 그른가에 대해서는 더 이상 신경 쓰지 않게 되었어요. 그러자 결혼이 깨진 것에대한 상실감이 들기 시작하더군요. 그런데 뜻밖에도 나는 그런 상실감에 잘 적응했어요. 처음에는 이혼했다고 해서 내 삶이 달라지는 것은 아니라고 생각했어요. 얼마든지 잘 견뎌 낼 거라고 믿었죠. 하지만 요즘 들어서는 정말 외롭다는 생각이 들어요."

이야기를 마칠 즈음 재떨이가 가득 찼다. 트리샤는 지금도 고급쇼핑몰에서 쇼핑을 한다. 운동도 계속하고, 테니스 시합도 하고 에어로빅도 배운다. 그리고 옳은 것을 따르고 규칙을 지켜야 한다는 생각도 예전과 변함이 없다. 하지만 이제는 늘 옳은 일만 하면서 평생을 행복하게 산다는 게 불가능하다는 것을 알고 있다. 그리고 옳고 그름에 대한 기준도 많이 달라졌다.

분노의 시기를 겪을 때 스스로에게 이런 질문을 해야 한다. "화를 내면서 보낸 시간이 얼마나 되었나? 3년? 아니면 5년? 혹시 지금도 자신이 옳다는 것을 증명해 줄 보상을 바라는가? 죄책감이나 절망감, 슬픔, 잘하는 짓인지 모르겠다는 모호한 생각은 전혀 없고 오로지 화만 나는가? 이혼한 지 한참 지났는데도 아직까지 자신이 겪은 불공평한 일에 대해 이야기하는가?" 만약 이 모든 질문에 '예'라고 대답한다면 여러분은 아직도 분노의 구렁텅이에 빠져 있다고 보면 된다. 시간이 지나면 분노는 슬픔과 심술로 변한다. 여러분이 문을 열고 나가면 친구들과 가족들은 안도의 한숨을 내쉰다. 그들은 여러분이 교회에서, 비행기에서, 버스 정류장에서, 아니면 술집에서라도 좋은 사람을 만나기를, 그래서 더 이상 이혼에 대해 이야기하지 않기를 바란다. 때로는 상담을 권하기도 한다. 그런 채로 시간이 지나다 보면 친구도 가족도 더 이상 연락을 하지 않는다. 그러면 여러분은 외톨이가 되고 가누지 못하는 분노에 몸과 마음이 모두 타 버린다.

분노의 시기를 힘들게 만드는 것은 이혼을 위한 법적 절차들이다. 이런 절차들을 겪노라면 공격적인 행동이 점점 더 심해진다. 명상이나 심리치료, 이혼 상담이 아무리 발달해도 이혼을 위한 법적 절차들은 이혼 당사자들을 서로 적으로 만들어 물어뜯고 싸우게 만든다. 이런 현상은 영화 '크레이머 대 크레이머'를 보면 쉽게 알 수 있다.

감정적 이혼이 법적 이혼과 다르긴 해도 많은 사람들이 법적 절차를 감정적 이혼의 수단으로 삼는다. 법적 절차를 동원하면 복수를 할 수 있고 물질적, 감정적 보상을 받을 수 있다는 생각을 하기 때문이다. 많은 경우 이혼을 위한 법적 협의는 결혼생활에서의 힘의 균형을 반영한다. 즉 이혼 합의를 할 때 대개 결혼생활을 하는 동안 수동적으로 참고 살았던 사람이 더 적극적으로 자기 의견을 주장한다.

대부분의 사람들이 별거를 시작하고 2년 안에, 즉 막 크레이지 타임에 접어들 즈음 법적으로 이혼한다. 그래서 엄청난 분노와 죄책감을 안은 상태로 재산 분배와 양육권 합의에 나선다. 이혼을 거부하는 쪽은 버림받았다는 생각에 분노하고 절망감에 빠질 뿐만 아니라 전 배우자가 재산의 절반을 가져가는 것을 최후의 일격이라고 생각한다. 반대로 이혼을 요구한 쪽은 죄책감이나 두려움 때문에 전 배우자에게 너무 많이 양보해 현실적으로 이혼 후의 생활을 유지할 수 없는 수준의 이혼 합의를 해 버리는 경우가 많다.

이혼하는 사람들 중 법정으로 이혼 소송을 끌고 가는 사람들은 소수에 불과하다. 이때 소송 과정은 이혼 파멸 상태에 빠져 복수를 원하는 사람들에게 살인을 대신하는 합법적 대리만족을 안겨준다. 굳이 변호사에게 묻지 않아도 이혼 소송이 시간과 돈과 감정을 허비하는 일이라는 것은 누구나 잘 알 것이다. 그리고 시간과 돈과 감정을 허비하면서 이혼 소송을 해 봤자 누가 옳고 누가 그른가를 증명할 수 없다는 사실도 잘 안다. 이에 대해 워싱턴DC의 이혼 전문 변호사 피터 셔만은 다음과 같이 말한다. "미안하지만 이혼 소송의 기능은 정의를 실현하는 것이 아니다. 분쟁을 해결하는 것이 이혼 소송이 가진 기능의 전부다."

법정 싸움을 계속하다 보면 점점 더 분노가 끓어오른다. 이혼 소송의 피해자인 한 남자는 "이혼 전에도 아내를 미워했지만 이혼 후에는 훨씬 더 미워하게 되었습니다."라고 말했다. 이혼 소송의 가장 큰 수혜자는 말할 것도 없이 변호사뿐이다. 하지만 이혼 합의를 할 때 굳이 화를 참을 필요는 없다. 다만 화내는 것을 뒤로 조금 미루기만 하면 된다. 이혼 절차를 밟으면서 한 번도 화를 낸 적이 없다는 사람들이 있는데, 사실 이런 사람들은 조심해야 한다. 화를 내지 않는 것 역시 감정적 위기 상태일 수 있기 때문이다. 파괴적인 분노는 이혼 파멸 상태를 불러온다. 마찬가지로 화를 내야 할 때 전혀 화를 내지 않아도 감정적, 정신적 이혼에서 평생 벗어나지 못한다.

"나는 한번도 화를 낸 적이 없어요. 화를 내면 너무 많은 것을 잃게 된다는 사실을 잘 알거든요. 나는 언젠가는 그 사람이 대가를 치를 거라 생각했기 때문에 아무것도 하지 않았어요."

도시 외곽의 술집에서 그웬 밀러는 스카치위스키를 마시며 이렇게 말했다. 그녀는 루이스빌에서 자신처럼 끔찍하게 이혼한 사람은 아무도 없을 거라고 말했다. 멋진 차림의 그녀는 상당히 매력적인 여자였다. 친구들은 그녀가 나이보다 훨씬 더 어려 보인다고 말했다. 45세인 그녀는 금발에 눈도 빛나고 몸매도 좋을 뿐만 아니라 옷도 잘 입었다. 그런데 남편인 프레데릭이 늘 문제였다. 그는 횡령죄로 기소 당한 적이 있었다. 그때 그웬은 남편을 변호해 주었다. 하지만 지금은 그가 거짓말을 했고 자신을 속였다는 것을 알고 있다. 그는 아이들한테도 엄마 욕을 하면서 이간질을 시켰다.

그는 말솜씨가 좋고, 매력적이며 좋은 집안 출신이었다. 하지만 이제는 사람들이 그의 정체를 알고 등을 돌렸다고 그웬은 말했다. 이제 루이스빌에서 그와 가깝게 지내는 사람은 아무도 없다. 그는 직장도 없다고 했다. 그웬과 프레데릭은 이혼 합의를 위해 법정에 갔다. 두 사람은 앤티크 가구 사업을 함께 했는데 프레데릭의 변호사조차도 그가 공평하지 않았다고 말할 정도였다. 이혼 합의를 하면서 그웬은 수영 클럽의 회원권을 차지하려고 애썼다. 수영 클럽에서 프레데릭을 반길 사람은 아무도 없었다. 언젠가 친구가 그웬에게 "프레데릭이 변태적인 성관계를 했다고 생각해?"라고 물었지만 그웬은 무관심하게 넘겨 버렸다. 그저 프레데릭이 제 정신이 아니라고만 생각했다. 두 사람을 모두 알던 이들은 모두 그웬의 편이 되었다. 그들 중 누구도 프레데릭을 만나지 않았다. 심지어 그는 가족들조차 만나지 않았고 프레데릭의 어머니조차 그웬과 더 가깝게 지냈다. 그 덕에 이혼 절차가 끔찍하긴 했지만 그웬은 화를 낼 필요도 없었고 화가 나지도 않았다. "나는 계속해서 앤티크 가구 사업을 꾸려 갔고 모든 게 정상적이었어요." 그렇게 말하고서 그웬은 술집을 둘러보았다. 그녀는 가끔 목소리가 떨렸다. 그때 그웬은 법적 이혼이 마무리된 지 6개월밖에 안 된 상태였다.

그녀는 수첩에서 오려 낸 지방신문 기사를 꺼냈다. 기사에는 이렇게 적혀 있었다. "유명한 사업가 프레데릭 밀러가 불화중이던 아내 그웬 밀러에 의해 총상을 입었다고 경찰이 밝혔다. 하지만 경찰이 도착했을 때 프레데릭 밀러는 안전한 상태였다. 그웬 밀러는 남편의 상처에 수건을 대고 지혈을 해 주었다. 그녀는 사건 후 경찰에 직접 신고했고 병원까지 남편을 따라갔다."

그웬은 아무에게도 그 기사를 보여주지 않았다. 총격 사건에 대해서는 입에 올리지도 않았다. 판사로부터 질책은 받았지만 감옥에는 가지 않았다. 루이스빌 사람들 말고는 아무도 이 사건에 대해 모를 것이라고 그웬은 말했다.

"나는 한번도 화난 적이 없어요. 화를 내면 너무 많은 것을 잃게 돼요. 언젠가는 그 사람이 대가를 치를 거라 생각했기 때문에 나는 아무것도 하지 않았어요." 이야기를 마치고서 그웬은 술을 한 잔 더 청했다. 술집 안은 조용했다. 사이가 벌어진 남편이나 아내한테 총을 쏘거나 칼을 휘두르는 것과 화를 내는 것 사이에 연관이 있다는 것을 이해 못한다면 여러분은 이혼 파멸 상태에 가깝다고 보면 된다. 그웬 밀러는 다행히도 남편에게 상처를 입히는 것으로 끝났다. 그녀는 이제부터라도 자신과 지난 결혼생활을 돌아보면 된다. 하지만 아마 많은 시간이 필요할 것이다. 그녀는 자신이 왜 남편을 쏘았는지 아직도 이해하지 못하고 있다. 총을 쏘고 난 후에 그녀는 남편을 간호하고 병원까지 함께 갔다. 자신이 대체 왜 그랬는지 그웬은 아직도 모르겠다고 했다. 그녀가 아는 한 가지는 아직까지도 화가 나지 않는다는 것이다.

화내는 것은 요령 없는 행동이며 시간과 힘 낭비에다 화내는 것 말고도 할 일이 많다고 생각하거나, 화가 나지 않는다거나, 아무리 애를 써도 화를 낼 수가 없다면 즉시 집안에 있는 날카로운 물건은 모두 치워 버리고 결혼문제 전문가와 상담하기 바란다. 지금 여러분은 벼랑 끝에 서 있다. 전혀 화가 나지 않는 것 역시 위험 신호다. 언제든 분노는 폭발하게 되어 있기 때문이다.

제 8 장

불확실한 마음

또 다른 문제가 있다. 여러분 자신도 확신이 서지 않는다는 것이다. 정말 이혼을 해야 하는지 확신이 서지 않는 것이다. 꼭 이렇게 해야 하는 걸까? 지금 이 상황에서 이혼을 하는 것이 옳은 일일까? 물론 이 방법밖에 없다고 생각했으니 여기까지 상황을 끌고왔을 것이다. 그런데 왜 지금 와서 이런 의문이 생기는 걸까? 이 단계가 되면 다음과 같은 의문들이 떠오른다. "전남편 혹은 전처가 원래 어떤 사람이었지?", "그 사람이 달라질 가능성은 없을까?", "내가 정말 이혼을 원하는 걸까?", "그 사람과 행복했던 시절도 있는데 그때로 다시 돌아가야 하는 건 아닐까?"

이런 의문에 대해 이미 다 생각한 줄 알았는데 화창한 일요일 새로 만난 연인과 차를 타고 좋아하는 음악을 들으며 새 인생을 설계하는 중에 갑자기 쿵! 가슴이 무거워진다. 이제 와서 불확실한 마음이 드는 것을 인정하기는 싫을 것이다. 이전 결혼생활로부터 너무 멀리 와 버렸으니 말이다. 하지만 아직도 이혼한 것이 잘한 일인지 모르겠다는 불확실한 마음이 들고 그 때문에 걱정이 생기고 불안하다.

불확실한 마음은 '크레이지 타임'의 또 하나의 기본 과정으로, 두 개의 상충된 감정을 동시에 느끼는 '감정의 모순'을 야기한다. 불확실한 마음이 생기면 감정이 수시로 변해 죄책감이 들었다가, 화가 나고, 절망에 빠졌다가 지나칠 정도로 행복에 도취하는 등 심리적 변화가 심해진다. 그래서 불확실한 마음이 들면 심리적으로 불안정해지는데, 그렇다고 해서 크게 걱정할 필요는 없다. 왜냐하면 이 역시 반드시 겪어야 할 과정이기 때문이다. 이런 상황에서는 불확실한 마음이 드는 것이 당연하다. 크레이지 타임은 아무 것도, 심지어는 자신에 대해서조차 확신이 서지 않는 때이다. 지금 여러분이 분명히 아는 것은 모든 것이 변하고 있다는 것, 그것 하나뿐이다. 여러분도 변하고 있고, 전남편 혹은 전처도 변하고 있다. 결혼생활 내내 담배를 못 끊는다고 구박만 하던 전 배우자가 요즘은 여러분이 담배를 꺼내 물면 미소를 지으며 재떨이까지 내민다. 상대가 이렇게 변할 동안 여러분은 무얼 하고 있었는가?

이렇게 마음이 복잡하지만 않으면 모든 일이 훨씬 더 쉬워질 텐데, 라는 생각이 들기도 한다. 그래서 불확실한 마음을 몰아내려고 전 배우자에 대한 말만 나와도 무조건 화를 내고 소리를 지르거나 머리를 부여잡고 미안하다는 말만 몇 번씩 반복하기도 한다. 또다시 후회가 밀려들고 옛날 일들이 생각난다. 지난 일들을 잊으려고 새 사람을 만나도 불안하고, 후회되고, 마음이 복잡하기는 매한가지다. 아니, 갈수록 더 불확실해지는 것만 같다.

이혼을 현실적으로 받아들이기 위해서는 이혼에 대한 불확실한 마음을 먼저 받아들여야 한다. 이 시기가 이혼의 과정에서 제일 중요한 때다. 불확실한 마음에서 억지로 벗어나기 위해 무작정 새로운 만남을 시작하거나 무턱대고 화내거나 절망하면서 극한 감정 상태에 갇히면 '속'이 죽어 버린다. 감정을 느끼는 기능이 퇴화하는 것이다. 그래서 제대로 된 감정을 느끼지 못하면, 이것 역시 '이혼 파멸 상태'의 또 다른 모습이 된다.

마음이 불확실하고 복잡하면 당연히 기분 좋을 리 없다. 하지만 불안은 성장과 변화를 불러일으키는 건강한 감정이라고 심리치료사들은 말한다. 불확실한 마음 때문에 걱정하고 불안해하는 것은 살아 있다는 증거이며, 인생에서 제일 소중하다고 여겼던 관계를 잃어 갈기갈기 찢어진 감정을 추스르고 있다는 증거다.

크레이지 타임의 복잡하고 불확실한 감정들은 전 배우자와 접촉하면서 더욱 복잡해진다. 대부분의 사람들이 별거 기간 중에 원래 살던 지역에 그대로 산다. 전 배우자와 함께 법적으로 처리해야 할 일들도 많이 남아 있다. 두 사람 사이에 자녀가 있으면 만나거나 연락을 취해야 할 일들이 끝도 없이 이어진다. 부부가 헤어져도 부모 역할은 함께 해야 하기 때문에 아이를 누가 맡아 기를 것인지, 그리고 언제 아이를 만날 것인지 등을 놓고 계속해서 전 배우자와 이야기를 나누어야 한다.

별거나 이혼 후의 불확실한 마음은 대개 전 배우자에 대한 우호적인 감정에서 비롯된다. 그래서 헤어질 무렵에는 미움이나 충격 때문에 그런 우호적인 감정들이 미처 생각나지 않지만 그렇다고 해서 완전히 사라진 것은 아니다. 많은 조사에 의하면, 부부 사이가 아무리 나빠도 대부분의 사람들은 전 배우자와 이전 결혼에 대해 애착심과 우호적인 감정을 가지고 있다는 것이다. 콜로라도 대학의 B. L. 블룸 박사와 W. S. 호지스 박사가 실시한 '이혼의 고통'이라는 조사에서, 별거 후 6개월이 지나지 않은 사람들의 절반이 사이가 벌어진 배우자를 그리워하는 것으로 나타났다. 그리고 조사 대상의 45퍼센트는 별거 기간 중 화해를 청하기도 했다. 흥미로운 점은, 상대를 그리워하고 재결합에 대해 대화하는 빈도수가 자녀 있는 부부보다 그렇지 않은 부부 사이에서 더 높은 것으로, 이는 부부가 자녀를 위해 자신을 희생하고 결혼생활을 유지한다는 기존의 생각을 뒤집는 결과다.

사실 별거를 한 상당수의 부부가 재결합한다. 심지어는 이혼하고 5년에서 10년이 지난 후 재결합하는 부부도 있다. 많은 부부들이 이혼하고 나서 완전히 남남이 되기 전에 '한 번 더 노력해 보자' 증후군에 빠지는 것이다. 정말로 재결합하고 싶은 마음이 있는 건 아닌데 한편으로는 상대를 잃고 싶지 않은 마음도 남아 있기 때문이다. 이런 현상에 대해 전문가들은 이혼 당사자의 75퍼센트가 별거 후 전 배우자에 대해 아쉬움을 갖는다고 설명한다. 그 때문에 헤어지고 나면 한동안 마음이 불확실하고 복잡해지는데, 그것은 과거에서 상대를 밀어내고 나를 빼내는 심리적 별거의 한 단계다.

뒤도 안 돌아보고 헤어지고 또 헤어진 다음에도 후회나 불확실한 마음이 들지 않는 사람들은 대개 결혼생활을 하는 동안 이미 '심리적 별거 과정'을 겪은 사람들이다. 캘리포니아 이혼 가정 프로젝트의 조안 켈리는 별거 5개월 후 아내에 대해 아무런 감정도 나타내지 않는 남성의 25퍼센트는 "이미 아내와 이혼할 결심을 했으며, 오래 전에 배우자에 대한 애착이 사라졌고 내적 갈등이나 분노 없이 이혼을 감행한다."라고 말한 바 있다. 즉 별거나 이혼에 대해 불확실한 마음이 생기는 것은 자신의 행동에 자신이 없기 때문이다. 그리고 자신이 없다는 것은 무엇 때문에 이혼을 하려는 것인지 아직도 잘 모르고 있다는 뜻이다.

서로의 비밀스러운 욕망과 이중생활이 밝혀지고 나자 오랫동안 함께 살아왔으면서도 상대를 제대로 몰랐다는 생각이 든다. 이렇게 사람이 변할 수 있다니, 놀랍기도 하지만 한편으로는 그럼 앞으로도 다시 변할 수 있다는 뜻 아닐까 하는 생각이 든다. 그래서 한 번만 더 노력해 보는 건 어떨까 하는 마음이 생기는 것이다.

* * *

　41세의 해리 맥도날드는 흐린 금발과 엷은 갈색 눈을 한 전형적인 아일랜드 계 남자다. 그는 보스턴 대학 최고 미녀인 모린 피츠제랄드와 결혼했다. 그녀의 아버지는 해리가 아는 사람들 중에서 제일 부자였다. 해리와 모린은 큰 교회에서 성대한 결혼식을 올렸다. 결혼 15년 후, 두 사람은 네 명의 자녀를 두었고 주말 별장도 마련했다. 그런데 이런 결혼생활을 포기하고 해리가 갑자기 아내와 헤어지자 모두들 놀랐다. 하지만 해리의 술친구들은 별로 놀라지 않았다. 해리가 벌써 오래 전부터 친구들에게 아내와 헤어지고 싶다고 말했기 때문이었다. 물론 그렇다고는 해도 정말로 헤어지리라고는 아무도 생각하지 않았다. 두 사람의 관계에서 모린이 지배적인 위치를 차지했기 때문에 해리는 아내에게 휘둘리며 살았다. 해리는 보스턴 은행 관리부에서 변변치 않은 직책을 맡고 있었다. 그는 자신의 일이 싫었다. 아내도 해리의 직책이 변변치 못하고, 돈도 많이 못 벌고, 생각이 모자라고, 자기 아버지한테 무례하게 군다며 남편을 구박하고 무시했다. 해리는 부유한 것을 당연하게 여기고, 태어나서 한번도 직업을 가져 본 적 없고, 재미있고 멋진 직업이 아니면 일을 할 필요도 없다고 생각하는 공주병 걸린 아내가 끔찍하게 싫었다. 결국 해리는 집을 나갔다. 그는 아내를 생각할 때마다 미친 고질라가 떠올랐다. 그런 아내한테서 벗어난 것이 너무도 속시원했다. 부모의 재산에 의지해 사는 철부지 아내와 함께 산 15년은 지옥 같았다. 그녀는 현실이 어떤 것인지 전혀 몰랐다.

　그렇게 아내와 헤어지고 1년이 지날 즈음의 어느 일요일, 해리는 아이들을 모린의 집으로 데려다 주러 갔다. 그날은 비가 왔다.

181

모린은 술이나 한 잔 하자고 청했다. 두 사람은 자리에 앉아 이야기를 나눴다. 모린은 돈에 대한 둘의 사고방식의 차이를 이제야 이해할 것 같다고 말했다. 그리고 좋아하지도 않는 일을 하는 것이 얼마나 힘든지 알고 나자 예전에 해리가 얼마나 힘이 들었는지를 이해할 수 있을 것 같다고도 말했다. 그녀는 현실의 어려움을 좀 더 빨리 알았으면 좋았을 걸, 이라며 후회했다.

"모린이 자신의 잘못을 인정하는 것을 보자 나는 갑자기 겁이 났습니다. 내가 오랫동안 말하고 또 말한 것을 그녀는 이제 겨우 이해하기 시작했습니다. 우리 둘이 함께 살 때 제발 현실을 똑바로 보고 이해하라고 얼마나 사정하고 애원했는지 모릅니다. 현실을 이해하지 못하는 모린 때문에 얼마나 화가 나고 속상했는지 그녀는 모를 겁니다."라고 해리는 말했다.

해리는 처음에는 모린의 말이 반가웠다. 그런데 그 순간부터 후회와 불확실한 마음이 밀려오기 시작했다. 아내와 헤어졌다는 안도감이 두려움으로 변했다. 뭐든 제멋대로 하려는 고집불통, 철부지라고 생각했던 아내가 완전히 달라졌던 것이다. 그것도 그가 언제나 꿈꾸던 현실적인 여자로 변한 것이다. 이제 해리는 어떻게 해야 할까?

"우리는 앞으로도 서로가 성장하고 변할 것이며 그로 인해 불확실한 마음이 들 거라는 걸 알았습니다. 이렇게 계속 변하고 성장하면 서로에게 더 나은 배우자가 될 거라는 생각도 들었지요." 이렇게 말하고서 해리는 시선을 돌리며 한숨을 쉬었다. 하지만 정말로 그걸 누가 장담하겠는가? 시간이 지나면 불확실한 마음에 익숙해져 결정을 하는 것에 필요한 확실한 증거를 찾는 것도 포기하게 된다. 해리는 자신이 우유부단해서 쉽게 결정을 내리지 못하는 사람이라는 것을 잘 알고 있었다. 그는 생각하고 생각한 끝에 본능적인 육감에 따라 헤어지기로 마음먹었다. 해리한테는 불확실한 마음에서 벗어나 이혼에 대한 최종 결정을 내리는 것에 있어 그 방법밖에 없었다. "모린이 내 육감까지 흔들어 놓지는 못했습니다. 나는 내 육감을 믿습니다. 그래서 육감에 따라 결정했습니다."라고 해리는 말했다.

크레이지 타임에는 헤어진 배우자들 사이에 성적 긴장감이 고조되기도 한다. 이제 두 사람 모두 마음대로 새 사람을 찾을 수 있다. 새로운 시도도 하고 싶어지고 섹스에 대해서도 더 많이 생각하게 된다. 더불어 예전 결혼생활에서의 성생활에 대해서도 다시 생각하게 된다. 조사에 의하면, 헤어진 배우자와 성관계를 갖는 일이 드물긴 하지만 일반적으로 생각하는 것보다는 흔히 벌어진다고 한다.

침실 정치학에서 전 배우자와 성관계를 갖는 것은 불확실한 마음 상태와 아직 해결하지 못한 감정들을 보여주는 육체적 고백이라고 할 수 있다. 겉으로 드러나지 않는 억압된 분노나 죄책감이 섹스로 표현될 때가 있는데 지금 여러분은 혼란스러운 감정에 대해 육체적인 해답을 찾고 있다. 잘못된 결혼에 대해 떠드는 것은 이제 진력이 났고, 육체적 해답이 절실히 필요하다. 시인 존 도네의 말처럼 "제발 그 입 좀 다물고 날 안아 줘." 하는 심정인 것이다.

어쩌면 침대에서 모든 일이 잘 해결될지도 모른다. 하지만 전 배우자와의 섹스에는 문제가 도사리고 있으니, 잘못하면 심하게 상처받고(반대로 심하게 상처를 주고), 상대를 더 미워하게 될 수도 있다. 이혼한 전 배우자와의 섹스는 실크 이불을 뒤집어쓴 트로이의 목마처럼 평화가 아닌 전쟁을 불러일으킬 때가 많다. 그리고 가끔은 완벽하게 복수하는 방법이 되기도 한다.

때로는 술에 취한 나머지 유혹을 이기지 못해 전 배우자와 잠자리를 같이 하게 되는 경우도 있다. 이혼한 42세의 한 여성은 별거 중인 남편과 잠자리를 같이 하게 된 경험에 대해 이렇게 말했다. "우리는 별거하기로 합의했어요. 그때는 늦은 여름으로, 우리는 2주일 동안 해변에서 함께 휴가를 보냈어요. 그때 나는 이것이 우리 가족이 다 함께 하는 마지막 여름휴가라고 말했어요. 그래서 첫 주는 나 혼자 아이들과 보냈고, 둘째 주에 남편이 합류했지요. 그런데 이렇게 되자 마치 옛날 영화를 다시 보는 듯한 기분이 들더군요. 우리는 아이들을 재우고 함께 침대로 갔어요. 지금 와서 생각해 보면 말도 안 되는 일이었죠. 그때 우리는 1년 이상 잠자리를 함께 하지 않은 상태였어요. 그런데 그날 그렇게 같이 있다가 그만 우리는 관계를 갖고 말았어요. 그 사람한테 미안한 마음이 너무 컸던 게 원인이었죠. 그날 우리 두 사람은 너무 취해 있었어요. 관계를 가질 때도 썩 즐겁지 않았고 그 후로 얼마나 후회했는지 몰라요.

가끔은 호기심에서 전 배우자와 성관계를 가지기도 한다. 이혼한 지 20년이 되었다는 45세의 남성은 이렇게 말했다. "1년이나 전처를 만나지 못했습니다. 그때 나는 군복무중이었는데, 다시 그녀를 품에 안으면 어떨까, 몹시 궁금했습니다. 그때까지도 우리 둘 다 한창인 20대였습니다. 우리는 그녀가 열 여섯 살에 아이를 갖기도 했습니다. 난 그저…… 그녀와 다시 한 번 관계를 갖고 싶다는 생각이 너무 간절했습니다."

별거 중인 배우자와의 성관계가 이혼 결심을 확고히 하는 것에 결정적인 역할을 할 때도 있다. 38세의 한 여성은 이렇게 말했다. "우리는 정신 나간 짓을 했어요. 그때 우리는 거의 1년 동안 별거 중이었어요. 그러던 중에 둘이서만 산에서 3, 4일 정도 휴가를 함께 보내기로 했어요. 휴가 중에 우리는 셀 수 없을 정도로 많은 관계를 가졌어요. 그러다 보니 다시 합치고 싶다는 생각이 들더군요. 한 번 더 노력해 봐야겠다 싶은 생각도 들었죠. 그런데 남편이 산에서의 일이 별 것 아니었다고 하는 거예요. 그가 상대한 다른 여자들에 비해 나는 목석 같다고 했어요. 그리고 나말고도 자신을 만족시켜 줄 수 있는 여자는 많다고 하더군요. 그 말을 듣자 나는 너무 화가 나서 이혼하기로 결심을 굳혔어요."

대부분의 경우, 전 배우자와 잠자리를 함께 한다고 해서 이혼에 대한 분노가 풀리지는 않는다. 오히려 자신이 얼마나 혼란스러운지 확인시켜 줄뿐이다. 미안한 마음에 전 배우자와 잠자리를 함께 했는가? 그것은 죄책감으로 인해 마음이 혼란스럽다는 뜻이다. 단지 전 배우자와의 잠자리가 어땠는지 다시 한 번 확인해 보고 싶어서 관계를 가졌는가? 그것은 호기심과 과거에 대한 그리움으로 마음이 혼란스러워졌다는 뜻이다. 그리고 일부러 전 배우자와 끔찍한 성관계를 가졌다면 그것은 분노 때문에 마음이 혼란스럽다는 뜻이다. 오래지 않아 여러분은 크레이지 타임을 겪으면서 이런 혼란스러운 감정을 추스르는데 지름길이 따로 없다는 것을 깨닫게 될 것이다.

여러분은 헤어지려고 할 때야 비로소 배우자와 얼마나 깊이 얽혀 있는지 알게 된다. 비록 타인처럼 살았다 해도 함께 사는 동안 두 사람은 알게 모르게 감정적으로 많은 부분을 공유하였다. 그리고 이제 몸은 서로 떨어져 크레이지 타임을 겪고 있지만 심리적으로는 아직 헤어지지 못한 상태다. 그에 대해 워싱턴의 심리분석가 더글라스 카마이클은 다음과 같이 말했다. "결혼생활이 자신에게 얼마나 큰 의미가 있는가는 결혼을 끝내려고 할 때 비로소 알게 된다."

대부분의 사람들이 불확실한 마음을 미처 정리하지 못한 채로 법적 이혼을 끝낸다. 한 남성은 이혼서류에 서명하기 3일 전, 자신의 일기장에 아내에 대해 이렇게 적었다. "간밤에 아내가 아팠다. 나는 곁에서 간호도 해 주고, 따뜻한 수프도 사다 주고 등도 마사지 해 주었다. 그러자 아내는 혼자 살 때 아프면 어떡하지 하고 물었다. 그에 대한 내 대답은 진작 그런 생각을 하지 그랬어 하는 것이다. 직장 동료는 내가 아직도 아내를 사랑하고 있는 것이라고 말했다. 하지만 내가 그 말을 하자 아내는 아무 대답도 하지 않았다."

감정적 이혼은 배우자로부터 심리적으로 떠난다는 것을 의미한다. 그것은 길고도 복잡한 과정이다. 불확실한 마음이 드는 것은 인생의 중요한 변화를 앞두고 마음이 혼란스러운 동시에 배우자에 대해 애착이 남아 있음을 의미한다.

크레이지 타임의 과제 중 하나가 바로 그런 모순적인 감정을 받아들이고 극복하는 것이다. 또한 앞으로 전 배우자와 맺게 될 새로운 인간관계를 위한 감정 정리 역시 이 시기에 해야 할 일이다. 그런데 전 배우자의 태도와 여러분 자신의 내적 갈등 때문에 감정 정리가 생각처럼 쉽게 이루어지지 않는다. 그 두 가지에 모두 신경 쓰다 보면 정신이 산란해져 '살짝 미쳐 버린다.' 처음에는 전 배우자가 못되게 굴기만 하면 쉽게 관계를 청산하고 미련도 버릴 수 있을 것 같은 생각이 든다.

* * *

55세의 그래픽 디자이너 로저 스미스는 직장에서 만난 아주 젊은 여자와 사랑에 빠져 아내와 헤어진 일에 대해 이렇게 말했다. "만약 아내가 복수하겠다고 덤벼들며 못되게 굴지 않았다면 나는 심한 죄책감에 빠져 어쩌면 이혼을 감행하지 못했을지도 모릅니다. 만약 그녀가 나를 이해해 주고 모든 것을 순순히 받아들였다면 이혼을 요구하는 내 자신이 아주 나쁜 놈처럼 느껴졌을 겁니다. 하지만 아내는 이혼 절차를 질질 끌고, 내 애인한테 전화해 욕을 퍼붓고, 아이들한테 내가 자신을 구타했다고 거짓말을 하는 등 몇 년 동안 나를 괴롭혔습니다. 그런데 솔직히 말해서 아내가 그렇게 나를 괴롭힌 것이 오히려 다행이라고 생각합니다. 그 덕에 나는 죄책감을 느끼지 않게 되었으니까요."

홍보 회사를 운영하는 35세의 멜리사 스위트는 3년 간 별거하고 결국 이혼했다. "내가 아는 한, 전남편은 정말 재수 없는 사람이에요. 그런데 그 사람이 아이들을 만나러 내 집에 올 때마다 재수 없는 짓을 하는 게 나는 오히려 더 좋아요. 만약 그 사람이 못되게 굴지 않는다면 그게 더 나쁠 것 같거든요. 그러다 혹시라도 그 사람이 멋있어 보이면 어떡해요?" 멜리사는 잠시 말을 멈추고 두려운 듯 눈을 부릅떴다. "그 사람이 더 이상 근사해 보이지 않아서 얼마나 다행인지 몰라요." 그렇게 말하고서 멜리사는 웃음을 터뜨렸다. 하지만 전 배우자를 통해서 불확실한 마음을 정리하려다 보면 자칫 함정에 빠질 수 있다. 마음을 정리하기 위한 기회를 찾으려고 전 배우자에게 신경 쓰면 이혼을 해야 할까 말아야 할까, 갈등하는 일이 계속되기 때문이다.

* * *

51세의 짐 웨어는 별거한 지 2년이 되었지만 여전히 전처와 테니스를 함께 한다. 그는 테니스를 무척 좋아하고 헤어지기 전에도 전처와 자주 테니스를 함께 했다. 어느 날 오후, 두 사람은 두 게임을 함께 했다. 아내는 다리도 길고 포핸드 실력이 대단해서 짐은 정말 재미있게 시합을 했다. 그날 밤, 짐은 친구와 술집에 갔다. 그는 자신이 초조해 하고 있다는 것을 알았다. 벌써 5년 째 담배를 끊었는데도 담배를 한 갑 샀다. 가슴이 타는 것만 같았다. 그는 친구에게 자신의 결혼은 더 이상 계속될 수 없다고, 아내 때문에 미치겠다고, 더 이상 그녀 곁에 있고 싶지 않다고 말했다. 그리고 담배를 한 개비 꺼내 피워 물었다. 하지만 그날 아내와 테니스를 함께 할 때 정말 즐거웠던 것은 부인할 수 없었다. 짐은 고개를 설레설레 저으며 긴 한숨을 내쉬었다.

"아무래도 다시 합쳐야 할 것 같아." 짐이 말했다.

"자네 테니스 좋아하지?" 친구가 물었다.

"그래."

"그럼 됐네. 테니스를 좋아하니까 오늘 오후 시간이 즐거웠던 거야."

친구가 말했다. 그러자 짐은 놀란 얼굴로 친구를 쳐다보았다. 친구는 계속해서 이렇게 말했다.

"테니스 치는 게 재미있는 것과 아내와 재결합하는 게 무슨 상관인가?"

두 사람은 크게 웃음을 터뜨렸다. 여기서 얻은 교훈은 세상만사를 '이혼해야 하느냐 말아야 하느냐'의 관점으로 따지지 말라는 것이다.

하지만 전 배우자에게서 감정정리를 위한 단서를 찾으려는 버릇은 쉽게 고쳐지지 않는다. 그것은 두 사람이 아직까지 감정적으로 연결되어 있다는 뜻이다. 이혼 과정을 진행하다 보면 이런 생각을 할 때가 온다. "남편 혹은 아내가 어떻게 하든 나는 내 갈 길을 갈 것이다. 그 사람을 좋은 감정으로 대한다고 해서 우리가 재결합해야 하는 것은 아니다. 마찬가지로 그 사람한테 화가 난다고 해서 내가 앙갚음을 해야 하는 것도 아니다."

이런 생각이 들면 '감정적 이혼'에 성공한 것이라고 심리치료사들은 말한다. 전 배우자로부터 심리적으로 벗어나야 비로소 과거로부터 진정으로 자유로워질 수 있다. 그것은 제대로 이혼하기 위해 반드시 필요한 단계다.

* * *

푸른 눈에 굵은 갈색머리 그리고 운동선수 같은 체격을 한 38세의 밥 딘스모어는 지금껏 모든 시험을 우수한 성적으로 통과했고 늘 바른 선택을 했다. IBM의 영업사원으로 출발해 국제사업부로 승진한 그는 로버트 프로스트의 《가지 않은 길》이라는 시의 관점에서 볼 때 언제나 옳은 길만 선택했다. 그의 미래는 밝았다. 적어도 아내가 외도하기 전까지는.

자녀 없이 고양이 두 마리만 기르던 두 사람은 결혼 8년 만에 헤어지기로 결정했다. 하지만 밥은 확신이 서지 않았다. 그래서 별거 후 1년 반만에 새로 만나던 여자와 헤어지고 '마지막으로 한 번 더 노력해 보기로' 했다. 이에 대해 밥은 이렇게 말했다.

"별거 중에 제일 힘들었던 점은 내 마음이 불확실하다는 것이었습니다. 한동안은 재결합할 수 있는 희망이 전혀 없다고 생각하니 몹시 괴로웠습니다. 나는 행복한 결혼에 대한 환상과 내가 처한 현실을 분명히 구분해야만 했습니다. 그러자 다른 모든 걸 제쳐두고라도 그 사람과 함께 있기가 싫었습니다. 내게 제일 끔찍한 시간은 다시 아내와 재결합할 것인지 아니면 이혼 과정을 끝까지 마칠 것인지를 놓고 고민하던 6개월 동안이었습니다. 그냥 아내한테 돌아가서 결혼생활을 계속할 수도 있었습니다. 하지만 그렇게 하기 싫었습니다. 나는 변했습니다. 둘의 관계를 재조정하려 했는데 두 사람 다 그렇게 할 수 없었습니다. 이도 저도 아닌 상태가 지겨워서 이혼을 결심했는데 별거 기간 내내 이도 저도 아닌 상태가 계속되었습니다. 그것이 가장 큰 동기가 되었습니다. 그런 상태로 계속 있는 것이 싫었습니다."

이혼을 받아들이기 위해서는 무엇보다도 배우자에 대해 남은 감정이 유발한 불확실한 마음 상태를 먼저 받아들여야 한다. 시간이 지나면 불확실한 마음은 과거에 대한 향수로 변한다. 그러면 괴롭고 힘들었던 일들은 점점 잊혀진다. 좋은 때도 있었지 하는 생각이 드는 것이다. 내일에 대한 불안 없이 과거를 추억할 수 있게 된다.

불확실한 마음을 받아들이는 것은 정신건강에도 도움이 된다. 특히 자녀가 있는 경우에는 이혼 후에도 전 배우자와 좋든 싫든 관계를 유지해야 하는데, 불확실한 마음을 잘 다스리지 않으면 이혼 후에도 계속해서 전 배우자와 싸우고 갈등하게 된다. 그러면 이혼 후나 이혼 전이나 똑같이 힘들어지는데 이것 역시 이혼 파멸의 또 다른 모습이다.

제 9 장

우울증

기분이 최악이다. 온몸이 축축 늘어진다. 밤에는 잠도 오지 않는다. 체중이 줄거나 아니면 급격히 늘어난다. 이렇게 엉망으로 사는 자신이 너무 싫다. 결혼에 실패하더니 이혼 후의 인생까지 실패하는구나, 싶은 생각이 든다. 자긍심은 있는 대로 무너지고 죄책감은 커져만 간다. 그리고 벽에 걸린 달력을 보면 앞으로 남은 저 많은 날들을 어떻게 헤쳐 갈 것인가, 막막하기만 하다.

이혼을 할 때 가장 흔히 나타나는 반응이 바로 우울증이다. 통계를 살펴보면, 별거나 이혼은 남녀 모두에게 심각한 우울증을 불러일으키며 그 발생률은 남녀 모두 자살 예상율 보다 높다. 캘리포니아 이혼 가정 프로젝트에 따르면, 남녀의 30퍼센트가 별거 후 급성 또는 심각한 우울증 진단을 받았다. 그리고 남자의 33퍼센트와 여자의 60퍼센트가 '별거 후 가벼운 우울증을 겪었는데, 여기에는 이혼을 먼저 요구한 사람과 이혼을 거부한 사람이 모두 포함되어 있었다.'라고 조안 켈리는 말했다.

굳이 현대 의학의 도움을 받지 않더라도 우울증에 걸렸다는 것은 쉽게 알 수 있다. 우울증은 크레이지 타임 동안 계속해서 나타나는 증상으로, 자긍심이 무너지고 죄책감이 생기면서 더욱 심각해지는 증세다. 이혼을 먼저 요구한 쪽은 맨 처음 느꼈던 안도감이 사라지면서 죄책감에 사로잡히기 시작한다. '대체 내가 무슨 짓을 한 거지? 지금 벌어진 모든 일을 내가 책임져야 하는 건가?'라는 생각에 죄책감과 불안감이 엄습한다. 반면에 이혼을 반대한 쪽은 정말로 별거가 시작되고 어쩔 수 없이 현실을 받아들이면서 '버림받았다'는 생각에 자긍심이 한없이 무너져 내린다.

혼란스러운 크레이지 타임에 겪는 우울증은 감정이라는 동전의 한쪽 면 같은 것이다. 그 동전의 또 다른 면은 '분노'로 분노와 우울증을 번갈아 느끼며 일종의 안정을 얻는다. 우울증에 걸리면 불쾌하긴 하지만 이혼 과정에서 우울증은 중요한 역할을 한다. 우울증은 자신을 똑바로 보고 모든 책임(그리고 분노)을 배우자에게만 덮어씌우려는 것을 막아 준다. 궁극적으로 우울증은 결혼의 종말을 애도하는 슬픔의 전주곡이다.

심리치료사들은 스트레스가 극심한 시기의 우울증은 오히려 건강한 감정일 수 있다고 말한다. 우울증은 손실을 받아들이는 심리적 방법이다. 분노와 반대로 우울증은 마비 상태의 반응법이라고 할 수 있다. 이에 대해 코넬대학 의학부의 프레데릭 F. 플라흐 교수는 이렇게 말한다. "힘겨운 스트레스로 인해 우울증에 빠지는 것은 그 사람이 나약하다는 뜻이 아니라 지극히 정상이라는 뜻이다. 회복이 빠른 환자는 질병을 쉽게 떨쳐 버릴 뿐만 아니라 그 경험으로 인해 성장한다. 그런데 정상적인 우울증을 피하기 위해 자신을 부정하거나 술 또는 기타 여러 수단에 의존하는 환자는 오히려 회복을 지연시킨다. 그래서 결국에는 심각하고 만성적인 우울증에 걸리고 만다."

밤늦도록 텔레비전만 본다거나 혼자 술집에 앉아 몇 번이고 '한 잔 더' 주문하고 있다면 자신의 우울증이 '정상적인 것'인지 아니면 만성적인 것인지 돌아봐야 할 것이다.

중요한 것은 우울증이 얼마나 오래 계속 되는가 그리고 우울증으로 인해 얼마나 무능력하고 무기력해졌는가 하는 것이다. 목소리도 기운이 없고, 무기력한 얼굴로 한숨만 쉬며, 아무것도 하지 않고 돌아다닌 것이 얼마나 되었는가?

이혼으로 인한 우울증은 일반적인 우울증과 다르다. 여러분은 이혼 전에도 우울증에 걸린 적이 있는가? 캘리포니아 이혼 가정 프로젝트의 주디스 월러스타인과 조안 켈리는 이혼 전의 우울증에 대해 조사하였다. 그 결과는 일반적 우울증에 대한 미국의 통계와 비슷했는데, 다른 점이 있다면 여성에게서 우울증 증세가 더 많이 나타났다는 것이다. 이 조사에서 대상 여성의 대략 14퍼센트가 결혼생활 중에 자살을 시도했고, 42퍼센트가 5년 이상 지속된 만성 우울증에 시달렸다. 그에 반해 남성은 무기력증을 동반하는 극심한 우울증에 걸린 경우가 16퍼센트에 불과하며 자살을 시도한 남성은 단 한 사람도 없었다. 그런데 이혼 후의 우울증에 대한 조사는 매우 다른 결과를 보여 주었다. 이 조사에서 이혼으로 인해 극심한 우울증을 나타낸 사람들 중에는 결혼생활 중에 우울증에 걸린 사람이 거의 없었다. 이혼 후 우울증에 걸린 사람들은 대부분 이혼에 반대한 사람들로, 그들은 이혼과 독신 생활에 대한 마음의 준비를 전혀 하지 않았기 때문에 이혼 후 극심한 혼란에 빠진 것이다. 그리고 우울증에 대한 미국의 통계와 대조적으로, 남성과 여성 똑같이 각각 30퍼센트가 이혼의 결과로 무기력증을 동반하는 심각한 우울증을 겪은 것으로 나타났다.

물론 소수이기는 하지만 이혼으로 우울증이 치료되는 경우도 있다. 그 대부분이 여성으로, 그들은 힘든 결혼으로 인해 심각한 우울증을 앓았으며 심리치료의 도움으로 힘들게 이혼 결정을 내렸다. 켈리와 월러스타인이 그들을 대상으로 한 조사에서 스트레스가 가장 극심한 것은 이혼 전이며, 이혼 후에는 더 이상 심각한 우울증이 나타나지 않는다는 결과가 나왔다. 그래서인지 이혼 후에 오히려 삶의 활기를 찾고 제 2의 인생을 개척한다는 기분으로 크레이지 타임을 헤쳐 나가는 사람들도 있다.

이혼하는 사람들 대부분은 극단적인 두 가지 감정에 사로잡힌다. 극심한 슬픔과 미래에 대한 두려움이 바로 그것이다. 일반적으로 여성들은 혼자 산다는 것과 가장이라는 새로운 책임을 짊어진다는 것에 대해 극도의 불안을 느낀다. 그런 불안은 우울증을 가중시키고, 우울증은 다시 불안을 가중시킨다. 그러다 보면 도저히 감당할 수 없다는 생각이 들고 자신의 현실에 질려 버린다. 하지만 대개는 어떻게든 헤쳐 나간다.

이혼한 35세의 제시카 웨이랜드는 이렇게 말했다. "1년 동안은 거의 정신이 나간 상태였어요. 새 집이 생겼지만 세 살과 다섯 살짜리 아이들 뒤치다꺼리하랴, 생활비 대랴, 각종 공과금 내랴, 제때 끼니 해결하랴 거기다 내 자신까지 추슬러야 하다 보니 정신이 하나도 없더군요. 난 아이들 때문에라도 어떻게든 버텨야 한다고 생각했어요. 너무 힘들었지만 단 하루도 침대에 가만히 누워 아무것도 안 하고 쉰다는 것은 생각도 할 수 없었지요.

남자들의 경우, 대개 아이들과 매일 만날 수 없다는 현실이 우울증을 유발한다. 이혼한 남자들이 제일 많이 하는 말이 '아들 혹은 딸을 잃어버린다는 것이 얼마나 끔찍한 일인지 알아요?' 하는 것이다. 이혼에 대한 대부분의 조사에 따르면, 크레이지 타임을 겪으면서 가장 하기 힘든 일이 주말마다 선물을 사 주는 것 이상의 새로운 부모 역할을 확립하는 것이다.

이혼 우울증의 특징으로 자긍심 저하를 들 수 있다. 결혼생활 동안 무너진 자아가 대가를 요구하기 시작한다. 이혼을 먼저 요구한 쪽이든 반대한 쪽이든 자신이 실패한 인생처럼 생각된다. 자신이 너무 싫다. 자신의 인생도, 자신이 만들어 놓은 상황도 너무 싫다.

나 때문에 아이들이 마음에 상처를 입었고, 남편 또는 아내의 인생까지 망쳤다는 생각이 든다. 잘못된 것은 모두 내 탓인 것처럼 보인다. 남편 또는 아내가 경미한 교통사고를 당한 것도, 딸이 역사 시험을 망치고 옷을 아무렇게나 입고 다니는 것도, 아들이 손가락을 빨기 시작하는 것도 모두 다 내 탓인 것만 같다. 이혼만 안 했더라면 이런 일이 벌어지지 않았을지도 모른다는 생각이 들면서 끊임없이 자신을 탓하게 되고 우울증은 점점 더 심해진다.

배우자에게 버림받았다는, 즉 사랑 받지 못한다는 확신이 들 때 사람들은 결혼생활을 포기한다. 그래서 이혼을 요구하는 쪽이든, 반대하는 쪽이든, 버림받고 모욕당했다는 생각이 든다. 실패한 인생이 된 것이다. 배신으로 인해 과거가 사라졌다. 더 이상 미래도 없는 것 같다. 내가 무엇을 잘못했지? 어둠 속에서 혼자 울부짖는다. 계속해서 자신을 탓하고 우울증은 더 심해진다.

"이혼 후 감정을 다스리기 위해 가장 먼저 할 일은 이혼과 자긍심을 별개의 것으로 받아들이는 일이다."라고 수잔 켈리는 말한다. 세상만사 마음먹은 대로, 생각하는 대로 이루어진다는데, 특히 '실패'는 그렇게 될 확률이 아주 높다. 지금 여러분은 자신을 형편없는 사람이라고 생각하고 있다. 그렇게 생각할 때마다 자긍심이 조금씩 무너진다. 그래서 자신감이 필요할 때도 한없이 위축되기만 한다.

우울증을 겪는 시기는 이혼 과정에서 매우 중요한 단계다. 이때 여러분은 선택을 해야 한다. 슬픔과 우울증을 극복하고 앞으로 나갈 것인가 아니면 절망 속에서 허우적대며 이혼 파멸 상태로 떨어질 것인가, 지금 선택해야 한다.

컴퓨터 전문가인 50세의 윈턴 케네디는 샌프란시스코에 살고 있다. 그는 시골 사람들이 옷 잘 입는 사람이라고 부를 만한 남자로 날씬하고, 눈이 또렷하고, 구레나룻이 있고 팔다리가 길다. 그리고 성격 좋고, 자상하고, 친구들에게 너그러웠다. 친구들은 윈턴이 이혼을 극복한 것을 반겼다. 윈턴은 빈곤층을 위해 일하는 검은머리의 관선변호사와 재혼했다. 시간이 흘러 두 사람은 일곱 살 된 딸과 어린 사내아이를 두었다. 아내가 늦게까지 일하기 때문에 아이들은 주로 윈턴이 돌봤다. 그는 인생에서 제일 중요한 것이 가족이라고 말하고는 잠시 입을 다물었다. 그러다 먼 옛날 일 같다는 첫 결혼 이야기를 꺼냈다. 첫 결혼에서 얻은 두 딸은 각각 열 아홉 살과 스물 한 살인데, 이혼을 하면서 제일 힘들었던 것은 아이들을 만나지 못하게 된 것이라고 했다.

윈턴은 신시내티에서 장로교회 지도자인 부모 밑에서 자랐다. 당시는 여자가 결혼 전까지 순결을 지키는 것이 당연시되던 때였다. 수학을 전공한 그는 대학 졸업 후 뉴욕주 교통부에서 일하게 되었다. 그리고 오래지 않아 코네티컷 출신의 대서양 연안 신교도 메리를 만났다. "그녀는 토끼처럼 귀여웠습니다."라고 윈턴은 말했다. 만난 지 얼마 되지 않아서 두 사람은 잠자리를 함께 했다. "신교도의 죄책감을 없애는 가장 좋은 방법은 결혼이었습니다." 그런데 신혼여행부터 문제가 시작되었다. 잠자리를 함께 할 때마다 메리는 일이 끝나면 욕실에서 문을 잠그고 울음을 터뜨렸다. 윈턴은 한 번도 이유를 묻지 않았고 아직까지도 그 이유를 모른다고 했다. 두 사람은 미네소타 주 세인트폴로 이사해서 10년을 함께 살았다. 그 사이 둘은 점점 서로를 미워하게 되었다. 윈턴은 아내가 늘 바가지를 긁고, 자신을 무시하고, 함부로 대한다고 생각했다. 그는 결국 두 딸이 다섯 살, 세 살 되던 해 집을 나왔다. 그리고 심각한 우울증에 빠졌다.

당시에 대해 윈턴은 이렇게 말했다. "내가 쓸모없는 존재가 되었다는 생각이 드는 게 가장 괴로웠습니다. 완전한 실패자가 된 것 같았으니까요. 인생의 어느 한 부분을 실패한 것이 사실이기도 했고요. 그때는 내가 아무 가치도 없다고 생각했습니다." 결혼에 실패하자 윈턴은 사회생활까지도 엉망이 되었다. 그는 세인트폴의 직장을 그만 두고 새로운 컴퓨터 시스템 도입을 추진 중인 기업과 텍사스 주의 전자 회사에 면접을 보았다. "두 면접 모두 엉망이었습니다. 결국 취직도 못했고, 나 혼자 헤쳐 나가지 못할 것이라는 두려움은 점점 더 커져만 갔습니다."

서너 달 후 윈턴은 LA에 있는 대규모 컴퓨터 회사에서 면접을 봤다. "면접관이 내 사정을 이해해 준 것 같았습니다. 그도 막 이혼을 했기 때문에 내 처지를 이해해 주었고, 절망 속에 묻혀 있던 나의 가능성을 발견해 나를 고용했습니다." 새 직장, 새 집, 새 인생에 대한 희망으로 윈턴은 다시 자신감을 얻기 시작했다. 무너진 자긍심으로 인한 절망감은 헤어진 딸들에 대한 그리움과 슬픔으로 변했다.

서로 미워하면서도 아내와 힘들게 결혼생활을 유지했던 것은 오로지 딸들 때문이었다. 그런데 전처는 윈턴이 딸들을 만나는 것을 방해했다. 그는 아이들을 만나게 해 달라고 전처에게 애원했다. 그런 생활이 몇 년간 계속되었다. "메리는 딸들을 복수의 수단으로 삼았습니다. 그런데 나는 그것만은 절대 용서할 수 없었습니다."라고 윈턴은 말했다.

딸들이 사는 곳과 먼 캘리포니아로 이사하려니 윈턴은 걱정이

앞섰다. 멀리 떨어져 있어도 딸들과 가깝게 지낼 수 있을까? 메리가 아이들한테 내 욕을 하면 어쩌지? 물론 그녀는 그렇게 했다. 이사하기 전 윈턴이 아이들에게 작별 인사를 하러 가자 메리는 아이들이 부모의 이혼으로 이미 충분히 상처받았으므로 슬픈 이야기는 하지 말라고 으름장을 놓았다. 윈턴은 아이들을 꼭 안아 주었다. 그러자 아이들이 물었다. "아빠, 어디 가?", "아빠 언제 올 거야?" 윈턴은 뭐라고 말해야 할지 몰랐다. 그저 아이들을 꼭 끌어안고 "사랑한다 얘들아."라는 말만 몇 번이고 되풀이하고는 돌아서 왔다.

"차를 타고 반 구역쯤 가자 울음이 터졌습니다. 그래서 차를 세우고 소리내어 울었습니다." 그 말을 하면서 윈턴은 옛날 생각이 났는지 다시 눈물을 흘렸다. "울고 또 울었습니다. 하지만 금방 이렇게 다짐했습니다. 나는 반드시 해 낼 수 있다. 하고 말입니다."

그는 울음을 멈추고 마음이 가라앉을 때까지 차 안에 가만히 앉아 있었다. 그런 다음 전속력으로 캘리포니아까지 달렸다. 하지만 탈출은 쉽지 않았다. 한 번 무너진 자긍심은 쉽게 회복되지 않았다. 그래서 LA에 정착한 후 윈턴은 그룹 심리치료와 개인 심리치료를 병행했다. "심리치료사는 여자였습니다. 그 사람은 '이번 주에는 어떤 일이 있었나요? 그 일에 대해 어떻게 반응했나요?'라고 물었고 그런 질문에 대답하면서 나는 서서히 자긍심을 되찾고 내 삶을 통제할 수 있게 되었습니다."

2, 3년이 지나자 끔찍하던 고통이 차차 가라앉았다. 직장에서는 승진을 했고 샌프란시스코 지사를 맡아 이사도 하게 되었다. 그 무렵 윈턴은 새로운 가정도 꾸리게 되었다. 하지만 딸들과 헤어진 아픔은 좀처럼 가시질 않았다. 그는 열 아홉 살 된 딸이 무척 예쁜데 좀처럼 남자를 사귀지 않는다고 걱정하면서 재혼한 아내와

새로 얻은 아이들과는 과거와 다른 삶을 살 것이라고 말하고 미소 지었다. 자긍심을 되찾은 덕에 윈턴은 새로운 삶을 살 수 있게 되었다. "남들이나 상황 때문에 일정한 행동의 틀에 갇혀 있을 필요는 없다는 것을 깨달았습니다. 내가 갈 길은 내가 정하는 것이더군요."라고 윈턴은 말했다.

크레이지 타임을 겪는 사람들에게 우울증은 일종의 심리 테스트다. 이 테스트를 통해 자신이 얼마나 회복력이 빠른지 확인할 수 있다. 분노나 불확실한 마음과 달리 우울증은 감정의 대상이 자신이다. 우울증에 빠진 동안은 달리 기댈 곳도 없고, 자신이 혼자라는 사실을 통해 절망감은 더 깊어진다. 그리고 자신이 철저히 혼자라는 사실을 깨닫게 된다.

헬렌 애킨스가 두 자녀를 얻은 15년의 결혼생활에 종지부를 찍은 것은 그녀 나이 서른 다섯 살 되던 해였다. 당시 헬렌은 직장도 없었고, 의지할 수 있는 애인도 없었다. 있는 것이라고는 먹여 살려야 할 두 아이와 갚아야 할 융자금, 그리고 일주일에 두 번 가는 심리치료뿐이었다.

"세상에 태어나서 제일 힘들었던 일이 바로 이혼이었어요. 게다가 나는 직장 경험이 하나도 없었거든요. 부동산업에 대한 재능이 좀 있긴 했지만 순전히 직감에 따른 것일 뿐이었지요. 처음 몇 달간은 방황의 연속이었어요. 나는 손에서 결혼반지를 빼 버렸지요. 그런데 그 반지가 나의 존재 의미를 상징하는 것이었던지 내 자신이 누구인지조차 알 수 없었어요. 정말 두려웠어요. 내 자신이 마치 마룻바닥의 기름때처럼 느껴질 때도 있었어요. 주방 싱크대 앞에 서서 앞으로 다가올 날들을 과연 헤쳐 나갈 수 있을까, 걱정하던 때가 지금도 생각납니다."

헬렌은 일리노이 주 스프링필드의 고등학교 역사 교사인 남편의 이름과 지위로 자신의 가치를 평가하던 여자였다. 그 때문에 남편과 헤어지고 나자 헬렌은 얼이 빠진 듯 아무것도 할 수 없었다. 하지만 서서히 자신을 추스르면서 혼자 힘으로 생활을 꾸려 나가기 시작했다. 그녀는 부동산 중개인 양성 과정을 수료하고, 융자에 대해 배워 부동산 중개업소에 일자리를 얻었다. 그리고 자동차도 사고, 집에서 저녁 모임도 열었다. 시간이 지나갈수록 헬렌은 자신감이 생겼다. 우울증도 점차 사라지고 절망감은 슬픔과 아쉬움으로 변했다.

"우리가 한 일들에 대해 생각했어요. 남편과 나는 결혼해서 아이들을 낳아 기르고 가정을 꾸리면서 미국인이면 누구나 꿈꾸는 행복한 삶을 산다고 했는데 이렇게 이혼을 하고 말았어요. 아이들한테는 못할 짓을 한 셈이죠. 그런데도 내가 정신 없이 지낼 때 잘 견뎌 준 아이들이 정말 고마워요. 아이들은 정말 잘 자라 주었고 그런 아이들한테 고맙고 또 한편으로는 미안해요. 정말 슬퍼요. 진짜 슬프고 미안해요. 이게 죄책감인지 잘 모르겠어요. 아니, 죄책감이 드는 것은 아닌데 정말 안타깝고 슬퍼요." 이렇게 말하고서 헬렌은 울먹이기 시작했다. "이혼에서 제일 힘든 게 바로 그런 거예요. 생활은 점점 나아지는데 왠지 계속 슬퍼요."

헬렌의 이야기는 1980년대 미국 여성의 모습을 잘 보여 준다. 전통적인 현모양처 교육을 받고 자란 헬렌은 중년에 이르자 전통적인 방식이 더 이상 통하지 않는다는 것을 깨달았다. 달라진 사회에 적응하기 위해 그녀는 변해야만 했다. 직장에서 헬렌은 능력을 인정받았고 두 아이도 잘 자라 주었다. 헬렌은 경제적으로 그리고 감정적으로 자립할 수 있게 되었다. 이제는 회사 경비로 고객을 접대하고, 학부모 모임에도 참석하고, 주말에는 아직 결혼까지는 고려하지 않는 남자 친구와 뉴욕에서 함께 시간을 보낸다.

"생애 처음으로 내 자신을 좋아하게 되었어요. 이제는 내가 얼마나 강한 사람인지도 알고 내 자신을 믿을 수도 있어요. 내 앞의 생을 내 힘으로 헤쳐 나갈 수 있다는 자신감도 생겼어요. 지금까지는 내게 그런 능력이 있는지 시험하는 기간이었던 것 같아요. 이제 나는 더 이상 남에게 미안해하지 않아요. 앞으로도 절대 그러지 않을 거예요. 하지만 한 가지 마음에 걸리는 게 있어요. 나와 같은 방식으로 교육받은 여자들이 이혼을 하지 않고도 요즘 내가 누리는 만큼을 누리는 것이 가능할까 하는 생각을 해 봤는데……만약 그것이 불가능하다면 너무 안타까워요."

한 번 절망에 빠지고 나면 헤어 나오기가 쉽지 않다. 따라서 절망과 우울증을 헤치고 나올 것이냐 아니면 그 안에 처박혀 이혼 파멸 상태가 될 것이냐는 지금 선택해야 한다. 어떤 사람들은 육체적 병을 통해 혼란 상태를 회피하려고 한다. 수녀에서 인류학 교수가 된 한 여성은 결혼이 파경을 맞자 등이 심하게 아팠다. 별거 후 두, 세 달이 지나 그녀는 입원했고 그 후로 4주를 병원에서 지냈다. "그때는 꼼짝도 할 수 없었어요. 그런데 이제 와서 생각해 보니 그 동안이 정신적 치유의 시간이었던 것 같아요. 그때 내 정신은 이혼의 고통을 견뎌 낼 수 없는 상태였어요. 그래서 그 고통이 대신 육체로 옮겨갔던 거예요."

사람들은 저마다 위기에서 탈출하는 환상을 가지고 있다. 여러분도 그저 가만히 있으면 누군가 나타나 구해 주기를 바랄 것이다. 네 명의 자녀를 둔 어느 사회복지사는 31세의 나이로 12년의 힘들었던 결혼생활에 종지부를 찍었다고 했다. 나와 헤어지면서 그녀는 이렇게 말했다. "병원에 입원해서 가만히 누워 남들의 간호를 받고 싶어요. 이대로 미쳐 버려서 남들 손에 모든 것을 맡기고 가만히 있었으면 좋겠어요. 하지만 그런 상상을 하다가도 문득 그럼 아이들은 어쩌지 하는 생각이 들어요. 아빠라는 작자도 아무 도움이 안 될 사람인데, 나마저 없으면 아이들은 어떻게 되겠어요. 안 그래요?"

현재 그녀는 결혼과 이혼문제 상담사가 되었다. "감정적으로 퇴보하는 시기가 있는 것 같아요. 그 시기가 오면 '에라 모르겠다, 될 대로 되라.' 아니면 '절대 이대로 당하지는 않으리라.' 하고 선택을 해야 합니다."

어떤 사람들은 그 시기에 절망으로 두 손을 들어 버리고 만다. 그런 사람들은 절대 이혼을 받아들이지 않는다. 그래서 삶을 포기하고 정신적으로 서서히 죽어 가고 간혹 다음의 기사 같은 일을 당하기도 한다.

보스턴(AP 통신). 한때 매사추세츠와 뉴햄프셔의 유명한 정치인이었던 65세의 존 아담스가 지난 목요일 보스턴의 시립 병원에서 노숙자로 생을 마감했다. 숨질 당시 아담스는 거주지도 없고, 직업도 없고, 친구도 없었다. 가장 가까운 친지로는 고향 뉴햄프셔에 사는 여동생이 전부다.

전 매사추세츠 주 공화당 상원의원이었으며 뉴햄프셔 하원의원 후보이기도 했던 아담스의 세 딸 중 조안 심슨은 아버지의 죽음에 대해 "오래 전부터 언젠가 이런 일이 있으리라고 짐작했다."고 말했다. "20년 전 어머니와 이혼하면서부터 아버지가 변했다. 아버지는 한 번도 이혼을 인정하려고 하지 않았다. 이혼 후 아버지는 삶의 기반을 잃었고 더 이상 회복하지 못했다."

1964년 주지사 선거에 패배한 후 아담스는 정계에서 물러나 2차

대전 참전 용사들을 위한 첼시 요양소에서 해군 상이용사 연금에 의존해 생활했다(1981년 5월 22일).

　이혼 우울증의 중요한 원인 중 하나는 죄책감이다. 전 배우자에게, 아이들에게, 부모에게 그리고 친구들에게 미안하고, 죄책감이 느껴진다. 어디서 이런 죄책감이 쏟아져 나오는지는 모르겠지만 혼자 앉아서 자신의 이혼에 대해 생각하고 있노라면 어느새 죄책감이 밀려온다. 적당한 수준의 죄책감은 유익할 수도 있다. 사랑하는 이들을 위해 옳은 일을 하고, 주위로부터 좋은 평판을 듣고 싶어하는 것은 당연한 일이니까 말이다. 문제는 죄책감이 적당한 수준을 유지하기가 힘들다는 것이다. 그리고 죄책감은 감정을 꽁꽁 얼어붙게 만들어 일단 죄책감에 사로잡히면 감정을 느끼는 기능이 마비되어 버린다.

　크레이지 타임 동안 죄책감에 빠질 때, 자칫하면 모든 것을 죄책감을 통해 해결하려고 들 수 있다. 갖가지 문제들과 고통을 헤쳐 나가는 대신 모두 뭉뚱그려 죄책감으로 포장해 버리는 것이다. 그렇게 하면 자신에게 닥친 문제들과 현실을 똑바로 보지 않아도 된다. 게다가 죄책감에 빠져 불쌍한 모습을 하고 있으면 주위 사람들이 측은하게 여기고, 특히 시댁이나 처가 식구들을 대하기도 훨씬 쉬워진다. 어떤 사람들은 심리치료, 특히 비슷한 상황에 처한 사람들과의 집단 심리치료를 통해 거짓 죄책감으로 자신을 위장하기도 한다. 비슷한 처지의 사람들과 함께 있으면 자신이 죄책감에 사로잡혀 고생한다는 것을 보다 분명히 보여 줄 수 있기 때문이다. 하지만 그런 식으로는 근본적인 문제를 해결할 수 없다.

　자신이 실패했다고 생각하는가? 이혼이 자기 탓이라고 생각하는가? 그렇다면 배우자와 자신의 관계를 좌지우지할 만큼 자신에게 큰 힘이 있었다고 생각하는가? 집단 심리치료를 받는 자리에서 홀쩍이기 시작한다. "만약 내가…… 만 했더라면……." 그러다 다시 울음을 터뜨린다. 울고 또 울고. 이쯤 되면 여기저기서 투덜대고 혀를 차는 소리가 들린다. 옆에 앉아 있던 사람은 지겨운 듯 고개를 떨군다. 심리치료사도 눈을 부라린다. "대체 내가 뭘 잘못한 거죠?" 또 울고불고. 그리고 마지막으로 결정적인 한 마디를 한다. "그럼 이제 난 다시는 사랑 받지 못하는 걸까요?" 그런 다음 잠시 울음을 멈추고 애원하듯 주위를 둘러본다. "당신 말하는 걸 들어보니 이혼 당할 만 하네요."라고 모임의 오래된 회원이 말한다. "당신은 화도 안 나요?"라고 또 누가 한 마디 해 준다.

잠깐만 생각해 보자. 하루 종일 방 안에 틀어박혀 우울증에 빠져 있다면, 날마다 점점 절망감이 깊어진다면 정신 바짝 차려야 한다. 크레이지 타임은 하나의 단계에서 다음 단계로 넘어가는 전환점이다. 따라서 영원히 크레이지 타임에 매달려 있어서는 안 된다. 죄책감으로 인한 우울증에 빠지는 것은 익사하는 것과 같아서 모르는 사이에 빠져들어 정신을 잃고 만다. 감정적 이혼을 제대로 끝내기 위해서는 정신 바짝 차려야 한다.

이제부터는 자신이 버림받은 일이며, 자신이 얼마나 형편없는 사람인지, 그리고 왜 사랑 받지 못했는지에 대해 생각할 때 분노와 혼란에 대해서도 똑같은 시간을 할애하자.

미국의 경우, 크레이지 타임 동안 심리치료를 받는 사람들 대부분이 대략 2년 동안 치료를 계속한다. 심리치료는 프로이드 식 분석, 융 분석, 행동수정, 가족구조 심리치료, 위기상담 등, 분야도 다양하고 취향에 따라 개인 심리상담을 하거나 집단 심리치료를 할 수도 있다. 그러니 잘 살펴보고 자신에게 맞는 방법을 선택하면 된다. 하지만 심리치료가 만병통치약은 아니다. 심리치료를 받는다고 해서 모든 문제가 해결되고 행복해지는 것은 아니다. 진정으로 행복해지기 위해서는 현실을 똑바로 보고, 자기 힘으로 새 인생을 개척해야 한다. 심리치료가 해 줄 수 있는 것은 이혼이라는 여정을 헤쳐 나갈 수 있도록 도로 표지판을 제시하는 것뿐이다. 그리고 덤으로 복잡한 인간관계를 정리할 수 있는 기술을 배우는 정도다. 정신적 이혼을 마무리하기 위해서는 여러분 스스로 노력해야 한다. 즉 이렇게 노력하는 사이 크레이지 타임의 우울증은 슬픔으로 변할 것이다. 결혼의 종말을 아쉬워하고 '애도'하기 위해서는 슬픔을 받아들여야 한다. 슬픔을 느끼기 시작하면 전 배우자에 대해 인간적인 연민이 생기고, 실패한 결혼에 대한 아쉬움, 이때는 결혼생활 동안 겪은 일에 대한 아쉬움이 아니라 결혼생활 동안 누릴 수도 있었던 행복에 대한 아쉬움도 생긴다. 그리고 마침내 과거와 소중히 간직하던 꿈에 작별을 고하고 추억 속에 묻게 된다.

* * *

마고와 샘 위트먼은 여덟 살 사라와 다섯 살 존을 얻은 15년의 결혼생활을 끝내고 헤어졌다. 두 사람의 이혼은 전형적인 미국식 이혼 과정을 그대로 따랐다. 우선 별거 후 심리치료를 함께 받았다. 그리고 서로 소리 지르고 싸우며 증오심을 확고히 하면서도 딱 한번 잠자리를 함께 했다. 그리고 양육권을 둘러싸고 변호사를 대동해 또 싸우고, 살림살이와 친구를 나누는 문제로 싸우면서 결혼한 것도 아니고 이혼한 것도 아닌 어중간한 생활에 서로 익숙해져 갔다. 둘은 각각 새로운 사람을 만났다가 헤어졌다. 그리고 조금씩 변하면서 예전과는 완전히 다른 사람이 되었다. 이제 둘은 아이들의 학교 학부모 모임에 함께 하고, 막내의 음악 과외 활동에 대해 의논하고, 추수감사절과 크리스마스를 함께 보내면서 또 각자의 생활을 꾸려 가고 있다.

별거한 지 3년째 되던 해 마고는 샘에게 마지막으로 편지를 썼다. 그때 샘은 아이들과 2주일간 산으로 휴가를 떠났고, 마고는 주말에 친정 부모를 만나고 돌아온 참이었다. 그녀의 편지는 다음과 같다.

샘에게

친정에서 돌아와 보니 당신이 보낸 엽서가 와 있더군요. 돌아오는 비행기에서 당신 생각을 했는데 이렇게 엽서를 받으니 무척 반가웠어요. 비행기에서 나는 책을 한권 읽었어요. 여주인공이 자신의 결혼생활을 돌아보는 내용이었는데, 그녀는 남편과 두 아들을 데리고 블루베리를 따러 가던 날을 회상했어요. 바람이 시원하게 불고, 그녀의 가족은 시골 집 들판에 나와 있었어요. 조용하고 아늑함 속에서 그녀는 남편을 얼마나 사랑하는지 모른다고 말했는데 그 부분을 읽자 나는 갑자기 울음이 터져 나왔어요.

우리 가족을 생각하면 너무 슬퍼요. 나는 언덕 위의 작은 집을 상상했어요. 그곳에서 당신과 내가 두 아이를 낳고 행복을 가꾸면서 아이들을 위해 그리고 우리 자신을 위해 아늑한 보금자리를 만들어 가는 꿈을 꾸곤 했는데. 나는 아직도 그 꿈을 간직하고 있어요. 우리가 이루지 못한 꿈에 대해 쓰려니 자꾸 목이 메이고 눈물이 나오려고 해요. 언덕 위의 작은 집. 그것은 우리의 과거가 아니라 그저 나의 꿈일 뿐이에요. 시간이 흐르니 당신 때문에 입은 상처도, 당신을 향한 분노도 점점 희미해져요. 하지만 이루지 못한 꿈을 생각하면 여전히 마음이 아파요. 아주 많이. 지금도 나는 우리가 그 꿈을 이룰 수 있지 않았을까 하는 생각을 하곤 해요. 당신의 진심을 알고 싶어요. 당신이 나한테 진정으로 바랬던 것이 무엇인지 알고 싶어요. 마음 한 구석에서는 아직도 당신을 원하고 있어요. 그런 말이 있는지는 모르겠지만 절반의 배우자로 당신과 함께 꿈을 이루고 싶어요. 의지할 수 있는 영원한 친구로, 내 인생에서 절대 지울 수 없고, 다른 무엇으로도 바꿀 수 없는 당신을 잃고 싶지 않아요. 책을 읽으면서 이런 생각이 머리를 스쳤어요. 당신에게 다시 돌아와서 꿈에 그리던 언덕 위의 집에서 함께 살자고 부탁해 볼까? 내가 당신한테 부탁하고 싶은 것은 바로 그거예요. 우리가 함께 했던 결혼생활에 대해 당신은 어떻게 생각했는지 그리고 당신은 어떤 꿈을 가지고 있었는지 묻고 싶어요. 나는 당신과 나의 참모습을 아직도 모르겠어요.

　두서 없이 생각나는 대로 마구 쓰느라 당신과 아이들의 여행에 대해서는 한 마디도 묻지 않았네요. 우리들의 현실이 어떠했든 아이들을 아끼는 만큼 당신을 아끼고 있고, 또 앞으로도 영원히 그럴 거예요.

마고로부터

　샘은 고맙다며 답장을 썼다. 그리고 결국 두 사람은 서로를 잃지 않았다. 재결합하기에는 너무 늦었지만 둘의 꿈을 함께 가꿔 나가기로 했다. 두 사람은 과거에 대한 아쉬움과 행복한 가정에 대한 꿈을 가지고 있음을 서로에게 털어놓았다. 현실에서 두 사람은 공유하는 것이 거의 없는 남남이다. 그들도 그 사실을 인정한다. 결혼은 완전히 끝났고, 감정적 이혼도 마무리지었다. 하지만 편지를 주고받은 이후로 두 사람은 서로를 대하기가 한결 편해졌다. 그리고 훨씬 느긋한 마음과 자신감으로 각자의 삶을 살 수 있게 되었다.

제 Ⅲ 부

회복기

세상은 모두를 파괴했지만 많은 사람들이 파괴된 그곳에서 강인하게 살아 남았다.
- 어네스트 헤밍웨이 《무기여 잘 있거라》

제 10 장

자아의 발견

여러분은 혼자다. 침대 옆자리는 텅 비었고, 밤은 한없이 적막하다. 결혼생활을 접고 보니 자신이 한쪽 날밖에 없는 가위가 된 것 같다. 날이 아무리 날카로워도 한쪽 날밖에 없는 가위로는 종이 한 장 자를 수 없다.

이혼 과정에서 겪는 가장 큰 변화는 자아의 발견이다. 그에 대해 신학자 폴 틸리히는 다음과 같이 말한다. "지금 자신의 모습은 자기 스스로 만든 것이다. 있는 그대로의 자신을 드러낼 수 있는 사람은 자신이 원하는 모습으로 자신을 만들어 갈 용기가 있는 사람이다."

결혼할 때는 두 사람이 함께 하지만 이혼하면 혼자가 된다. 이제는 여러분도 알겠지만 전 배우자와 법적 관계를 끊는 것은 전체 이혼 과정에서 아주 작은 부분에 지나지 않는다. 이혼 과정에서 정말로 중요한 일은 과거와 감정적 연결을 끊고 자신을 위한 새 인생을 개척하는 것이다. 다른 누구도 그 일을 대신해 줄 수 없다. 여러분 스스로 해야 한다. 자신의 인생은 자신이 직접 써 내려가야 한다.

이혼하면 과거의 실패와 미래의 가능성 사이에서 갈등하게 된다. 이혼 과정에서는 각자의 상황에 따라 여러 가지 과제가 생긴다. 전 배우자와 아이들 그리고 가족과 친구들의 관계를 새롭게 조정해야 하고, 일과 소속 집단에 대한 자신의 위상을 재정립해야 한다. 그리고 섹스, 사랑, 연애에 대한 생각과 태도도 바꿔야 한다.

즉 이런 과제들을 직면할 때마다 실패한 과거와 불확실한 미래 사이에서 갈등하게 된다. 그리고 과거와 미래 사이에서 갈등하고 방황하면서 여러분은 변화하고, 감정적으로 성장하게 된다. 그것은 자전거를 배우는 것과 비슷하다. 자전거는 직접 타면서 배워야 한다. 넘어지고 다치면서도 다시 일어나 페달을 밟아야 배울 수 있다. 감정적 이혼을 무사히 마치기 위해서는 결코 순탄치 않은 심리적 변화를 겪어야 한다. 지금 여러분은 몹시 불안정하다. 시작과 끝의 연속이다. 때로는 이혼 과정에 과연 끝이 있을까, 싶은 마음이 들기도 한다.

이혼 과정의 회복기는 최소 3단계의 심리적 성장 단계로 나눌 수 있다. 그리고 각 단계별 과제(옛 상사를 대하는 것 또는 새로운 연인을 만나는 것 등)를 대하는 태도는 여러분이 이혼의 여정을 얼마나 지나왔는가를 보여 준다. 워싱턴 DC의 결혼과 가족연구소 창립자인 심리학자 브래드쇼 민턴은 이혼 과정의 세 단계를 철학자 쇠렌 키에르케고르가 《생존의 용기》에서 설명한 인간 의식의 3단계를 빌려 표현한 바 있다.

광범위한 비유를 통한 민턴의 설명에서 이혼에 대한 심리적 반응의 제 1단계는 '벌새' 단계로, 이는 키에르케고르의 미학적 실존 단계에 해당한다. '벌새' 단계는 '좋으면 그만'이다. 느낌이 좋으면 그대로 하는 것이다. 반면에 첫눈에 아니다 싶으면 포기한다. '벌새' 단계는 피상적이고, 공허하며, 만약 장기간 계속된다면 막다른 궁지로 몰릴 수 있다. 그러나 '벌새' 단계에서는 이혼의 고통과 불안 그리고 새로운 인생에 정면으로 맞서지 않기 때문에 자신을 새로운 하나의 개체로 인식하지 못한다.

이혼에 대한 심리적 반응의 제 2단계는 '침몰' 단계로, 이는 키에르케고르의 '윤리적 실존' 단계에 해당한다고 할 수 있다. '침몰'

단계에서는 이혼의 고통과 불안에 정면으로 맞서기 때문에 마치 '침몰'하는 배처럼 고통 속으로 침몰한다. 직장을 잃고, 새로 만난 연인과도 헤어진다. '침몰' 단계의 사람들은 고통과 피해를 인식한다. 벌새처럼 회피하고 달아나는 대신 이혼의 고통을 적극적으로 받아들이는 것이다. 그런데 이 단계에서 심리적 성장이 멈춰 버리면 절망에서 헤어 나오지 못하고 냉소적으로 변할 수도 있다. 이혼한 후 더 이상 주위와 어울리지 못하고 겉도는 이들이 바로 그런 사람들이다. 그들은 한번 상처받은 것으로 충분하다며 더 이상의 인간관계를 포기한다. 하지만 대부분의 사람들은 크레이지 타임 동안 심리적 성장의 처음 두 단계를 무사히 통과하고 3단계인 '불사조' 단계로 들어서는데, 이는 키에르케고르의 '종교적 실존' 단계에 비유할 수 있다. 이 단계에서는 불사조처럼 이혼의 잿더미 속에서 새로운 '자아'가 태어난다. 이혼의 '좁은 문'으로 들어가 고통으로 인해 침몰 당해 암초에 발목이 붙잡혔다가 발버둥을 쳐 암초를 벗어나고 더 깊은 물 속으로 헤엄쳐 들어간다. 이런 상태를 두고 심리학적 전문용어로 '개체화'라고 한다. 이제는 고난을 헤쳐 나가는 방법을 배웠다. 마지막 슬픔의 단계를 지나면서 과거에서 벗어난다. 자신의 실패를 받아들이고, 자신을 똑바로 바라보면서 현실을 인정한다. 그리고 기본적으로 자신이 혼자라는 사실도 깨닫는다. 그에 대해 틸리히는 다음과 같이 말한다. "있는 그대로의 자신을 드러낼 수 있는 사람은 받아들일 수 없는 자신을 받아들이는 용기가 있는 사람이다."

'불사조' 단계에 도달하면 비로소 이혼 과정이 끝난다. 물론 이렇게 하기까지 많은 시간이 걸리는데, 대부분의 사람들은 이혼해서 자신감이 넘치고 과거로부터 자유로워지는 '불사조' 단계에 이르기까지 최소 5년이 걸린다.

이혼하는 사람들 중 상당수가 '벌새' 단계에서 섹스에 집착한다. 말 그대로 상대를 가리지 않는다. 섹스를 통해 자신의 몸에 대해 새롭게 알고 즐거움을 배운다. 향기로운 꽃을 발견하고 실컷 즐기다 열정이 식으면 또 다른 꽃을 찾아 날아간다. 개중에는 성에 집착하는 '벌새' 단계에 영원히 머무는 사람도 있다. 그들은 지속적인 관계를 맺지 못하는데 이것 또한 이혼 파멸 상태의 한 모습으로 엄청난 대가가 따를 수 있다. 에이즈가 심각한 사회 문제로 대두되는 요즘, 방탕한 성생활은 목숨까지 위태롭게 할 수 있다.

일반적으로 '벌새' 단계의 사람들은 심각한 것을 싫어한다. 그래서 조금만 힘들어도 직장을 옮기고, 급히 결정해야 할 일이 있어도 좀처럼 전 배우자를 만나려 하지 않는다. 자동차는 누가 가질까, 값비싼 앤티크 의자는? CD는? 사진은? '벌새' 단계의 사람들은 대부분 전 배우자 만나기를 꺼리기 때문에 산재한 문제를 하나도 정리하지 않는다. 남편이 살림살이를 나누려고 찾아왔다. 아내가 오디오를 갖고 싶다고 말하자 남편이 타협할 생각은 안 하고 대뜸 "뭐든 당신 마음대로야. 정말 지긋지긋해!"라고 소리치고는 나가 버린다. 그렇다면 이 남편은 기분 나쁘고 마음에 안 들면 외면해 버리는 '벌새' 단계다. 이런 식으로는 절대 이혼을 마무리할 수 없다.

하지만 대부분의 많은 사람들이 비교적 '벌새' 단계를 빨리 끝내고 '침몰' 단계로 넘어간다. '침몰' 단계에 이르면 크레이지 타임이 절정에 달한다. 충격은 점차 가라앉고 방어력도 느슨해진다. 절망적이고 혼란스러운 단계이긴 하지만 새 인생을 개척하기 위해서는 꼭 필요한 '전주곡'과도 같은 단계다. 이혼을 마무리짓기 위해서는 이혼의 절망적인 고통을 반드시 인식해야 한다. '침몰' 단계의 사람들은 겉으로 쉽게 구별할 수 있다. 끊임없이 한숨을 쉬고, 절망에 빠지고 모든 것을 체념한 얼굴로 다니기 때문이다. 그런 사람들은 사는 게 한없이 힘들게 느껴진다. 앞으로도 점점 나빠질 것이라는 생각만 든다. 헤어진 남편 혹은 아내가 자신보다 돈 많고, 똑똑하고, 젊은 상대를 새로 만나고 멋진 차도 새로 살 것이라는 생각이 든다. 친구들도 자신을 버리고 전 배우자의 편만 들 것 같아서 선뜻 전화도 못한다. 모처럼 바닷가에 놀러 가면 비가 온다. 눈 씻고 찾아봐도 나한테 맞는 상대가 없고, 오랜만에 괜찮은 사람을 만났다 싶어도 일이 뜻대로 풀리지 않는다.

세상은 온통 먹구름에 가린 듯 캄캄하기만 하다. 하지만 절망은 '침몰' 단계의 일부분일 뿐이다. 키에르케고르의 윤리적 실존 단계가 그러하듯, 이혼의 '침몰' 단계에서도 개인의 선택이 큰 힘을 발휘한다. 이혼으로 인한 여러 가지 과제 이를테면 아이들에게 상황 설명하기, 직장 얻기 등등을 처리하는 것에 있어 어떻게 해쳐 나갈 것인지 스스로 선택할 수 있다. 그런 일련의 선택을 통해 자신의 삶을 통제하는 법을 배운다. 멋진 사람을 만났는데 좋은 관계로 이어지지 않을까 불안할 때는 실패의 위험을 감수하고라도 좋은 관계가 될 수 있도록 노력하거나 무작정 포기하고 절망 속으로 침잠하거나 하는 둘 중 하나를 선택하면 된다. 그리고 지금 하는 일이 마음에 안 들면 상사와 면담해서 일을 바꾸거나 새로운 직장을 찾아 나서면 된다.

그런데 문제는 자신에게 선택권이 있다는 것을 깨닫지 못하는 '침몰' 단계에서 정말 끝없이 '침몰'해 버리는 사람들이다. 이혼의 고통에 정면으로 맞서기는 했는데 그만 기가 질려 꼼짝도 못하고 마는 것이다. 일이든, 사랑이든, 도무지 자기 뜻대로 안 될 것이라고 미리 체념해 버린다. 힘들여 노력하느니 차라리 체념하는 편이 훨씬 쉽다. 모든 것을 포기하고 철저하게 이혼의 '희생자'로 살아간다. 그래서 고통과 혼란 속에서 방황한다. 아무것도 기대하지 않는 대신, 위험도 감수하려 하지 않는다. 그쯤 되면 친구도 더 이상 잘 지내느냐고 묻지 않는다. 왜냐하면 절망 속에서 헐떡이면서도 빠져나올 생각을 안 한다는 것을 친구도 알고 있기 때문이다. 이런 상태 또한 이혼 파멸 상태의 한 모습이다.

전쟁에 나선 군인에게는(전투에서 승리하기 위해) 안전한 곳에서 위험한 곳으로 나가는 것이 진정한 용기다. 즉 전투중인 보병에게는 안전한 참호를 벗어나 새로운 전투 위치로 이동하는 것이 진정한 용기다. 그리고 심리학적 측면에서 이혼 당사자에게 참된 용기는 안전한 현 단계에서 미지의 다음 단계로 옮겨가는 것이다. 이혼 과정에서는 피상적인 '벌새' 단계에서 고통과 혼란이 가득한 '침몰' 단계로 옮겨가는 용기가 필요하다. 그리고 절망적인 '침몰' 단계에서는 선택하고 위험을 감수하며 새 인생을 개척하는 '불사조' 단계로 넘어가는 용기가 필요하다.

'불사조' 단계는 서서히 다가온다. 우선 힘든 선택을 하는 데에 익숙해진다. 처음에는 도저히 받아들일 수 없을 것처럼 보이던 것들. 예를 들면 자기 자신, 실패한 결혼 등등을 받아들이기 시작한다. 생존자의 자신감과 처음 접하는 세상에 호기심으로 무장하고 새로운 인생에 뛰어든다. 이제는 무엇을 하고 싶은지 선택만 하면 된다. 상대가 원한다고 해서 무조건 잠자리를 함께 하지 않아도 된다. 함께 살지 않는다고 해서 아이들과 연락을 끊을 필요도 없다. 남은 평생 전 배우자를 욕하고 살 필요도 없다. 끔찍이도 싫던 전남편이 아이들을 데리러 왔다. 그가 평소와 다름없이 약속 시간에 늦었는데도 이상하게 화가 나지 않는다. 오히려 커피를 한잔 권하기까지 한다. 식탁에 함께 앉아 커피를 마시고 있자니 지난 20년 간 내 인생을 쥐고 흔들었던 이 남자가 더 이상 나를 쥐고 흔들 수 없다는 생각이 든다. 그렇다면 여러분은 이제 전 배우자를 상대하는 것에 있어 '불사조' 단계에 접어든 셈이다.

인생의 중반에 들어서도 사람은 얼마든지 변할 수 있다. 심리학자 해리 스택 설리반이 개척한 최근의 심리치료 분야에서는 인간의 감정적 성향이 어린 시절에 굳어지는 것이 아니라 시간이 지나면서 계속 변한다고 주장한다. 즉 '불사조' 단계에 들어서면 새로운 자신을 만들게 된다. 이제는 과거의 고통에도 끄떡 않는 자신감이 생겼다. 그로 인해 앞날을 생각해도 예전만큼 두렵지 않다. 삶에 대한 통제력도 생겼다. 그래서 자기 뜻대로 직장을 옮기기도 하고, 재혼을 할 수도 있고 혹은 하지 않았을 수도 있고, 피아노를 배울 수도 있고, 목사가 될 수도 있다. 드디어 자신이 원하던 모습이 된 것이다.

하지만 이혼의 고통은 잊지 않았다. 그것이 여러분의 힘이다. 키에르케고르는 인간 의식의 마지막 단계를 우화 속의 셔츠에 비유한 바 있다. "눈물로 실을 잣고, 눈물로 천을 표백해, 눈물로 바느질을 해 셔츠를 만든다. 하지만 이 셔츠는 강철보다도 강하게 몸을 보호하니…… 모든 사람은 자기 힘으로 자신을 지켜 낼 셔츠를 만들어야 한다. 그리하여, 슬픔 속에는 평화와 안식과 평온이 있다."

이혼의 기본적인 감정 단계가 남성과 여성에게 똑같이 적용되긴 하지만, 문화적 특성에 따라 약간의 차이가 있다. 미국 사회는 지난 30여 년 간 조용한 변화를 거듭해 왔다. 그 중에서 가장 큰 변화는 여성의 경제력 향상이다. 사회학자 앤드류 셜린에 따르면, 1940년대에는 결혼한 여성 일곱 명 중 한 명만이 가정 밖에서 직업을 가지고 있었다. 1950년대에도 중산층 여성은 자녀가 학교에 입학한 후라야 직업을 가졌으며, 그나마도 일부에 불과했다. 그런데 1960년대에 접어들면서 사정이 달라지기 시작해 1990년대에는 자녀 있는 여성의 절반 이상이 출산 후 1년 이내에 직장에 복귀했다. 현재도 많은 여성이 자신의 희망과 상관없이 필요에 의해 직장생활을 하고 있다. 맞벌이가 불가피한 시대가 되었기 때문이다. 이런 변화에도 불구하고 아직도 남성들의 대다수가 자신을 가족의 절대적 부양자라고 생각하고 있고 여성들은 자신이 자녀 양육과 가사 노동을 책임져야 한다고 생각하고 있다. 현대적이고 남녀평등을 따른다고 자부하는 부부도 일단 아이가 태어나면 순식간에 '전통적인' 가정으로 변하는 경우가 비일비재하다. "자녀의 탄생은 남녀의 전통적 역할 구분을 부활시키는 촉매제가 된다."라고 아우구스투스 나피어는 말한다.

캘리포니아 대학의 필립 코완과 캐롤린 코완은 조사 대상 부부들이 자녀 출산 후 급격히 전통적인 남녀의 역할로 회귀하는 모습에 충격을 받았다고 말한 바 있다. 아내인 캐롤린 코완과 함께 96쌍의 부부를 조사한 필립 코완은 이렇게 말했다. "남녀 평등에 대한 이상과 현실 사이에는 모순이 있는 것으로 보인다. 조사 대상 부부들은 전 세대와는 확실히 다르지만 그렇게 많이 다른 것 같지는 않다."

이혼을 하면 여러분과 전 배우자는 각자의 경제 테두리에 살게 된다. 대부분의 경우, 주 부양자인 남편이 아내보다 돈을 많이 번다. 경제적 여건이 넉넉한 가정의 경우, 자녀가 어릴 때 여성은 일을 완전히 그만 두거나 시간제 근무를 한다. 1950년대 주부들이 그랬듯, 살림과 아이 기르기를 전적으로 책임지는 전업주부가 되는 것이다. 그러다 결혼이 깨지면 여성은 경제적으로 큰 타격을 받는다. 사회가 전반적으로 변하고는 있지만 이혼한 여성의 대다수는 어느 취업 카운슬러의 말처럼 "기술도 없고, 회사에 입고 갈 옷도 없고, 자신감도 없다."

이혼과 함께 찾아오는 가혹한 현실 중 하나가 바로 경제적 곤란이다. 특히 여성의 경우는 그 정도가 더 심하다. 사회학자 셜린에 따르면, 여성은 별거 시작 후 소득이 평균 15내지 30퍼센트 감소한다. 반면에 남성은 오히려 소득이 10내지 15퍼센트 증가한다. 대개 자녀 양육을 여성이 맡기 때문에 이런 경제적 불균형은 이혼한 여성뿐만 아니라 그 자녀에게까지 영향을 미친다. 게다가 이혼한 여성의 40퍼센트 이상이 자녀 양육비를 거의 받지 못하고 있다. 이혼한 여성 중 전남편으로부터 양육비 전액을 지원 받는 비율은 겨우 절반에 불과하다. 그로 인해 이혼의 고통이 채 가시기도 전에 집을 팔아야 하는 부담까지 떠 안은 여성들도 많이 있다. 캘리포니아에서 실시한 이혼 합의 결과 조사에 따르면, 법원에서 명령한 이혼 가정의 33퍼센트가 살고 있던 집을 팔았다.

경제적 불안정은 새 인생을 개척하는 것에 있어 지속적인 불안 요소로 작용한다. 미국의 경우, 법 개정을 통해 이혼한 여성이 자녀 양육비를 보다 쉽게 확보할 수 있게 되었고, 기업의 가불제도 등으로 일명 '싱글맘'의 자립이 예전보다 쉬워진 것은 사실이다. 하지만 문제는 이혼을 앞둔 부부 중에 남편과 아내가 넉넉하게 나눌 수 있을 만큼의 경제력을 갖춘 경우는 그리 많지 않다는 것이다. 이런 경제적 불안정은 크레이지 타임을 더욱 힘들게 만든다.

여성에게 있어 이혼 회복기의 가장 큰 과제는 경제적 자립이다. 여성은 우선 취직을 해야 한다. 전업주부는 생전처음 또는 오랜만에 일자리를 찾아야 하고, 시간제 근무를 하던 사람은 종일 근무할 수 있는 일자리를 찾아야 한다. 한동안은 놀이 방에 아이 맡기랴, 낮은 급여를 참고 힘든 일 하랴, 출퇴근하랴, 눈코 뜰 새 없이 바쁘고 피로가 쌓여 간다. 맨 처음 '벌새' 단계에서는 첫 출근을 해서 직장이 마음에 안 들면 당장 사표를 쓰고 싶어진다. 하지만

'침몰' 단계가 되면 세상에 쉬운 일은 없다는 걸 알게 되고 힘든 일도 묵묵히 하게 된다. 그러다 '불사조' 단계에 이르면 사회에서 자신만의 자리를 찾게 된다. 그 과정에서 인생에 대한 통제력도 얻고 자립 능력도 생겨 마침내 감정적 이혼에 성공하게 된다. 가만히 앉아서 생활비를 대줄 남자만 기다리거나 또는 전남편한테서 돈을 짜낼 궁리만 하는 것은 감나무 밑에서 입 벌리고 감 떨어지기만 기다리는 것이나 다를 바 없다. 즉 그런 태도는 정신 건강에도 도움이 안 된다. 왜냐하면 상대가 누구든 생활비를 대줄 사람한테 매여 산다는 뜻이기 때문이다.

여성운동은 여성의 근로 환경 개선을 위해 꾸준히 노력해 왔다. 그럼에도 불구하고 아직까지 여성의 평균 임금은 남성의 75퍼센트에 불과하다. 나이가 들수록 그리고 산업 활동을 하지 않은 기간이 길수록 여성이 일자리를 얻기는 힘들어진다. 일반적으로 이혼한 여성과 그 자녀가 이혼 전의 경제 수준을 회복하는 데는 평균 5년이 걸린다고 한다.

이혼의 상처에서 회복하기 위해서는 경제 자립이 필요한 현실과 감정 정리를 분리해서 받아들일 줄 알아야 한다. 이혼에서 회복하는 것은 전적으로 여러분 혼자의 책임이다. 일과 직장은 금전적 보상을 줄뿐만 아니라 정체성을 확립할 기회를 제공한다. 조사에 의하면, 일반적으로 이혼 후 취업한 여성이 전업주부로 남는 여성보다 훨씬 더 잘 지낸다.

사실 이혼한 여성들 중 많은 수가 가정의 부양자 역할을 충실하게 해내고 있다. 이혼으로 인해 그들은 일을 1순위로 생각할 수 있도록 '허락' 받았다. 자신도 얼마든지 '남성'의 역할을 해낼 수 있다는 자신감도 생겼다. 집에서 기다리는 남편이 없으니 오로지 일과 자녀에게 온 신경을 쏟을 수 있다.

조지아 대학의 패트리샤 디드릭은 박사학위논문에서 다음과 같이 적고 있다. "소득과 사회 역할, '한 부모'에 대한 인식에 있어서의 성차별로 인해 남성보다 여성이 이혼 과정에서 훨씬 더 많은 스트레스를 받는다. 그로 인해 일부 연구자들은 여성이 이혼으로 인해 훨씬 더 많은 고통을 겪는다는 결론을 내렸다. 하지만 이혼 후 인생에 대한 적응에 있어서는 여성이 남성보다 훨씬 나은 결과를 보여 주고 있다. 이혼한 여성은 이혼 후 자긍심이 높아지는 모습을 보여 주었고, 그런 변화는 오랫동안 여성의 삶에 영향을 미친다."

남성에게 있어 이혼 회복기의 가장 큰 과제는 아버지의 역할을 새로 배우는 것이다. 물론 '아버지 부재 증후군(Absent Father Syndrome)'이 이혼 가정의 문제만은 아니다. 남녀의 역할이 철저히 구분되면서 어머니는 자녀에게 온 신경을 쏟지만 밖에서 돈을 버는 아버지는 가정을 등한시하는 사회 풍토 속에서 이 증후군은 미국 사회에서 오래 전부터 문제가 되어 왔다. 지금도 많은 가정에서 남편은 아이들에 관한 문제를 전적으로 아내에게 맡긴다. 그래서 아내는 남편과 아이들의 관계를 통제하는 수문장 역할을 한다.

최근의 남성 운동은 가족 안에서 강한 아버지의 위상을 상실한 것에 대한 분노로 촉발되었다고 해도 과언이 아니다. 부부가 갈라서고 아내가 양육권을 갖게 되면 아버지의 부재로 인한 문제는 더 심각해진다. 물론 그렇다고 해서 이혼이 반드시 아버지와 자녀를 갈라놓는 것은 아니다. 이혼하면 자녀와 멀어질 수도 있지만 반대로 아이들의 삶에, 어쩌면 생애 처음으로 적극적으로 참여할 수도 있다.

부부가 갈등이 심해지면 대개 남편은 가정을 등한시하고 일에 매달린다. 아이들을 고스란히 아내에게 맡겨 버리는 것이다. 따라서 남성은 일단 이혼하고 나면 자녀와 새로운 관계를 정립해야 한다. 물론 그렇게 하기 위해서는 많은 노력이 필요한데, 특히 아이들이 전처와 함께 산다면 더 많이 노력해야 한다. 이제는 아이들과 관계를 유지하는데 아내의 도움을 받을 수 없기 때문이다.

이혼한 남성들은 처음엔 차라리 아이들을 만나지 않는 편이 낫겠다고 말한다. 특히 '별새' 단계의 아버지들은 아이들이 자신을 힘들게 한다고 불평한다. 이혼 후 아이가 자신을 함부로 대하면 다시는 만나러 오지 않겠다고 화내고, 정말로 아이들을 찾아가지 않는다. 하지만 전처와 함께 부모 역할을 하는 힘든 과정을 견디다 보면 아이들에 대해 더 많이 알게 되고 혼자서도 아이를 기를 수 있다는 자신감도 생긴다. 그에 대해 한 남성은 "나한테 여성스러운 면이 있다는 것을 처음 깨달았습니다."라고 말했다. 여성이 일을 통해 자신에게 '남성적인 면이 있다'는 것을 깨닫는 것처럼 남성도 아이들을 돌보면서 자신에게 '여성적인 면'이 있다는 것을 깨닫고, 여성의 일에 익숙해질 수 있다.

조사에 의하면, 아이들에게 영향을 미치는 것은 이혼 자체가 아니라 이혼 후의 삶의 질이다. 즉 이혼 후 삶의 질은 헤어진 부모가 이혼에 어떻게 적응하느냐에 따라 결정되는데, 특히 중요한 것이 양육권을 맡은 보호자의 생활 방식과 정신적 안정이다.

지난 10여 년 간 가족문제 전문가들은 이혼이 자녀에게 장기간에 걸쳐 큰 영향을 미친다는 것을 밝혀 냈다. 즉 부모의 이혼으로 인한 영향은 자녀의 성과 연령에 따라 다른데, 부모가 이혼한 직후에는 우울하고 불안한 모습을 보이며 학교에서 말썽을 일으키기도 한다. 그리고 성인이 되어서도 남을 쉽게 믿지 못하고 이성과 친밀한 관계를 맺는데도 많은 어려움을 겪는다. 하지만 대부분의 아이들은 부모의 이혼에 비교적 쉽게 적응한다. 특히 불화가 심한 가정의 자녀는 부모의 이혼 후 오히려 더 나은 모습을 보인다. 다만, 이것은 이혼 후 부모의 갈등이 끝나는 경우에 한해서이다. 이에 대해 조지아타운대학 의대 심리학자 에드워드 W. 빌은 "문제는 이혼이 아니라 가족들의 관계이다."라고 설명한다.

이혼으로 인한 자녀의 고통을 최소화하기 위해 전문가들은 다음과 같은 방법을 권한다.

1. 정해진 일과나 가족의 전통을 계속 유지한다. 식사시간이나 잠자는 시간, 학교 가는 시간을 예전 그대로 지켜야 아이들은 생활이 달라지지 않았다는 생각에 안심하게 된다. 크레이지 타임을 겪는 데다 다음달 전화요금을 낼 수 있을지 없을지도 모르는 여러분으로서는 쉽지 않은 일이겠지만.

2. 전 배우자와의 갈등에 아이들을 끌어들이지 않는다. 아이들을 무기로 삼아서는 안 되고, 의사전달수단으로 삼아서도 안 된다. 헤어진 후 전 배우자와의 갈등이 아무리 심하다 해도 절대 아이들을 이용해서는 안 된다.

"이 두 가지만 잘 지킨다면, 그리고 아이들이 부모의 이혼 전에도 착한 아이들이었다면 어느 정도 혼란의 시기가 지난 후 아이들은 다시 예전의 모습으로 돌아간다."라고 셜린은 말한다.

한 부모 노릇하기와 가정의 불안정은 어제오늘의 문제가 아니다. "미국은 이혼이 아닌 죽음이 가족 해체의 원인이던 초기 개척 시대부터 가정의 불안정 문제가 계속되었다."라고 제프리 에반스는 말한다. 하지만 아이들에게는 부모의 죽음보다 이혼으로 인한 가정 해체가 더 큰 영향을 미친다. 왜냐하면 이혼한 가정에는 사회적, 경제적 지원이 상대적으로 부족하기 때문이다. 영국에서 '한 부모' 밑에 자라는 10대 청소년을 대상으로 실시한 조사를 살펴보면, 부모 중 한쪽이 사망한 청소년이 부모가 이혼한 동년배에 비해 우울하거나 학교생활에 뒤쳐지는 경우는 거의 없었다. 부모가 이혼한 아동은 "경미하지만 눈에 띌 정도의 영향을 받는다."고 셜린은 말한다.

가족의 일원이 죽으면 남은 사람들은 동정을 받고 특별한 예식을 통해 떠나간 사람을 애도하고, 새 인생을 시작하게 된다. 하지만 이혼한 가정은 그렇지 않다. "죽음을 통한 가족의 해체가 오히려 더 적응하기 쉽다. 인간은 수천 년의 역사를 통해 가족의 죽음에 대처하는 법을 배웠다. 그에 비해 이혼으로 인한 가족 해체에 대처하는 법은 이제 막 배우기 시작한 단계다."라고 셜린은 말한다.

많은 남녀가 이혼으로 인해 오히려 자녀와 더 가까워졌다고 말한다. 그것은 힘든 시기를 자녀와 함께 겪기 때문이다. 이혼하면 더 이상 행복한 가정인 척 꾸밀 필요가 없다. 많은 경우, 아이들은 부모의 이혼 과정을 처음부터 끝까지 지켜본다. 그래서 엄마, 아빠가 어떤 고통을 겪는지 잘 안다. 새로운 연인을 만나기 전까지는 여러분의 이혼에 대해 제대로 알아줄 사람은 자녀뿐이다. 힘든 하루 하루를 함께 나누면서 여러분은 아이들과 진정으로 가까워진다. 언젠가는 아이들도 자라서 헤어진 엄마, 아빠와 새로운 관계를 형성해야 하는데, 그렇게 될 때까지 마냥 손놓고 기다릴 수는 없는 노릇이다.

이혼 후 관계를 재조정해야 하는 것은 자녀하고의 관계뿐만이 아니다. 여러분의 부모와도 관계를 재조정해야 한다. 즉 대부분의 사람들은 부모에게서 심리적으로 독립하지 못한 상태로 결혼한다. 그래서 결혼생활을 하는 동안에도 알게 모르게 부모에게 정신적으로 의존한다. 따라서 결혼이 깨지면 부모와의 낡은 관계도 깨진다. 이럴 때 힘들더라도 과거에 부모와 맺은 관계를 똑바로 보고, 성인 대 성인으로서 새로운 관계를 맺어야 한다.

이혼을 극복하기 위해서는 2단계 과정을 겪어야 한다.

첫 단계는 실패한 결혼을 슬퍼하는 단계이고, 두 번째 단계는 자아를 발견 또는 재 구축하는 단계이다. 이에 대해 디드릭은 다음과 같이 설명한다. "적응은 분리된 개체로의 발전을 의미하며, 또한 새로운 역할에 맞게 기능할 수 있는 능력을 의미한다."

이혼의 고통에서 회복하는 과정은 미지의 세계로 여행하는 것과 비슷하다. 예상치 못했던 숲을 뚫고 가야하고, 강을 만나 길을 돌아가야 할 때도 있다.

지금 여러분은 과거로부터 시험받고 미래로부터 도전 받고 있다. 그래서 하나 하나의 과제를 성공적으로 끝마칠 때마다 여러분은 '벌새' 단계를 지나 '침몰' 단계를 겪어 '불사조' 단계로 나가게 된다. 그런데 이 과정은 해냈다고 스스로 느끼지도 못할 만큼 부지불식간에 지나간다. 하지만 끈기와 운만 있으면 누구든 끝까지 해낼 수 있다.

제 11 장

공적 이혼

이혼은 상대하는 범위에 따라 사적 이혼과 공적 이혼, 둘로 나눌 수 있다. '사적 이혼'은 전 배우자와 자신의 과거 그리고 자신만 상대하면 된다. 반면에 '공적 이혼'은 자신이 살고 있는 사회와 집단 즉, 친구들, 가족 그리고 결혼한 두 사람을 알고 있는 모든 지인들을 상대한다.

사적 이혼과 공적 이혼 모두 질문하고 대답을 찾는 과정이다. 나는 누구인가? 전 배우자는 어떤 사람인가? 우리의 결혼생활은 어땠는가? 무엇이 잘못되었는가? 이때 문제는 대부분의 질문에 대해 답을 모른다는 것이다. 부부가 헤어지는 것은 사방이 거울로 된 방에서 사는 것과 비슷해서 어떤 것이 진짜이고 어떤 것이 거울에 비친 모습인지, 어떤 것이 실제로 일어난 일이고 어떤 것이 일어났던 것처럼 보이는 일인지 쉽게 구분이 가지 않는다. 즉 현실에 대한 감각이 뒤틀려 버려서 자신이 지금 어떤 기분인지, 무엇을 원하는지도 모르고 실제로 어떤 일이 벌어지고 있는지도 전혀 감이 잡히지 않는다. 때문에 이혼 과정에서 여러분은 조금씩 '미친다.' 가족과 친구들도 여러분이 '이상해졌다.'고 생각한다. 그들 대부분은 '크레이지 타임'이라는 것이 존재한다는 사실조차 모른다. 그래서 '이상해진' 여러분을 보며 몹시 곤란해한다. 그들은 마치 합창하듯 똑같은 말을 되풀이한다. 대체 왜 그래? 그리고 소문이 꼬리에 꼬리를 물고 퍼진다. 또 술을 먹었대. 또 이상한 짓하고 돌아다닌대. 벌써 오래 전부터 둘 사이가 안 좋았대. 느닷없이 그렇게 된 거래. 이혼 소식은 금방 주위로 퍼져 '공적 이혼'이 이루어지고 여러분과 주위 사람들 사이에는 높은 벽이 생긴다. 사적 이혼과 공적 이혼은 서로 전혀 달라 보일 때도 있지만 그 과정에서 기존의 인간관계가 무너지는 것은 똑같다.

이혼의 고통 중 하나가 바로 친구를 잃는 것이다. 친구를 잃으면 크레이지 타임의 고통이 한층 배가된다. 친구들이 떠나면 '내가 정말로 나쁜 사람이고, 정신이 이상하고, 사랑 받을 자격이 없는 사람인가 보다.'라는 생각이 든다. 곁에서 위로해 줄 사람이 절실한 때에 곁에 아무도 남아 있지 않으면 처음에는 전 배우자에게 그 다음에는 결혼이 파경을 맞으며 사라져 버린 친구들한테 이용당했다는 생각이 든다. 또 경우에 따라서는 공적 이혼이 사적 이혼보다 더 힘겨울 수도 있다. 이혼의 주요 싸움터는 법정이지만 아이들의 학교 행사, 크리스마스 파티, 결혼식, 장례식 등 이혼 당사자 양쪽과 모두 아는 사람들이 모이는 곳은 어디든 싸움터로 변할 수 있다. 그런 곳에서 친구들은 편이 갈리고 상대를 괴롭히기 위한 수단으로 이용된다. 때로는 결혼 전부터 알던 여러분의 친구가 공개적으로 전 배우자의 편을 들고, 양육권 문제에 끼어들고, 이혼 법정에서 전 배우자에게 유리한 증언을 하기도 한다. 즉 전 배우자의 배신으로도 모자라 믿었던 친구들까지 자신을 배신하면 그나마 남았던 기운이 다 빠져 버린다.

전 배우자와 과거로부터 벗어나기 위해 노력했던 것처럼 공적 이혼도 노력해야 무사히 끝낼 수 있다. 이때도 처음에는 '벌새' 단계를 겪게 된다. 도움을 줄 수 있는 친구를 찾아 이 사람한테서 저 사람한테로 계속 떠돌아다닌다. 반대로 친구들 모두 자신을 외면하고 비웃을 것 같아서 아예 아무도 만나지 않는 경우도 있다. 그러면 주위 사람들은 말한다. "우리가 일부러 빌의 편을 드는 게 아니라, 메리를 통 만날 수 없어서 어쩔 수 없이 빌을 만나는 거야"라고.

그러다 인식의 '침몰' 단계에 이르면 친구를 잃는 고통에 정면으로 맞서게 된다. 결혼생활의 궤도에 있던 친구들 중 몇몇은 조용히 사라졌다는 것을 받아들여야 한다. 물론 친구로 남아 있어 달라고 부탁했다가 거절당할 때도 있다. 그럴 때마다 같은 상처가 다시 곪아터진다. 손을 내밀었다가 거절당하고 손을 내밀었다가 다시 거절당하고……

공적 이혼을 제대로 끝내기 위해서는 무엇보다도 주위 사람들과 다투고 헤어지는 일을 피해야 한다. 그래야 몇 년의 공백이 지난 후에 우연히 옛친구를 다시 만나도 자연스럽게 어울릴 수 있다. 그때는 이미 이혼은 오래 전 끝난 일이기 때문에 굳이 다시 이야기하지 않아도 된다. 만나지 못한 사이에 있었던 일들만 이야기하면 된다. 그러다 보면 옛 친구에게 품었던 섭섭한 마음은 사라진다.

결혼생활을 통해 얻은 친구들과 지인들을 나누는 규칙은 모호하다. 살림살이를 나눌 때는 자신이 원하는 것을 말하면 되지만, 친구들을 나눌 때는 함부로 자기 생각을 말할 수 없다. 여러분 자신에게는 물론이고, 전 배우자에게도, 그리고 친구들에게도 그것은 몹시 난처하고 곤란한 일이다. 전 배우자의 동료나 친척은 당연히 전 배우자의 편이 될 것이라고 생각하겠지만 10년 또는 그 이상 알고 지낸 사이라면 그들이 전적으로 전 배우자의 친구나 친척이라고만 말할 수 있을까? 이혼 과정에서 그들이 이혼 당사자 양쪽 모두와 친분 관계를 유지할 수는 없을까?

여러분은 선택하는 법을 배워야 한다. 친하게 지내던 친구나 지인 몇을 잃게 되리라는 현실을 받아들여야 한다. 그리고 새로운 상황에 처한 자신의 곁에 남아 준 친구들과는 좋은 관계를 유지해야 하고, 새로운 친구를 만나고 새로운 인간관계를 형성해야 한다. 그러다 보면 공적 이혼의 '불사조' 단계에 이르게 된다. '공적 이혼'에서 제일 중요한 사람은 '여러분 곁에 있는 친구'다. 그 사람은 이혼 후 새로 얻은 친구일 수도 있고, 결혼 전부터 알고 지내던 어린 시절의 친구일 수도 있다. 가끔은 여러분과 전 배우자를 모두 아는 공동의 친구일 수도 있다. 그 친구는 이혼 과정 동안 여러분이 얼마나 힘들어하는지도 잘 알고, 크레이지 타임 동안 정신 나간 짓을 하는 여러분을 너그럽게 이해해 주고, 마침내 여러분이 '불사조' 단계에 이르러 새로운 인생을 시작하면 진심으로 기뻐해 주는 '의리 있는' 친구다. 이혼할 때 힘이 되는 것은 한 두 마디 그럴싸한 위로의 말이나 눈에 띄는 행동이 아니라 진심으로 이해하고 곁에 있어 주는 것이다. 그렇게 진심으로 고통을 함께 하면서 우정은 점점 깊어진다.

그런데 대부분의 사람들이 아무 대책 없이 공적 이혼에 맞닥뜨린다. 전 배우자로 인한 혼란과 고통은 미리 예상하면서도 친구나 주위 사람들로 인한 혼란과 고통에 대해서는 아무 준비도 하지 않는다. '내가 이렇게 힘들어하니까 친구나 주위 사람들이 모두 내 편이 되어 나를 위로해 줄 거야.'라고만 막연히 생각한다. 게다가 요즘은 이혼이 흉도 아니다. 텔레비전을 봐도 잡지를 봐도, 결혼한 부부의 절반이 이혼을 한다고 하고(이는 미국의 경우이며, 한국도 통계청에 따르면 '2002 한국의 사회지표'를 통해 빠른 이혼율(인구 1천 명당 이혼 건수)이 세계 3위 수준인 것으로 나타났다 - 옮긴이) 아이 때문에 갈등이 심한 결혼생활을 유지하는 것이 결코 옳은 결정이 아니라고도 하고, 미국의 경우 한 부모 자녀를 위한 특별 프로그램을 운영하는 학교도 많다고 하니, 최소한 미국 사회에서는 이제 이혼은 더 이상 '특별한' 일이 아닌, '흔한' 일이 되고 있다. 하지만 공적 이혼 과정을 시작해 보면 현실이 그렇지 않다는 것을 알게 된다. 이혼이 흔한 일이 된 것은 사실이지만, 사람들은 여전히 주위에서 벌어지는 이혼을 불편하게 여긴다. 이혼에 대한 법적, 종교적 규제가 많이 가벼워졌다고는 하지만 이혼에 대한 사회적 압력은 여전히 무거우며 그에 비해 여러분은 한없이 나약하다.

공적 이혼의 밑그림은 별거 직후, 즉 여러분이 가장 힘들고 혼란스러울 때 그려진다. 주위 사람들은 누구의 말을 믿을까? 크레이지 타임에는 헤어진 이유에 대한 부부 양쪽의 말이 틀린 게 대부분인데, 주위 사람들은 먼저 이유를 설명하는 사람의 말을 믿기 마련이다. 즉 한쪽의 말을 받아들이면서 둘 중 한 쪽 편을 드는 과정이 시작된다. 이혼은 두 개인의 고통의 합이다. 따라서 주위 사람들은 이혼 당사자인 부부 양쪽의 말을 모두 듣고 판단해야 하지만 이혼은 그렇게 이성적이지도, 질서정연하지도 않다.

처음에는 너무 정신이 없고 혼란스러워 자신이 어떤 상황인지 선뜻 이해하지 못한다. 그러다 친구나 주위 사람들이 자신에게 등을 돌린다고 느끼기 시작하면 혼란과 불확실한 마음은 공포로 변한다. 주위 사람들이 여러분의 이혼 이유를 제대로 이해 못하는 것은 당연한 일이다. 우선 이혼 당사자 둘 중 한 사람은 죄책감을 느끼면서도 동시에 안도감을 나타내는 반면, 나머지 한 사람은 결혼생활이 너무 끔찍했다고 하소연한다. 한 사람은 이혼을 믿을 수 없다며 화를 내는데 다른 한 사람은 결혼생활이 기본적으로는 나쁘지 않았다고 말한다. 그러면 친구들과 주위 사람들은 혼란스러워질 수밖에 없다. 이혼 사유에 대한 두 사람의 생각이 너무 달라 주위 사람들은 두 사람이 지금껏 함께 산 부부가 맞나, 의아할 정도다.

헤어지고 몇 주가 지나는 동안 주위 사람들은 '누가 잘못했나?'를 알아내려고 애쓴다. 이혼 과정에서는 대개 결혼의 위기를 야기한 배우자가 주위 사람들로부터 욕을 먹는다. 친구들과 주위 사람들은 부부 두 사람 중 한쪽을 '이혼을 요구하는 사람'으로 그리고 다른 한쪽을 '이혼을 반대하는 사람'으로 구분한다. 물론 이혼 당사자인 부부 두 사람의 사연을 모두 듣고 나면 그렇게 딱 잘라 구분하는 것이 거의 불가능하다는 것을 깨닫는다. 하지만 이런 구분은 별거 직후 이루어지며, 공적 이혼의 결과에 큰 영향을 미친다.

이에 대해 수잔 켈러는 다음과 같이 말한다. "미국 사회에서는 이혼을 먼저 요구한 사람이 그 결정에 대한 책임을 영원히 짊어지게 된다." 친구들이 하나 둘 곁을 떠난다 해도 불안해할 필요는 없다. 여러분은 결코 '왕따' 당하지 않는다. 이혼에 대한 최근의 조사에서 인간관계에 대해 남성과 여성 모두 별거 또는 이혼으로 인해 예전과 다른 대우를 받았다고 대답했다. 그에 대해 조안 켈리는 이렇게 말한다. "부부 양쪽을 모두 알던 친구들은 누구 편에 서고 누구와 헤어져야 하는지에 대해 갈등한다. 특히 여성의 경우 별거 혹은 이혼 후에 친구들이 등을 돌리고, 외톨이가 되었다는 느낌을 강하게 받아 선뜻 친구들에게 먼저 다가가거나 도움을 청하지 못해 인간관계가 쉽게 깨진다."

50명의 이혼한 성인을 대상으로 실시한 1979년의 한 조사에서, 남성과 여성의 절반 가까이가 가깝던 친구들과 별거 후 멀어졌다고 대답했다. 그렇게 사이가 멀어지는 데는 친구들만큼이나 이혼 당사자들의 책임도 크다. 하지만 대부분의 이혼 당사자들은 아무 준비 없이 친구와 주위 사람들한테 '배신'당하고 '버림' 받는다.

* * *

30세에 아이 넷을 둔 수 케이시는 나쁜 짓을 하면 지옥으로 간다는 말을 사실로 믿는 여자다. 그런 그녀는 10년의 결혼생활을 끝내고 이혼하기로 했다. 남편 톰은 해군 파일럿으로 두 사람은 메릴랜드 주 해군기지 부근에 살았다. 그곳에는 젊은 조종사 가족들이 많이 살고 있었다.

그곳에서 수는 단짝 친구를 사귀었다. "우리는 친자매 같았어요. 나는 그녀 아이들의 대모가 되어 주었고, 그녀는 우리 아이들의 대모가 되어 주었지요. 그런데 내가 톰하고 이혼한다는 것을 알고 나자 그녀는 내게 완전히 등을 돌렸어요. '어떻게 나한테 이럴 수 있느냐? 이건 너한테도, 네 친구들한테도 그리고 네 가족들한테도 못할 짓이다.'라고 하더군요. 그녀는 굉장히 화를 냈어요. 내가 이혼한다는 사실을 받아들이지 못하더군요. 그 이후로는 만나려고도 안 하고 말도 안 하려고 했어요."

수는 너무 놀랐다. 같은 동네, 같은 집이지만 남은 것은 이혼의 혼란과 아이들의 고장 난 세 발 자전거 그리고 엄청난 고독뿐이었다. 그런데 오래지 않아 이웃 여자 친구들의 남편들과 전남편의 동료들이 친구가 되어 주었다.

"그들은 내게 신경도 많이 써 주고 각별히 친절하게 대해 주었어요. 가끔 들러 아이들과 놀아 주기도 하고, 정원 손질도 해 주었지요. 그때를 돌아보면 내가 그들을 끌어들였던 것 같아요. 모두들 뭔가를 원했어요. 정말 충격이었어요. 남편과 결혼한 동안에는 그들 모두 가까운 친구들이었는데 말이에요."

이혼 후 1년 정도 지났을 무렵, 수는 주말에 옛 친구들의 집에 초대받았다. 초대한 사람은 전남편의 제일 친한 친구였다. 그와 전

남편은 학교도 같이 다녔고, 같은 부대에서 복무했고, 낚시도 함께 다녔다. "그런데 그가 살짝 다가오더니 '이제 와서 하는 말이지만, 우리 모두 당신들 두 사람이 결혼생활을 계속하는 것을 신기하게 생각했다, 공통점이라고는 하나도 없었는데 말이다, 그래서 언젠가는 이런 일이 벌어질 줄 알았다.'라고 하는 거예요." 그 말을 듣고 수는 무척 놀랐다. 모두들 자신들을 잘 어울리는 부부라고 생각하는 줄만 알았던 수로서는 충격적인 말이 아닐 수 없었다. 전남편의 단짝 친구가 그런 말을 하다니. 그런데 그 다음에는 더 놀라운 말을 들었다. "그의 아내가 살짝 다가오더니 '그런 일을 해 낼 용기가 어디서 났느냐? 나도 무척 힘든 결혼생활을 하고 있다, 그래서 외도를 한 적도 있지만 남편을 떠날 용기가 나지 않았다. 너무 힘들 것 같아서 차마 그럴 수가 없더라.'라고 하는 거예요." 수는 자기 귀를 믿을 수가 없었다. 자신의 가정만 엉망이 된 게 아니라 온 세상이 미쳐 버린 것 같았다.

여러분이 이혼하면 주위 사람들은 그간 하지 못했던 이야기를 털어놓는다. 여러분도 똑같은 고통을 겪고 있으니 이해해 주리라는 생각에서다. 자신들의 고통과 비밀을 여러분은 지켜 주리라 생각한다. 이제 여러분은 공개적인 표적이다. 그들은 여러분을 보면서 자신의 삶을 돌이켜본다. 때로는 어떻게 그런 짓을 할 수 있어? 하고 말하면서 여러분의 이혼에 화를 내고 등을 돌리기도 한다. 그러면 여러분은 놀랄 수밖에 없다. 그리고 결혼을 통해 맺은 인간관계가 얼마나 피상적이고 깨지기 쉬운가를 깨닫게 된다. 수는 마치 연극 무대의 분장실로 들어선 것만 같았다. 결혼이라는 연극은 오래 전부터 계속되었는데 이혼과 함께 분장실의 감춰진 모습과 그 속에 숨은 이야기를 보고 듣게 된 것이다.

수는 이혼 과정을 극복하고 재혼했다. 그로부터 20년 후 그녀는 과거를 돌아보며 이렇게 말했다. "남의 이혼을 격렬하게 반대하고 비난하는 사람은 그 자신이 결혼생활에 문제가 있는 사람이에요. 그들은 힘든 결혼생활에서 탈출한 사람을 질투하거나 혹은 두려워하죠. 행복하다고 생각했던 부부가 이혼을 하면 자신의 불행이 더 크게 다가오는 법이니까요."

여러분의 이혼은 친구들에게도 위기가 될 수 있다. 자신들의 결혼이 위협받는다는 생각이 들뿐만 아니라, 여러분의 이혼으로 인해 진짜와 허상을 구분하기 힘든 거울의 방에 갇히기 때문이다. 그들은 누구의 말을 믿어야 할지도 모르고, 여러분을 어떻게 위로해야 할지도 모르고, 누구와 가깝게 지내야 할지도 모른다. 한편 여러분은 여러분 나름대로 크레이지 타임으로 인해 죄책감과 절망감에 사로잡혀 친구들을 멀리하고 아무런 설명도 해 주지 않는다. 게다가 때로는 배우자에 대한 분노 때문에 결혼생활이 얼마나 끔찍했는지를 떠들고 다니기도 한다. 그러면 친구들과 주위 사람들은 여러분을 어떻게 대해야 할지 몰라 난감해진다.

이에 대해 달라스에 사는 기혼녀 베키 러스트는 이렇게 말한다. "이혼하는 두 사람 모두 이혼 사유와 과정에 대해 분명하게 이야기하면 주위 사람들에게 도움이 되겠죠. 하지만 그렇게 하는 부부는 아주 드물어요."

처음에는 친구들 대부분이 양쪽 배우자 모두와 계속 친구로 남으려고 한다. 모두들 한쪽 편만 들기를 원치 않는다. 하지만 그것은 거의 불가능한 일이다. 해마다 여는 크리스마스 파티에 이혼한 부부 모두를 초대할 수는 없는 노릇이니까 말이다. 그에 대해 베키 러스트는 이렇게 설명한다. "친구가 친하게 지내던 부부가 이혼하면 처음에는 두 사람 모두와 친구로 지낼 수 있을 거라고 생각해요. 하지만 시간이 지나면 결국은 둘 중 한쪽과는 헤어지게 되더군요. 그러나 그렇게 되는 것은 친구들이 어느 한쪽을 선택해서라기보다는 이혼 당사자들의 태도가 원인일 때가 더 많아요. 둘 중 한쪽이 우리와 가깝게 지내거나 다른 한쪽이 스스로 멀어지죠. 한 부부의 경우, 아내가 내 어린 시절 친구라서 자연스럽게 그녀와 친구로 남게 되었어요. 또 다른 부부의 경우는 남편과 아내 모두와 친구였는데, 그들이 헤어지기로 결정할 때 우리와 함께 있었어요. 그들 중 아내와는 여전히 가깝게 지냈는데 남편 되는 사람이 먼저 우리를 멀리했어요. 그와 연락할 때도 늘 우리가 먼저 전화를 했지요. 그 사람이 먼저 연락하는 일은 한 번도 없었어요. 그러다 보니 자연히 우리도 연락을 끊게 되고 멀어지게 되더군요."

이혼하는 부부 두 사람과 동시에 친구가 되는 것이 가능할까? 잡아먹을 듯 서로를 욕하는 소리를 듣고도 두 사람과 계속 친구 사이를 유지할 수 있을까? 베키 러스트는 다시 이렇게 말한다. "어느 한쪽 이야기만 듣는 것은 배신이나 다름없어요. 이야기를 듣다 보면 한쪽만 딱하게 느껴지니까요. 하지만 그렇다고 해서 이야기를 듣지 않겠다고 하면 그것은 친구로서 할 짓이 아니죠."

남들이 뭐라고 하건 신경 쓰지 않는다고 생각할 수도 있다. 좋을 때만 친구인 척 하는 사람은 필요없어! 그렇다고 해서 '공적 이혼'을 피할 수는 없다. 감정적 이혼을 끝내기 위해서는 꼭 필요한 과정이기 때문이다. 친구와 주위 사람들을 만나고 여러분에 대한 그들의 생각을 듣고 타협해야 한다. 그들이 사실을 제대로 알고 있는가? 그들이 공평한 판단을 내렸는가? 공적 이혼은 사적 이혼에 대해 도덕적 평가를 내리는 역할을 한다.

공적 이혼 때문에 파멸하는 사람도 있다. 주위 사람들이 내린

최초의 판단에 속수무책으로 휩쓸려 버리면 그렇게 될 수도 있다. 그런 사람은 늘 마음 한 구석에서 최악의 상황을 기대한다. 그러다 모두들 자신에게 등을 돌릴 것이라는 두려움이 현실로 나타나도 그들에게 사실을 알리려고 하지 않는다. 남들이 자신을 탓하는 소리를 묵묵히 듣기만 한다. 그런 채로 과거로부터 벗어나려고도 하지 않고 새로운 인간관계를 맺으려고도 하지 않는다. 그대로 예전의 인간관계에만 매달린다.

* * *

55세의 낸시 애보트는 이혼 파멸 상태를 잘 보여 주는 사례다. 22년의 결혼생활이 파경을 맞자 주위의 모든 사람들 즉 가족, 친구, 이웃들이 그녀에게 등을 돌렸다. 전남편이 일부러 그녀에 대해 안 좋은 소문을 퍼뜨린 것도 이유가 되긴 했지만 그녀가 외톨이가 된 것은 자신의 책임이 더 컸다.

1960년대 중반 낸시는 캘리포니아 주 알로 알토에 살았다. 갈색이 도는 금발에 밝은 푸른 눈을 한 낸시는 브린모어대학을 우등으로 졸업했다. 그리고 남편 조 로마노는 샌프란시스코의 의약품 공급업체 부사장이었고 이들 부부는 밝고 명랑한 아이 셋을 두었다. 인디애나폴리스 출신의 조는 자수성가한 남자로 낸시를 많이 이해해 주었고, 아이 기르기나 살림도 열심히 도왔다. 매력적인 미소에 재미있는 이야기를 잘하는 조는 낸시보다 키가 조금 작고 나이가 좀 많았다.

두 사람은 낸시가 대학 신입생이던 시절 처음 만났다. 그 당시 조는 하버포드의 과학 교사였다. 그는 낸시에게 우등생으로 졸업하려면 모든 과목을 매일 3시간씩 공부해야 한다고 말했다. 낸시는 그에게 인정받으려면 우등으로 졸업하는 수밖에 없다고 생각했다. 그래서 정말 열심히 공부했다. 조는 그런 낸시를 자랑스러워했다. 둘의 사이는 그렇게 시작되었다. 낸시는 조의 말이라면 무조건 따랐다. 두 사람의 불행의 서약에서 조는 지배적인 위치를 차지했고, 낸시는 수동적이고 복종적인 위치를 차지했다.

유서 깊지만 가세가 기울어 가던 낸시의 집안에서는 그녀가 멋진 남자를 만나 똑똑한 아이를 셋이나 낳은 것을 행운이라고들 말했다. 해마다 크리스마스가 되면 낸시는 가족사진과 함께 조가 승진해서 웨스트코스트 지역 영업팀장이 되었다, 열두 살이 된 디디가 토론 대회에서 1등을 했다, 아홉 살 조와 여덟 살 래리는 학교 축구부에 뽑혔다는 등의 소식을 적어 보냈다. 하지만 자신에 대한 이야기는 하나도 없었다.

낸시는 헐렁한 셔츠에 펑퍼짐한 치마 그리고 납작한 운동화로 하루를 보냈다. 그리고 가끔은 하루 종일 침대에서 책만 읽었다. 침실에는 커튼도 달지 않았다. 그저 하기 싫다는 게 이유였다. 단지 그녀는 책을 읽지 않으면 죽을 것 같았다. 대학에서 불어를 전공한 낸시는 이따금 스탠포드대학에서 불어 번역을 했다. 헌책방 같은 거실에는 늘 한쪽 구석에 빨래가 쌓여 있었고, 아이들은 걸핏하면 냉동식품으로 저녁을 때웠다.

조는 승진을 거듭할수록 더 젊어지고 느긋해졌다. 반면 낸시는 나이보다 늙어 보이고, 자주 우울해지고, 병든 새처럼 불안해하고 자신감도 없어졌다. 정신과 의사는 낸시가 우울증이라고 진단했다. 정말 그것뿐일까? 낸시는 진단을 믿을 수 없어서 계속 정신과를 찾았다. 하지만 의사는 계속해서 우울증이라고만 말했다. 오래지 않아 낸시는 술을 마시기 시작했다. 남편 회사의 칵테일파티에 가서도 남의 눈을 의식하지 않고 술을 마셨다. 주위 사람들은 그런 낸시를 가만히 지켜보았다. 그녀는 머리 모양이 점점 엉망이 되고, 담배를 피우고, 극좌파 같은 정치 이야기를 늘어놓았다. 대체 낸시가 왜 그렇게 변하는지 아무도 이해하지 못했다. 그러던 중 조의 동료 하나가 낸시의 할머니뻘 되는 사람 중에 정신이 약간 이상한 사람이 있었다고, 유전인 것 같다고 주위 사람들에게 말했다. 그 이야기를 맨 처음 퍼뜨린 사람은 낸시의 남편 조였다. 주위 사람들은 낸시가 술을 너무 많이 마신다고 한 마디씩 했다. 그러는 동안에도 낸시는 크리스마스만 되면 친정 식구들에게 남편이 승진하고, 아이들이 학교생활을 잘 하고, 스탠포드 대학에서 일하는 것이 얼마나 즐거운지에 대해 적어 보냈다. 집에 있을 때면 낸시는 하염없이 남편을 노려보았다. 하지만 조는 그 사실을 눈치 채지 못했다.

낸시는 점점 더 우울해졌다. 그녀는 남편이 외도한다는 것을 알고 있었다. 조는 벌써 5년 째 인근 스포츠센터의 테니스 코치와 사귀고 있었다. 낸시는 조에게 인정받기 위해 우등으로 졸업할 만큼 그의 말이라면 무조건 따랐다. 그런데 이제 와서 조가 그녀를 배신한 것이었다. 그것도 그녀보다 머리가 나쁜 여자 때문에. "그 여자는 의류 상표나 겨우 외울 정도의 머리를 가진 여자였어요."라고 이혼 후 오랜 세월이 지난 뒤 낸시는 말했다. 하지만 낸시가 자신의 연적과 조의 배신에 대해 한 말은 그것이 전부였다. 그녀는 가족에게도, 친구에게도, 그 누구에게도 힘든 결혼생활에 대해 말하지 않았다. 남편은 바람피우지 않고 결혼생활에 충실하겠다고 약속했다. 하지만 남편은 약속을 지키지 않았다. 그는 낸시 곁으로 돌아온 척 하면서 계속해서 테니스 코치를 만났다. 낸시는 뭔가 잘못되었다는 것을 깨달았다. 하지만 불행의 서약에 젖어 있던 그녀는 무엇이 잘못되었는지 남편이 말해 주기만을 바랐다. 물론 남

236

편은 잘못된 것이 하나도 없다고 말했다. 낸시는 자신의 생각과 남편의 거짓말 사이에서 혼란을 겪기 시작했다. 자신의 생각은 아무 근거도 없는 망상이라고 스스로에게 다짐했다. 점차 그녀는 현실감각이 무뎌졌다.

이렇게 그녀가 서서히 절망하고 있는 사이, 낸시에 대한 소문은 여기저기로 퍼져 나갔다. 낸시가 또 술주정을 부렸대. 조가 너무 불쌍해. 낸시는 아이들을 제대로 돌보지 않아. 조가 아이들 옷을 사러 갔대. 낸시는 집안 청소도 안 한대. 낸시는 요리도 안 한대. 못된 아내와 불쌍한 남편을 둘러싼 소문은 점점 무성해져 갔다. 캘리포니아에 낙엽이 질 무렵 낸시는 좋은 아내가 되기로 마음먹었다. 그리고 추수감사절을 맞아 가족의 결속을 다지기 위해 성대한 가족 파티를 계획했다. 좋은 아내, 좋은 엄마의 모습을 보여 주는데 그런 가족 모임만큼 좋은 기회가 또 어디 있을까? 낸시는 혼자서 모든 준비를 다 했다. 소스를 만들고, 칠면조 구이 속에 넣을 재료도 준비하고, 잼도 만들었다. 근처에 사는 친척들까지 초대했다. 파티 연락을 받은 친척들은 "낸시, 그런 파티를 준비하다니, 정말 대단하구나.", "얼굴 못 본 지 정말 오래 됐지?"라고 인사를 했다. 낸시는 추수감사절에 갈 곳 없는 파키스탄 유학생도 둘이나 초대했다. 파티는 정오에 시작하기로 했다.

추수감사절 아침 낸시는 일찍 일어났다. 식탁에는 특별한 날에만 쓰는 은 식기를 차려 놓았다. 거실도 티 한 점 없이 깨끗이 청소했다. 책들은 치워 버리고 소파의 얼룩은 근사한 융단을 덮어 가렸다. 아이들도 깨끗이 차려 입혔다. 거실에 굴러다니던 두루마리 휴지는 아래층 화장실로 옮겼다. 냉장고에는 차게 식힌 포도주도 준비해 두었다. 그리고 낸시는 실크 드레스와 스타킹을 차려 입었다. 그런데 오전 11시 30분 아이들은 낸시가 구이용 칠면조를

237

오븐이 아닌 옷장에 집어넣은 것을 발견했다. 모든 노력이 수포로 돌아갔다.

조는 정신 나간 아내 때문에 고통 받는 남편 역할에 충실했다. 아이들은 고개를 설레설레 내저으며 '정신 나간 엄마가 또 이상한 짓을 했어.'라고 말했다. 낸시는 침대에 드러누웠다. 조는 시카고에 사는 낸시의 언니에게 전화했다. "낸시가 칠면조를 오븐에 넣지 않고 옷장에 집어넣었어요." 낸시의 언니는 기겁을 했다. 주위 사람들도 경악을 금치 못했다. 낸시 본인도 마찬가지였다. 칠면조를 옷장에 집어넣었다고? 그래서 생 칠면조에서 피가 뚝뚝 떨어져 옷을 몽땅 망쳤단 말이야? 낸시가 오븐하고 옷장도 구분 못할 정도래? 낸시의 친정 부모도, 언니, 오빠도, 그리고 세 아이까지 모두 고개를 내저었다. 낸시는 미친 게 틀림없어. 남편 역시 고개를 내저었다. 더 이상은 못 참겠어. 모두들 이혼이 최선이라고 말했다.

이제는 이혼에 대한 소문이 주위 사람들에게로 퍼져 나갔다. 낸시가 정신이 이상해져서 결국 이혼하기로 했대. 남편인 조만 불쌍하지 뭐. 낸시는 정신병원에 입원하고 아이들의 양육권은 조가 차지했다. '낸시는 정말 미친 게 분명해.' 모두 그렇게 생각했다. 그리고 모두 조의 편을 들었다. '조가 새로운 여자를 만나다니, 정말 잘 됐지, 뭐야. 아이들도 그 여자를 좋아한대.'

채 1년도 되기 전에 주위 사람들은 낸시의 공적 이혼을 마무리 지었다. 그들 모두는 낸시가 미쳤다고 했다. 그리고 불행한 결혼생활 때문에 낸시가 이상해졌다고는 아무도 말하지 않았다. 제아무리 정상적인 사람도 결혼이 파경을 맞으면 조금씩 정신이 이상해지기 마련이다. 그렇다면 낸시의 증상은 '정상적인' 정신 이상일까, 아니면 '병적인' 정신 이상일까? 그 답은 아무도 모른다. 왜냐하면 이혼 과정에서 낸시가 이혼 파멸 상태에 빠져 버렸기 때문이다.

결혼에서 소극적인 희생자였던 낸시는 이혼 과정에서도 소극적인 희생자가 되었다. 그녀는 주위 사람들의 비난을 고스란히 받아들였다. 가족에게도 친구에게도 이혼에 대한 자신의 생각은 한 마디도 하지 않았다. 사실 이혼할 즈음 낸시 곁에는 이야기를 들어줄 사람이 하나도 없었다. 그래서 낸시가 어떤 사람인지, 어떤 생각을 하고 무엇을 원했는지 아무도 알지 못했다.

낸시의 언니는 이렇게 말했다. "우리 모두 낸시가 미쳤기 때문에 이혼 당했고, 생활도 엉망이 된 줄 알았어요. 그래서 아무도 낸시를 도와주지 않았지요. 물론 나 역시도 동생인 낸시에게 등을 돌렸어요. 그래요, 나만 그런 게 아니에요. 게다가 그 당시에는 낸시가 의지할 만한 여성협회도 없었어요. 주위 사람 모두가 낸시는 좋은 아내가 아니며, 정신이 불안정하고, 알코올중독이라고 생각했지요. 그래서 모두 조의 편만 들었구요. 그런데 알고 봤더니 조는 아주 나쁜 사람이더군요. 그 사람과 계속 가깝게 지내다 나중에야 그 사실을 알게 되었지요. 그때까지도 낸시는 아무 말도 하지 않았어요. 그러니 우리로서는 조가 테니스 코치와 바람을 피웠다는 걸 알 도리가 없었죠. 우리는 낸시가 얼마나 힘든 결혼생활을 했는지 전혀 몰랐어요. 언젠가 낸시 눈에 멍이 든 적이 있는데 그때도 낸시는 남편한테 맞았다는 말을 하지 않았어요. 낸시가 보내는 편지에는 남편의 승진 이야기밖에 없었으니까요. 자신이 힘들다는 이야기는 단 한 줄도 적지 않았어요. 칠면조 사건 이후로 우리 모두는 낸시가 미친 줄만 알았지요.

안타깝게도 낸시는 아직까지 크레이지 타임을 극복하지 못했다. 별거 후 낸시는 3개월 간 정신병원에 입원했고, 그 뒤로는 LA 우범지대 인근의 초라한 집에서 혼자 외롭게 살고 있다. 그녀는 남편이 자신의 돈을 노린다고 생각해 할머니한테서 물려받은 진주

목걸이를 마당에 묻어 두고 가구도 모두 창고에 보관하고 있다. 그녀를 아는 한 사람은 이렇게 말했다. "낸시는 정말 미쳤어요. 할머니가 물려주신 목걸이를 마당에 묻어 두는 게 정신이 온전한 사람이 할 짓이에요?" 하지만 낸시의 생각이 옳았다. 조는 이혼 합의 과정에서 낸시 친정의 재산을 야금야금 빼내고 있었지만 아무도 그 사실을 눈치 채지 못했다. 그러는 동안에도 낸시의 상태는 점점 악화되었다. '벌새' 단계에 갇힌 낸시는 남편과 테니스 코치의 외도나 별거 당시 주위 사람들이 하던 비난의 말에 단 한번도 정면으로 맞서지 않았다. 주위 사람들이 뭐라고 하건 대들지 않고 절망의 구렁텅이 속으로 한없이 빠져 들어갔던 것이다. 그녀는 최악의 상황이 벌어질 것이라고만 예상했고 정말 그런 일이 벌어지자 당연하다는 듯 받아들였다. '침몰' 단계로 옮겨간 후에도 낸시는 고통스러워하기만 할 뿐, 자신의 삶을 위한 선택은 하나도 하지 않았다. 될 대로 되라는 식이었다. 위험을 감수하며 새 인생에 도전하려고도 하지 않았고, 자신을 염려하는 사람들에게 제대로 된 모습을 보여줄 생각도 하지 않았다.

이혼 5년 후 낸시는 아주 괴팍한 사람이 되어 버렸다. 눈은 멍해지고, 머리는 더 헝클어지고, 독설도 더 심해졌다. 재산도 거의 다 없어졌다. 그 사이 조는 외도 상대였던 테니스 코치와 재혼하고, 사업도 성공을 거둬 예전보다 훨씬 더 행복하게 산다고 주위 사람들은 말한다. 성장한 아이들은 심술궂고 정신이 이상한 엄마를 한번도 만나지 않았다고 한다. 낸시는 자신의 상처를 드러내지 않았다. 자기 안의 분노를 해소하는 대신 가족들이 모인 자리에서 술을 마시고 주정을 부리며 못된 아내처럼 굴었다. "낸시의 인생은 이혼 때문에 엉망이 되어 버렸어요. 그 뒤로는 더 이상 예전의 모습으로 돌아가지 못했지요."라고 낸시의 언니는 말했다.

별거나 이혼 초기에는 공적 이혼 과정을 통해 크레이지 타임의 감정적 고통을 잊으려고 한다. 예를 들어, 이혼을 먼저 요구하는 쪽은 죄책감 때문에 친구들이 자신을 떠나도 가만히 내버려둔다. 자신은 벌을 받아도 마땅하다고 생각하기 때문이다. 그래서 아무한테도 연락을 하지 않는다. 주위 사람들은 묻는다. 대체 왜 헤어진 거야? 하지만 선뜻 대답이 나오진 않는다. 왜냐하면……, 그대로 있으면 죽을 것 같았어. 다른 방법이 없었어. 벌써 오래 전부터 문제가 있었어. 우리는 서로를 힘들게 할 뿐이야. 난 실패했어. 그리고는 머리를 숙인다.

대개 결혼생활에서 소극적이고 복종적인 역할을 했던 사람이 먼저 이혼을 요구한다. 그런 사람은 인간관계에서 주도적인 역할을 하지 못한다. 하지만 기만을 통해 불행의 서약을 뒤흔들고, 가정 밖에서의 생활을 통해 '반란가'의 기질을 키운다. 공적 이혼 과정에서 상대해야 하는 주위 사람들 눈에는 그런 사람이 이혼의 원인 제공자로 보인다. 그러나 그의 마음속에는 여전히 수동적이고 의존적인 예전 모습이 남아 있다. 그는 이혼을 주도하는 역할이 도무지 편치 않다. 두 사람의 관계를 이끌어 간다는 것이 낯설기만 하다. 이혼을 요구하는 입장이니 주위의 동정이나 보호는 꿈도 꿀 수 없다. 그래서 기껏해야 사이가 비틀어진 배우자와 얼굴을 맞대는 것밖에 할 수 있는 게 없다. 주위 사람들까지 신경 쓸 여유가 없다. 이혼이라는 잘못을 저질렀으니 이제 벌받을 일만 남았다. 죄책감이 온몸 구석구석까지 밀려든다.

반면에 이혼을 반대하는 사람은 별거나 이혼 초기에 분노로 인해 정신이 없다. 그 못된 인간이 나를 버리다니! 대개 결혼생활에서 지배적인 역할을 했던 사람은 이혼을 반대한다. 그런 사람은 부부관계를 주도하고 통제하면서 사실을 부정해 왔다. 그러다 별거나 이혼을 하게 되면 주위 사람들에게 자신이 옳다는 것을 알리려고 애쓴다. 불행의 서약에서 맡았던 지배적 역할은 잃어버렸지만 아직도 모든 것을 자신이 주도하고 통제해야 속이 시원하다. 적어도 아직까지는 죄책감도 들지 않는다. 그러니 친구들을 피할 이유가 없다. 그리고 처음에는 상대에 대해 심한 말을 하지 않는다. 내가 바라는 건 다시 합치는 것 뿐이야. 전에는 행복했어. 대체 그 사람이 왜 그러는지 모르겠어. 너무 힘들어서 죽어 버릴 것만 같아. 하지만 대부분의 경우, 시간이 지나면서 상대에 대한 원망과 미움이 드러나고 공적 이혼은 점점 험악해진다. 그 사람이 날 때렸어. 날 속였어. 아이들 저금통에 있는 돈까지 모두 훔쳐 가고. 내 친구하고도 바람을 피웠어. 그 사람이 아이들한테 한 짓을 생각하면 도저히 참을 수가 없어.

이혼을 요구하는 쪽은 이혼을 정당화하려고 애쓰고, 이혼을 반대하는 쪽은 문제를 일으킨 상대를 죽이고 싶어한다. 공적 이혼을 위해 주위 사람들에게 하는 말은 오래지 않아 몇 가지 흔한 문구로 변한다. 그 사람 정신이 나갔어. 그 사람 아주 형편없는 인간이야. 몹쓸 사람이야.

크레이지 타임을 헤쳐 나가면서 여러분은 이혼이 결코 쉬운 일이 아니라는 것을 깨닫게 될 것이다. 듣기 좋은 말을 해 주는 사람이라고 무조건 믿어서는 안 된다. 그리고 공적 이혼이 자신에게 유리하게 이루어진다고 해서 사적 이혼까지 성공적으로 끝나는 것은 아니다. 주위 사람들이 여러분에게 화를 낼 것인지, 여러분을 동정하고 새 삶을 살 수 있도록 도와줄 것인지도 미리 예측할 수 없다. 주위 사람들로부터 힘을 얻느냐 아니면 배우자를 버린 못된 사람이라고 손가락질 받느냐는 종이 한 장 차이다. 이혼을 요구하는 쪽과 반대하는 쪽이라는 구분은 금방 사라진다. 결혼생활에 대한 생각이 바뀌면서 이혼 당사자들 사이의 갈등 원인도 바뀐다. 그리고 결혼 자체가 사라진다. 이제 이혼 당사자 두 사람은 새로운 인생 개척이라는 똑같은 과제를 안게 된다. 그 사이 공적 이혼에는 평등이나 정의 같은 것이 없다는 걸 깨닫는다. 이에 대해 폴 틸리히는 이렇게 말한다. "규범도 없고, 옳고 그름에 대한 기준도 없다. 단호한 의지만이 옳은 것을 옳게 만든다."

공적 이혼을 빨리 마무리지으려고 서두르는 것은 위험하다. 그러다 보면 5년 후에 후회하고 법적 이혼 합의를 덜컥 받아들일 수도 있고, 크레이지 타임의 혼란스러운 감정을 해결하지 않고 묻어 버릴 수도 있다. 죄책감이나 분노에 정신이 팔려 공적 이혼을 서둘러 끝내 버리면 '모든 게 내 탓'이라는 꼬리표를 단 채 실패한 결혼에 대한 분노와 실망감을 해소하지 못하게 될 수도 있다. 그리고 반대로 분노가 폭발해 죄책감이나 이혼에 대한 책임을 느끼지 못할 수도 있다. 하지만 해소 못한 감정들은 언젠가는 다시 찾아와 여러분을 괴롭히게 되어 있다.

* * *

62세의 존 햄프셔는 스무 살이나 젊은 여자 때문에 30년의 결혼 생활을 끝냈다. 그는 주위 사람들로부터 심한 비난을 받았다. 그의 이혼 사유는 비난을 면키 어려워 보였다. 그래서 그는 심한 죄책감 때문에 한동안 주위 사람들의 비난을 고스란히 감수했다.

존은 코네티컷 주 스탬포드의 제록스사에서 근무했다. 5년 전 이혼할 당시 55세였던 그의 아내는 전형적인 전업주부로 직업도 없고, 사회 경험도 없고, 자신감도 없었다. 존의 공적 이혼은 빨리 결론이 났다. 주위 사람들은 그를 나쁜 사람이라고 욕했다.

"내 친구들마저도 거의 다 내게 등을 돌렸습니다. 그들 대부분이 나에게 도덕적 비난을 가했습니다. 친구들은 다른 여자를 사귄 것보다도 그렇게 오랫동안 지켜 온 결혼생활을 깨뜨리는 것 때문에 나를 비난했습니다. 아내도 같은 말을 했습니다. '진작 10년 전에 헤어지자고 하지 그랬어요? 왜 내가 이렇게 늙을 때까지 기다린 거예요?'라고 묻더군요. 하지만 내가 무슨 대답을 해 줄 수 있었겠습니까? 도무지 어떻게 설명해야 할지 모르겠더군요. 무엇에 갇힌 듯 앞으로 나갈 수가 없었습니다."

주위 사람들한테는 이혼을 야기한 몰염치한 인간이라는 비난을 받았지만 존은 결혼생활 내내 소극적이고 복종적인 위치였다. 처음부터 그는 결혼할 마음이 없었는데 아내가 결혼을 강요했다. 두 사람의 불행의 서약은 30년 간 지속되었다. 복종적인 위치의 배우자답게 존은 아내 몰래 여러 차례 외도를 했다. 그러는 사이 부부는 잠자리를 함께 하는 일도 줄어들었고 이혼하기 전 8년 동안은 한 번도 성관계를 갖지 않았다. "아내는 밤마다 할 일이 있다며 나를 피했습니다." 존이 외도를 할 때마다 부부 사이의 골은 점점 깊어졌다. 아내는 잔소리가 심해졌고, 모임에 가서도 아무하고나 이야기하지 말라고 했다. 그러나 존은 모임에 나가면 주로 여자들하고만 이야기를 했다. 그러던 중 존은 자신을 존중해 주는 여자를 만나 사랑에 빠졌다. 불행의 서약이 깨진 것이었다. 하지만 아내와 헤어졌다는 기쁨은 금방 죄책감으로 변했다. "아내가 고통스러워하는 것을 보자 마음이 너무 아팠습니다. 하지만 다른 방법이 없었습니다."

주위 사람들은 존을 비난했고, 존은 돈으로 그 죄책감을 씻어 내려 했다. 그는 아내의 변호사 비용도 대신 지불하고 자신의 변호사가 충고한 이상의 위자료도 주었다. 그리고 아내가 싫어하던 그림까지 포함해서 살림살이 모두를 아내한테 주었다. 오랜 친구들이 자신에게 등을 돌려도 존은 아무 변명도 하지 않았다. 자신보다는 아내에게 사람들의 도움이 더 필요할 거라는 생각에 주위 사람 모두가 아내의 편을 들어도 가만히 있었다. 자신은 재혼 상대도 있고 곧 새로운 인생을 시작한다는 생각에 아내한테 모든 것을 양보했다.

존의 방법은 처음에는 잘 통하는 듯 보였다. 몇 년 후 그는 새 아내와 새 인생을 시작했다. 크레이지 타임 동안 느꼈던 죄책감도 사라지고 우울하던 기분까지 사라지자 존은 마음속에 아직 전처에 대한 분노가 남아 있다는 것을 깨달았다. 그때부터 존은 이혼으로 인해 주위 사람들이 자신을 욕한 것에 화가 나기 시작했다. 위자료 명목으로 필요 이상의 돈을 전처한테 준 것도 분하고 후회가 되었다. 갈수록 화가 났다. 그는 아직도 감정적 이혼을 끝내지 못했던 것이다.

"전처는 이혼한 후에도 나를 사랑한다고 말했고, 그것 때문에 나는 너무 미안하고 죄책감이 들었습니다. 그런데 그 사람은 왜 진심도 아니면서 그런 말을 한 걸까요? 만약 그 말이 사실이었다면 위자료라는 이유로 내게서 그렇게 많은 것을 빼앗아 가지는 않았을 겁니다. 나는 퇴직하면 전처한테 앙갚음을 할 생각입니다. 물론 쉽지는 않을 겁니다. 하지만 변호사한테 엄청난 돈을 주고라도 전처의 손아귀에서 벗어날 생각입니다."

존은 아직도 사적 이혼을 진행하고 있다. 누가 옳고 누가 그른가, 정의는 무엇인가를 따지고 있다. 아직도 과거에 얽매여 '침몰' 단계에서 분노와 쓸쓸함에 치를 떨고 있다. 그에게는 지배적인 전처에 대해 똑바로 이해하고 공적 이혼을 마무리짓는 일이 남아 있다.

이혼을 끝내기 위해서는 전 배우자와 새로운 인간관계를 맺고 죄책감과 분노를 해소하는 과정이 반드시 필요하다. 그것은 자신과 전 배우자 사이에서 해결해야 하는 '사적 이혼'의 절차다. 그런 절차를 '공적 이혼'을 통해 해결하려고 하면 사적 이혼 과정이 더 복잡해지고 길어질 뿐이다. 공적 이혼을 제대로 끝내려면 시간이 필요하다. 서두른다고 될 일이 아니다. 주위 사람들이 여러분을 구해 주리라고 기대해서는 안 된다. 그렇다고 해서 주위 사람들에게 등을 돌려서도 안 된다. 공적 이혼에서 어떤 결론을 얻는가는 여러분의 노력 여하에 달려 있다.

* * *

41세의 캔디스 말로니는 재혼을 위해 성대한 결혼식을 하면서 공적 이혼을 마무리지었다. 당시 그녀는 임신 3개월의 몸으로, 웨딩드레스는 인디언 풍의 무늬가 있는 가벼운 드레스로 대신했다. 결혼식장은 하객들로 가득 찼다. 주례를 맡은 판사가 지각을 하는 바람에 작은 소동이 벌어졌고, 친정어머니는 연신 딸의 옷매무새를 고쳐 주느라 바빴다. 그리고 친정아버지는 하객들과 담소를 나누고, 언니는 좋아서 얼굴에서 미소가 가시질 않았다. 첫 결혼 때 신부 들러리를 서 준 친구가 다시 신부 들러리가 되어 주었다. 샴페인도 준비했다.

6년 전 캔디스는 파멸 일보 직전이었다. 그녀와 전남편 짐 올니는 세 아이를 얻은 10년의 결혼생활을 끝내고 이혼했다. 결혼생활 동안 짐은 바람을 피웠다. 좌절한 캔디스는 여성운동에 뛰어들었다. 짐은 또다시 바람을 피웠다. 캔디스는 더욱 좌절하고 신경질적으로 변했다. 결국 두 사람은 심하게 싸우며 갈라섰다. 그리고 아이들 문제로 싸우며 양육권을 놓고 법정 대결까지 벌렸다. 누가 더 나은 보호자인가? 하지만 정말로 따져 보고 싶은 것은 누가 더 나은 인간인가? 하는 것이었다.

짐과 캔디스는 오하이오의 제철 회사에 다니면서 같은 회사 사람들이 모여 사는 도시에 살았다. 그런데 알고 보니 초등학교 때부터 대학까지 함께 다닌 캔디스의 어린 시절 친구가 근처에 살고 있었다. 그녀와 캔디스는 다시 예전처럼 친해졌다. 남편들끼리도 친구가 되었다. 그런데 캔디스와 짐이 이혼을 결정하고 양육권 문제로 법원에서 재판을 할 때 그녀의 친구가 짐에게 유리한 증언을 했다. 캔디스는 큰 충격을 받았다. 남편에게 배신당한 것으로도 모자라 어린 시절 친구한테까지 배신을 당한 것이었다. 여자로서도, 부모로서도, 그리고 친구로서도 설 자리를 잃었다. 소문은 금방 퍼져 나갔다. 그곳은 작은 마을이었다. 그리고 캔디스의 고향이 아니라 짐의 고향이었다. 그녀는 자신의 고향인 필라델피아로 이사했고 아이들은 짐과 함께 오하이오에 남았다. 그녀가 떠나자 마을 사람들은 캔디스가 늘 침울하거나 사나운 얼굴을 하고 돌아다녔다고 수군거렸다. 하지만 캔디스는 그대로 당하고만 있지는 않았다. 변호사를 선임했고 심리치료도 시작했다. "모든 문제를 제대로 끝맺든지 아니면 평생 혼자 늙을 것인지 둘 중 하나를 선택해야 했어요."라고 캔디스는 말했다. 그녀는 힘든 시기를 잘 견뎌 내고 새 인생을 시작했다. 결혼 전부터 알던 친구들을 만나면서 그들은 자신의 편이라는 것을 깨달았다. 그리고 필라델피아의 대학에 입학해 사회복지학과를 졸업했다.

그러던 어느 날, 전남편의 대학 친구로부터 전화가 왔다. 그는 필라델피아 교향악단의 플루트 주자였다. 두 사람은 저녁식사를 함께 했다. 그의 이름은 리차드였고 다시 전화하겠다고 했다. 캔디스는 양육권을 되찾기 위해 다시 한 번 재판을 벌였다. 판사는 생활이 안정되면 그때 다시 생각해 보자고 말했다. 리차드한테서 다시 전화가 왔다. 둘은 다시 저녁을 함께 했다. 그는 그리스 식당을 좋아했다. 시간이 흐르고 둘은 시내 중심에 있는 리차드의 아파트에서 함께 살기로 했다. 캔디스의 아이들도 그녀를 만나러 오기 시작했고, 그녀의 부모도 찾아왔다.

2, 3년 후 캔디스와 리차드는 오래된 저택을 사서 개조하고 아이들 방과 정원을 만들었다. 캔디스는 공립학교에 사회복지사로 취직해 임신한 10대 청소년들의 상담을 전담했다. 그리고 다시 재판을 신청해 생활이 안정되었음을 보여 주었다. 판사도 그녀의 주장에 동의했다. 캔디스가 아이들을 데리러 오하이오로 가자 전남편은 주눅 든 모습을 보였고, 마을 사람들도 달라진 그녀의 모습에 어리둥절해 했다. 캔디스는 필라델피아로 아이들을 데려와 동물원에도 가고 영화관에도 갔다. 캔디스의 새 인생이 시작된 것이었다.

사회복지사로 취직한 지 얼마 되지 않아 캔디스는 임신했다. 임신한 청소년들을 상담하는 위치임을 감안해 캔디스와 리차드는 결혼하기로 했다. 리차드는 캔디스와의 결혼이 초혼이었고 아이도 없었다. 그래서 둘은 결혼식을 성대하게 치르기로 했다. 아이들도 좋아했다. 리차드가 캔디스보다 더 들떠서 결혼 준비를 했다. "그것은 리차드의 결혼이었어요. 리차드는 자신이 신부인 양 마냥 좋아했지요."라고 말하며 캔디스는 웃었다.

오후 3시가 되자 꽃으로 가득 찬 결혼식장에 하객들이 들어서기 시작했다. 캔디스의 친정 부모와 리차드의 가족들도 왔다. 그리고 캔디스의 대학 친구들과 직장 동료들, 리차드의 대학 친구들과 직장 동료들, 리차드와 캔디스가 필라델피아에서 함께 사귄 친구들까지, 이제 캔디스에게는 새로운 친구들이 많이 생겼다. 판사가 도착했다. 캔디스는 아이들과 함께 서서 리차드를 마주보았다. 결혼식이 시작되었다.

"나 캔디스는 이 사람을 남편으로 맞이하여……." 리차드는 결혼식 내내 캔디스만 바라보았다. 캔디스는 미소지었다. 결혼식이 끝나자 하객들 모두 환호했다. 친구들도 박수를 치고, 소리질렀다. 모두 샴페인 잔을 들어 건배했다. 웃고, 떠들고, 춤췄다. 그날 신랑 들러리는 리차드의 죽은 형의 부인으로, 그녀도 캔디스에게 축하의 입맞춤을 했다. 아이들은 웃으며 엄마의 배를 다독였다. 가족들과 친구들로 북적대는 그곳은 결혼식장이라기보다 마치 신년 파티를 하는 곳 같았다. 캔디스의 옛날 친구들도 기뻐했다. 그들은 높은 구두를 벗어 던지고 즐겁게 샴페인을 마셨다. 세상은 옳은 사람 편이야, 시간이 지나면 행복이 찾아와 하고 친구들은 말했다.

공적 이혼을 끝내려면 많은 시간이 필요하다. 서두르지 말고 천천히 주위 사람들과 평화로운 관계를 유지하기만 하면 공적 이혼은 성공적으로 마무리할 수 있다. 캔디스의 친구들은 옳은 말을 했다. 시간이 지나면 모든 문제가 해결된다. 공적 이혼도 사적 이혼만큼 시간이 필요하다. 그리고 행복하게 잘 사는 것이 가장 멋진 복수다.

제 12 장

섹스

이혼이나 별거를 하고 나면 성생활은 어떻게 해야 하나? 혼자가 되었지만 성욕은 그대로 남아 있다. 이혼이나 별거로 인해 오히려 성욕이 더 왕성해지는 경우도 있다. 새로운 자유가 생겼다. 이 자유를 어떻게 활용할 것인가?

먼저 자신의 몸과 친해져야 한다. 늘어진 뱃살과 주름살, 반점에도 애정을 가져야 한다. 그리고 시행착오를 통해 자신이 어떤 것을 좋아하는지 알아내야 한다. 체중이 갑자기 늘거나 줄기도 하고, 새 옷을 사고, 운동도 시작하면서 바쁘게 살지만 머리 속으로는 성에 대한 생각을 계속한다. 이제 성은 결혼과 상관없는 일이 되었다. 지금까지의 경험을 떠올리며 미래의 성생활에 대한 환상을 꿈꿔 볼 수도 있다.

1960년대에 들어 피임약의 등장과 함께 시작된 성 혁명은 섹스에 대한 남녀의 규칙을 바꿔 놓았다. 즉 서로 마음만 맞으면 된다는 사고방식은 여성들로 하여금 남성 못지 않게 조건 없이 양적으로 그리고 질적으로 만족스러운 성을 추구하게 했다. 하지만 1990년대로 들어서면서 프리섹스의 시대가 막을 내렸다. 에이즈의 출현 때문이었다. 그로 인해 자유분방한 성생활이 치명타를 입었다. 1981년 샌프란시스코의 동성연애자들 사이에 이유를 알 수 없는 소모성 질환이 번지기 시작했다. 그 뒤로 10년 사이 미국 연방질병통제센터에 2십만 명 이상의 에이즈 환자가 보고되었다. 현재 미국인구 중 1백만 명이 HIV바이러스에 감염된 것으로 예상되며,

에이즈 환자의 약 75퍼센트가 25세에서 44세 사이로, 에이즈가 젊은 층의 주된 사망 원인으로 대두되고 있다. 에이즈는 확산 속도도 점점 빨라져 처음 발견 후 환자 10만 명이 발생하기까지 최소 8년이 소요되었는데, 그 뒤로 다시 환자 10만 명이 증가하는 데는 불과 2년밖에 걸리지 않았다.

미국 연방보건당국에 따르면, 에이즈는 성관계를 맺은 상대가 많고, 성 접촉으로 인한 질병에 감염되었을 경우 발병 확률이 높다고 한다. 따라서 미국의 경우, 에이즈는 남성 동성연애자, 남성 양성애자, 정맥주사를 이용하는 약물 중독자 및 그들의 성관계 상대에게서 주로 발병하였다. 하지만 아프리카를 비롯한 다른 국가에서는 이성애자들의 발병률이 현저히 높다. 그리고 미국 역시 바이러스에 노출된 사람들이 이성과 성관계를 갖는 과정에서 바이러스를 전파하는 경우가 증가하고 있다.

아직까지 미국에서는 이성과의 성관계를 통해 에이즈에 감염된 환자 수가 전체 에이즈 환자 수의 10퍼센트에도 미치지 못한다. 그런데 여성의 에이즈 감염률은 급격히 증가해 이성과의 성관계를 통해 에이즈에 감염된 환자의 35퍼센트를 여성이 차지하고 있다. 전체적으로 에이즈는 흑인과 히스패닉 계에서 많이 발병하며, 환자 수도 남성이 여성보다 7배정도 더 많다. 이런 현상들은 성에 대한 사회의 가치관을 바꿔 놓고 있다. 미 국립보건원의 인구센터 책임자 플로렌스 P. 하셀타인은 다음과 같이 말한다. "사람들은 에이즈를 걱정한다. 그로 인해 섹스에 대한 가치관과 태도가 큰 영향을 받고 있다. 그리고 결혼생활에도 많은 영향을 미치고 있다. 에이즈로 인해 기혼자들의 외도가 예전보다 감소했다."

성 풍속도 많이 변했다. 이제는 파티에 가서 하룻밤 즐기고 싶은 상대를 발견하면 먼저 이렇게 묻는다. "최근에 에이즈 검사를 받았습니까? 언제 받았습니까?" 하지만 막상 그런 질문을 한다 해도 검사 결과를 100퍼센트 믿을 수 없다는 사실을 명심하기 바란다(양성반응과 음성반응이 잘못 나오는 경우도 있다). 심각한 증상이 나타나기까지 10년이 걸리는 경우도 있다. 그러니 눈으로만 봐서는 확인할 수 없다.

'안전한 섹스'에 대해서는 많이들 알고 있을 것이다. 집을 나설 때는 반드시 콘돔을 휴대하는가? 성관계를 맺을 때는 반드시 콘돔을 사용하는가? 최소한 사귀기 시작한 지 6개월까지는 콘돔을 사용하는가? 상대가 감염되지 않았다고 확신하거나, 자신 외에 사귀는 사람으로부터 감염될 가능성이 없다고 확신할 때까지는 콘돔을 사용하는가? 콘돔을 사용하면 에이즈에 감염될 위험이 줄어드는 것은 사실이지만 콘돔이 찢어질 수도 있기 때문에 에이즈를 100퍼센트 완전히 예방할 수는 없다. 하지만 아예 성관계를 갖지 않는 방법을 제외하면 현재로서는 라텍스 콘돔이 정액에 포함된 HIV바이러스를 예방하는 가장 효과적인 방법이다.

새로운 성문화가 자리잡고 있는 요즘은 콘돔을 휴대하는 남자가 참된 신사다. 따라서 신사의 새로운 덕목으로 떠오른 콘돔 휴대를 몸에 익히지 못한 남성들에 대해 플로렌스 P. 하셀타인은 이렇게 충고한다. "여성은 남성에게 모든 것을 맡겨서는 안 된다. 에이즈가 만연하는 요즘 순진한 척, 소극적으로 행동하는 것은 치명적인 결과를 불러올 수 있다. 여성 스스로 적극적으로 콘돔 사용을 요구해야 하고 윤활제 사용에 신중해야 한다. 더 이상 즉흥적인 섹스는 곤란하다. 미리 계획하고 섹스를 할 때 질병에 감염될 확률을 줄일 수 있다."

에이즈가 만연하자 일시적이지만 아예 성관계를 포기하는 사람들도 생겼다. 그리고 안전한 섹스에 대한 새로운 문화 코드가 자리 잡기 시작했다. 절제와 성관계 상대를 한 명으로 국한할 것을 권장하는 조심스러운 순결 운동이 바로 그것이다. 하지만 성에 대한 가치관의 변화에도 불구하고 사람들은 여전히 성적 만족을 중요하게 생각한다. "어쨌든 섹스를 포기할 수는 없다."라고 플로렌스 P. 하셀타인은 말한다.

이혼한 사람들 중 많은 수가 새 인생을 설계하면서 성생활에 큰 비중을 둔다. 성욕을 충족하기 위해서는 제일 먼저 자신을 알고 어떤 위험이 있는가를 알아야 한다. 그리고 모든 이성이 에이즈 바이러스에 감염된 것은 아니라는 것을 기억해야 한다. 즉, 마지막에 가서 '싫다'라고 거절할지언정 성관계 상대를 찾는 일을 아예 포기할 필요는 없다는 말이다. 제대로 된 상대를 찾는 법만 알면 된다.

이혼하고 나면 여러분은 자유다. 장래를 약속하지 않고도 성관계를 가질 수 있다. 에이즈로 인해 성문화가 변하고 있지만 지금 여러분은 성적 실험을 해야 한다. 그것은 '싱글'이 되기 위한 일종의 도전이다. 에이즈가 발견되기 이전 시대에는 많은 남녀가 다양한 상대와 성관계를 가지면서 성적 실험을 했다. 그 시대를 살았던 한 여성은 이렇게 말한다. "정말 굉장했어요. 그때 나는 기혼인 여자 친구와 함께 자주 술집에 갔는데 그 친구는 나를 부러워했을 거예요. 나는 술집에 갈 때마다 건강한 남자들과 어울렸거든요." 그리고 한 남성은 당시를 이렇게 회상한다. "많은 여자들에게 접근했습니다. 하루에 두 여자한테 접근한 적도 있고, 비 오는 공원이나 늦은 밤 기차처럼 생각지도 못한 곳에서 성관계를 가진 적도 있습니다."

이혼한 많은 사람들에게 이런 성적 실험은 이혼의 회복기를 겪는 것에 있어 중요한 역할을 한다. 여러분은 자신이 아직도 잠자리에서 매력적이라는 것을 확인하고 싶을 것이다. 누군가의 품에 안겨 위로 받으며 크레이지 타임의 고통을 잊고도 싶을 것이다. 성적 실험은 사회에 대한 반항의 표시일 수도 있다. 하지만 자기혐오로 인해 아무하고나 마구 잠자리를 같이 할 때도 있는데, 그것은 마음속에 분노가 가득 차 있다는 증거이다. 이에 대해 조안 켈리는 다음과 같이 말한다. "이혼한 남녀는 새로운 인간관계와 성관계에 대해 조심스러운 희망과 강렬한 욕구를 갖는다. 그래서 이혼한 남녀의 대다수가 오래지 않아 적극적인 성생활을 시작한다."

크레이지 타임의 초기에는 장래를 약속하거나 진지한 관계를 유지할 만한 마음의 여유가 없다. 새로운 생활에 아이들을 적응시키랴, 집안일 하랴, 직장에서 일하랴, 다른 일은 생각할 여력이 없다. 그것만으로도 인생은 충분히 복잡하다. 어디 그뿐인가. 실망과 분노의 대상인 전 배우자까지 상대해야 한다. 이런 때 누군가를 진지하게 만난다는 건 불가능한 일이라고 스스로한테도 말한다. 하지만 그렇다고 해서 성생활까지 포기해야 하는 걸까? 성과 이혼에 대해서는 남녀에 따라 그리고 사회와 문화에 따라 가치관이 다르다. 이혼하고 나면 남녀 모두 성적 실험기간을 겪는데, 일반적으로 남성보다는 여성이 육체적 위험뿐만 아니라 심각한 감정적 위험에 직면하기 쉽다. 특히 결혼생활 동안 전업주부로 가정에만 머물던 여성일수록 위험에 처할 가능성이 높다. 그런 여성의 경우 성관계 상대의 수가 상대적으로 적고 성적 실험을 할 기회도 적다. 그리고 많은 수의 여성이 이혼 후 비로소 성에 눈을 뜬다.

반면에 남성들, 특히 사무직에 종사하며 회사 경비로 출장을 다니는 남성들의 경우, 마음만 먹으면 다양한 상대와 성관계를 가질 수 있다. 만약 여러분이 남성이고 불행한 결혼생활을 하고 있다면 파경 오래 전부터 수 차례에 걸쳐 혼외 관계를 가졌을 가능성이 높다. 일례로, 캘리포니아 이혼 가정 프로젝트에서 실시한 조사에 따르면, 결혼생활에 문제가 있는 기혼 남성의 71퍼센트가 혼외정사를 경험한 반면, 같은 상황의 기혼 여성 중에 혼외정사를 경험한 비율은 20퍼센트 미만이다. 이를 토대로 생각해 볼 때 이혼 시점에서 일반적으로 아내보다 남편이 성 경험이 풍부할 가능성이 높다.

여성에게는 이혼이 종종 성적 혁명의 기회가 된다. 그래서 한편으로는 신나고 흥분되면서도 다른 한편으로는 두렵다. 성에 대한 가능성 때문에 주위 사람들과 쉽게 어울리지도 못한다. 지금 여러분은 자유다. 누구와 어울리든 거리낄 것이 없다. 주위 사람들도 그 사실을 너무도 분명히 알고 있다. 그래서 여성인 여러분 주위의 남편 있는 여자들은 여러분을 경계한다. 그리고 불행한 결혼생활을 하는 남자들은 여러분 주위를 맴돈다.

여성의 사회 진출이 늘고, 자녀 있는 여성들이 계속 직업을 유지하는 경우가 늘어나면서 남녀 간 혼전 성 경험에 대한 차이는 줄고 있다. 일하는 여성은 남성과 마찬가지로 이성과 접촉할 기회가 많고, 회사 경비로 출장을 다니는 여성 역시 같은 상황의 남성처럼 마음만 먹으면 다양한 상황에서 성적 경험을 할 수 있다. 게다가 이혼이나 별거를 하고 나면 오래지 않아 자신이 처한 상황과 자신에게 주어진 기회가 성적 자신감 회복에서 얼마나 중요한 역할을 하는지 깨닫게 된다. 어린 자녀를 양육하는 여성은 성적 실험을 할 수 있는 환경을 조성하기가 쉽지 않다. 반면에 이혼한 남성의 대부분은 평상시 자녀 양육의 책임이 없기 때문에 언제든 기회를 만들 수 있다.

이혼 과정에서 회복기에는 누구나 약간의 운이 필요하다. 때로는 주변 상황 덕분에 회복기로 돌진해 들어가기도 한다. 갑자기

한 달 동안 해외지사로 발령을 받거나, 지방의 지사 설립을 위해 차출 받기라도 하면 일상에서 탈출할 수 있다. 그런 기회가 아니라도 문득 돌아보면 '싱글' 인생을 시작하는 것에 딱 맞는 시간과 장소가 생긴다.

* * *

앤 와일더는 국무부 소속인 남편을 따라 예루살렘에 주둔하는 동안 이혼했다. 남편은 아직 학기 중인 아이들을 앤에게 맡기고 이혼 즉시 혼자 미국으로 돌아갔다. 그 덕에 앤은 이혼의 현실을 직면하기 전에 6개월의 유예 기간을 얻은 셈이 되었다.

버몬트 출신인 38세의 앤은 늘 남자들의 시선을 끌었지만 정작 본인은 그 사실을 몰랐다. 잿빛 섞인 초록색이지만 어두운 곳에 가면 갈색으로 보이는 눈은 섹시한 매력이 있어 남자들을 사로잡았다. 18년 간의 결혼생활 동안 앤은 해외 주둔 공직자의 아내 역할을 훌륭하게 해냈다. 하지만 남편은 새로운 사랑을 만났다.

예루살렘에 머무는 동안 앤은 근사한 저택에서 하녀를 두고 살았다. 그리고 외교관 사회의 일원이었기 때문에 파티에도 자주 초대받았다. "그곳에는 고위급 인사들이 자주 왔어요. 그들은 아주 똑똑했는데 나는 똑똑한 사람을 좋아했어요. 언젠가는 만찬장소에서 백악관 어느 부서의 차장이라는 사람 옆자리에 앉은 적도 있어요. 파티에 오는 사람들은 내게 예루살렘을 안내해 달라고 했어요. 그들 모두 매력적이었고 또 나한테 매력을 느꼈어요. 모든 게 너무 격렬했어요. 그때부터 나는 세상에 남편말고도 다른 남자들이 있다는 것을 알게 되었어요."

그 동안 앤은 여러 상대와 성관계를 가졌다. "아직도 내가 매력적이라는 사실을 확인하고 싶은 욕구가 너무 강해서 여러 남자와 잠자리를 함께 했어요. 여러 사람들을 만나는 동안 기회가 생기면 놓치지 않았지요. 하지만 지금 생각해 보면 그 무렵 난 정신이 나갔던 것 같아요. 처음 2, 3주 사이에 여섯 명도 넘는 사람과 관계를 가졌으니까요." 앤이 남자들의 호텔로 찾아가기도 하고 그들이 앤의 집에 있는 '손님 침실'로 찾아오기도 했다. "그러는 사이 내가 섹스를 좋아한다는 것을 알게 되었고 남편과는 한번도 제대로 된 섹스를 해 본 적 없다는 것도 알게 되었어요. 난 내가 정말 섹시한 사람이라는 것도 알게 되었지요. 예전에는 그런 생각을 한번도 못했어요. 남편과 함께 있을 때는 내가 못생기고 초라하다는 생각만 들었으니까요."

그러다 그녀는 백악관에서 근무하는 LA 출신의 덩치 큰 남자를 만나게 되었다. "그는 힘과 권위가 넘치는 사람이었고 나를 정말 많이 좋아했어요. 그 사람은 몸집이 큰 만큼 마음도 넓었어요. 그리고 대단히 개방적이고 재미있고 늘 신문에 이름이 오르내리는 유명인사였어요." 두 사람은 이틀 밤낮을 함께 보냈다. 그는 텔아비브를 떠나기 직전 앤에게 전화했다. 앤은 욕조에 몸을 담그고 있다 전화를 받았다. 그는 "당신은 정말 멋진 여자요."라고 말했다. 예루살렘에 머무는 동안의 경험으로 인해 앤은 이혼의 회복기로 들어설 수 있었다. 미국으로 돌아온 그녀는 캔자스 시티에서 교사로 새 인생을 시작했다. 그 뒤로 몇 년간 앤은 이혼으로 인해 우울해지거나 기운이 빠질 때면 백악관에 근무하던 그 남자의 말을 떠올렸다. 그러면 다시 기운이 생겼다 .

이혼하는 사람들 대부분은 성적으로 심하게 위축되어 있다. 불행한 결혼생활은 어떻게든 보상받을 수 있지만 불행한 성생활은 보상받기 쉽지 않다. 불행한 결혼생활에서는 암묵적으로 '성적 별거' 상태가 지속된다. 최근 조사를 살펴보면, 이혼하는 부부들이 결혼생활 동안 성생활을 외면하는 정도가 생각 이상으로 높은 것으로 나타났다. 캘리포니아 이혼 가정 프로젝트도 이혼 남녀 각각 33퍼센트 이상이 성생활 부재를 이혼의 주요 원인으로 꼽았다고 밝혔다. 그리고 이혼이나 별거를 한 부부의 상당수가 3년에서 5년 동안 성관계를 갖지 않았다고 한다. 결혼생활이 불행하면 성생활도 불행하기 마련이다. 심리치료사들은 부부간의 힘의 불균형이 성적 갈등의 원인이 되는 경우가 많다고 지적한다. 갈등이 있는 부부 사이에서는 성생활이 주도권과 통제력을 다투는 전쟁으로 변하고, 두 사람은 성적 만족을 제공하지 않음으로써 배우자에게 반항하고, 사이가 가까워지거나 친밀감이 형성되는 것을 막는다.

콜롬비아 대학의 알렉산더 N. 레비 박사와 조세프 H. 와이스버그 박사 그리고 남부 캘리포니아 대학의 셔윈 M. 우즈 박사는 공동 논문 "성 기능 장애에 관한 심리적 요소"에서 다음과 같이 적고 있다. "권력 지향적인 사람들은 친밀감이 형성되는 것을 막기 위해 배우자를 지배하려는 경향이 있다. 그래서 대체로 이런 사람들은 배우자에게 이용당하거나 기가 꺾일 것을 두려워하기 때문에 자신이 먼저 유혹하면서 상대를 통제하고자 한다. 그들은 위협적인 상대의 힘을 약화시켜 친밀감이 형성되는 것을 막는다. 그래도 여전히 상대로부터 위협을 느끼게 되면 보다 강도 높은 방어를 위해 발기부전이나 불감증의 현상을 나타내기도 한다. 지배적인 성향의 소유자가 보이는 이런 행동에 대해 배우자는 성 기능 포기 등의 소극적인 방법으로 저항한다. 겉으로는 상대의 지배 욕구에 순응하는 듯 보이지만 무의식적으로는 '반응을 나타낼 수 없는 상태'가 되는 것으로 반항을 시도하는 것이다."

결혼생활에서 지배적인 위치였느냐 복종적이고 수동적인 위치였느냐에 따라 이혼 후 남는 성적 상처가 달라진다. 별거나 이혼 후 겪게 되는 성적 실험 기간에는 결혼생활에서 입은 상처를 치유해야 한다. 결혼생활 동안 복종적인 위치였다면 먼저 다가가 유혹하고, 성을 주도하는 법을 배워야 한다. 적극적으로 모임에 참석해 상대를 찾아 하룻밤을 보내고 또 새로운 상대를 찾아보자. 물론 늘 성공하지는 못할 것이다. 하지만 실패하고 '거절' 당하는 것에 익숙해지는 것도 상대를 찾는 법을 배우는 것만큼이나 중요하다. 자신이 원하는 것을 향해 손을 뻗는다고 해서 그리고 설사 그것을 손에 넣지 못한다고 해서 세상이 끝장나는 게 아니라는 것을 먼저 알아야 한다.

결혼생활에서 지배적인 위치를 차지했던 사람은 이혼의 회복기에 유혹 '당하고,' 주도권을 가진 상대에게 이끌려 다니는 경험을 해 보는 것이 좋다. 모임에 가면 자신을 부르는 사람 곁으로 가서 이야기를 들어 주고, 만약 그 상대한테 관심이 없더라도 일단 한번 지켜보자. 상대가 주도하는 데로 이끌리고 싶지 않다는 반발심이 생길 때도 있지만 지금은 상대와 함께 앞으로 나가는 것에 익숙해져야 할 때다. 그리고 처음부터 친밀감이 생겨도 두려워할 필요는 없다.

지금 여러분은 크레이지 타임 중에 있다. 결혼은 끝났다. 한때 사랑했던 남편 또는 아내는 이제 남이 되었다. 여러분을 제일 잘 안다고 생각했던 사람이 여러분을 사랑하기에 적당치 않은 상대라고 생각하고 등을 돌린 것이다. 즉 이런 일을 겪고 나면 처음에는 당장 새로운 상대를 찾아 나서고 싶어진다. 더 이상 거리낄 게 뭐 있어? 하는 생각도 든다. 새로운 상대를 찾다 보면 살아 있다는 느낌이 들고, 버림받았다거나, 외톨이나 불필요한 존재가 되었다는 기분을 잠시라도 벗어버릴 수 있다.

이에 대해 과학 전문 기자 매기 스카프는 <오늘의 심리학> 1980년 7월호에서 다음과 같이 적고 있다. "다양한 상대와의 성관계는 각성제처럼 단기간 동안 마음을 밝게 해 준다. 그런 행동이 절망, 슬픔, 우울증을 완전히 치유하지는 못하지만 얼마 동안은 그런 기분이 드는 것을 막아 준다."

성에 대한 관심이 고조되는 시기를 무사히 잘 넘기면 과거에 대한 후회와 좌절감을 어느 정도 벗어버릴 수 있고 자신이 정상이 아니라는 생각도 떨쳐 버릴 수 있다. 그러고 나면 성에 집착하는 시기는 끝난다.

* * *

메리 알트먼은 이혼 후 한동안 많은 상대와 성관계를 가지면서 마음의 안정을 되찾았다. 그것은 5년 전의 일로, 이제 40세가 된 메리는 그때보다 정신적으로 훨씬 더 느긋해졌다. 결혼생활 동안 메리는 지배적인 역할을 했다. 계속해서 바람을 피웠던 남편은 이혼하자마자 이혼의 원인이 되었던 여자와 재혼했다.

빨간 머리를 짧게 자르고 운동과 에어로빅을 좋아하는 메리는 자신이 섹스광이 아닐까, 늘 염려했지만 '정숙한 여자'로 자랐고 굳은 의지로 남편이 바람을 피우다 밤늦게 돌아올 때도 착한 아내의 모습을 버리지 않았다. 그녀는 그런 채로 12년의 결혼생활을 계속했고, 이혼하기 전 2년 동안은 남편과 한번도 성관계를 갖지 않았다.

남편이 떠나고 처음 몇 달 동안 메리는 시체처럼 집안을 배회하고 내내 울면서 지냈다. 그러다 차츰 정신을 차리고 자기 개발을 시작했다. 인테리어 디자인도 배우고, 저축 관련 법률도 배우고, 스페인어도 배웠다. 그리고 일주일에 두 번 심리치료도 받았다. 베이비시터와 씨름하고 주차 티켓과 씨름하면서 몇 달을 보낸 메리는 새로 얻은 성적 자유를 시험해 보기로 마음먹었다.

"그럼 나도 난잡한 성생활을 즐기는 시기를 겪은 거겠죠?" 그렇게 말하고서 메리는 웃음을 터뜨렸다. "남편과 헤어지고 얼마 지나지 않아 나는 많은 상대와 성관계를 가졌어요. 아마 나는 선천적으로 섹스를 좋아하나 봐요. 누군가와 만나다가도 문제가 생기면 헤어지고 금방 새 사람을 만났어요. 동시에 두 세 사람을 사귄 적도 있어요. 전혀 관심 없는 사람이나 심지어는 아무 매력도 못 느낀 사람과도 잠자리를 함께 했어요. 그때는 그저 호기심에서 그랬지요. 그러면서 내가 원하는 것과 원하지 않는 것에 대해 알게 되었어요. 남자들이 어떻게 느끼는 가도 알게 되었고 내가 섹스를 잘 한다는 것도 알게 되었어요. 그리고 남자들은 서로 많이 다르다는 것을, 그것도 나 때문이 아니라 그들 스스로 때문에 서로 다르다는 것도 알게 되었어요. 그리고 나는 그 시기를 통해 어떤 것이 좋은 남녀 관계인지, 좋은 친구란 어떤 것이고, 친밀한 관계가 어떤 것인지도 알게 되었어요. 또 내 자신을 좋아하게 되었고, 남자에 대한 기준도 높아졌어요."

메리는 서서히 자신감이 생겼다. 자신을 아끼고 좋아할수록 이성과 친밀한 관계를 맺는 것에 대한 두려움이 사라졌다. 그래서 결혼생활을 하던 때와 달리 이성을 대해도 무력하다거나 자신이 부족하다는 생각이 들지 않았다.

"성적 친밀함을 마음껏 즐길 수 있게 되었고, 누군가 나를 이용하려고 하면 그런 사실을 금방 감지할 수 있게 되었어요. 내 자신에 대해 믿음이 생기니까 남자가 나를 제대로 대우하지 않으면 그런 사실을 금방 알아차리고 남자에게 경고를 하게 되었어요. 그 때문에 남자가 떠난들 뭐가 걱정이에요? 일이 잘 풀리지 않아도 더 이상 모든 걸 내 탓으로 돌리는 짓은 이제 하지 않아요. 물론 예전에는 남자가 나에게 관심을 보이면 그것만으로도 기쁘게 생각했어요. 그것을 축복이라고 여겼으니까요. 그리고 남자가 나에게 관심을 보이지 않으면 나한테 문제가 있다고, 내가 좋은 여자가 아니기 때문이라고 생각했어요." 메리는 잠시 말을 멈추고 미소지었다. 그리고는 다시 이렇게 덧붙였다. "하지만 더 이상은 그렇게 생각하지 않아요."

메리가 이런 변화를 겪기까지는 2년이 걸렸다. 그러다 별안간 어느 슈퍼마켓에서 성에 집착하는 시기가 끝났음을 깨달았다. 그때 메리는 몸매가 드러나는 헬스클럽용 운동복을 입고 있었다. 그녀는 다리가 길고 피부도 가무잡잡하게 선탠을 하고, 운동선수처럼 가슴이 작고 허벅지가 탄탄했다. 냉동 야채 코너 앞에 있던 남자가 메리를 쳐다보았다. 그는 메리를 위아래로 훑어보았다. 메리는 그가 건축업에 종사하는 사람이라고 짐작했다. 그는 갈색 눈에 검은머리를 하고 손이 큰 남자였다. 그리고 그의 얼굴에는 먼지가 묻어 있고, 초록색 셔츠는 반쯤 단추를 풀어헤쳐 가슴이 드러날 정도였고, 카키색 바지에도 기름때가 묻어 있었다. 미국 여성들이 흔히 섹시하다고 생각하는 이미지의 남자였다. 메리는 미소를 지으며 냉동 콩과 오렌지 주스 코너 앞으로 다가갔다. 그를 유혹하기는 쉬웠다. 예상대로 그가 다가왔고 둘은 냉동 피자에 대해 이야기했다. "술 한 잔 같이 하시겠습니까?" 남자가 물었다. 메리는 30분 뒤 만나기로 약속하고 집으로 돌아왔다. 그런데 사 온 물건들을 반쯤 정리하다 메리는 손을 멈췄다. '지금 내가 무슨 짓을 하는 거지?' 하는 생각이 문득 들었기 때문이었다. 이름도 모르는 남자와 잠자리를 함께 하겠다는 거야? 잘못하면 목숨을 잃을지도 몰라. 이건 미친 짓이야. 메리는 사 온 물건들을 정리하는 걸 마치고 그날 내내 집에서 나가지 않았다. 그날이 성적 실험을 끝낸 날이라고 메리는 말한다.

"난잡한 성생활로 인해 오히려 공허함만 더 심해졌다는 걸 깨달았어요. 이혼 회복기에서 중요한 단계이긴 하지만 그 단계에서 배울 수 있는 건 다 배웠으니 그만 끝을 내야 했어요."

메리는 운이 좋은 편이었다. 성병도 걸리지 않았고, 위험한 남자도 만나지 않았다. 그리고 에이즈가 유행하기 전에 성적 실험 단계를 끝냈다. 그 후로 메리는 새 일을 시작해서 지금은 자신의 인테리어 회사를 운영하고 있으며 변호사와 지속적인 관계를 유지하고 있고, 재혼도 생각중이다.

성적 실험 기간 중에 많은 상대와 성관계를 갖는 것은 '벌새' 단계에 해당한다. 이때는 상대가 누구든 중요하지 않다. 진지하지도 않고 감정도 개입되지 않는다. 그러면서 자신에게 쾌락을 안겨 주거나 자신을 실패자로 생각하게 만드는 상대에게 의존하려는 버릇에서 벗어나고자 한다. 그리고 전 배우자와 맺은 불행의 서약과 실패한 결혼에 대한 악몽과 후회에서 벗어나고자 한다.

그 다음 단계인 '침몰' 단계에서는 상대와 조금 더 진지한 관계를 유지하지만 미래에 대한 약속 같은 것은 하지 않는다. 이때는 전 단계에서 배운 것을 실행에 옮기고 자신에게 맞는 남녀관계의 정의를 내린다. 상처받을 위험도 감수한다. 새로운 습관도 만들어 간다. 양보다 질에 신경 쓰게 되고, 결혼생활 동안 저질렀던 실수를 되풀이할라치면 스스로 알아서 경계하고 조심한다. 자신이 견딜 수 있는 것과 그렇지 못한 것, 자신의 한계를 찾아가면서 점점 더 현명해지는 것이다.

그리고 마지막으로 '불사조' 단계에 이르면 장래를 약속할 수 있는 상대와 의미 있는 관계를 갖는 것을 목표로 하면서 동시에 즐거움도 추구하게 된다. 이제는 진지한 관계를 맺어야 한다는 초조함 때문에 자신을 파괴하는 것도 서슴지 않던 과거의 행동 패턴을 되풀이하지 않는다. 이성과 친밀한 관계를 맺는 것도 두렵지 않다. 관계를 유지하면서 의견을 조율하는 법도 배운다. 그러다 보면 성적 실험이 새로운 인생을 개척하는 한 과정이었음을 깨닫게 된다. 지금 여러분은 열심히 찾고 있다. 처음에는 잠자리에서의 자신감만 찾지만 그 다음에는 감정적으로 의지하고, 애정을 느끼고, 동반자라는 느낌을 찾고 싶어진다. 그러는 동안에는 짧은 관계만 계속하게 된다.

대부분의 사람들은 이혼 과정에서 자신에게 큰 기회가 된 관계를 경험했다고 말한다. 그런 관계는 '반체제'적 행동을 한다는 기분을 안겨 주고 로빈훗이 되어 사회를 향해 한 방 먹인 듯한 통쾌함을 만끽하게 된다.

* * *

41세의 팀 말로니는 전국적인 뉴스 잡지의 스포츠 전문 기자다. 와이오밍 주의 고향마을 신문사에서 기사 생활을 시작한 그는 오래지 않아 주를 대상으로 하는 신문사로 자리를 옮겼고, 고등학교 시절 연인인 메리 루와 결혼했다. 그 뒤로 캔자스의 통신사로 자리를 옮긴 그는 6년 후 세 명의 자녀를 얻고 스포츠계의 약물 중독에 대한 연재 기사로 상을 탄 뉴스 잡지에 기고를 시작했고, 얼마 지나지 않아 뉴스 잡지사의 시카고 지사에 정식 채용되었다. 그리고 2년 후에는 뉴욕 지사로 발령 받았다.

180센티미터가 넘는 키에 군살 없는 몸매의 팀은 느긋한 성격의 전형적인 서부 남자였다. 그래서 복잡하고 생활비가 비싼 뉴욕이 싫었다. "월급이 많았는데도 불구하고 맨해튼에 살기에는 턱없이 모자랐습니다. 그래서 우리 가족은 롱아일랜드에서 살아야 했습니다."라고 팀은 말했다. 그는 가족을 자주 만나지 못했다. 하지만 솔직히 말해서 가족이 별로 그립지 않았다. 그는 주중에는 대부분의 시간을 시내에서 보냈다. 잡지를 발행하려면 편집자, 기자, 조사원들과 함께 목요일과 금요일을 정신 없이 보내야 했다.

팀은 외로웠다. 동부 출신인 다른 기자들과는 쉽게 어울릴 수가 없었다. 그들과 달리 팀은 라켓볼도 하지 않았고 하버드 대학을 졸업하지도 않았다. 팀은 겉돌 수밖에 없었다. 하지만 그래도 고향 와이오밍에서 메리 루와 함께 살던 때처럼 적적하지는 않았다. 메리 루는 나쁜 여자는 아니었지만 몹시 지루한 여자였다. 두 사람은 점점 대화가 줄어들었다. 팀은 말없이 자기 일을 하고 술만 마셨다. 그리고 잡지사의 화려한 여직원들과 잠자리를 하기 시작했다. 동부 여자들은 굉장히 마르긴 했지만 생각보다 나쁘지 않았다. 팀은 점점 집에 가는 횟수가 줄어들었다. 그 뒤로 오래지 않아 팀과 메리 루는 별거를 시작했다. "아내와 헤어져도 전혀 아쉽지 않았습니다. 우리는 몇 년 동안 아무것도 함께 하지 않았습니다. 하지만 아이들은 보고 싶었습니다. 아내와 헤어질 때 아이들이 슬퍼하던 것을 생각하면 지금도 마음이 아픕니다."

팀은 금방 크레이지 타임에 빠져들었고 새로운 일과가 자리를 잡았다. 월요일과 화요일에는 긴 점심시간을 즐기고, 저녁에는 술집에 가고, 목요일과 금요일에는 밤늦게까지 일하고, 일요일에는 아이들을 만났다. 잡지사에는 팀이 별거를 시작했다는 소문이 퍼졌다. 어느 날 그가 사장실 옆을 지나가는데 창백한 얼굴에 짙은 머리를 하고 특이한 표장을 가슴에 단 여성이 눈에 띄었다. 다음에다시 그곳에 갔을 때 팀은 그녀의 표장에 적힌 내용이 무엇인지물었다. 그녀는 주먹을 쳐들며 알아들을 수 없는 말을 했다. 그래서 팀은 그게 무슨 뜻이냐고 물었다. "우크라이나에 자유를, 이라는 뜻이에요,"라고 말하면서 그녀는 다시 한 번 주먹을 쳐들었다.

그녀의 이름은 나탈카 페플네코였다. 클리블랜드 출신으로, 콜롬비아의 언론학교를 졸업했으며, 언젠가 기자로 발령 받으리라는생각에 비서실에서 일을 시작했다고 했다. 하지만 잡지사에서 일한 지 벌써 5년이 지났는데도 여전히 비서실에서 벗어나지 못하고있으며, 그 사이 일어난 변화라고는 눈 밑의 검은 그림자가 더 짙어진 것뿐이고, 이대로 비서실을 벗어나지 못할 거라는 생각이 든다는 말도 했다. 팀은 그녀에게 저녁을 함께 하자고 말했다.

"우리는 멕시코 식당에서 저녁을 함께 했습니다. 그때는 잡지마감이 막 끝난 주초였습니다. 그래서 마가리타도 마셨습니다. 우리는 정말 이야기가 잘 통했습니다."

나탈카는 팀의 느긋한 서부 사나이 같은 모습을 좋아했다. 그리고 팀은 나탈카의 풍만한 가슴과 시원한 웃음소리가 마음에 들었다. 두 사람은 회사 이야기를 하면서 웃고 또 웃었다. 그녀는 눈을반짝거렸다. 두 사람은 마가리타를 한 잔씩 더 마셨다. 팀은 오랜만에 아주 기분이 좋아졌다. 지루하고, 우울하고, 인생에 화가 난동지를 만난 기분이었다.

나탈카는 비옷을 가지러 사무실로 돌아가야 한다고 말했다. 하지만 그때는 새벽 1시로 두 사람은 마가리타에 잔뜩 취해 있었다. 둘은 함께 사무실로 갔다. 조용한 가운데 나탈카는 계속 웃음을 터뜨렸다. 팀은 엘리베이터에서 그녀에게 키스했다.

"사무실에 도착하자 그녀가 중역 회의실을 구경한 적 있냐고 물었습니다. 물론 나는 구경한 적이 없었습니다. 그녀는 열쇠를 가지고 있었고 회의실을 구경하기로 했습니다. 벽에는 베이지색 실크 벽지가 발라져 있고, 시내가 한 눈에 내려다보였습니다. 그리고 한 쪽 벽에는 1932년 루즈벨트 당선, 1969년 인간의 달 착륙 등 역사적인 순간에 대한 기록과 창립자의 초상화가 있고 그 반대쪽 벽에는 창립자의 아내가 선물한 조지 워싱턴 동상이 서 있었습니다. 우리는 마가리타에 취해 계속 웃었습니다. 그리고 교황과 케니 수녀, 키신저 장관을 위해 건배도 했습니다. 나탈카는 춤을 추다가 우스갯소리를 했고, 그날 밤 우리 둘은 양탄자 위에서 사랑을 나누었습니다."

그 뒤로 몇 해가 지났다. 팀과 나탈카는 각자의 길을 갔다. 나탈카는 텍사스의 한 신문사 기자가 되었고 팀은 외국으로 나갔다. 다시 시간이 흘러 두 사람은 각자 결혼하고 바쁜 생활을 하고 있다. 하지만 여름이 되고 마가리타를 마시다 보면 이따금 중역 회의실에서 함께 보냈던 밤이 떠오른다. 단 하룻밤, 정신 나간 짓을 한 것이지만 그 뒤로 두 사람은 각자의 삶을 향해 용감하게 나갈 수 있었다. 멋진 성 경험은 이혼 과정을 헤쳐 나가는 것에 많은 도움이 된다. 한 번의 정사로 새삼 살아 있다는 것을 느낄 수도 있다.

하지만 운이 없어서 안 좋은 경험을 하게 되고, 그로 인해 이혼 전보다 성적으로 더 위축하게 될 수도 있다. 성적 실험에 늘 따라다니는 육체적 폭력이나 성병의 위험만이 문제가 아니다. 심리적 폭력도 육체적 폭력 못지 않게 큰 피해를 줄 수 있다. 너무 서둘러 적극적인 성생활을 시작하는 것도 바람직한 일은 아니다. 마음껏 즐기는 화려한 독신 생활에 대해 알고 나면 그동안 누리지 못했던 즐거움을 보상받고 싶어지기 마련이다. 게다가 지금은 너무 외롭고 또 마음이 아프다. 성욕도 있다. 하지만 절실하게 원하는 것은 아니다. 그것은 아직 마음의 준비가 되지 않았다는 뜻이며 그런 상태에서 육체관계를 시작하면 실패하고 상처받기 쉽다.

* * *

38세의 뉴올리언스 출신 키시 보엔은 별거 6주일만에 이성과 성관계를 가졌다. 남편과는 헤어지기 전 3년 동안 서로의 몸에 손끝 하나 대지 않았다. 그 전까지는 성생활을 즐겼는데 남편과 관계를 갖지 않으면서 잠자리에서의 자신감이 사라져 버렸다. 그래서 별거에 들어가자마자 키시는 자신의 성생활을 원상태로 돌려놓기로 마음먹었다

"파티에 가자 그 남자가 먼저 접근했어요. 그는 명랑하고, 결혼한 적도 없고, 직업도 근사했어요. 오랫동안 성적으로 불만에 차 있던 나는 다들 즐기는데 나라고 그러지 말란 법 없지 않은가 하는 생각이 들었어요. 그래서 그 남자와 함께 나가 성관계를 가졌는데, 그러고 나자 내가 아직까지 남녀관계를 두려워한다는 사실을 깨닫게 되었어요."

그녀는 그 남자와는 딱 두 번 만났다. 그 뒤로 그는 연락을 끊었다. 키시는 초조해졌다. 왜 그가 전화를 하지 않을까? "처음에는 그가 나보다 더 우리 사이에 대해 진지하게 생각하는 줄 알았어요. 나는 단지 섹스만 원했는데 그는 그 이상의 것을 원하는 것처럼 보였거든요." 그런데도 키시는 그가 전화를 하지 않자 그로부

터 버림받았다는 생각이 들었다. 그때 키시가 진정으로 원했던 것은 무엇일까?

"지금 와서 생각해 보니 아무도 믿지 못하던 당시의 나에게는 그 남자와의 관계가 조금도 도움이 되는 게 아니었어요. 그래서 그와는 더 이상 관계가 계속될 수 없다고 생각을 고쳐먹었어요. 그리고 그런 내 생각이 맞다는 걸 증명하기 위해 상황을 내 멋대로 바꿔서 상상했지요. 그런 일을 겪고 나자 더 이상 남자를 만나고 싶은 마음이 들지 않더군요." 그 뒤로 한동안 키시는 남자를 가까이 하지 않았다.

무엇보다도 자신의 몸과 마음이 하는 소리에 귀를 기울여야 한다. 결혼생활 동안 그랬던 것처럼 마음에도 없는 상대와 억지로 관계를 갖는다고 해서 만족을 얻을 수는 없다. 때로는 혼자 조용히 밤을 보내는 것이 마음의 상처를 치유하는 것에 더 큰 도움이 된다. 하지만 이혼 과정에서 언젠가 한 번은 좋든 나쁘든 섹스와 정면으로 맞서야 한다.

성에 집착하는 시기가 너무 오래 계속되면 일단 조심해야 한다. 그것은 감정적으로 큰 이상이 발생했다는 뜻이다. 심리치료사들은 만성적으로 여러 상대와 성관계를 갖는 것은 심한 우울증과 통제되지 않는 적개심에서 기인한다고 말한다. 과학 전문기자 매기 스카프는 난잡한 성생활이 세상을 바로 잡아 줄 완벽한 부모를 그리워하는 아동기의 심리를 반영하는 것이라고 지적하기도 했다. 이는 이혼이 어린 시절에 해소하지 못한 잠재된 불안을 다시 일깨운다는 주장과 맥을 같이 한다고 볼 수 있다. 배우자로부터 배신당하고 버림받으면 어린 시절 배신당하고 버림받았던 기억이 되살아나면서 다시 그 시절로 돌아간 듯한 기분에 빠진다. 그에 대해 매기 스카프는 다음과 같이 말한다. "아무도 돌봐 주지 않고 사랑해 주지도 않는다는 두렵고 절망적인 기분에 사로잡힌다. 난잡한 성생활을 하는 남녀 모두 절박하게 무언가를 추구한다. 그들이 절박하게 찾는 것은 자신을 돌봐 줄 부모(보호자)이며, 두려움과 분노가 깊어질수록 그들은 더욱 절박해진다."

난잡한 성생활은 회피의 전략이기도 하다. 혼자 있을 시간이 없으면 우울함, 슬픔, 불안, 분노 등의 고통스러운 감정을 느끼지 않아도 된다. 그래서 '벌새' 단계에 머문 채 끊임없이 성에 집착하면서 실패한 결혼을 슬퍼한다. 즉 이런 이유로 많은 사람들이 이혼 후 난잡한 성생활을 계속하면서 육체적 위험에 스스로를 노출시키는데, 이에 대해 매기 스카프는 다음과 같이 설명한다. "내가 매력도 없고, 절박하게 상대에게 매달리기나 하고 그러다 결국 버림만 받는 사람이면 어쩌나, 하는 내적 불안은 섹스 상대의 배우자나 연인에게 들키면 어쩌나, 섹스 상대에게 폭행 당하거나 성병에 감염되면 어쩌나, 하는 외적이고 실질적인 두려움으로 변한다."

결국 난잡한 성생활은 미처 정리하지 못한 전 배우자와의 관계와 어린 시절에 이루지 못한 바람들로부터 벗어나지 못하게 여러분을 옭아맨다. 그 사이 이름도 모르는 상대들과의 성관계는 여러분의 자아를 갉아먹는다. 그리고 난잡한 성생활을 제때 끝내지 않으면 '성적 자살'을 불러일으킬 수도 있다. 그런 상태를 가리켜 심리학자들은 개인의 인격을 파괴하는 '비인격화'라 정의하고, 경찰서에서는 살인, 과실치사 또는 기타 육체적 폭력이라 부르고, 병원에서는 에이즈, 임질, 매독이라 부르며, 이혼 전문가들은 이혼 파멸 상태라고 부른다.

마음에 안 드는 지저분한 상대와 억지로 참아 가면서 성관계를 가질 필요가 있을까? 밤중에 부스럭대는 소리에 잠을 깬 아이가 방에 찾아와서는 "엄마가 천식 때문에 기침하는 줄 알았어."라고 한다면? 모임에 참석했는데 거기 온 이성 열두 명 중 네 명이 자신과 잠자리를 함께 한 사람이라면 기분이 어떨까? 간밤에 잠자리를 함께 한 상대한테서 제발 연락이 오지 않기를 바란 적은 없는가? 주위 사람들 보기가 점점 두려워지지는 않는가?

어쩌면 자신이 무슨 짓을 하는지 깨닫지 못할 수도 있다. 아무하고나 잠자리를 함께 하고 진지한 관계를 피하는 것이 습관이 되면 난잡한 생활이 부끄럽다거나 이상하게 느껴지지 않을 수도 있다. 하지만 때로는 뜻밖의 사건으로 자신의 비정상적인 생활을 깨닫기도 한다. 어찌되었든 현실을 바로 보고 정신을 차릴 수 있는 기회가 필요하다.

* * *

휴스턴에 사는 45세의 우주 항공 기술자 데이비드 데브로는 태국 시골에서 한밤중에 버스를 타고 가다 결정적 순간을 체험했다. 우주 항공 프로그램도 끝이 나고 결혼도 끝이 났던 것이다. 결혼생활 내내 지배적인 위치를 차지하던 데이비드는 아내가 아이들을 데리고 집을 나가자 절망의 나락에 빠졌다. 하지만 그것은 벌써 5년 전 일이었다.

그의 아내는 그가 끊임없이 바람을 피운 것 때문에 도저히 함께 살 수 없다고 말했다. 그가 플로리다로, 앨라배마로 출장 갈 때마다 무슨 일이 벌어졌는지 아내는 알고 있었던 것이다. 데이비드는 그 동안 만난 여자들과의 관계는 아무 의미 없는 것이라고 설명했지만 아내는 계속해서 이혼을 요구했다.

결국 데이비드는 이혼을 했고 마음대로 여행을 다닐 자유가 생겼다. 생활도 썩 나쁘지 않았다. 데이비드는 매력적으로 생긴데다 직업도 근사했고 예전보다 여자도 훨씬 많이 따랐다. 그는 원래 여자들과 어울리기를 좋아했다. 하지만 왠지 마음 한쪽이 텅 빈 것 같았다. 그는 그것이 나이 탓이라고 생각했다. 중년이 된 것이다. 그래서 그는 그동안 밀린 휴가를 모두 모아 3개월 동안 전 세계를 여행하기로 결심했다. 시간이 많으니 마음의 정리를 하기로 한 것이었다.

프랑스, 그리스, 레바논, 인도를 거쳐 태국에 도착했다. 이동을 할 때는 주로 밤 버스를 이용했다. 태국의 한적한 언덕길을 버스로 지나면서 데이비드는 창 밖을 내다보다 우연히 유리창에 비친 자신의 모습에 눈이 갔다. 주위에는 온통 태국 사람들뿐이었다. 낯선 동양인들에 둘러싸인 자신의 모습이 유독 쓸쓸하게 보였다. 창밖에 펼쳐진 검은 밤 풍경을 배경으로 유리창에 비친 제 모습을 다시 한 번 보았다. 그리고 지금껏 자신을 스쳐 간 여자들을 떠올려 보았다. 그들의 이름과 그들을 만난 장소, 그들과 함께 했던 일들을 기억하려 애썼다. 버스 불빛 아래로 보이는 낯선 얼굴들 때문에 그는 혼자라는 느낌이 더 진하게 다가왔다. 울퉁불퉁한 길 때문에 버스가 흔들릴 때마다 유리창에 비친 자기 얼굴이 일그러졌다. 데이비드는 자신을 스쳐 간 여자들의 얼굴이나 이름이 생각나지 않았다. 하나의 거대한 덩어리처럼 생각될 뿐, 한 사람 한 사람에 대한 기억은 따로 존재하지 않았다. 유리창에 비친 자기 얼굴이 다시 한 번 일그러졌다. 데이비드는 여자들 한 사람 한 사람에 대한 기억이 떠오르지 않는 이유가 너무 많은 여자를 만났기 때문이라는 것을 깨달았다. 이름도 얼굴도 생각나지 않을 여자들을 그렇게 많이 만났다니……

"살아오면서 한번도 참된 사랑을 하지 않았다는 것을 깨달았습니다. 그리고 앞으로 내 아내한테 느꼈던 사랑을 다시는 느끼지 못할 것이라는 생각을 했습니다." 버스가 흔들릴 때마다 유리창에 비친 얼굴은 계속 일그러졌다. 데이비드에게는 버스 유리창에 비친 얼굴이 이혼 과정에서 중요한 이정표가 되었다. 집으로 돌아온 후 그는 심리치료를 시작했다. 더 이상 일회성 섹스에 관심이 생기지 않았다. 이름도 모르는 많은 여자들과 잠자리를 함께 했지만 전처의 자리는 계속 남겨 두었다. 그러나 시간이 흐르면서 데이비드는 아내가 떠났고 결혼이 완전히 끝났다는 사실을 받아들였다. 그리고 앞으로 새로운 사랑을 만날 수 있느냐 없느냐는 그에게 달렸다는 사실도 깨달았다.

대부분의 경우 성에 집착하고 난잡한 성생활을 하는 시기는 이혼한 사람들에게 보다 의미 있는 관계로 나가기 위한 일종의 디딤돌 역할을 한다. 그래서 그 시기가 제 역할을 다하게 하기 위해서는 '짧게' 끝내야 한다. 그리고 조심해야 한다. 새로운 행동 규칙을 숙지하고, 안전한 섹스를 하고 반드시 콘돔을 사용해야 한다. 물론 약간의 행운도 필요하다. 그리고 조금은 진지한 관계로 끝을 맺어야 한다. 안 그러면 '벌새' 단계에 얽매여 원치 않는 결과를 맞게 될 수도 있다. 성생활에 있어서 '벌새' 단계를 벗어나지 못하면 이혼의 다른 면에서도 '벌새' 단계를 벗어나지 못한다. 자신의 몸에 귀를 기울여라. 몸은 이혼 과정에서 자신이 어디에 있는가를 분명하게 알려 주는 척도이다.

제 13 장

사랑

이혼 과정의 중간 단계는 사랑이다. 앞으로 무슨 일이 벌어질지 모르는 불확실함과 고통 속에서 방황하고 있는데 뜻밖에 너무 갑자기 사랑이 찾아온다. 말 그대로 눈에서 불꽃이 번쩍! 하면서 첫눈에 반해 버린다. 처음 연애하던 때로 돌아간 듯 정신 없이 서로의 몸을 만지고, 하염없이 서로의 눈을 바라본다. 마치 아주 오래 전부터 알던 사람 같은 느낌이 든다. 밤늦게까지 마주보고 앉아 쉴새없이 이야기를 하다가는 뜨겁게 사랑을 나눈다.

긴장하느라 배가 살살 아프고, 심장이 두근거리고, 머리도 어지럽다. 모두가 오래 전처음 연애할 때 느꼈던 증상들이다. 없던 힘도 생기고, 자신감도 생긴다. 얼굴도 보기 좋아졌고, 더 섹시해지고, 더 밝아지고, 우스갯소리도 더 많이 한다. 몇 시간 후에 그 사람을 만날 생각만 해도 가슴이 두근거린다. 그러다 시간이 되었는데도 전화가 안 오거나 그 사람이 전화를 안 받으면 불길한 생각이 들고 불안해진다. 결혼생활 내내 무기력하게 살았는데 다시 태어난 듯 생기가 넘친다. 사랑에 빠지자 죽어 있던 감정들이 되살아난다.

심리치료사들은 이혼 회복기 중 이 단계를 낭만적인 해결책을 찾는 단계라고 정의한다. 낭만적 해결책을 찾는 단계는 대개 별거 직후 6개월 이내에 찾아온다. 물론 때로는 별거를 시작하기도 전에, 결혼이 끝났다는 것을 깨달으면서 '첫 눈에 반해 버리는' 경험을 하고 열정적인 '독신 생활'을 시작하는 경우도 있다. 사실 어떤

면에서 사랑에 빠지는 것은 사춘기로의 후퇴를 뜻한다. 에덴의 동산으로 돌아가고 싶은 마음의 표현인 것이다. 이 사람 저 사람 가리지 않고 만나고 싶고, 제 정신도 아니고, '우리 사이가 너무 부담스럽다'는 생각만 들고, 책임 같은 것은 지고 싶지 않다. 지금 여러분은 잠시 정신이 나간 상태다.

눈에서 불꽃이 번쩍하며 '첫 눈에 반한 사랑'에 빠지는 것은 상식을 회피하는 방법이기도 하다. 지금 여러분은 이혼의 충격으로 심신이 지쳤다. 휴식이 필요하다. 이런 때 새로운 사람을 향한 정열은 주택 융자 상환이나 아이들 학비, 크리스마스 파티 계획뿐만 아니라 우울과 분노, 불확실한 마음을 잠시 잊게 해 준다.

'첫 눈에 반한' 상대와는 2주일만에 금방 헤어지기도 하지만 때로는 1년 이상 함께 살기도 하고, 심각한 관계로 발전하기도 한다. 심지어 재혼의 발판이 될 때도 있다. 하지만 그 과정에서 중요한 교훈을 배우지 못하면 '눈에서 불꽃이 번쩍' 하는 사랑은 재혼뿐만 아니라 세 번째, 네 번째 결혼의 기회가 될 수도 있다. 언제, 어디서, 어떻게 시작되든 '첫 눈에 반한' 사랑은 대개 '일시적'이다. 모든 남녀 관계는 '느낌'으로 시작한다. 하지만 '눈에서 불꽃이 번쩍!' 하는 순간의 느낌을 유지하기 위해서는 현실을 부정하고 환상 속에서 사는 수밖에 없다고 심리치료사들은 말한다. 그렇게 해야 사랑에 빠져서 영원히 행복하게 사는 꿈을 지킬 수 있기 때문이다.

사랑 때문에 둥실둥실 떠다닐 것만 같은 기분도 언젠가는 사라진다. 그러면 좌절감이 밀려온다. 둘의 사이가 끝났고 사랑도 끝났음을 받아들여야 한다. 만약 처음의 느낌이 사라진 후에도 계속 관계가 지속된다면 그때는 새로운 전제 하에서 둘의 사이를 재조정해야 한다. 즉, 현실로 돌아와 진지한 관계를 맺기 위한 투쟁을 시작해야 하는 것이다.

에리히 프롬은 이렇게 말했다. "우리는 흔히 사랑을 사랑에 '빠지는' 행위, 즉 조금 전까지만 해도 완전한 남남이던 두 사람 사이의 벽이 붕괴되는 순간과 혼동하고는 한다. 하지만 그렇게 일시적으로 형성된 친밀감은 본질적으로 단명 한다."

불행한 결혼의 피해자들에게 '첫 눈에 반한' 사랑은 사막에서 오아시스를 만나는 것과 같다. 우선 그런 만남은 이 세상에 아직도 낭만적인 사랑이 존재하며, 그런 사랑이 얼마나 중요한가를 실감하게 해 준다. 그래서 그런 일시적인 열정은 이혼 과정을 견뎌 나가는 것에 있어 힘이 되기도 한다. 하지만 '첫 눈에 반한' 상대와의 관계가 끝나면 어쩔 수 없이 사랑이 끝난 것을 아쉬워하면서 사랑에 대한 환상에서 벗어나야 한다. 백마 탄 왕자가 자신을 구해 줄 것이라는 무의식적인 소원을 포기하게 되는 것이다. 즉 새로운 사람을 만나 사랑에 빠진다고 해서 이혼의 상처가 치유되는 것은 아니라는 사실을 깨닫게 된다. 그것이 쉽게 사랑에 빠질 수 있는 이 시기에 꼭 배워야 할 교훈이다.

* * *

제시카 베인에게는 중년에 찾아온 '첫 눈에 반한' 2주일간의 사랑이 이혼 과정을 헤쳐 나가는 것에 하나의 이정표가 되었다. 34세의 제시카는 인도 공주처럼 아름다운 여성이지만 미소를 지을 때마다 자신의 얼굴이 일그러진다고 생각했다. 그리고 그 이유에 대해 좀처럼 웃지 않기 때문이라고 그녀는 설명했다. 그녀에게는 웃는 것이 낯설고 새로운 일이었다. 사실 웃는 것뿐만 아니라 세상 모든 일이 그녀에게는 낯설고 새롭기만 했다.

그녀는 3년 전남편 곁을 떠났다. 하지만 아직도 이혼 절차를 끝내지 못했다. 두 사람은 여전히 양육권을 놓고 법정 투쟁을 벌이고 있었기 때문이었다. 누가 더 나은 부모인가를 따지는 것이지만 사실은 누가 더 나은 인간인가를 따지는 셈이었다.

남편은 제시카를 협박했다. 제시카는 그가 미쳤다고 생각했다. 그녀의 눈을 보면 지옥 같은 삶을 살았다는 것을 알 수 있다. 제시카의 남편은 친구들과 함께 있을 때면 보통 사람과 다름없이 행동하기 때문에 남들은 그가 얼마나 이상한 인간인지 모른다고 제시카는 말했다. 그리고 만약 새로운 사랑에 빠지지 않았다면 영원히 그 사람 곁에서 벗어나지 못했을 거라고 그녀는 말했다.

제시카는 유타 주의 작은 도시에서 자랐다. 그녀의 아버지는 핵과학자로 정부 관련 기관에서 근무했다. 그녀의 아버지는 대공황 시절에 제시카의 어머니를 만났는데 유치원 교사였던 어머니는 당시 이미 알코올중독 환자였다. 하지만 어머니는 침실에서만 술을 마셨고 다른 가족 누구도 그에 대해 말하지 않아서 제시카는 12살 때 피츠버그의 외가에 놀러 갔다가 외할머니로부터 그 사실을 듣기 전까지 어머니가 알코올중독 환자라는 사실을 몰랐다. 지금도 제시카는 어머니를 생각하면 침대에 누워 과일 향 껌을 씹으며 책을 읽는 모습이 떠오른다고 했다.

제시카는 학교에서 그다지 인기가 없었다. 그녀의 부모는 40대가 되어서 제시카를 얻었고, 제시카는 자신이 유별나다고 생각했다. 고등학교 시절 학교 친구들이 연애를 하고 첫 성경험을 할 때도 제시카는 책만 읽었다. 그리고 친구들과는 달리 미식축구부 주장을 짝사랑하지도 않았고 당시 인기 있던 배우 폴 뉴먼과 키스하는 상상도 하지 않았다. 대신 제시카는 좋은 성적을 거둬 아버지를 기쁘게 하는 것에 전념했다. 그러다 콜로라도 대학에 입학한

그녀는 신입생 시절 화학을 전공하고 그녀의 아버지처럼 과학자가
될 꿈을 가진 피터를 만났다. 졸업하기 3개월 전 두 사람은 결혼
했고 제시카는 복종적인 위치를, 피터는 지배적인 위치를 차지했
다. 둘은 9년 동안 결혼생활을 함께 하면서 아이를 둘 얻었다. 피
터는 고등학교 과학 교사가 되었다. 이들 가족은 콜로라도에서 텍
사스로 그리고 다시 보스턴으로 이사했다. 보스턴에서 피터는 사
립 기숙학교의 행정직 교사가 되었다.

제시카는 점점 더 책에 빠져들었다. 이들 부부는 학교 근처 교
외에서 살았고, 제시카는 캠브리지의 여성 모임에 가입해 콜로라
도에서의 어린 시절과 지루하던 학창 시절, 임신, 캠브리지 임신
중절 병원에서 근무한 경험, 그리고 과일향 껌을 씹으며 침대에
누워 책을 읽는 여자에 대한 단편들을 쓰기 시작했다. 모임의 회
원들은 제시카의 글을 좋아했다. 제시카는 매일 글을 썼다. 그러는
사이 살림은 점점 엉망이 되었다. "여보, 대체 당신 하루 종일 뭐
하느라고 집이 이 모양이야?" 피터는 집에 올 때마다 화를 냈다.

제시카는 여름에 2주일간 작가 워크숍을 갈 수 있는 기회를 얻
었다. 피터는 반대했다. 그는 워크숍에 참가하는 것이 시간 낭비라
고 생각했다. 그 즈음 피터는 제시카의 행동을 계속 주시하고 있었
다. 그녀가 워크숍에 가서는 안 되는 이유는 하나도 없었지만 피터
는 왠지 마음이 편치 않았다. 그래도 결국은 제시카에게 워크숍에
참가해도 좋다고 승낙했다. 워크숍의 마지막 강좌가 끝나는 날 아
이들과 함께 제시카를 데리러 가겠다는 약속도 했다. 그런데 일이
벌어졌다. 31세의 제시카는 생애 처음으로 사랑에 빠졌던 것이다.
상대는 매사추세츠대학에서 문학을 가르치는 작가 헤롤드였다.

"둘째 날 그를 처음 봤어요. 그는 무척 매력적인 남자였지요. 워
크숍 기간 중 늦은 밤 모여서 시와 단편을 발표할 때였어요. 나는

그의 옆에 앉게 되었지요." 제시카는 눈을 반짝이며 당시의 일을 이야기했다.

"말로 설명할 수 없는 어떤 느낌이 들었어요. 그가 뭔가를 읽기 시작할 때 나는 그 자리를 나왔어요. 이유는 모르겠어요. 왠지 그를 피해야 할 것만 같았어요. 그 다음날 나는 그를 찾아가 '작품을 발표할 때 자리를 떠나서 미안하다.'고 말했어요. 그러자 그는 '당신이 그럴 줄 미리 알았다.'라고 하더군요. 그 뒤로 우리는 이야기를 시작했어요." 제시카는 그때 두 사람이 했던 대화를 아주 자세히 기억하고 있었다.

"어떻게 설명해야 할지 모르겠군요. 마치 오래 전부터 알던 사람을 그제야 만난 느낌이었어요. 정말 낭만적이지 않아요? 또 다른 삶이 존재한다는 것 말이에요. 처음 만난 사람인데 너무도 친근한 느낌이 드는 건……. 나는 한번도 그런 기분을 느껴 본 적이 없었어요."

두 사람은 계속해서 이야기를 했다. 그는 제시카를 자신의 방으로 데려갔고 두 사람은 사랑을 나눈 후 또 이야기를 계속했다. 그러는 사이 2주일이 눈 깜짝할 사이에 지나갔다.

"나는 결혼할 때까지 처녀였어요. 남녀의 사랑을 소중한 것이라 믿고 순결을 지켜야 한다고 생각하다 아무것도 모른 채 갑자기 결혼했지요. 그러나 결혼생활을 하는 동안 단 한번도 정열적으로 사랑을 나눠 본 적이 없어요. 만족한 척 했을 뿐이지요. 물론 자극을 받을 수도 있었겠지만 정열은 없었어요. 그런데 헤롤드와는 달랐어요. 정말 굉장한 경험이었지요. 전에는 한번도 그런 기분을 느껴 본 적이 없었어요. 그를 만나고서야 비로소 쾌락이라는 것을 알게 되었던 거지요. 쾌락에 대한 거부감도 사라졌어요. 성에 눈을 뜬 거죠. 여자로서 느낄 수 있는 기쁨을 그때 비로소 알게 되었던 것 같아요.

제시카와 헤롤드는 감성적인 면에 있어서도 너무 잘 통했다.

"우리 둘 다 작은 도시 출신이었고 자라 온 환경도 비슷했고, 가족들의 문제도 비슷했어요. 헤롤드는 형과 아우가 있는 둘째 아이로 내가 그랬던 것처럼 자신을 유별나고 어디에도 어울릴 수 없고 또 아무도 이해해 주지 않는 사람이라고 생각했대요."

어느 날 밤 헤롤드는 제시카에게 이렇게 말했다. "내 자신처럼 이해할 수 있는 사람을 만나고 싶었소."

워크숍 기간 내내 두 사람은 서로에게 푹 빠져 지냈다. 말 그대로 첫 눈에 반한 것이다. 서로에게 빠져 두 사람은 제정신이 아니었다. 하지만 워크숍이 끝나자 사랑도 끝났다. 헤롤드는 유부남이었고 아이들도 있었다. 제시카는 그가 아내를 버릴 사람이 아니며 둘의 관계가 영원히 지속되지 않으리란 것을 알고 있었다. 하지만 그를 향한 열정은 사라지지 않았다. 워크숍이 끝난 후에도 둘은 계속 연락을 주고받았다. 제시카의 마음속에는 그와의 관계가 발전할 수도 있다는 희망이 남아 있었다. "그런 식으로 사랑에 빠지면 어떻게든 관계를 발전시키고 싶어지죠." 하지만 둘의 관계는 더 이상 깊어지지 않았다. 그런 사실을 받아들이기까지 3년이 걸렸다. 그 사이 '첫 눈에 반한 사랑'은 제시카의 삶을 바꿔 놓았다. 우선 자신에 대한 인식이 완전히 바뀌었다. 남편으로부터 그리고 어머니와 아버지로부터 자신을 보호하기 위해 쌓았던 우울증의 벽을 깨뜨렸다. 생애 처음으로 제시카는 자신을 사랑하게 되었다.

"2주일 동안 나는 완전히 다른 사람이 되었어요. 이래라저래라 하는 사람도 없고, 집이 지저분하다고 잔소리하는 사람도 없고, 날더러 철이 덜 들었다고 나무라는 사람도 없었어요. 너무 자유로웠지요. 마치 새로 태어난 것만 같았어요. 어떻게 설명해야 할지 모르겠지만, 비로소 내 참모습을 되찾고 솔직해진 것 같았어요. 결혼생활을 하는 동안은 내가 아니었던 거예요. 뭐랄까, 몸과 마음이 떨어져 있는 것 같았는데 드디어 잃어버렸던 부분을 되찾은 기분이었어요. 성욕을 발견한 거죠. 정말 굉장했어요. 헤롤드를 만난 것이 나에게는 큰 행운이었던 거지요. 나는 영원히 그를 사랑할 거예요. 그와의 만남이 내 인생을 바꿔 주었기 때문에 영원히 그를 잊지 못할 것 같아요.

제시카는 헤롤드와의 사랑을 통해 새로 얻은 자유와 힘을 바탕으로 남편에게 맞섰다. 그리고 뜻밖에 친정어머니가 힘이 되어 주었다. 어머니는 "널 이해한다. 네가 피터와 결혼생활을 계속하면 미쳐 버릴지도 모른다는 걸 난 알고 있었다."라고 말했다.

크레이지 타임의 처음 몇 달간은 헤롤드가 너무도 그리웠다. 그를 생각할 때마다 제시카는 자신이 살아 있다는 느낌이 들었다. 그리고 그와 함께 한 2주일을 생각할 때마다 세상에는 아직 낭만적인 사랑이 존재한다는 확신이 들었다. 헤롤드 덕분에 남은 평생을 불행하게 보낼 필요가 없다는 것도 알게 되었다. 하지만 헤롤드가 불행한 결혼에서 자신을 구해 주길 바라는 마음이 있다는 것도 깨달았다.

"백마 탄 기사한테 의지했다면 불행에서 벗어나기가 훨씬 쉬웠을 거예요. 하지만 나는 헤롤드가 백마 탄 기사가 아니라는 것을 알았어요. 그는 완벽한 남자가 아니었으니까요. 물론 머리로는 진작부터 그 사실을 알았지만 마음으로 그 사실을 인정하는 데는 오랜 시간이 걸렸어요. 처음 만나고 2년이 지났을 때의 일이에요. 세미나에서 그를 만나기 위해 주를 가로질러 차를 몰고 가 하루를 함께 보냈어요. 운전을 하고 가는 동안 계속 가슴이 떨리고 어떻게든 그와의 관계가 발전하길 바라는 마음이 들었지요. 하지만 그를 만나자 우리 둘 사이가 더 이상 깊어질 수 없다는 사실이 뼈저리게 느껴졌어요. 그것은 불가능한 일이었어요. 그를 다시 만난 것은 또 1년이 지난 후였어요. 캠브리지에서 문학작품 낭독회가 있었는데 헤롤드가 다른 여자와 함께 그곳에 왔어요. 그때 나는 내가 현실을 받아들였음을 알게 되었어요. 그를 다시 만날 수는 있지만 그와 나는 단지 친구 사이일 뿐이고, 영원히 그런 사이로만 남아야 한다는 현실 말이에요. 둘 사이가 다른 식으로 발전하지도 않을 것이고 그렇다고 해서 내 인생이 끝장나는 것도 아니라는 것을 나는 받아들일 수 있게 되었던 거지요. 이렇게 말하고서 제시카는 미소지었다.

첫 눈에 반한 사랑을 극복한 것이 이혼을 극복하는 데도 도움이 되었다. 헤롤드와 만나면서 처음으로 열정적인 사랑을 경험한 제시카는 그와 헤어지면서 사랑을 잃은 참된 슬픔을 경험했다.

크레이지 타임 동안 제시카는 남편에 대한 분노와 혼란스러운 마음 때문에 둘의 관계가 끝난 것을 진심으로 아쉬워할 여유가 없었다. 하지만 결혼이 끝나면서 무언가 잃어버렸다는 느낌은 있었다. 헤롤드와 만나면서 제시카는 비로소 과거에 대한 슬픔을 정면으로 마주할 수 있게 되었다. 그와 사랑에 빠지면서 제시카는 자신의 결혼생활에서 그리고 어린 시절에서 무엇이 부족했던가를 알게 되었다. 또한 헤롤드와 헤어진 것을 슬퍼하면서 제시카는 어머니와 아버지, 남편, 아이들을 잃은 것을 진심으로 슬퍼하게 되었다. 하지만 가장 큰 수확은 완벽한 사랑과 낭만적인 사랑으로 모든 것을 해결하려던 환상에서 벗어났다는 것이다.

"정말 사랑하는 사람과의 관계가 뜻대로 발전하지 않으면 처음에는 그 사실이 받아들여지지 않아요. 그토록 사랑한다면 영원히 행복하게 사는 것이 당연하다고 생각하니까요. 안 그래요?" 이렇게 말하고 제시카는 다시 미소지었다. 그러더니 슬픈 얼굴로 시선을 돌렸다.

"헤롤드와 헤어졌을 때 난, 내 생애 처음으로 아픔을 느꼈어요. 진심으로 슬프고 괴로웠어요. 마음이 갈기갈기 찢어진다는 것이 어떤 기분인지 그때 처음 느꼈지요. 예전에는 한번도 그런 기분을 느껴 본 적이 없었어요. 정말로 슬퍼해 본 적이 한번도 없었던 거죠. 하지만 헤롤드와의 만남을 통해 나는 많은 것을 배웠어요. 정말 고통스러웠지만 고통을 견디고 살아남는 법도 배웠어요. 심리 치료를 통해 더 많은 것을 배워야 하겠지만 그와의 만남은 고통과 상처를 극복하고 새 삶을 살아가는 것에 큰 힘이 되었어요."

제시카는 헤롤드와의 사랑에 대한 글을 써서 등단 작품으로 발표했다. "헤롤드는 감정적 성장과 작가로서의 성장에 중요한 역할을 했어요. 그와의 관계는 모든 면에서 결정적인 기회가 되었지요. 그를 만나 나는 다시 태어났고 앞으로 영원히 그에게 감사할 거예요. 그와 헤어진 것을 슬퍼한 일 또한 내게는 소중한 경험이었어요. 18살 때 첫 눈에 사랑에 빠지는 것도 멋진 일이지만 31살이 되어서 첫 눈에 사랑에 빠지는 것은 그보다 훨씬 더 멋진 일이더군요."

대부분의 경우 '첫 눈에 반하는 사랑'이 이혼 회복기에 처음 겪는 일은 아니다. 사춘기 시절 누구나 한두 번은 미친 듯 누군가에게 반하고 빠져 본 경험이 있을 것이다. 하지만 지금은 그때보다 나이도 더 먹었고 인생 경험도 더 풍부해졌다. 사랑에 빠지는 것이 어떤 느낌인가는 생생하게 기억나는데 그 열정의 대상에 대해서는 설명하기가 쉽지 않다. 그것이 중요한 요점이다. 우리가 사랑에 빠지는 것은 상대의 마법 같은 매력보다는 자기 자신과 더 관련이 있다. 여러분 모두 한 번쯤은 한쪽에는 환상이 그 반대쪽에는 현실이 놓인 시소를 경험한 적 있을 것이다.

우선 전 배우자를 처음 만나던 순간을 잠시 떠올려 보자. 비행기를 타려고 서 있던 줄에서, 서로 다른 연인과 함께 찾아간 휴양지에서, 자신과 취미가 똑같은 그 사람을 만났던 그 순간의 '짜릿한 느낌'을 여러분은 아마 기억하고 있을 것이다. 이혼한 한 남성은 20대 시절 전처를 만난 일에 대해 이렇게 회상했다. "우리는 처음 본 순간 사랑에 빠졌습니다. 그리고 서로를 말할 수 없이 사랑했습니다."

세상의 모든 연인과 부부는 저마다 아름다운 '러브스토리'를 가지고 있다. 사랑에 빠진다는 것은 상대의 안으로 들어가 동화된다는, 즉 상대와 하나가 된다는 뜻이다. 그것은 결혼의 전제이기도 하다. 결혼식을 통해 부부는 서로 하나가 되었음을 세상에 알린다. 하지만 결혼을 하면 정말로 두 사람이 하나가 될 수 있을까? 이에 대해 앤 리히는 이렇게 말한다. "두 사람이 하나가 된다는 것은 말도 안 되는 소리다. 나는 그런 식의 표현이 싫다. 주례가 신랑에게 신부의 생각을 알아야 하고, 또 신부에게도 신랑의 생각을 알아야 한다고 말하는 소리를 들으면 나는 돌아 버릴 것만 같다. 결혼은 서로 아끼고, 계속 성장하고, 서로를 책임지려는 두 사람의 만남이다."

상대의 안으로 들어가 동화된다는 것은 열정적이고 황홀한 경험이지만 얼른 자신을 되찾지 않으면 그대로 불행의 서약에 발목을 붙잡고 만다. 불행으로 이어지는 많은 결혼이 그렇게 시작되는데, 그에 대해 브래드쇼 민턴은 이렇게 설명한다. "자신의 독립성을 어느 범위까지 인정하는가 그리고 상대의 자긍심을 얼마나 인정하는가가 중요하다. 결혼은 독립적인 두 인격의 결합이다. 따라서 서로의 독립성과 개성을 존중하지 않으면 결혼은 성공할 수 없다."

자신을 찾지 못한 결혼을 시작한 후 10년, 20년이 흘러 이제 여러분은 크레이지 타임을 맞았다. 사랑에 빠져도 행복을 보장받을 수 없다는 것은 누가 알려주지 않아도 이미 잘 알고 있다. 중년에 찾아온 열정을 선뜻 받아들이지 않을 만큼 조심성도 생겼다. 하지만 흔들리는 감정 속에서 그만 일이 벌어지고 말았다. 이미 모든 조짐이 나타나기 시작한 것이다. 그리고 열정의 손아귀에 사로잡히고 말았다. 사회적 규제는 더 이상 여러분과 상관없다. 이제는 억지로 참고 외면할 필요가 없다. 다시 사랑에 뛰어들어도 뭐라 할 사람도 없다. 심리치료사들은 열정을 현실적으로 바라보기 위해서는 상대와 많은 시간을 함께 보내는 것도 한 방법이라고 말한다. 그렇게 하면 환상과 자신의 실제 경험을 조화시키는 법을 배우게 되기 때문이다. 한 손만 가지고는 박수를 칠 수 없다. 열정으로부터 자유로워지기 위해서는 먼저 열정을 받아들여야 한다.

* * *

변호사 톰 마이어스와 변호사 보조 안젤라 브라운의 관계도 그렇게 이어졌다. 톰은 샌프란시스코 최고 법률 회사의 파트너다. 20년의 변호사 생활 동안 그는 회사 최고의 명성을 얻었고, 늘 최고의 판결을 얻어냈다. 하지만 그는 사랑의 대상으로는 적합지 않았다. 잘 생긴 외모에 재미있는 성격 게다가 사람의 비밀을 쉽게 간파하는 변호사의 본능으로 인해 여자들은 쉽게 그에게 빠져들었다. 하지만 그는 겉으로는 자상하고 이해심이 많아 보였지만 감춰진 부분이 있었다. 그는 여자를 사귈 때마다 사납게 화를 냈다. 당시 톰은 아내와 공식적으로 이혼한 상태였다.

안젤라는 금발의 고수머리에 피부가 창백하고, 입술이 얇고 동부 억양으로 속삭이듯 부드럽게 이야기하는 여자다. 결혼 경력이 없는 그녀는 벽을 하나 둘러친 듯 연애하고 시간을 함께 보내도 참모습을 드러내지 않았다. 그래서 남자들은 가질 수 없는 여자라는 이미지 때문에 안젤라에게 쉽게 빠져들었다.

뉴햄프셔에서 대학을 졸업한 안젤라는 서부로 이주해 톰의 법률회사에 취직했다. 그리고 오래지 않아 톰의 담당 사건을 보조하게 되었다. 톰과 안젤라 두 사람은 사건 진행을 위해 늦게까지 사무실에 남아 일하고 밤참을 함께 하는 일이 잦아졌다. 그럴 때마다 톰은 안젤라가 집에 무사히 들어가도록 늘 신경 써 주었다. 함께 일하고 얼마 되지 않아서 두 사람은 성관계를 시작했다. 쉰 살의 톰은 조금은 늙고, 지쳤고, 술을 많이 마셨다. 반면 스물 두 살의 안젤라는 조금 약삭빠른 여자로 결혼을 원하던 남자와의 관계를 막 끝낸 참이었다. 마음에 안 들고 믿을 수 없는 구석이 있었지만 톰은 안젤라와 사랑에 빠졌다. 그 자신도 놀랄 일이었다. 첫 눈에 사랑에 빠진 것이다.

두 사람은 동거를 시작했다. 톰은 그녀와 저녁식사를 하러 나갈 때마다 행복한 밤을 기대했다. 그는 안젤라의 예쁜 얼굴, 말투, 손이 모두 마음에 들었다. 때로는 어린아이 같고, 때로는 무섭게 닦달하는 선생님 같은 모습도 좋았다. 하지만 톰은 혼자 있을 때면 안젤라가 자신을 속이는 것은 아닌지, 점심시간이면 그렇게 오랫동안 밖에 나가 뭘 하는지 궁금했다. 그리고 파티에서 안젤라가 남자들과 웃고 떠드는 걸 볼 때도 톰은 속이 탔다.

신경 쓰이는 것은 그뿐만이 아니었다. 안젤라는 책을 전혀 읽지 않았고, 정치 이야기를 할 때면 지독한 보수파 같은 주장만 했고, 톰이 10년 이상 고용하고 있는 청소부한테 무례하게 굴었다. 그래서 톰은 안젤라에 대해 알면 알수록 그녀와의 불확실한 관계가 신경 쓰였다. 그리고 자신이 예전보다 화를 더 자주 내고, 술도 더 많이 마시고 그녀와의 대화를 피하기 위해 텔레비전을 보는 일이 많아졌다는 사실도 깨달았다.

두 사람의 관계는 몇 년 동안 계속되었다. 톰은 과거에 만난 여자들과 좋은 관계를 유지하지 못했다. 게다가 시간이 갈수록 새로 여자를 만날 가능성은 줄어들 게 분명했다. 그는 더 이상 잘 나가는 청춘이 아니었다. 톰은 진지한 관계를 원했다. 하지만 그와 안젤라는 이별과 재결합을 계속해야 했다. 싸우고 다시 화해하면서 서로를 조심하는 마음은 커졌지만 사랑은 조금씩 줄어들었다. 둘의 관계는 정해진 코스를 따라갔다. 톰은 안젤라와의 관계를 계속 끌어가기를 바라지 않는다는 걸 깨달았고 결국 그녀와 헤어졌다. 그러는 동안 톰은 사랑을 두려워하지 않게 되었다. 자신을 드러내도 기가 센 여자한테 휘둘리지 않는다는 것을 알게 되었던 것이다. 그리고 언제 여자를 받아들여야 하는지 그리고 언제 거절해야 하는지도 알게 되었다. 이제야 톰은 여자들로부터 진정으로 자유로워졌다. 그리고 사랑에 있어 자신을 믿을 수 있게 되자 남도 믿을 수 있게 되었다. 이제 톰은 여자를 대하는 것에 있어 훨씬 마음 편해질 것이다.

'첫 눈에 반한 사랑'을 경험하고 나면 엄청난 자신감이 생긴다. 사랑에 빠지고, 영원한 사랑을 맹세하지만 그 사랑이 깨어지는 과정이 비교적 짧은 시간 안에 진행된다. 즉 그러는 동안 현실과 이상 사이의 균형 감각을 배우게 되는 것이다. '첫 눈에 반한 사랑'은 결혼과 이혼의 심리적 소우주다. 짧은 연애를 극복하고 성장하는 과정은 이혼을 극복하는 것에 큰 도움이 된다. 하지만 크레이지 타임 동안의 사랑에는 어두운 면도 있다. 자칫하면 '첫 눈에 반하는 사랑'이 평생의 습관이 될 수도 있기 때문이다. 그러면 그저 사랑에 빠지기만 할 뿐 그 이상의 관계로 발전하지 못한다. 진지한 관계로 발전할 만큼 오래 관계를 유지하지도 못하고, 관계가 끝나도 진정으로 슬퍼하지 못한다. 그저 순간의 기쁨만 즐길 뿐이다. 짜릿한 사랑의 징후만 좇는 '열정 중독자'가 되는 것이다. 그래서 순간의 낭만적인 사랑이 없으면 견딜 수가 없어서 끊임없이 새로운 사랑을 찾아 헤맨다.

'열정 중독' 역시 이혼 파멸 상태의 한 모습이다. 이런 상태가 되면 자신이 하는 일에 대해 책임감을 느끼지 못한다. '우리 사이가 너무 부담스럽다'는 말로 모든 것을 끝내려 하고, 아무 결정도 내리려 하지 않는다. 그러면서 또 다시 '첫 눈에 반한 사랑'을 찾아 헤맨다. 열정 중독자는 여러 상대와 관계를 갖는 사람과 비슷하다. 즉 둘 다 '벌새' 단계에 얽매여 이 사람한테서 저 사람한테로 떠돌아다닌다. 그리고 둘 사이에 차이가 있다면 열정 중독자는 끊임없이 사랑에 빠진다는 것이다. 하지만 시간이 지나고 쉴새없이 새로운 사랑을 시작하다 보면 그 둘 사이의 차이는 거의 사라진다. 주말 이틀만에 끝나는 관계를 '첫 눈에 반한 사랑'이라고 해야 할까? 아니면 황홀한 일회성 관계라고 해야 할까?

일반적으로 열정 중독자는 결혼생활 동안 수동적이고 복종적인 역할을 하던 사람이기 쉽다. 다시 말해 그런 사람은 자신을 대신해 세상을 바로 잡아 주고, 길을 인도해 줄 누군가가 필요하다. 지금 여러분은 이혼 때문에 힘든 시간을 보내고 있고 전 배우자와의 관계가 잘 풀리지 않아 모든 문제는 상대를 잘못 고른 이유 때문이라고 생각한다. 그래서 지금보다 더 나은 상대, 나를 행복하게 해 주고, 나를 진정으로 사랑해 줄 사람만 만나면 모든 게 해결될지도 모른다는 생각이 든다. 그래서 완벽한 상대를 찾아 나섰다가 덜컥 사랑에 빠졌다. 크레이지 타임을 극복하는 것에 그럴듯한 해결책처럼 보이지만, 그대로 가다간 '한 눈에 반한 사랑' 증후군에 갇힐 수 있다.

* * *

캐롤린 채프먼은 오랫동안 열정 중독자였다. 그런데 하마터면 자신을 미치게 만들 뻔했다. 30대 후반의 캐롤린은 생활용품 생산업체 부사장인 아버지와 한번도 직장생활을 해 본 적 없는 전형적인 전업주부인 어머니 밑에서 자랐다. 그녀는 어려서부터 부모가 정해 준 대로 요트와 무용을 배웠고, 동부의 대학에 진학했다.

20대에 캐롤린은 완벽한 결혼 상대인 27세의 존 핼롬을 만났다. "그때 나는 갓 대학을 졸업했고 그 남자가 나를 완벽한 사람으로 만들어 줄 것이라는 생각이 들었어요. 그는 내게 책을 선물했고, 예술과 시에 관심을 갖도록 이끌어 주었어요. 우리는 정말 멋진 생활을 했어요. 스키도 타고 아스펜(콜로라도 주의 유명한 겨울 리조트 지역 - 옮긴이)에 멋진 별장도 샀어요."

당시 캐롤린은 완벽한 결혼생활을 지키기 위해 남편 말이라면 무조건 복종했다. 그녀는 남편이 '영원히 행복하게 살았다'라고 적어 주기를 기다리는 백지나 다름없었다. 그런데 왜 둘 사이가 원만하게 계속되지 못했을까? 캐롤린과 존에게는 문제가 있었다. 대수롭지 않은 것이라 설명하기는 힘들지만 캐롤린은 하여튼 뭔가 잘못되었다고 했다. 그러다 한참만에 그녀는 이렇게 털어놓았다. "다른 남자들한테 끌린다는 게 문제였어요. 성관계까지 이어진 것은 아니고 그저 가볍게 웃고 이야기와 눈빛을 교환하는 정도였지만 나는 굉장한 죄책감을 느꼈지요. 결혼했으니 성적인 관심은 오직 남편에게만 국한되어야 한다고 생각했는데 그게 뜻대로 안 되는 거예요. 나는 다른 남자들에게 끌리는 마음 때문에 너무 혼란스러웠어요. 그래서 남자들이 접근하면 나는 먼저 유부녀라고 밝혔지요. 그런데도 남자들은 상관없다고 했어요. 그 말을 듣고 나는 큰 충격을 받았어요. 나 혼자는 더 이상 어쩔 수 없다는 생각에 결국 전문적인 도움까지 받게 되었지요."

캐롤린은 기본적으로 대단히 현실적인 여자였지만 풍족했던 어린 시절이 그녀를 구속했다. 그래서 정해진 대로 사는 생활에 익숙해 있던 캐롤린은 자신이 혼란스러워 한다는 사실에 어찌할 바를 몰랐다. 삶이 자기 멋대로 돌아가는 것만 같았다. "우리 사이에 왜 문제가 있는지 알 수 없었어요. 우리는 모든 것을 제대로 했는데 왜 행복하지 못했던 걸까요?"

캐롤린은 인근에서 제일 유명한 심리치료사를 찾아갔다. 그는 30년 전 자폐증 아동과 조울증에 대한 치료로 대단한 명성을 쌓은 60대 남자로 마치 장군 같은 모습이었다.

"첫 번째 상담에서 나는 눈물을 쏟았어요. 그는 내 등을 다독이며 진정하라고 달래 주더군요. 두 번째 상담 때 나는 그에게 '내 등을 다독여 줄 때 당신에게 끌렸어요'라고 말하자 그는 '그런 감정은 걱정하지 마라, 그것은 지극히 정상적인 반응이다'라고 말했어요. 그런데 세 번째 상담 때 그는 내게 '옷을 벗으라'고 하더군요."

수동적이고 복종적인데다 자신을 인도해 줄 사람이 모든 것을 안다는 자기 최면에 걸려 있던 캐롤린은 심리치료사의 말을 무조건 따랐다.

"그에게 상담비가 얼마나 나올지 물어 본 적이 있어요. 그런데 그는 영화배우나 정치인들을 주로 치료하기 때문에 상담비가 비싸지만 우리 가족과의 친분을 생각해서 무료로 상담해 주겠다고 하더군요. 그와 성관계를 시작하면서부터 나는 이 사람이 언제쯤이면 나의 상태를 분석해 줄까, 궁금했어요. 나는 성관계도 치료의 한 부분이라고 생각했지요. 그것만 봐도 당시 내가 얼마나 복종적이고 수동적이며 정신이 이상했는지 알 수 있어요. 나는 그에게 전권을 위임한 것이나 마찬가지였어요. 그가 나를 대하는 것이 마법 같은 치료법이라고만 믿었고 나는 마법처럼 모든 것을 완벽하게 만들어 줄 사람이 필요했으니까요."

오래지 않아 그녀의 삶은 엉망이 되었다. 남편이 그녀와 심리치료사의 관계를 알아차리고 핵폭탄처럼 폭발한 것이다. 그는 캐롤린에게, 심리치료사에게 그리고 캐롤린의 가족에게 분노했다. 그리고 즉시 이혼하고 다시는 캐롤린을 만나지 않았다. 결혼 8년만의 일이었다. 캐롤린은 혼자 남겨진 채 혼란에 빠졌다. 대체 내가 무얼 잘못한 거지? 아주 서서히 그녀는 가만히 누워서 구원의 손길이 다가오길 기다리는 대신 제 발로 일어서 스스로 결정할 수 있는 사람으로 변했다. 그렇게 되기까지 약 10년이 걸렸다. "내 스스로 생각하고 결정할 수 있는 사람이라는 것을 미처 몰랐어요. 그 정도로 나는 복종적이고 수동적이었어요."라고 캐롤린은 말했다.

이혼하고 나니 모든 것이 엉망이 되었다. 캐롤린은 만나는 남자마다 관계를 가졌다. 새로운 심리치료사와도 관계를 가졌고, 미술학원 강사, 옆집 남자까지, 상대를 가리지 않았다. 사진작가와 동거를 하는 동안에도 늙은 교사와 몰래 잠자리를 함께 했다. "충동을 억제할 수 없었어요. 그때 나는 너무 화가 나 있었고 내 자신이 싫었어요. 자신감도 없었고요. 그러다 믿을 수 없을 정도로 잘생긴 이 남자를 만났어요. 그는 40대로 마른 몸매에 고수머리를 하고 눈이 반짝이는, 소년 같은 모습이었어요. 우리는 말리부에 있는 그의 집에서 5일을 함께 보냈어요. 그때는 그가 그리스로 여름 휴가를 떠나기 직전이었지요. 나는 그를 통해 비로소 내가 되고 싶던 모습의 여자가 된 느낌이 들었어요. 그의 안에 있던, 아무도 건드리지 못한 부분을 내가 건드렸던 것 같아요. 그 사람도 내게 그렇게 해 주었으니까요. 우리는 나란히 누워서 미래에 대해 이야기했어요. 그리고 그가 여름휴가를 떠난 후 나는 드디어 내게도 제대로 된 사랑이 찾아왔다는 환상에 빠졌어요. 그래서 그가 돌아오면 멋진 주말을 보낼 계획을 세웠어요. 그렇게 말하고서 캐롤린은 잠시 말을 멈췄다. "그가 돌아왔어요. 그런데 옛 애인들한테 전화를 시작하더군요." 캐롤린은 더 이상 말을 하지 않았다.

'첫 눈에 반한 사랑'이 깨졌다. 하지만 충동을 이기지 못하고 관계를 가졌던 다른 사람들과 달리 이번 만남은 캐롤린에게 큰 변화를 안겨 주었다. 생애 처음으로 사랑이 해결책은 아니라는 것을 깨닫게 된 것이다. 그때부터 캐롤린은 자신의 인생에 책임감을 갖기 시작했다. 몇 달 후, 그녀는 두 가지 중대한 결심을 했다. 하나는 대학원에 진학하는 것이고 또 하나는 여성 심리치료사에게 상담을 받는 것이었다. 그것은 캐롤린에게 있어 중요한 출발점이 되었다. 그러는 동안에도 남자들과의 관계는 계속되었고, 그 관계들은 모두 처음에는 마음이 잘 맞고 공감대가 형성되면서 시작되었다. 알코올중독 직전에다 결혼과 별거의 어중간한 상태이면서 자신을 정부의 테러 진압 특수요원이라고 소개하고 독일인 애인에 대해 떠들던 남자도 있었다. 그리고 유태계 수의사로 토끼를 기르고 하이네의 시를 읽는 남자도 있었고, 금발의 미남 증권 중개업자와는 주말 동안 함께 하와이 여행도 갔다.

쉴새없이 남자를 갈아치우며 연애를 즐기는 생활은 그 뒤로 몇 년 동안 계속되었다. "남자만 보면 반하고 빠져드는 것이 나도 지겨웠어요. 중년이 다 된 여자가 아직까지 아무 남자한테나 반하다니, 말도 안 되는 일 아니에요?"

그 당시 캐롤린은 첫 눈에 남자한테 반하고 생각 없이 잠자리를 함께 하던 '벌새' 단계였다. 그러다 '침몰' 단계로 넘어가면서 우울증에 빠지고 자신한테 화가 났다. 캐롤린은 자신의 생활이 싫었다. 남자들과의 관계가 계속되는 동안에도 그녀는 석사학위를 얻었고 대학에서 남미 역사를 가르치기 시작했다. 박사학위논문을 위한 조사를 시작하면서 과테말라 여행도 계획했다. 일을 위해 스스로 선택하고 결정하는 것에 익숙해지면서 캐롤린은 정신적으로 그리고 감정적으로 강해졌다.

그리고 몇 년이 더 지난 후, 크리스마스 파티에서 캐롤린은 동그란 안경에 잿빛 머리를 한 UCLA의 물리학자를 만났다. 그는 기타를 연주하고 작곡도 한다고 했다. "또 다시 첫 눈에 반한 사랑이었어요." 캐롤린은 웃으며 그렇게 말했다. 하지만 이번에는 천천히 시작했고 진짜 사랑이 맞는지 거듭 확인했다. 두 사람은 헤어졌다 다시 만나기를 반복했다. 그리고 그 사이 캐롤린은 혼자서 시리아 여행도 했다. 그는 자신의 일에 열중해 밤늦게까지 연구실에 남아 있는 일이 잦았다. 그래서 캐롤린 역시 자기 일을 갖고 그 일에 몰두하기를 원했다. 캐롤린이 '날 행복하게 해 줘요.' 하고 바라는 어린 소녀 같은 행동 패턴을 반복하려 해도 그는 받아들여 주지 않았다. 그와의 관계는 캐롤린에게 아주 새로운 것이었다. 그를 사랑하고 그에게 끌리면서도 자신을 잃지 않았다. 이제 캐롤린은 남자에게 마구잡이로 빠져드는 버릇에서 벗어나게 되었던 것이다. 그와의 관계에서 자신을 잃지 않으니 자신을 찾기 위해 또 다른 남자를 찾아 나설 필요도 없었다. 몇 년의 동거를 거치고 두 사람은 결혼했다. 드디어 캐롤린은 과거의 껍질을 깨고 새로 태어났다.

'첫 눈에 반하는 사랑' 증후군에서 평생 빠져나오지 못하는 사람들도 있다. 그들의 삶은 발작적인 열정과 오랜 기간의 복종이 연속되는 듯 보인다. 그들은 스스로 결정하거나 선택하려 하지 않는다. 자신의 직업부터 아이들 문제까지, 우연히 일어난 일인 양 받아들인다. 그리고 한동안 그런 생활을 계속하다 '우연히' 사랑에 빠진다. 그로 인해 인생이 완전히 바뀐다. 배우자를 떠나고, 직장을 바꾸고, 멀리 이사하기도 한다. 그래서 5~6년 정도 새로운 생활을 하다 또 다시 새로운 사랑에 빠진다. 그러면 또 인생이 바뀐다. 이런 사람은 열정에 자신의 운명을 맡긴다. 의식적으로 인생을 설계하고 선택하는 것이 아니라 열정이 이끄는 대로 무작정 쫓아간다. 그래서 사는 게 힘들어지고, 운명에 만족하지 못하면 새로운 삶을 안겨 줄 것 같은 다른 사랑을 찾아 나선다. 그런 사람은 '벌새' 단계에서 벗어나지 못한 사람이며 '열정 중독자'이다.

* * *

60세의 제럴드 핸슨도 거의 인생을 망칠 뻔했다. 그에게는 여자들의 모성 본능을 자극하는 어린아이 같은 면이 있었다. 그래서 동료들의 아내는 늘 그를 식사에 초대하고 그를 걱정했다. 아파트에서 혼자 살면서 밥은 제때 챙겨 먹을까? 괜찮은 여자를 소개해 주는 건 어떨까? 하고 모두들 한 마디씩 했다.

제럴드는 열일곱 살 때 결혼해서 인디애나폴리스 시장 사무실에 취직했다. 그의 아내는 교외에서 아이들과 함께 살았고, 제럴드는 일만 파고들었다. 그는 날마다 카풀을 이용해 교외에서 시장 사무실로 출근했는데 함께 차를 타던 여자와 사랑에 빠지고 말았다. "서너 달이 지나자 도저히 견딜 수가 없었습니다. 나는 그녀의 생각만 해도 마음이 아팠습니다."라고 제럴드는 말했다. 두 사람은 열정적으로 사랑을 나눴다. 제럴드는 그녀가 남편을 떠나길 바랐다. 그리고 제럴드 자신 역시 이제 아무 의미도 없는 아내 곁을 떠나는 것은 시간 문제라고 생각했다. 그의 연인은 남편을 떠나지 않았지만 제럴드는 고등학교 시절 만난 아내와의 결혼생활을 계속 지켜 나갈 수 없었다. 결국 그는 집을 나와 인디애나폴리스의 한 아파트로 이사했다. 그리고 오래지 않아 교사인 새 여자를 만났다. "처음 입맞춤을 했을 때 나는 감전된 듯한 느낌이 들었습니다." 제럴드는 그녀의 성적 매력에 빠져들었고 섹스로 인해 두 사람은 떨어질 수 없는 사이가 되었다. 당시 두 사람은 스물 여덟 살 동갑이었다. "그녀는 내게 어머니 같은 존재였습니다." 둘은 결혼했지만 영원히 행복하지는 못했다. 제럴드는 그녀에게 싫증이 났고 무미건조한 생활이 다시 찾아왔다. 그는 또다시 일만 파고들었다. 그리고 또다시 예전 같은 일이 반복되었다. 경찰의 아내와 사랑에 빠진 것이다. 두 사람은 공공연하고 요란하게 연애를 했다. 그 무렵부터 제럴드는 술을 마시기 시작했고 아내를 괴롭혔다. 두 사람은 말도 거의 하지 않았다. 오래지 않아 제럴드는 이혼했고 클리블랜드에 있는 주 교통부에 새 일자리를 얻었다.

그 뒤로도 제럴드는 같은 패턴을 두 번이나 반복했고 쉰 다섯 살이 될 무렵에는 밑바닥까지 떨어졌다. 그는 직업도 없이 알코올 중독에다 전처는 넷이나 됐다. 전처들 모두 엄마처럼 자신이 그를 얼마나 사랑하는지 아느냐며 그의 삶에 간섭했다. 제럴드는 알코올중독 치료를 시작했다. 그 뒤로 5년 동안 그는 포도주 한잔 입에 대지 않았다. 전처들과도 사이좋게 지내고 그 외에도 많은 여자들과 친구처럼 지냈다. 제럴드는 여자라면 도저히 외면할 수 없는 남자였다. 그는 자상했다. 여자들은 그의 몽상가 기질에 매력을 느꼈다. 그는 현실과는 어울리지 않는 사람이었다. 하지만 친절하고, 여자들이 관심을 가질 만한 이야기를 좋아했다.

제럴드는 술보다 사랑에 빠지는 버릇을 극복하기가 더 힘들었다. 그는 여전히 새로운 사랑을 찾고 있지만 과거의 경험으로부터 몇 가지 교훈을 얻었다. 그래서 더 이상은 술을 마시지 않는다. 금주 모임에 나가면서 생활도 통제할 수 있게 되었다. 마침내 버스 회사에 새 일자리도 얻었다. 그러니 이제는 다시 사랑에 빠져도 예전 같지는 않을 것이라고 그는 말했다.

사랑에 빠지는 것처럼 멋진 일은 없다. 이혼에서 회복하기 위해 사랑은 필수적인 경험이다. 사랑을 통해 자신이 다시 열정적으로 사랑할 수 있는지 확인해야 한다. '첫 눈에 반하는 사랑'에 어떻게 대처해야 하는 가도 배워야 한다. 그리고 열정의 한계도 알아야 한다. 그것이 현대 결혼의 모순이다. 오로지 사랑만으로 결혼을 시작하면 언제든 새로운 사랑이 찾아왔을 때 이혼의 충동을 느낀다. 경험을 통해 환상과 현실이 다르다는 것을 알아야 사랑뿐만 아니라 결혼도 지킬 수 있다.

제 14 장

재혼 그리고 두 번째 이혼

재혼을 하게 되었다. 하객들이 찾아오고 아이들은 즐겁게 웃는
다. 그리고 귀에 익은 주례사가 들린다. "죽음이 두 사람을 갈라놓
을 때까지 서로 아끼고 사랑하며……." 그 순간 등골이 오싹해진다.

많은 사람들에게 이혼은 결혼에서 또 다른 결혼으로 넘어가는 '중
간' 과정이다. 통계에 의하면 이혼한 남녀의 75퍼센트가 재혼하고 그
것은 대개 이혼 후 2년에서 3년 안에 이루어진다. 그리고 별거나 이
혼한 사람들 중 상당수가 법적 구속력과 상관없는 동거를 한다. 40세
에서 44세 사이 남성의 재혼율이 같은 연령대 여성의 2배에 달하며,
나이가 들수록 재혼율이 낮아지는데 특히 여성의 경우가 더 심하다.

재혼에는 '재 이혼'이라는 위험이 따른다. 즉 재혼했다고 해서 자
동적으로 이혼에 대한 감정 정리가 끝나는 것이 아니다. 오히려 그
반대인 경우가 더 많다. 통계에 의하면, 이혼 경험자의 재 이혼율
이 이혼 무경험자의 이혼율보다 훨씬 더 높다. 다시 말해 재혼 부
부의 약 25퍼센트가 5년 안에 이혼한다. 더 심각한 것은 재혼의 횟
수가 늘어날수록 이혼의 위험성도 덩달아 늘어난다는 사실이다. 그
러니 재혼이 이혼을 극복한 승리의 결과라고는 결코 말할 수 없다.

심리적 이혼에 성공해야 재혼에 성공할 수 있다. 하지만 대부분
의 사람들이 이혼에 대한 심리적 회복기를 겪지 않고 곧바로 재혼
한다. 그 사실을 입증하는 예로, 재혼 부부의 20퍼센트가 재혼한
그 해에 이혼한다. 즉 이런 통계는 여러분이 과거의 패턴을 반복
할 수도 있음을 암시한다. 신혼이 끝나자 익숙했던 기분이 되살아

난다. 깨닫지는 못했지만 여러분은 아직도 과거에 얽매여 있고 지난 결혼에서 맺은 불행의 서약에 얽매여 있다. 이에 대해 로버트 커쉬는 다음과 같이 말한다. "사람들이 같은 행동을 반복하고 또 반복하는 것을 여러 번 보았다. 이혼을 하고도 결혼생활에서 완전히 벗어나지 못하는 태도 때문에 새로운 상대를 만나도 똑같은 패턴을 반복하게 된다." 즉 이런 상태로는 누구를 만나도 원만한 관계를 유지할 수 없다. 새로운 사람과 결혼했다. 예전 배우자와는 얼굴도 다르고, 몸도 다르고, 살아온 과거도 다른데 이상하게 예전 결혼생활 때와 똑같은 일들이 다시 벌어진다.

이쯤 되면 여러분 스스로 위기의식을 느껴 많이 변하고 재혼 생활 속에서 이전 결혼에 대한 이혼 과정을 끝맺어야 한다. 그렇지 않으면 '상습 재혼자(Remarriage recidivist)'가 되어 지난 결혼과 똑같은 실수를 되풀이하고 또 다시 불행에 빠지게 된다. 그것 역시 이혼 파멸 상태의 한 형태이며, 마치 회전문에 들어선 것처럼 같은 일을 반복하게 된다.

재혼한 사람들을 보면 놀랄 때가 많다. 많은 수가 이전 결혼에서와 같은 행동을 반복하기 때문이다. 그리고 친구들은 그런 사실을 쉽게 파악하는데 정작 본인은 그것을 모른다.

지금 여러분은 막 재혼한 친구와 처음으로 저녁식사를 함께 하러 왔다. 친구는 미소를 짓고 큰 소리로 웃기도 하면서 이야기를 한다. 여러분은 친구의 전처를 알고 있다. 그녀는 각진 얼굴에 긴 머리를 한, 돈이 엄청나게 많은 여자였다. 그래서 결혼생활 내내 그녀가 지배적인 위치를 차지하고 주도권을 쥐고 흔들며 친구를 대기업 중역으로 성공시켰다. 하지만 친구는 아내 곁에만 있으면 자신이 아무것도 아닌 것처럼 느껴진다고 불평했고 결국 다른 여자와 사랑에 빠졌다. 그리고 지금 여러분은 친구의 새 여자를 처음 만났다. 그녀 역시 각진 얼굴에 머리가 길고 집안이 부자란다. 게다가 여자의 아버지는 대기업 회장이고 그녀는 친구의 전처보다 열 다섯 살이나 어리다. 겉으로 보기에 친구는 분명 새로운 인생을 시작했다. 18년 동안 함께 산 아내를 버리고 아주 젊은 여자와 재혼했다고 주위 사람들은 수군댄다. 하지만 친구와 새로운 여자의 관계를 자세히 들여다보면 별로 달라진 게 없다. 그녀는 친구에게 잘 했다고 칭찬하면서 스테이크를 구워라, 와인을 가져와라, 하고 일일이 지시한다. 그러면 친구는 미소를 지으며 그녀가 시키는 대로 따른다. 이쯤 되면 여러분 머리에는 이런 생각이 떠오를 것이다. '전처와 함께 살 때도 저렇게 행동하더니 또 그러네.'

분명히 다른 여자인데도 친구가 새로 만나는 여자는 그의 전처와 생김새도 똑같고, 생각하는 것도 똑같고, 행동하는 것도 똑같다. 다른 점이 하나 있다면 친구가 싱글벙글 웃고 있다는 것뿐이다. 대체 뭐가 어떻게 된 거지? 더 놀라운 것은 친구가 새 여자와 전처가 얼마나 닮았는지 그리고 예전 결혼과 지금 새 여자와의 관계가 얼마나 닮았는지를 전혀 모른다는 사실이다. 친구는 적어도 한동안은 그런 사실을 깨닫지 못할 것이다.

과거의 감정 패턴에서 벗어나기란 쉬운 일이 아니다. 특히 자신이 어떤 감정 패턴을 가지고 있는지 모를 경우에는 더욱 힘들다. 대부분의 사람들이 남녀 관계에서 자신이 무의식적으로 따르는 심리 패턴을 인식하지 못한다. 그래서 때로는 새로운 관계를 시작하면서 비로소 자신이 어떤 심리 패턴을 따르는지 알게 되는 경우도 있다. 같은 상황이 계속될 때는 그것을 깨닫기가 쉽지 않기 때문이다.

운이 좋을 때는 재혼하기 전에 과거의 심리 패턴에서 벗어날 수도 있다. 결혼생활에 쏟는 만큼의 감정을 '투자'하는 연애를 통해, 즉 남녀관계를 훈련하면서 자신만의 심리 패턴을 파악하는 경우가 바로 그것이다. 하지만 대개는 법적 결혼을 통해 자신을 돌이켜보면서 비로소 심리 패턴을 파악하게 된다.

'상습 재혼자'들은 과거의 감정 패턴을 유지한 채 새로운 남녀관계를 시작한다. 그렇다고 해서 전 배우자와 붕어빵처럼 똑같은 사람과 재혼한다는 뜻은 아니다. 똑같이 반복되는 것은 겉으로 보이는 모습이 아니라 상습 재혼자들의 심리 패턴이다. 즉 친밀한 관계에 대한 내적 갈등은 아직도 해소되지 않았다. 예전 배우자와 비슷한 점이 있고, 예전의 감정 패턴을 받아 주는 상대를 새 배우자로 선택한 것뿐이다. 그래서 상황은 바뀌어도 기본적인 갈등의 진행 양상은 똑같다. 가장 큰 문제는 그런 사실을 자신이 전혀 인식하지 못한다는 것이다.

* * *

피터 웰포드는 '상습 재혼자'다. 그는 다섯 번이나 결혼했고 매번 비슷한 이유로 갈등을 겪었으며, 재혼 횟수가 늘어날수록 갈등의 폭도 커졌다. 요트 선장 같은 외모의 피터는 영국 억양이 약간 섞인 말투로 여러 나라의 말을 능수 능란하게 구사했다. 그리고 대학 총장이나 재미 대사들과 식사를 함께 하고 주말은 유명한 기업인들과 함께 보냈다.

유서 깊지만 가세가 기울어 가는 영국 가문에서 태어나 돈 한 푼 없이 자존심만 물려받은 피터는 1937년 미국 로드아일랜드의 브라운 대학에 장학생으로 입학했다. 그는 영국식 말투와 유럽식 태도 덕분에 동부 상류층에서 쉽게 자리를 잡았고, 이후 파티며

시 낭송회, 폴로 경기, 일요일 오찬 모임에 수시로 초대받았다. 하지만 피터에게는 감추고 싶은 비밀이 있었다. 그것은 돈 한 푼 없는 외국인의 신분으로 자신을 초대해 준 사람들 덕분에 간신히 체면을 유지한다는 것에 대한 자괴감이었다. 피터는 이것만은 결코 들키고 싶지 않았다. 피터는 장학금을 얻기 위해 교수들의 비위를 맞춰야 하는 것도 달갑지 않았지만 대학에 계속 다니기 위해서는 어쩔 수 없는 일이라고 생각했다. 피터는 외톨이에 고아 같은 신세라는 걸 들키지 않기 위해 어디서든 사람들을 이끌며 지배자 역할을 도맡았다. 당당한 리더 역할에 익숙해진 피터에게는 고아이자 외톨이라는 속마음을 다스릴 일이 남아 있었던 것이다.

브라운대학 3학년 시절 피터는 로드아일랜드 주 프로빈스 출신의 부유하고 아름다운 금발 아가씨 카산드라 그레이브스와 사랑에 빠졌다. 피터는 그녀와 함께 파티에 가고, 멋진 사랑의 시도 읽어주었다. 카산드라는 피터가 미남에 시를 좋아하고 세상에 밝은 남자라고 생각했다. 그 무렵 피터는 미국 시민권을 획득했고 대학 졸업과 함께 카산드라와 결혼했다.

두 사람의 불행의 서약에서 피터는 현명한 스승이었고, 카산드라는 순진한 제자였다. 즉, 피터가 지배적인 위치를, 카산드라는 복종적이고 수동적인 위치를 맡았다. 결혼 첫 해에 두 사람은 딸을 얻었다. 하지만 1944년 늦은 여름, 상류층들이 뉴포트에서 휴가를 보낼 때 피터는 입대해 독일로 파병되었다. 그리고 그의 부대가 베를린으로 진군하는 사이 고향에 있던 카산드라는 뉴포트로 가던 중 자동차 추돌 사고로 즉사했다.

피터는 만신창이가 되었다. 비록 2년의 짧은 시간이었지만 그는 아내를 사랑했고 결혼생활은 너무도 행복했다. 그는 카산드라와의 결혼으로 모든 것이 완벽해졌다고 생각했기에 현실을 믿을 수가 없었다. 이제 아내도, 미래에 대한 꿈도 사라졌다. 전쟁이 끝난 후 피터는 뉴욕의 해외 정책 연구소에서 근무하게 되었다. 카산드라의 부모는 외손녀를 맡아 기르면서 피터에게 생활비를 지원해 주겠다고 약속했다. "뉴욕은 아이를 키울 곳이 못되거든요."라고 피터는 설명했다. 그는 매년 여름을 뉴포트에서 보냈다. 푸른 블레이저 재킷에 희끗희끗한 머리의 피터는 '뉴요커'지와 '이코노미스트'를 읽고, 장인과 마샬 정책에 대해 이야기했다. 하지만 장모는 그에게서 고아 같은 기질과 책임을 회피하려는 모습을 간파했다. "피터한테는 어린아이 같은 구석이 있어요." 장모는 장인에게 그렇게 말했다. 어쨌든 손녀를 기르는 것도 자신들이었다.

첫 아내의 죽음으로 인해 피터는 외톨이라는 속마음을 보살필 기회를 놓친 채 익숙해진 리더 역할만 반복하게 되었다. 그래서 그는 여자를 만날 때마다 늘 스승, 지배자, 왕자 역할을 했다. 여자들은 그의 지혜와 세속적인 화려함을 우러러 보았다. 물론 처음에는 이런 관계가 잘 통했다. 카산드라와도 그랬으니까. 때문에 피터는 자신의 태도를 바꾸려 하지 않았다. 그는 자신의 나약한 면을 절대 드러내지 않았다. 카산드라의 죽음으로 인해 지배자 같고 왕자 같은 태도가 더 공고해졌지만 언젠가는 고아 같은 기질이 드러나리라는 것을 피터는 미처 몰랐다.

1950년 피터는 재혼했다. 상대는 뉴저지 주 쇼트힐스 출신으로 카산드라와 비슷한 배경에 막 레드클리크 대학을 졸업한 그웬이었다. 피터는 그녀에게 완전히 반했다. 카산드라가 떠난 후에 다시 사랑에 빠지다니…… 이제부터는 모든 것이 잘 풀릴 것 같았다. 피터는 전후 유럽의 정치며 입체파 미술, 이탈리아 피렌체 근교의 아름다운 식당 등에 대해 그웬에게 이야기했다. 해외 주재 기자가 꿈이었던 그웬에게 피터는 해외 생활에 대한 대리만족을 안겨 주었고, 그웬은 피터에게 순수와 젊음을 안겨 주고 오래된 꿈을 다시 실현시킬 기회를 주었다.

카산드라와 함께 할 때 그랬던 것처럼 처음에는 모든 것이 완벽했다. 피터는 지배자이고 세상일에 밝은 왕자였다. 그러다 두 사람이 모르는 사이에 피터는 서서히 외톨이 고아의 본모습을 드러내기 시작했다. 감춰 두었던 속마음을 치유하기 위해 피터가 역할을 바꿔 버린 것이었다. 그는 엄마를 그리워하는 꼬마로 변했다. 피터가 처음에 보여 주었던 지배자답고 왕자다운 모습은 그가 영원히 유지할 수 있는 것이 아니었다. 그는 불행의 서약을 재조정할 생각은 않고 자기 마음대로 역할을 바꿔 버렸다. '새 아내'라는 보상을 얻은 그는 겁먹은 듯 큰 눈에 수동적인 아내에게 자신을 돌봐 주고 모든 것을 대신해 주는 엄마의 모습을 요구했다.

결혼 10년 만에 둘은 이혼했다. 그웬은 피터가 형편없는 사람이고 자신을 돌아 버리게 만든다고 했다. 그에 대해 피터는 이렇게 말했다. "왜 그렇게 됐는지 모르겠습니다. 그웬이 변했습니다. 우리가 처음 만났을 때는 상냥하고 착한 여자였는데 결혼하고 나더니 바가지만 긁는 못된 여자로 변하더군요. 저녁 먹고 대화라도 할라치면 그웬은 '또 시작이네.' 하고 쏘아붙이고 방으로 들어가 버렸습니다. 정말 견디기 힘들었습니다. 그러면서도 내가 집에 늦게 들어오거나 파티에서 즐거워하면 역시 또 화를 냈습니다. 그 때문에 이혼하고 나서 얼마나 속이 후련했는지 모릅니다."

피터는 그웬이 왜 변했는지 아직도 모른다. 하지만 그의 이혼은 예견된 것이었다. 피터는 사내아이들 마냥 '엄마' 품을 벗어나 새로운 여자를 찾았다. 그러자 '엄마'가 그를 버렸다. 그웬은 아이처럼 구는 피터한테 질려 결혼 10년 만에 상냥하던 소녀에서 바가지 긁는 못된 여자로 변한 것이다. 그런데 그 뒤로도 피터는 전혀 변하지 않았다. 1960년대 후반에 그는 미시간 주 그로프 포인트 출신의 골수 반전 운동가와 세 번째로 결혼했지만 5년 만에 헤어졌다. 그 다음에는 헝가리 출신의 국제은행 경제학자와 몇 년 동거했다. 새로운 여자를 만날 때마다 나이 차이는 늘어났지만 함께 산 횟수는 반대로 줄어들었다. 피터는 여전히 겉모습은 유럽 귀족이지만 속은 제멋대로인 어린아이였다.

네 번째 아내인 엘렌은 피터보다 무려 스무 살이나 연하였고 피터가 지금껏 상대한 여자들에 비하면 출신을 내세우기가 부끄러울 정도의 여자였다. 네브래스카의 작은 도시에서 자란 엘렌은 시카고 대학에서 경제학을 전공하고 1975년 뉴욕 시 은행에 취직했다. 늘 그렇듯 처음에는 피터가 세상에 대한 해박한 지식으로 그녀를 사로잡았다. 보들레르의 시와 잘츠부르크의 성들, 보호관세, OPEC 등에 대해 이야기하면 엘렌은 귀를 기울이며 열심히 배웠다. 나이와 경험의 차이로 인해 스승이자 지배자이고 싶어하는 피터의 초기 욕망은 충족되었다. 하지만 시간이 지나자 상황이 달라졌다. 야심만만한 엘렌은 열심히 일한 덕분에 연구소에서 근무하는 피터보다 연봉이 높아졌다. 뿐만 아니라 피터가 주장하는 공동시장 이론이 근거가 부족하다는 것도 알게 되었고, 피터처럼 '뉴요커'지와 '이코노미스트'지를 읽고, 멋진 식당에서 분위기에 어울리는 포도주도 주문할 줄 알게 되었다.

그 사이 피터는 예전에 그랬던 것처럼 차츰차츰 엘렌에게 의지하기 시작했다. 강하고, 독립적이고, 경험이 풍부한 모습에 반했던 엘렌은 피터가 의존적으로 변하는 것이 싫었다. 이제는 두 사람의 역할이 바뀌었다. '엄마'의 관심을 얻기 위해 피터는 어린아이처럼 말썽을 부렸다. 그는 뉴욕에서 늦게까지 즐길 수 있는 곳을 많이 알고 있었기 때문에 늦게까지 술집에 남아 독한 칵테일을 마시고 대마초를 피웠다. 그리고 거실 테이블에는 포르노 잡지를 놓아두거나 심지어 코카인까지 손댔다. 게다가 그는 엘렌에게 아무것도 모르는 바보라고 욕하기도 하고, 심지어는 젊은 남자와 밤을 보냈다는 말까지 했다. 엘렌은 그런 피터를 이해할 수도 없고 어떻게 해야 할지도 몰랐다. 피터는 마약과 방탕한 생활에 빠져들었고 결국 만난 지 3일밖에 안 된 덴마크 스트리퍼(Stripper)와 여행을 떠났다. 엘렌은 이혼 소송을 청구했고 스트리퍼와 헤어진 피터는 다시 뉴욕으로 돌아왔다. 피터는 자신의 네 번째 아내와 실패한 네 번째 결혼에 대해 이런 식으로 말했다. "엘렌은 좋은 여자지만 나에게는 부족했습니다. 그녀는 야망이 너무 크고 일밖에 몰랐습니다."

현재 65세인 피터는 3개월 전 다섯 번째 결혼을 했다. 40년 연하인 아내 마리아는 멕시코 국경의 빈민가에서 태어나 열 다섯 살 때부터 텍사스에서 창녀 노릇을 했다. 그리고 오래지 않아 휴스턴을 거쳐 5년 후 뉴욕으로 이주했다. 젊고, 아름답고 야심 찬 마리아는 뉴욕에서 고급 창녀로 성공했고 철야 유흥업소에서 피터를 만났다. 피터는 늘 그랬듯 파리의 아름다운 명소와 로마의 분수에 대한 이야기를 늘어놓으면서 마리아에게 지중해 풍으로 생겼다고 말했다. 두 사람은 코카인을 함께 했고 마리아는 다른 여자들이 그랬듯 피터의 해박한 지식에 반했다.

피터는 마리아와 함께 유럽 여행을 하고 싶었다. 하지만 마리아는 불법 체류자였다. 그녀와 함께 유럽에 갈 수 있는 방법은 딱하나, 두 사람이 결혼하는 것밖에 없었다. 그래서 마리아가 스물다섯 살이 되던 날 두 사람은 결혼했고 미국 시민이 된 마리아는 쉽게 여권을 발급 받았다. 그녀는 피터의 아내 역할을 좋아했다. 피터는 그녀에게 '뉴요커'지를 읽으라고 했다. 마리아는 피터가 좋아하는 옷을 입고, 특별한 저녁을 준비했다. 피터의 친구가 모차르트 축제 동안 잘츠부르크의 아파트를 두 달간 빌려 주어서 결혼 이틀 뒤 두 사람은 오스트리아로 출발했다.

두 달의 여행이 끝나 갈 무렵 피터는 마리아를 위해 침대로 아침식사를 가져다주고는 손님한테 이렇게 말했다. "오스트리아 풍 커피에 갓 짠 오렌지 주스, 삶은 달걀, 그리고 금방 구운 갖가지 빵이 있는 마리아는 성대한 아침을 고집한답니다. 정말 대단하지 않습니까? 마리아는 취향이 아주 고상해요. 커피가 더 필요한지 가서 물어 보고 오겠습니다."

피터는 세상에 대해 해박한 지식을 가진 지배적인 남편에서 귀여운 강아지로 변했다. 그리고 마리아는 아무것도 모르는 여자에서 '엄마'로 멋지게 변신했다. 마리아가 "피터, 극장 앞에 줄 서 있지 않으려면 오늘 아침에 가서 표를 사 와요."라고 '지시'하면 피터는 "당신 말대로 할게."라고 대답했다. 두 사람의 일정을 계획하는 것도 마리아의 몫이 되었다. 드라이브를 가고, 시내의 오래된 술집에서 술을 마시고, 옛 요새를 구경하고, 교회를 구경하는 것도 모두 마리아가 정했다. 피터는 여전히 중세의 사랑 전설이나 유럽의 사회주의정부, 작곡가 바그너의 음악에 대해 이야기하고 마리아는 "영화가 30분 후에 시작하니까 지금 출발해야 돼요."라고 지시했다.

식당에서 식사를 할 때면 피터는 모차르트를 못살게 굴었던 잘츠부르크의 주교와 프랑스가 빈의 왕궁에 미친 영향, 1차 세계 대전 전날 숨진 시인 아폴리네르(프랑스의 소설가, 시인 1880~1918)에 대한 이야기를 했다. 하지만 마리아는 하나도 알아듣지 못했다.

피터가 "이 식당은 유럽에서 미국식 마티니를 마실 수 있는 유일한 곳이오."라고 말하며 마티니를 한 잔 더 주문하면 마리아가 "안 돼요, 술은 이제 그만 마셔요, 당신 건강에 좋지 않아요."라고

306

말렸다. 그러면 피터는 "딱 한 잔만 더 할게."라며 어린아이처럼 졸랐다. 그리고는 취할 때까지 술을 마셨다. 어린아이처럼 떼를 쓰고 제멋대로 구는 게 피터는 너무 재미있었다. 그럴 때마다 마리아는 뽀로통해졌다. 그녀가 식사 주문을 할 때쯤 피터는 너무 취해서 앞뒤도 안 맞는 이야기를 늘어놓았다. 그러면 마리아는 한마디도 대꾸하지 않았다. 하지만 술주정뱅이를 다루는 데는 익숙했다.

뉴욕으로 돌아오는 비행기 안에서 마리아는 피터에게 "나 혼자 뉴욕에 먼저 갈 테니까 당신은 로드아일랜드에 있는 친구들을 만나러 가지 않을래요?"라고 물었다. 새 드레스를 입은 마리아는 매력적이었다. 이렇게 매력적인 여자를 뉴욕에 혼자 남겨 둔다는 것은 말도 안 되는 소리였다. 순간 피터는 걱정과 불안감이 밀려왔다. 그의 걱정은 현실이 될 가능성이 높았다. 그러면 피터는 버림받고 외톨이가 될 것이다.

피터 같은 상습 재혼자는 심리적으로 잠들어 있는 상태라고 할 수 있다. 즉 잠들어 있기 때문에 자신이나 타인을 제대로 보지 못한다. 인식의 '벌새' 단계에 머물러 있는 셈이다. 마음속의 꿈을 실현하려고도 하지 않고, 사랑의 고통과 실연의 고통을 헤쳐 나가려고도 하지 않는다. 이전 결혼생활에서 문제가 되었던 것을 해소하지도 않는다. 그러면 감정적 이혼은 절대 불가능하다. 이전 결혼에 대한 향수에 사로잡혀 빠져나오지 못한다. 피터도 첫 아내에 대한 그리움 때문에 그녀를 대할 때와 똑같은 태도로 다른 여자들을 대했던 것이다.

인간은 습관의 동물이다. 같은 시각에 일어나 같은 양의 설탕과 크림을 넣은 커피를 마시며, 해마다 명절이면 음식을 너무 많이 먹었다고 투덜대고, 남들이 타는 차를 타고 비슷한 옷을 입는다. 그리고 가족사진은 거실에 둔다. 이처럼 습관과 기억이 한데 섞여 우리의 하루 하루를 만들어 간다.

무의식의 세계에는 인간관계를 결정하는 감정 패턴과 경험을 담는 자루가 있다. 자신의 감정이 어떤 상태인지 제대로 파악하는 사람은 심리적 이혼에 성공한다. 하지만 그렇지 못한 사람은 과거에 얽매인 채 상습 재혼자가 된다.

몇 번의 이혼과 재혼을 거듭하고서야 겨우 감정적 이혼에 성공하는 사람도 있다. 대체로 그런 사람은 이혼에 대한 반발심으로 재혼하고, 체면 때문에, 현실을 외면하기 위해, 과거를 잊기 위해, 고통을 잊기 위해 재혼한다. 이혼의 충격과 고통을 잊기 위해 재혼했다가 새 인생을 위해 다시 이혼하는 것이다. 때로는 두 번째 이혼을 할 때까지도 첫 번째 이혼의 과정을 끝내지 못하는 사람도 있다. 혹은 크레이지 타임이 시작되고 처음으로 '첫 눈에 반한 사랑'에 빠지자마자 재혼하기도 한다. 그러다 다시 이혼하게 되면 그전 이혼 과정에서 미처 끝내지 못했던 크레이지 타임이 다시 시작된다.

* * *

캐더린 커닝햄 헤일리는 두 번 결혼하고 두 번 이혼하고 나서야 비로소 감정적 이혼 과정을 시작했다. 50세의 캐더린은 주 정부의 소비자용 책을 발행하는 새크라멘토의 한 회사에서 일한다.

키가 크고 대단히 매력적인 캐더린은 오하이오 주 신시내티 고향 집 근처에 살던 테드 커닝햄과 맨 처음 결혼했다. 두 사람은 골프를 함께 치고 함께 춤도 추러 다녔다. 테드는 정계에 입문하길 원했다. "그와 함께 있으면 모험과 흥미진진한 삶을 살 수 있을 거라고 생각했어요. 나는 어떻게든 오하이오를 벗어나고 싶었어요."라고 캐더린은 말했다. 그녀는 고향을 벗어나 흥미진진하고 자신감 넘치는 멋진 인생을 살고 싶어서 테드와 결혼했다. 두 사람의 불행의 서약은 단순했다. 테드는 완벽한 지배자 역할을, 캐더린은 불완전하고 수동적인 복종자의 역할을 맡았다. 두 사람은 곧 아이를 둘 낳았고 닉슨 정부가 테드에게 백악관의 일자리를 제의했다. 젊은 공화파였던 테드와 캐더린 부부는 칵테일 파티며 저녁 만찬회, 근사한 휴양지에서의 주말 모임 등 각종 모임과 파티에 초대받았다. 멋진 날들이 계속되었지만 캐더린은 점점 신경이 날카로워졌다.

"내 자신이 까도, 까도 속이 보이지 않는 양파가 된 기분이었어요. 나를 돌아보면 마지막 껍질을 까도 속에 아무것도 없는 텅 빈 존재일 것만 같아 겁도 났어요." 두려움은 육체의 병으로 나타나 캐더린은 끔찍한 두통에 시달렸다. 신경외과에서 진찰도 받고 X-Ray 검사와 뇌 검사도 받았다. 캐더린은 자신이 뇌종양에 걸려 곧 죽을지도 모른다고 생각했다. "온몸이 오싹해졌어요. 죽음을 생각하니까 뭘 어떻게 해야 할지 모르겠더군요." 캐더린도, 그녀를 진찰한 의사들도 모든 원인이 결혼생활에 있다고는 생각하지 못했다. 오랜 세월 동안 결혼생활이 불행하다는 것은 깨닫지 못한 채 이유 없이 온몸이 아픈 캐더린과 같은 증세는 이혼을 하고 나야 비로소 치유된다.

"결혼생활에 문제가 있다고는 생각 못했어요. 테드한테 전적으로 의지하고 있던 나로서는 감히 그 사람 때문에 문제가 생길 수 있다고는 생각할 수조차 없었어요. 그래서 모든 문제가, 모든 공허함이 오로지 내 탓이라고만 생각했어요."

불행이 계속되던 중에 캐더린은 젊은 공화파인 짐과 앤 헤일리 부부를 알게 되었다. 캐더린 부부와 짐 부부는 금방 친해졌다. 아이들 나이도 같아서 두 부부는 함께 소풍도 가고, 동물원도 가고, 휴가도 함께 갔다. 그럴 때면 늘 테드와 앤이 아이들과 한 차를 타고, 캐더린과 짐이 또 한 차에 나머지 아이들을 데리고 이동했다. 캐더린은 차츰 건강해지고 명랑해졌다. 두 가족은 식사를 함께 하는 일도 잦아졌다. "정말 행복했어요. 하지만 그때를 돌아보면 낭떠러지 끝을 아슬아슬하게 걷는 것이나 다름없었어요."

테드와 캐더린, 짐과 앤. 테드와 앤, 짐과 캐더린. 당시는 부부들이 가벼운 바람을 피우는 것을 사회적으로 용납하는 분위기였고, 이들 두 부부도 그 분위기에 편승했다. 캐더린은 다시 살아난 기분이었다. 캐더린이 맹장염 수술을 위해 입원한 동안 앤의 남편 짐이 매일 병 문안을 왔다. 그는 창백하고 겁에 질린 얼굴로 침대에 누워 있던 캐더린에게 사랑을 고백했다. 침대 주위에 커튼을 치고서 두 사람은 손을 꼭 붙잡고 오랫동안 이야기를 했다.

캐더린이 입원한 동안 아이들을 데리고 영화관에 가고 피자를 사 먹는 일은 테드와 앤이 맡았다. 그 둘도 오래지 않아 잠자리를 함께 하기 시작했다. 일주일 후 캐더린이 퇴원했다. 두 부부는 그녀의 퇴원을 축하하기 위해 뉴욕에서 주말을 함께 보내기로 했다. 여느 때처럼 짐과 캐더린이 한 차를 타고 테드와 앤이 한 차를 탔다. 고속도로를 달리다 짐은 느닷없이 캐더린에게 남편과 마지막으로 잠자리를 함께 한 것이 언제냐고 물었다. 캐더린은 무척 놀랐다. "몇 주 되었어요."라고 캐더린이 대답하자 짐은 "어떻게 그럴 수가?"라고 말했다. 캐더린은 이제 자신이 짐을 사랑하는 것이라고 생각했다.

뉴욕에서의 첫날에는 캐더린과 테드 부부, 짐과 앤 부부가 각각 자신의 배우자와 잠자리에 들었다. 하지만 둘째 날 밤에는 그러지 않았다. 모두들 잠자리에 들지 않았고 두 남자는 말다툼을 했다. 짐은 테드와 앤이 잠자리를 함께 했는데 우리라고 못할 것 뭐 있냐? 하고 말했고 결국 캐더린은 짐과 잠자리를 함께 했다.

2달 동안 갈등과 싸움을 계속하다 앤은 테드와 결혼하기 위해 짐과 이혼했다. 캐더린도 이혼 소송을 하고 테드에게 전화해 짐과 함께 잤다고 말했다. "모두 미쳤다고 생각했어요."라며 캐더린은 당시를 회상했다. 두 부부는 서로의 배우자와 집을 바꿨다. 짐은 캐더린을 도와 그녀의 사기 식기와 앤티크 의자들을 자신의 집으로 옮겼다. 모두들 캐더린이 짐과 재혼할 것이라고 생각했다. "그때는 다른 대안이 없다고 생각했어요. 너무 끔찍했지요. 그리고 난 버림받았다는 생각이 들더군요. 테드는 자신이 원하는 걸 얻었어요. 모두 자신이 원하는 것을 차지했는데 왜 그렇게 마음이 편치 않았던 걸까요? 결혼하지 말아야 한다고는 생각도 못했어요."

캐더린은 테드와 이혼하고 숨 돌릴 틈도 없이 짐과 재혼했다. 그 때문에 테드와의 사이가 왜 나빠졌는지 생각할 여유도 없었다. 재혼하고 얼마 지나지 않아 캐더린은 테드와의 결혼 때와 똑같이 다시 마음이 불편해지기 시작했다. 절망적인 기분도 가시지 않았다. 캐더린은 점점 심리상태가 변해 갔다. 열정적인 사랑 때문에 짐과 재혼한 것이 아니었다고 캐더린은 말했다. 그저 상대가 짐밖에 없다고 생각했기 때문에 재혼한 것이었다. 짐은 테드처럼 캐더린을 강하게 휘어잡지 못했다. 캐더린은 짐에게 의존하는 마음이 줄어들면서 점점 그에게 반항했다. 오래지 않아 두 사람은 싸우기 시작했다. 싸움은 낮에서 밤으로 이어졌다. "계속해서 서로를 탓했어요. 하지만 지금 생각해 보면 그때 우리는 지난 결혼과 자신의 행동에 대한 실망을 이야기했던 것 같아요." 그 사이 캐더린은 점점 자신감을 얻었다. 랄프 네이더 그룹의 홍보부에 취직했고 텔레비전에 출연해 자선 행사를 홍보하기도 했다. 그 일에 대해 짐은 "당신이 일하는 곳이 마음에 안 들어. 자기들만 착한 척 하잖아. 당신은 그런 사람들과 어울리지 않아."라고 비난했다. 그리고 마지막으로 헤어지기 전에는 "당신은 장모님하고 똑같아!"라고 소리질렀다. 어느새 두 사람이 맺은 불행의 서약이 뒤바뀌어 버렸다. 캐더린은 더 이상 힘없이 병원에 누워 자신을 구해 줄 백마 탄 기사를 기다리는 약한 여자가 아니었다. 그녀는 이제 유명인사가 되었다. 주도권을 쥐고 흔들려는 못된 여자가 된 것이다.

몇 달 후 짐은 비서와 사랑에 빠졌다고 캐더린에게 말했다. 이번에는 캐더린도 심리적 이혼을 혼자 힘으로 마쳐야 했다. 자신을 구해 줄 사람은 아무도 없었다. 캐더린은 캘리포니아로 이사해 주 정부를 상대로 하는 회사에 취직했다. 아이들도 자신이 맡았다. 여러 남자를 만나고 몇 번의 연애를 한 끝에 아내와 사별한 조를 만나 동거를 시작했다. 하지만 3년 후 그와 헤어지고 지금은 혼자 살고 있다. "첫 번째 이혼은 모두 내 잘못이었어요. 하지만 두 번째 이혼은 모두 남편 탓이었지요. 그리고 세 번째로 헤어진 것은 두 사람의 관계 자체가 문제였어요. 잘 되지 않았거든요." 이렇게 말하고서 캐더린은 미소지었다. 그녀는 결혼했을 때보다 지금이 더 행복하다고 했다. "결혼하지 않고도 잘 살 수 있다는 것을 깨닫기까지 많은 시간이 걸렸어요. 이제 겨우 그 사실을 실감하게 되었고요." 그 뒤로 몇 년 후 캐더린은 다시 재혼했다.

여러분은 재혼에 성공하길 바랄 것이다. 윌리엄 텔 서곡이 배경음악으로 흘러나오는 가운데 요란한 말발굽 소리와 함께 과거로부터 탈출하고 싶을 것이다. 그 탈출구는 바로 꿈같은 결혼. 백마 탄 기사 또는 꿈속의 공주가 찾아와 사랑에 빠지고 결혼에 골인한다. 하지만 언젠가 경험한 적 있는 불행이 또 다시 찾아온다.

재혼이 성공하지 못해도 그 경험으로부터 교훈을 얻을 수 있다. 어떤 사람들은 재혼이 끔찍할 정도로 엉망으로 끝나야 비로소 교훈을 얻고 성장해서 첫 번째 결혼에서 자신이 저지른 실수를 깨닫고 정신적, 감정적 이혼을 마무리한다.

* * *

패트 리슨, 그녀는 첫 번째 결혼에 실패해 이혼하고 2년 후인 마흔 네 살 때 새로운 사랑에 빠졌다. 하지만 재혼은 3년을 넘기지 못했다. 그에 대해 패트는 이렇게 말했다. "두 번째 결혼은 하지 말았어야 했어요. 그것은 결혼이라기보다는 연애를 오래 한 것에 불과해요. 하지만 그 결혼을 통해 나는 많은 것을 배웠어요."

패트는 미주리 주 농장에서 자라 열일곱 살 때 결혼했다. "그때는 진정으로 원해서 결혼했어요. 내가 바라는 것은 오직 결혼밖에 없었으니까요. 나는 당시 나를 좋아해 주고 또 내가 좋아하는 남자와 사귀던 중이었어요. 그러니 결혼을 꿈꾸는 것은 당연한 일이었죠."

그 결혼은 25년 간 지속되었다. 두 사람의 불행의 서약에서 남편은 지배적인 역할을, 패트가 복종적이고 수동적인 역할을 맡았다. 그런데 이혼하기 4년 전부터 두 사람 사이의 힘의 균형이 역전했다. 두 아이가 고등학교에 들어가자 패트는 인근 의류 상점에서 종일 근무를 제의 받았다. "우리는 돈이 필요했어요. 그래서 나는 그 제의를 수락했지요. 그런데 그때부터 결혼생활이 삐걱거리기 시작한 것 같아요. 남편이 내가 그 일을 한다는 것을 받아들이지 못했거든요. 하지만 나는 뭐라고 할 수가 없었어요."

패트는 직장에서는 자신감도 있고 야심도 많았지만 남편을 대할 때면 늘 수동적이고 복종적으로 변했다. 그리고 결혼이 원만히 유지되지 못한다는 것에 대한 죄책감 때문에 괴로워했다. 밤이면 부부는 서로 아무 말도 하지 않았다.

두 사람은 다 인근에서 나고 자랐다. 그래서 그들은 마을 사람들을 어떻게 대하고 생각해야 하는지 잘 알고 있었다. 인근에서는 이혼한 사람이 하나도 없었다. 언젠가부터 남편은 밤늦게 들어오기 시작했다. "나는 화가 나도 그것을 겉으로 표현하는 것에 익숙하지 않았어요. 그저 가만히 참고만 살았지요. 물론 그때 당시에는 속마음으로는 좋다, 못 참겠다면 당장 이혼하자 하고 말하고 싶었지만 그럴 수가 없었어요."

결국 남편이 먼저 이혼을 요구했고 패트는 자신을 탓했다. "모든 게 순식간에 벌어졌어요. 정신을 차려 보니 결혼이 끝났더군요. 우리는 싸움도 하지 않았어요. 말다툼조차 하지 않았지요. 서로에게 아무 관심도 없었으니까요."

크레이지 타임이 닥치고 패트는 생전처음 인생의 시련에 홀로 맞서게 되었다. 열 여덟 살이던 아들은 애인이 임신하자 결혼식을 올리고 곧장 베트남전에 파병되었다. 그리고 열 여섯 살이던 딸역시 결혼도 하지 않고 임신하더니 아이를 낳겠다고 고집했다. 그 뒤로 2년 간 여자 셋이서 아이 둘과 함께 힘겹게 살았다. 마을 사람들은 그녀의 가족에 대해 수군댔다. 하지만 패트는 오직 살아남기 위해 악착같이 애썼다. "사람들이 우리에 대해 뭐라고 생각했는지는 하늘만 아실 거예요." 그러다 패트가 사랑에 빠졌다. "존은 춤추는 걸 좋아했어요. 나로서는 집에서 벗어난 것이 정말 오랜만의 일이었지요." 패트와 존은 곧 결혼했다. 하지만 불행의 서약은 첫 결혼과 똑같았다. 대신 이번에 패트와 새 남편은 자신의 생각을 분명히 밝혔고 그로 인해 주도권 싸움도 보다 명확하게 결론 났다. 두 번째 결혼에서 갈등을 겉으로 나타냄으로써 패트는 자신의 뜻과 상관없이 성장하게 되었다. 그녀는 독립적인 존재가 되어 스스로를 책임진다는 것이 얼마나 힘든 일인가를 깨달았다. 그리고 그 깨달음은 성장을 위한 첫걸음이 되었다.

"존은 대단히 지배적인 사람이었고 무엇이든 자기 마음대로 하고 싶어했어요. 그래서 난 그와 함께 살면서 싸우는 법을 배웠지요."라고 패트는 말했다. 두 사람은 상징과 대가를 통해 주도권 싸움을 했다. 나를 사랑한다면 이것을 해라, 저것을 하지 않는다면 그것은 나를 사랑하지 않는다는 뜻이다 하는 식이었다. 존과 패트의 부부 싸움은 늘 홍차 타는 문제로부터 시작되었다. "존은 절약이 몸에 밴 사람이었어요. 홍차를 탈 때면 그는 물을 끓이기 전에 물을 정확한 분량만큼 재서 끓이라고 했어요. 그래야 물과 전기를 낭비하지 않는다면서요. 하지만 나는 아예 차 주전자를 따로 사서 존이 물 남는 것을 보지 못하도록 했지요."

둘의 결혼이 끝날 무렵 어느 날, 저녁식사를 마치고 현관 앞 베란다에 앉아 있던 존은 홍차를 마시고 싶다고 했다. 그러자 패트는 주방으로 가서 냄비에 물을 끓였다. 마침 냄비가 스토브 위에 있기도 했지만 늘 사용하던 차 주전자를 치워 버려 보이지 않았다. "그만 정확한 분량을 재서 물을 끓여야 한다는 걸 깜박 잊었던 거예요."

잠시 후 존이 홍차를 타러 주방에 들어왔다. 그는 냄비를 보자마자 화를 냈다.

"패트, 물을 너무 많이 끓였잖소."

결국 패트는 폭발하고 말았다. "그까짓 물 좀 더 끓였다고 그렇게 화낼 것까진 없잖아요. 냄비에 물을 가득 채워 끓인 것도 아닌데 도대체 왜 그래요?"

"물만 가지고 말하는 게 아니요. 이것 하나만 봐도 당신이 다른 일을 어떻게 하는지 알 수 있으니까 그렇지."

이때부터 둘은 마음속에 가지고 있던 불만을 다 털어놓으며 싸우기 시작했다. 당신은 전화를 너무 많이 쓴다. 나도 전화요금을 내지 않느냐, 내 돈 내고 내가 전화하는데 무슨 잔소리냐. 당신은 키친 타월을 너무 낭비한다. 당신은 내 여동생을 함부로 대한다. 당신이 아이들을 대하는 태도가 마음에 안 든다 등등.

패트는 더 이상 참을 수가 없었다. 그래서 이번에는 그녀가 먼저 이혼을 요구했다. 존은 이혼을 반대하는 사람답게 몹시 화를 내면서 패트를 죽여 버리겠다고 위협했다. "정말 무서웠어요. 그 사람은 미친 듯 화를 내고 펄펄 날뛰기까지 했어요. 당신이 어떻게 나한테 이럴 수 있냐며 계속 화를 냈지요." 그 바람에 패트는 온 집안의 문을 걸어 잠가야 했다.

패트는 존과 전남편과 가족과 이웃에 대한 죄책감도 많이 극복했다. "존이 나를 위협하던 그날 밤부터 더 이상 죄책감이 들지 않았어요. 모든 것이 내 탓이고 내가 실패자라는 생각은 더 이상 하지 않기로 했지요."

패트는 심리적 이혼의 단계를 차근차근 밟아 나갔다. 혼자 사는 법도 배우고 의류 상점의 구매자로 승진하기도 했다. 그리고 새 친구들도 사귀고 남자도 여럿 사귀었다. 그 사이 패트는 점점 매력적으로 변했고 자신감도 생겼다. "이혼하고 나서 남자들과 잠자리를 많이 한 탓이라기보다는 예전보다 만족스러운 잠자리를 하게 된 때문인 것 같아요."라고 패트는 자신의 변화 이유를 나름대로 설명했다. 이제 그녀는 이웃의 크리스마스 파티에도 초대받는다. 재혼할 마음이 없는 것은 아니지만 자신이 사는 지역에는 비슷한 연령 대에 괜찮은 남자가 별로 없다고 말하더니 웃음을 터뜨렸다. "지금 생활에 만족하고 있어요. 잘 해낼 자신도 있고요. 또 내가 원하는 곳은 어디든 갈 수 있어요. 혼자서도 얼마든지 살 수 있다는 자신감도 생겼지요. 그리고 존과의 결혼을 통해 한 가지 배운 게 있어요. 예전에는 남자를 기쁘게 하기 위해서라면 내 자신을 바꿀 수도 있다고 생각했어요. 하지만 이제는 그렇게 하지 않아요. 나는 나예요. 나의 참모습을 숨기지 않을 거예요."

패트는 두 번째 결혼에서 겪은 싸움과 갈등을 통해 성장했다. 그녀는 첫 번째 결혼은 꿈속에서 지나간 것 같다고 했다. 즉 첫 남편과 패트 모두 감정적으로 잠이 든 채 25년을 함께 살았던 것이다. 첫 이혼으로 감정적 잠을 깬 패트는 두 번째 결혼과 함께 되살아났고, 두 번째 이혼으로 성장하게 되었다. 그리고 드디어 패트는 이혼 여정의 '불사조' 단계에 도달했다. 요즘 패트는 보람 있고 풍요로운 삶을 살고 있다. 그리고 미래는 밝기만 하다.

"우리는 결혼하지 말았어야 했어." 하는 후회의 말을 하는 사람들이 있다. 하지만 결혼이나 다름없는 연애를 하다 헤어졌든, 재혼했다 다시 이혼했든 심리적 목표는 동일하다. 따라서 이성과의 관계에서 자신이 반복하는 행동 패턴을 파악하고 과거에 문제를 일으켰던 행동 패턴을 변화시켜야 한다.

확실하게 친밀한 관계를 형성하는 데는 법적 혼인이 가장 효과적이다. 법적 구속력이 없으면 조금만 문제가 생겨도 뒤로 물러나고 헤어지기 쉽기 때문이다. 대부분의 사람들이 '죽음이 서로를 갈라놓을 때까지……' 하는 첫 결혼의 환상을 그대로 품은 채 재혼하지만 사실 결혼은 현실이다. 게다가 결혼이나 다름없는 연애 대신 재혼을 하면 첫 결혼보다 훨씬 더 높은 이혼율이라는 부담을 안게 된다. 즉 한 번 실패하는 것도 견디기 힘든데 세 번, 네 번 실패하면 어떻게 될까? 또 그럴 경우 아이들은 얼마나 힘들까? 그리고 여러분 역시 좌절하고 혼란스러워질 것이다. "난 결혼이 맞지 않나 봐." 이런 말을 하면서 결혼 제도를 비난하고 행복한 남녀 관계를 부정하게 될 것이다. 이 역시 이혼 파멸 상태의 한 모습이다.

제 15 장

영원한 결혼

여러분 모두 이번만큼은 성공하고 싶으리라. 예전과 달라졌고 이혼을 통해 많은 것을 배웠다고 생각하리라. 예전보다 나이도 더 먹었고 더 지혜로워졌다. 끔찍하리 만치 불행한 결혼과 이혼의 혼란을 헤쳐 나왔으니 남녀 관계에 대해서는 도사가 된 기분이다. 게다가 재혼 이혼율이 초혼 이혼율보다 높다는 것도 알고 있다. 하지만 통계가 전부는 아니다. 왜냐하면 결혼 성공률에서 나이가 매우 중요한 요소로 작용하기 때문이다. 신부와 신랑의 나이가 많을수록 두 사람의 관계는 안정적이다. 그리고 10대 초혼자들 보다 30대 남녀의 재혼이 성공할 확률이 훨씬 높다. 이에 대해 미국 건강 통계 센터의 인구 통계학자 바바라 폴리 윌슨은 다음과 같이 말한다. "일반적으로 재혼자의 연령이 초혼자들 보다 높다는 것은 재혼의 안정성에 플러스 요인으로 작용한다."

이미 이혼을 한번 경험한 사람들은 사이가 나빠지면 극복하려 애쓰기보다는 쉽게 포기하려는 경향이 있기 때문에 일반적으로 재혼은 초기에 매우 위험한 시기가 따른다. 하지만 재혼 후 2, 3년만 무사히 넘기면 그 재혼은 성공할 확률이 대단히 높다. 심리학자 해리 스택 설리반(결혼 경험 없음)은 동료에게 이렇게 말한 바 있다. "재혼은 성공할 확률이 높다. 결혼은 개를 기르는 것과 같아서 두 번째는 좀 더 익숙해지고 무엇을 어떻게 해야 하는지 잘 안다."

재혼을 하면서 주위 사람들은 전혀 눈치 채지 못할 만큼 아주 조금밖에, 그것도 감정 상태만 약간 달라지는 사람이 있는가 하면,

주위에서 깜짝 놀랄 만큼 엄청나게 변하는 사람도 있다. 그처럼 정도의 차이는 있을지 몰라도 이번만큼은 반드시 성공하고 말리라는 다짐을 하기 때문에 재혼자들은 변화를 시도한다. 하지만 정말 중요한 것은 어떤 식으로 달라지느냐가 아니다. 성공적인 재혼을 위해서는 먼저 이전 결혼생활을 깨끗이 정리하면서 '성공적인' 이혼을 해야 하고 '자아 발견'도 해야 하기 때문이다.

성공적인 재혼을 위해서는 평등과 나눔이 반드시 필요하다. 즉 불행의 서약이 얼마나 위험한지 알았으니 두 사람 사이의 감정적 균형 유지도 신경 써야 한다. 그리고 평등한 관계를 유지하기 위해 움츠러들지 말고 자신을 존중하고 제대로 표현해야 한다. 지금 여러분은 성장의 '벌새' 단계와 '침몰' 단계를 지나 '불사조' 단계로 나가고 있다. 동시에 여러분은 배우자와 인생을 나누는 법을 배워야 한다. 여기서 '나눈다'는 것은 자신의 생각을 이야기하고 알리는 것을 말한다. 파괴적이고 불행한 결혼생활을 한 사람들은 좀처럼 나누거나 함께 하려고 하지 않는다. 그들은 자신만의 세계에 틀어박혀 남이 다가오면 밀어낸다. 나눔은 새로운 감정 기술이다. 택시 기사가 정치에 대해 떠든 이야기며, 아이가 야구팀에 뽑혔다는 이야기도 좋고, 오늘의 날씨, 핵전쟁의 위협, 슈퍼마켓에서 길게 줄 서 있느라 얼마나 힘들었는지 모른다, 등등 일상생활과 그 속에 담긴 꿈을 배우자와 함께 나누자. 자신의 기분에 대해서도 이야기하자. 물론 기분을 나누는 것은 일상생활을 나누는 것보다 조금 더 어려운 일이다. '내가 지금 얼마나 우울한지 또는 얼마나 화가 났는지 말하면 아내 혹은 남편이 나를 멀리하겠지.' 하는 생각이 들기 때문에 선뜻 말할 수가 없는 것이다. 하지만 재혼을 유지하고 자신을 타인에게 보여주기 위해서는 용기가 필요하다. 남녀관계에는 늘 위험 부담이 따르고 모든 결혼에는 위기가 있기 마련이다. 깊이 심호흡을 하라. 여러분은 자신이 얼마나 강하다고 생각하는가? 자신감이 강할수록 위험을 감수하고 자신의 삶을 타인과 나누고자 하는 의지가 생긴다.

재혼에서는 무엇보다도 '서로 잘 맞아야 한다.' 몸의 느낌에 주의를 기울이고 성생활에 주목하라. 후회와 잡념들이 머리를 떠나지 않는다면 아마 제일 먼저 잠자리 문제로부터 시작되었을 것이다. 이에 대해 로버트 커쉬는 이렇게 말한다. "평등하지 않은 결혼에서는 성생활이 만족스러울 수 없다. 섹스는 제 2의 행동 언어이다. 따라서 섹스가 전하고자 하는 메시지에 관심을 기울여야 한다."

초기 탐색기가 지나면 두 사람은 서로에게 익숙해지고 편해진다. 즉 그러다 보면 평등과 나눔은 상호 존중과 다정함으로 발전하고, 어느새 도저히 받아들일 수 없는 면이 있음에도 불구하고 서로를 존중하고 받아 주는 '황금 연못(헨리 폰다와 캐서린 헵번이 서로를 깊이 이해하는 노부부로 출연한 영화 - 옮긴이)'의 순간에 이르게 된다. 오랫동안 결혼생활을 함께 하면 서로가 많이 변하고 발전하는 것을 목격하게 된다. 하지만 그럼에도 불구하고 서로에 대한 애정이 변함 없다면 그것이 바로 '황금 연못' 단계에 이르렀다는 신호다. 성공적인 재혼은 '나'와 '우리'를 합한 것이다. 에리히 프롬은 이렇게 말했다. "사랑의 유일한 존재 증거는 관계의 깊이 그리고 사랑하는 두 사람의 생기와 힘이다."

이혼 경험이 많은 사람들은 대개 '과거의 행동 패턴을 반복하는 사람'이다. 이들은 심리적 이혼을 미처 마치기도 전에 재혼했다가 과거와 같은 위기가 닥치고서야 부랴부랴 자신을 변화시키려고 애쓴다. 새로운 상대와 재혼을 했으니 새로운 관계를 형성해야 하는 것은 당연한 일이다. 그것은 대단히 힘든 일이며, 결국 많은 사람들이 '재 이혼'을 하고 만다. 하지만 재혼 후 서로에게 적응하는 탐색기를 무사히 지나면 미래는 밝다. 이혼 과정을 완전히 끝내고 새로운 결혼을 시작했다는 뜻이기 때문이다. 또 다시 결혼식장으로 걸어 들어갈 때는 자신이 모든 것을 제대로 했다고 생각할 것이다. 서둘렀다고도 생각 안 한다. 친구들도 모두 기뻐해 주지 않았던가. 아이들도 얌전하게 군다. '이렇게 행복했던 게 얼마나 오랜만인가.' 싶기도 하고 '그래, 재혼하길 정말 잘 했어.' 하는 생각도 든다. 하지만 오래지 않아 이전 결혼에서 겪은 것과 똑같은 불행에 빠졌다는 생각이 든다. 그러면 말도 못할 충격이 엄습한다.

재혼의 위기는 첫 번째 이혼보다 더 큰 충격으로 다가온다. 하지만 재혼의 위기를 극복하면 보다 탄탄한 관계를 맺게 될 가능성이 대단히 높다. 많은 사람들이 두 번째 결혼은 어떻게든 지키고 싶어하기 때문이다. 모든 잘못을 배우자의 탓으로 돌리는 것도 이제는 쉽지 않다. 위험 신호도 훨씬 더 빨리 간파한다. 정면대결 상황도 미루지 않고 빨리 받아들인다. 그리고 돌아올 수 없는 상황까지 가기 전에 미리미리 문제를 파악하고 해결하려고 한다.

* * *

53세의 짐 링컨은 미니애폴리스의 고등학교 교장이다. 그는 사람들에게 친절하고, 유머 감각도 뛰어나고 자상한 남자로 학생들과 학부모들의 고민에 귀를 기울이고 진심으로 관심을 갖는 사람이다. 하지만 그의 첫 번째 결혼, 즉 앤과의 결혼은 17년 만에 끝났다.

"첫 아내는 사랑스럽고 대단히 수동적인 여자였습니다. 그래서 나는 그녀를 돌보는 것이 곧 나의 의무라고 생각했습니다. 하지만 나의 욕구는 조금도 중요하지 않았고 대개는 무시당했습니다. 그런데도 앤은 자신의 일이라고는 할 만한 것이 없었음에도 오히려 자신이 외면당한다고 생각했습니다. 그녀는 나만 바라보고 살았습니다. 그 때문에 늘 실망하고, 불만스러워 하고, 불평을 늘어놓았습니다. 나는 마치 답답한 상자 속에 갇힌 기분이었습니다. 두 사람 몫의 인생을 내가 전부 책임지고 이끌고 가는 것만 같았으니까요. 나는 숨도 쉴 수 없을 만큼 답답했습니다. 게다가 그녀와의 성생활 역시 고역이었습니다. 앤은 정말 답답한 여자였거든요.

불행의 서약에서 벗어나기 위해 짐과 앤은 이혼했고, 앤은 아이들을 데리고 고향인 샌프란시스코로 이사했다. 그로부터 1년 반이 지난 후 짐은 재혼했다. 그의 주변 사람들은 안심했다. 교장 선생님이 다시 안정을 되찾았으니 얼마나 다행이야 하고 사람들은 말했다. 공익단체에 근무하는 새 아내 케이트는 로저와 데이비드라는 아들이 둘 있고, 3년 전 이혼 후 줄곧 종일 근무를 해 왔다. 짧은 연애 후에 짐과 케이트는 교회에서 결혼식을 올리고 멕시코로 신혼여행을 갔다. 하지만 재혼 6개월만에 두 사람은 갈라서기로 했다. 어쩌다 그렇게 된 걸까?

"사람을 잘못 선택했다는 생각이 들었습니다. 생긴 것도 다르고, 목소리로 다르고, 환경도 다른 여자와 재혼했는데도 앤과 살던 때와 똑같은 기분이 들었습니다. 나는 그저 집을 뛰쳐나가고 싶다는 생각뿐이었습니다. 어린 시절, 일요일 아침에 수학 숙제를 마치자마자 엄마가 다른 일을 시킬까 봐 부랴부랴 친구들을 찾아 집을 뛰쳐나가던 그때와 똑같은 기분이었습니다. 아내 곁을 떠나 집 밖으로 나가기만 하면 너무 신이 났습니다.

짐의 2막 극이 모습을 드러낸 것이었다. 제 1막에서 그는 리더

이고, '착한 남자'이고, 타인의 요구에 귀를 기울이고 바른 일만 하는 바른 생활 사나이였다. 그래서 그가 걱정하는 것은 오로지 착한 남자가 못 되면 어쩌나, 자신이 추구하는 바를 잃으면 어쩌나, 하는 것뿐이었다. 하지만 제 2막에서의 그는 더 이상 자신의 목표를 추구하지 않았다. 이미 1막에서 시험을 통과했기 때문이다. 두 번째 아내 케이트는 짐에게 열중했는데, 짐은 그것을 사랑으로 이해하지 않고 자신에 대한 지나친 기대와 요구라고 생각했다. 그러자 케이트를 돌보고 책임져야 한다는 부담감에 짐은 또다시 답답해졌던 것이다.

아버지가 돌아가셨을 때도 당시 열두 살이던 짐은 어머니한테서 그런 느낌을 받았다. 어머니를 기쁘게 해 드리는 것은 어린 짐의 몫이었다. 첫 번째 결혼에서도 아내를 기쁘게 해 주는 것이 짐의 몫이었는데 이제 또 다시 케이트를 기쁘게 해 주어야 할 책임을 지게 되자 짐은 참을 수가 없었던 것이다. 그럼 대체 내 욕구는 누가 충족시켜 주지? 누가 나를 기쁘게 해 주지? 누가 나를 돌봐 주지? 짐은 자신을 돌보기 위해 아내한테서 멀어지기 시작했다. 그러자 케이트는 혼란스러워졌다. 그녀는 '대체 당신은 어디 있는 거예요?' 하고 묻는 것 같았다. 하지만 짐은 엄마 몰래 집을 나가려는 꼬마처럼 살금살금 빠져나가기만 했다. 케이트는 짐을 곁에 붙잡아 두려고 했지만 그는 빠져나갈 궁리만 했다. 어린 시절부터 쌓여 온 분노가 조금씩 겉으로 새어나왔다.

짐과 케이트는 점점 서로 어긋났다. 스트레스가 쌓이면 짐은 혼자만의 세계에 틀어박혔고 케이트는 화를 내고 대들었다. 심리적으로 두 사람은 완벽하리 만치 자기 파괴에 충실했다. 당시에 대해 짐은 "내가 또 다시 실수를 저질렀구나 하는 생각이 들었습니다."라고 말했다. 짐은 바닥까지 추락했다. 이혼하고 재혼했는데 또 다시 불행해지다니, 그는 자포자기했다. 일도 제대로 할 수 없었고, 전처와 함께 살고 있는 아이들도 그리워졌다. 새 아내한테 화가 나고 그녀가 데려온 아이들한테도 화가 났다. 그 사이 케이트는 히스테리 일보 직전까지 갔다. 짐과 케이트는 지붕 수리비며 자동차 보험, 서로의 아이들의 여름 캠프비용 등을 누가 지불할 것인가를 놓고 계속 다퉜다. 오래지 않아 결정적인 위기 상황까지 치달았다.

"우리 둘 다 '다 집어치우고 끝장내자.' 하고 말할 지경에 이르렀습니다." 이렇게 말하고서 짐은 잠시 입을 다물었다. "하지만 그런 말을 하지 않은 걸 지금은 다행이라고 생각합니다. 우리 둘 다 이혼을 경험했고 단지 상대를 잘못 선택해 이런 상황에 처한 것은 아니라는 걸 두 사람 다 알고 있었으니까요."

그 뒤로 2년 간 짐과 케이트는 집중적인 심리치료를 받았다. 함께 있는 것이 끔찍할수록 그리고 또 한 번의 결혼에 실패하리라는 생각에 절망할수록 두 사람은 어째서 그런 상황에 처하게 되었는가를 파악하고자 했다. 짐과 케이트는 자신들의 관계를 똑바로 풀어 보자고 약속했다. 그리고 결혼생활을 유지할 것인가 이혼할 것인가는 그 다음에 결정하기로 했다.

심리치료를 받으면서 두 사람은 차츰 각자의 문제점을 발견해 나갔다. 우선 짐은 첫 번째 결혼에서는 지배적인 역할을 했지만 마음속에는 의존적이고 욕구 불만족인 모습이 숨어 있었다. 즉 남의 욕구를 충족시켜 주려고 애쓰는 동안은 자신의 욕구를 충족시킬 필요가 없었던 것이다. 그러다 아내를 얻고 그녀가 미소를 지어 주자(즉, 보상을 받자) 그는 갑자기 공포가 밀려오는 것을 느꼈다. "사랑스러운 미소를 지으며 내게 팔을 뻗는 아내가 마치 나를 잡아먹으려고 촉수를 내민 문어처럼 보였습니다. 그래서 나는 아내의 욕구를 충족시켜 주기 위해 내 자신의 욕구는 철저히 외면했습니다. 그러다 보니 어느 순간부터 나는 내 아내가 욕심스럽고 제멋대로인 여자처럼 보이기 시작했고 결국 도망칠 궁리만 하게 되었습니다."

심리치료를 받으면서 짐은 자신의 약한 모습을 드러내는 법을 배웠다. 우선 그는 자신의 두려움을 솔직히 이야기하고 케이트에게 어떤 때 자신이 불안해지는지, 그리고 무엇을 필요로 하는지 말했다. 뿐만 아니라 그때까지 미처 하지 못한 이야기도 모두 털어놓았다. 어느 날 짐과 케이트는 엘리베이터를 향해 걸어가다 이런 대화를 나누게 되었다. "이런 복도에서 당신이 나보다 앞서 가면서 말을 한 마디도 하지 않으면 나는 겁이 나. 두려워진단 말이오. 앞에서 걸어가는 당신이 무슨 생각을 하고 있는지 모른다 싶으면 그 순간 갑자기 불안해지는 것이지. 그래서 온갖 상상을 다 하게 되고, 당신이 내게 뭘 바랄까 궁금해진다오. 당신이 나한테 기대하는 것을 내가 제대로 충족시켜 주는지도 궁금해지고, 혹시 나한테 화가 난 것은 아닌가, 불안해지기도 하고." 그러자 아내는 깜짝 놀랐다. "정말 그랬어요? 겁이 났다고요?" 180센티미터나 되는 남자가 겨우 160센티미터밖에 안 되는 아내 때문에 겁을 먹다니, 케이트는 믿지 못하는 눈치였다.

"아내는 나의 다른 모습을 보았습니다. 내가 좀처럼 보여 주지 못하는 모습 말입니다. 아내는 내가 여자를 상대할 때 얼마나 두려워하고 불편해 하는가를 보았던 것입니다. 연애할 때 내가 보여 주었던 강인하고 지배적이고, 항상 남에게 베풀고 남을 도와주는 남자와는 전혀 다른 모습이 내 안에 있다는 것을 아내도 알게 되었습니다."

한편 짐도 케이트의 다른 면을 보게 되었다. 그녀는 오랜 세월을 종일 근무를 하면서 집안 살림도 전적으로 혼자 책임졌다. "케이트는 남이 채워 주길 기다리는 빈 통이 아니라 스스로 그 빈 통을 채울 힘을 가진 여자였습니다. 그녀의 자상하고 남을 돌봐 주는 모습은 내게 의지하기 위한 수단이 아니라 독립적인 생활을 한 결과였고요. 이제는 아내에게 나의 욕구를 알려 주면 그녀는 그 욕구를 충족시켜 줄 수 있습니다. 물론 나도 그녀의 욕구를 충족시켜 줄 수 있고 말입니다."

집중적이고 오랜 기간의 심리치료를 통해 짐과 케이트는 관계를 변화시켰다. 그리고 제대로 타협하는 법을 배우면서 두 사람의 결혼생활은 차츰 나아졌다. 짐은 뒤로 물러서는 대신 아내에게 좀 더 가까이 다가갔다.

"첫 아내와 이혼할 때는 내가 잠자리에서 만족하지 못하고 결혼생활에서 행복을 찾지 못하는 이유를 오직 아내한테서만 찾았습니다. 하지만 이번에는 달랐습니다. 지금의 아내는 강한 여자입니다. 우리는 싸울 때는 정말 짐승처럼 싸웁니다. 하지만 사랑을 나눌 때는 누구보다도 뜨겁게 사랑을 나눕니다. 케이트는 돈 관리도 잘하고, 다른 남자들과 어울리지도 않습니다. 부부 사이에서는 그런 것들이 아주 중요합니다. 사실 케이트하고는 안 맞는 점이 무척 많습니다. 그녀 때문에 걱정할 일도 많아졌고요. 하지만 그녀와 결혼하면서 나는 생전처음으로 '진짜 내가 결혼했구나' 하는 생각이 들었습니다. 타인과 평등한 관계를 맺었다는 생각이 들었죠. 우리는 서로에게 베풀고 또 많은 것을 얻고 있습니다."

재혼하고 5년이 지나자 짐은 모든 게 훨씬 좋아졌다. 학교 일도 더 좋아졌고, 아이들과도 사이가 좋아졌고, 방학이면 아이들과 함께 여행도 다녔다. 그리고 무엇보다도 자기 자신이 좋아졌다는 것을 인식했다. 그리고 전처와도 사이가 좋아졌다. "이제는 친구가 되었습니다. 아이들 문제며 방학 때 휴가 문제도 의논해서 결정합니다. 함부로 상대방 전화를 끊는 일도 이제는 안 합니다. 내가 마지막으로 샌프란시스코에 갔을 때 전처는 요즘 일하고 있는 공방에서 만든 도자기를 내게 선물하기도 했습니다."

짐은 이혼과 재혼에서 이제 '불사조' 단계에 도달했다. 그래서 아내가 자신을 집어삼킬 것만 같아서 문 밖으로 뛰쳐나가고 싶은 기분이 들면 우선 마음을 가라앉힌다. 첫 결혼 때처럼 두렵고 불안해져도 그때처럼 결혼을 포기해야 한다고는 생각하지 않는다. 그리고 다시 아내를 바라본다. 아내는 지금 국방비 증감 때문에 화가 나 있고 머리도 엉망이다. 그런 모습을 보면서 짐은 미소를 짓는다.

"그런 심리적 갈등은 내가 죽을 때까지 계속될 것이라는 걸 깨달았습니다. 지금 결혼과 과거의 결혼이 다른 것은 내가 대처하는 방법이 달라졌기 때문입니다. 아내한테 나의 있는 그대로를 보여주고 아내 역시 있는 그대로를 내게 보여줍니다. 우린 서로의 갈등에 휘말려 들지 않으면 결혼생활을 계속 지켜 갈 수 있다는 것을 압니다. 우리는 평등하고 독립된 존재입니다. 따라서 나는 내 본모습을 보여 주어야 하고 케이트 역시 그렇게 해야 합니다. 그런데 첫 번째 결혼에서는 한번도 그렇게 하지 못했습니다." 짐은 잠시 입을 다물었다가 "이번 결혼은 영원히 계속될 것 같습니다."라고 덧붙였다.

굳이 심리치료를 받지 않아도 재혼 배우자와의 관계는 변화시킬 수 있다. 하지만 자신의 심리적 갈등이 너무 미묘해서 쉽게 파악할 수 없을 때는 적절한 지도가 필요하다. 여러분은 첫 번째 결혼에 대한 기억뿐만 아니라 부모의 결혼에 대한 기억 그리고 어린 시절부터 계속된 감정적 습관까지 짊어지고 재혼 생활을 시작하게 된다. "인간은 어린 시절 가족들과 겪은 갈등을 재현하게 만드는 상대를 배우자로 선택하는 경향이 있다. 여러분의 어머니는 어떠했는가? 그리고 아버지는 어떠했는가? 부부 문제를 풀기 위해서는 먼저 자신의 어린 시절 가족생활부터 이해해야 한다."라고 아우구스투스 나피어는 말한다.

자신을 제대로 알겠다고 앞으로 50년 간 심리치료를 받을 필요는 없다. 그보다는 과거의 자신을 제대로 알면 현재 자신의 행동 패턴을 이해하는 것에 도움이 된다. 이에 대해 마사 그로스는 이렇게 설명한다. "우리는 과거의 행동 패턴을 반복한다. 그래서 익숙한 행동을 하게 되는 것이다. 어린 시절 자신이 의지해야 하는 사람을 믿어서는 안 된다고 배우면 그의 세계는 엉망이 된다. 여러분이 상원의원이든 대통령이든, 외톨이가 된다거나 사랑 받지 못하는 것에 대한 두려움이 있으면 결혼생활에 그 두려움이 고스란히 반영된다. 즉 사랑을 구걸하게 되는 것이다. 그리고 그런 사람은 자긍심도 낮아서 배우자한테 자신이 원하는 바를 제대로 요구하지도 못한다."

갈등이 심한 가족 간에는 신뢰가 깨어지기 쉽다. 그리고 많은 가정이 심한 갈등을 안고 살고 있다. 이에 대해 마사 그로스는 이렇게 말한다. "그런 가족 사이에서 느꼈던 감정들은 누군가 자신을 심하게 몰아붙이거나 자신을 멀리하면 되살아나게 된다. 즉 어린 시절 심리적으로 심한 상처를 입은 사람은 친밀한 관계에서 자신을 보호하는 법을 모른다. 따라서 우리는 심리치료를 통해 그런 사람들이 스스로를 보호할 수 있도록 지도한다."

결혼을 하면 자신의 갈등을 배우자의 그것과 결합하게 된다. 다시 말해 배우자는 예전의 남녀 관계에서 어떤 갈등을 겪었는가? 배우자의 행동 패턴에 어떻게 적응할 생각인가?

누구나 예전 결혼과 이혼에 대한 기억과 후회를 짊어지고 재혼을
한다. 그리고 그 기억과 후회들은 재혼 생활을 하면서 되살아나게
되어 있다.

　재혼을 할 때는 배우자의 가족도 염두에 두어야 한다. 아이들
둘, 셋에 애완동물 정도는 예상해야 하는 것이다. 어쩌면 옆집에
전 배우자의 부모나 형제가 살고 있을지도 모른다. 보통 결혼할
때는 배우자의 가족과 친해지는 것이 아주 중요하다. 그런데 재혼
할 때는 그 일이 초혼 때보다 훨씬 더 복잡하다. 전통적인 가족의
범주에 속하는 사람들 외에도 이혼과 재혼을 통해 생긴 자식들,
전 배우자의 가족들, 예전 애인들 그리고 예전 보모까지 가족의
범위가 매우 넓어지기 때문이다.

　그 중에서도 가장 신경 쓰이고 다루기 힘든 가족이 바로 아이들
이다. 부모가 이혼한다는 어느 아동은 자신을 '부록'이라고 표현했
다. 그 부록 속에는 한 가족의 과거와 고통과 슬픔 그리고 희망과
기쁨이 들어 있다. 재혼을 할 때는 예전 결혼에 대한 기억과 후회
뿐만 아니라 아이들도 함께 짊어지고 간다는 것을 기억해야 한다.
그래서 재혼 생활을 제대로 지켜 나가기 위해서는 이혼으로 인해
확장된 가족 관계와 새로운 가족 구성원들과의 사이 역시 원만하
게 유지할 수 있도록 배우자끼리 서로 도와야 한다.

　'부록'이 따라가는 재혼 가정은 한동안 '조정 기간'을 겪게 된다.
여러분은 기쁜 마음으로 재혼했겠지만 아이들의 생각은 다를 수
있다. 10년에 걸친 조사를 살펴보면 재혼이 아이들의 행복에 큰
영향을 미치지 못하는 것(경제적 지위는 상승할지 몰라도)으로 나타
났다. 부모가 재혼하면 아이들로서는 부모의 이혼으로 인한 스트
레스와 상처에 새로운 스트레스가 더 해지는 셈이 된다. "새엄마

혹은 새아빠가 생기는 것은 아이한테 또 한 번의 변화를 요구하는 셈이 된다. 새엄마 혹은 새아빠가 생김으로써 한 부모 가정에 익숙해 있던 아이들은 혼란을 겪게 된다."라고 앤드류 셜린은 말한다. 하지만 장기적으로 봐서는 '부록'이 따라가는 재혼 가정도 대부분 안정을 찾고 잘 지낸다. 전통적인 핵가족 안에서 자라는 아동과 비교해서 의부 부모나 한 부모 밑에서 자라는 아동이 위험에 노출되는 비율도 극히 적다. 어떤 아이가 그리고 어떤 가족이 문제를 겪게 될 것인가는 아무도 미리 알 수 없다.

가족문제 전문가들은 아동 발달에 가장 큰 영향을 미치는 요소로 부모의 행복한 결혼생활을 꼽는다. 그리고 이혼 가정의 자녀도 함께 사는 부모가 자신의 삶에 만족하고 즐겁게 살면 덩달아 건강하게 잘 자란다고 말한다. 재혼에는 배우자와 행복한 관계를 유지하는 것과 각자의 아이들에게 건강하고 행복한 가정을 제공하는 두 가지 책임이 따른다.

예전 결혼과 정반대인 재혼을 통해 과거의 고통과 후회에서 벗어나려는 사람들도 있다. 하지만 지금은 서두를 때가 아니다. 조심하고 또 조심해야 한다. 이혼에 대한 반발심이나 '첫 눈에 반한 사랑' 때문에 서둘러 결혼해서는 안 된다. 대부분 첫 결혼은 그런 식으로 했을 텐데, 순간의 열정이 식어 버리면 어떤 결과가 찾아오는지 이제는 잘 알 것이다. 아니면 지난 결혼과 달리 이번만큼은 진실로 사랑해서 재혼을 생각하게 되었을 수도 있다. 그렇다면 첫 번째 결혼은 제일 편한 친구와의 결혼이었다고, 그것은 진짜 사랑이 아니었다고 말할 것이다. 또는 이성을 사귀는 방법을 바꿔 예전에는 먼저 다가가 상대를 유혹했다면 이번에는 상대가 먼저 다가오기를 기다릴 수도 있다. 그런 식으로 예전 결혼이 어떠했든 그때와는 무조건 정반대로 하겠다고 마음먹고 재혼을 시도하는 사람들도 있다.

* * *

조안 빌링스는 이혼 후 6년이 지나서야 재혼했다. 그녀는 현재 재혼한 지 3년이 지났고 한 살 된 아들도 두었다. 그녀의 첫 번째 결혼은 15년 간 지속되었고 그 사이 세 명의 자녀를 두었다. 처음 이혼했을 때 조안은 절망의 구렁텅이에 빠졌다. 그 때문에 인생을 밑바닥부터 완전히 바꿔야 한다고 생각한 조안은 두 번째 결혼을 하기에 앞서 매우 신중히 생각했다. "절대 첫 번째 결혼처럼 되도록 놔두지는 않겠다고 결심했어요." 그렇게 말하고서 조안은 미소를 지었다. 그렇게 결심하고 3년이 지났다. 조안 부부는 애틀랜타에 새 집을 샀다. 41세가 된 지금 조안은 비로소 자신을 믿고 안정된 삶을 살 수 있게 되었다.

"감정적 안정은 자신이 만들어야 하는 것입니다. 결혼과 이혼을 거듭하면서 사람들이 찾는 것이 바로 감정적 안정인 것 같아요. 우리는 누구나 인생의 중심점을 찾아요. 그리고 이해해 주고 힘이 되어 줄 사람을 찾죠. 그래서 부모에게 또는 배우자에게 의존하게 되는데, 나는 오랜 시간이 지나고서야 겨우 감정적 안정은 내 스스로 만들어야 한다는 것을 깨달았어요."

애틀랜타 출신의 조안은 파킨슨 씨 병으로 몸을 움직일 수 없는 어머니 밑에서 장녀로 자랐다. 아버지가 늘 멀리 출장을 다녔기 때문에 조안은 어린 동생들에게 부모 역할을 해야 했다. 그런데 열일곱 살 무렵, 조안은 '첫 눈에 반한 사랑'과 함께 가출을 했다. "가족들에게서 탈출한 셈이었어요." 가족에게서 얻지 못한 감정적 안정을 얻기 위해 조안은 사랑을 따라 나섰던 것이다. 첫 결혼에서 조안은 여전히 '엄마' 역할을 하면서 의사 남편을 멋진 남자로 만들기 위해 최선을 다했다. 하지만 남편은 다른 여자와 사랑에 빠져 조안을 버렸다. 그로 인해 조안의 세계는 산산조각이 났다. 당시 31세였던 조안에게는 열 한 살과 아홉 살 된 아들, 여덟 살 된 딸이 전부였다. 생활을 꾸려 가기 위해 조안은 낮은 봉급의 사무직 일 두 가지를 병행했고, 집 일부를 세 놓고, 여가 시간에는 유모를 구하느라 전화에 매달려야 했다. 그 당시 제일 중요한 일은 심리치료를 받는 것이었다고 조안은 말했다.

"왜 그런 고통에 빠지게 되었는지 알아내기 위해 내 자신을 돌아볼 수 있는 과정이 절실히 필요했어요." 조안은 서서히 자신의 감정 패턴을 파악하기 시작했다. 그녀는 매우 강하면서도 한편으로는 매우 불안정했다. 어려서부터 인간관계에서 리더와 지배적인 역할에 길들여 있던 조안은 한편으로는 자신을 돌봐 주지 않는 부모로부터 버림받았다는 생각에 자신을 구해 줄 백마 탄 왕자를 기다렸다. 그래서 결혼의 제 1막에서는 자신을 구해 주리라는 기대로 '첫 눈에 반한 사랑'을 따라 결혼에 뛰어들었다. 하지만 제 2막에서는 익숙한 지배적인 위치를 떠맡아 자신의 욕구는 외면한 채 또 다시 어머니 역할을 하게 되었다. 그러다 보니 어린 시절의 두려움이 되살아나면서 버림받고 외면당했다는 생각에 빠져들었다.

조안은 두 가지 굳은 결심을 했다. 하나는 절대 '첫 눈에 반한 사랑'과 결혼하지 않겠다는 것이고, 또 하나는 남녀 관계에서 지배적인 역할을 하지 않겠다는 것이었다. 이혼하고 6개월이 지났을 무렵, 조안은 집단 심리치료 중에 다섯 살 연하의 치과의사 러스티 빌링스를 만났다. 그런데 두 사람 사이에는 만나자마자 불행의 서약이 자리를 잡기 시작했다. 조안이 나이도 많고 인생 경험도 많았기 때문에 앞에서 이끌고, 지배적인 역할을 하는 것은 당연한 일이었던 것이다. 하지만 조안은 과거의 행동 패턴을 답습하기를 거부했다. 그녀는 모든 일에 신중을 기했다. 게다가 둘의 만남은 '첫 눈에 반한 사랑'도 아니었다. 그저 서로에게 호의를 가진 것뿐이었다.

조안은 러스티와 사귀기 시작하면서도 큰 기대를 갖지 않았다. "현실의 사랑을 믿지 않았어요. 이 사람도 결국은 나를 떠날 것이라고 생각했으니까요. 나를 챙겨 주는 사람이 옆에 있다는 것은 기분 좋았지만 그의 존재를 진지하게 생각하지는 않았어요. 그와의 관계는 로맨스라기보다는 우정에 더 가까웠으니까요."

조안은 사랑이 자신을 구해 줄 것이라는 환상도 버렸다. 러스티는 자신을 구해 주기 위해 찾아온 남자가 아니며 자신 역시 러스티를 구해 줄 사람이 아니라고 생각했다. "우리 두 사람 모두 상대가 자신을 심리적으로 도와줄 거라고 기대하지 않았어요. 그럴 처지가 아니라는 걸 잘 알고 있었으니까요. 내가 할 수 있는 것은 나 자신과 아이들을 돌보는 것뿐이었어요. 러스티는 결혼 경험이 없었기 때문에 자기 혼자를 책임지는 데는 익숙해 있었어요. 그래서 그는 나에게 도움을 기대하지 않았지요."

사이가 깊어지면서 나이도 더 어리고, 인생 경험도 적은 러스티는 지배적인 역할을 서서히 익혀 갔고, 그로 인해 둘 사이의 힘의 균형은 시소처럼 움직이며 서서히 평형을 찾아갔다. 그리고 처음으로 둘의 관계에 대한 중대한 결정을 내릴 때 러스티는 리더의 역할을 했다. 먼저 청혼을 한 것이다. 그 당시에 대해 조안은 이렇게 설명했다. "러스티는 굳게 결심한 듯 '우리가 만난 지 벌써 6년이 됐어. 나는 헌신을 맹세하고 싶지만 당신 마음이 어떤지 아직 모르겠어. 이제는 우리가 결혼할 것인지 아니면 헤어질 것인지를 결정해야 할 때가 왔다고 생각해.'라고 했어요." 조안은 대답을 주저하지 않았다. 마땅히 찾아와야 할 일이 왔다는 느낌이 들었기 때문이었다. "드디어 한 사람이 '그래, 해 버리자'라고 말했어요. 예전 같으면 그런 결정은 늘 내가 했는데, 내 대신 결정을 해 줄 사람이 있다고 생각하니 정말 마음이 편해졌어요." 하지만 불행의 서약에 대한 불안(다시 예전처럼 불행한 결혼을 반복하면 어쩌나 하는 불안)은 여전히 마음에 남아 있었다.

조안은 자칫하면 자신이 또 다시 주도권을 쥐고 흔드는 엄마 역할을 하게 될지도 모른다는 걸 알았다. 러스티는 너무 젊고 또 그녀에게 푹 빠져 있었다. 조안은 자신이 지배적인 역할을 맡는 것이 둘 사이에 방해가 되리라는 것도 알고 있었다. 그래서 다시는 지배적인 엄마 역할은 하지 않겠다고 결심했다. "내가 엄마 역할을 해야 하는 남자와 다시 결혼할 바에는 차라리 죽어 버리는 게 낫다고 생각했어요. 죽을병에 걸리지 않고서는 상황을 뒤바꿔 나를 돌봐 줄 사람을 구할 방법이 없겠다는 생각도 들었지요."

조안은 특별한 노력이 필요하다고 생각했다. 러스티는 결혼 경험이 없었고 자신의 아이를 길러 본 경험도 없었다. 그래서 조안은 마지막 시험 단계로 아이를 갖기로 했다. 하지만 고생할 것은 불을 보듯 뻔했다. 40세에 아이를 갖다니! 또 다시 열 달 동안 고생하고 그 뒤로 기저귀를 갈고 아이 우는 소리에 밤잠을 설칠 것을 생각하니 결정이 쉽지 않았다. "러스티를 사랑하고 결혼이 원만하게 이어지길 바라는 마음은 간절했지만 선뜻 엄두가 나지 않았어요." 하지만 결국 조안은 임신을 했다. 그 결정을 통해 조안은 지배적인 역할을 하는 것에서 해방되었다. 아기를 가진 것은 러스티를 위해서였고, 그런 행동을 통해 조안은 결혼생활에서 주도권을 쥐고 자신이 모든 것을 결정하고 이끌어야 한다는 부담감을 벗어버렸다. 그 사이 러스티는 임신한 조안을 대신해 집안 일을 책임져야 했다. 그것은 조안과 러스티 모두에게 일종의 시험이었다. 러스티는 조안이 임신을 하자 정성으로 그녀를 돌봤고, 그 역할을 좋아했다. 그런 러스티에 대해 조안은 이렇게 말했다. "첫 남편이었다면 쩔쩔매며 아무것도 못했을 거예요. 그 남자라면 아마 '미쳤어'라고 한 마디 하고는 밖으로 나갔을 거예요. 사실 임신하고 3개월까지는 미친 사람처럼 굴었거든요. 너무 우울하고 기운이 없어서 아무것도 할 수가 없었어요. 그런데 러스티가 모든 것을 다 처리하더군요. 아이가 태어날 때쯤에는 모든 상황이 좋아졌어요. 아이 덕분에 우리 관계가 더욱 튼튼해졌지요."

심리치료 외에도 조안은 사회사업가로서의 경력을 착실히 다져나갔다. 그리고 심리학 석사학위를 땄다. 조안은 지금도 심리치료를 계속 받고 있다. 심리치료는 조안과 러스티가 함께 받으며, 두 사람은 매일의 일과처럼 자신들의 꿈과 희망 사항에 대해 이야기를 자주 주고받았다. 요즘 조안은 기사도 집필한다. "이혼 후에 배운 것이 하나 있는데, 내가 일하는 여성으로서 경력을 쌓을 수 있다는 사실이에요. 첫 번째 결혼에서는 그런 일을 할 수가 없었어요. 너무 폐쇄적이었고, 겁도 많아서 내 생각을 말할 용기조차 없었거든요."

러스티와 함께 하는 덕분에 조안은 불행의 서약에서 벗어나 자신의 참모습을 찾았다고 생각했다. "러스티는 곤경에 처해 있는 나를 도와주던 친구에서 정말 함께 살고 싶은 사람으로 변했어요. 섹스를 함께 하는 편안한 동반자라고나 할까요. 첫 번째 결혼에서는 남편에게 말을 하기가 무척 어려웠어요. 그런데 지금 남편한테는 내가 느끼는 대로 모두 말할 수 있어요. 기분이 나쁠 때도 나쁘다고 말할 수 있고요. 지금 남편은 내가 외출하고 싶지 않다고

말해도 전남편처럼 '못된 여자 같으니라구.'라고 소리 지르고 문을
박차고 나가지도 않아요. 지금 남편과 나는 처음부터 의사소통이
잘 되었고 서로를 깊이 신뢰했어요. 지금도 그렇고요. 그래서 만약
러스티가 힘든 하루를 보내고 집에 오면 아무 일도 없던 것처럼
입을 다물고 있는 게 아니라 그날의 힘들었던 일들에 대해 서로
솔직히 이야기를 나누죠."

　이제 조안은 다시 일을 시작했다. 그녀와 러스티는 가사 노동과
육아도 함께 한다. 지금처럼 평온한 결혼생활이 가능한 것은 평등
때문이라고 조안은 생각한다. "남녀 관계가 제대로 굴러가려면 둘
사이가 평등해야 해요. 우리의 경우, 내가 결정을 내릴 때도 있지
만 러스티가 결정을 내릴 때도 있어요. 그런 식으로 흘러가야 해
요. 평등한 관계는 성격과 행운의 조합이라고 생각해요. 평등은 두
사람이 서로의 한계를 잘 알고 서로 조화를 이룰 수 있어야 가능
합니다. 그리고 어떤 역할을 배운다기보다 자신이 되는 법을 알아
야 해요." 이렇게 말하고서 조안은 잠시 입을 다물었다가 미소지
으며 다시 말했다. "자신이 되는 법을 배우는 것은 평생이 걸리는
일이긴 하지만 말이에요."

　이전 결혼과 정반대인 재혼을 계획하는 사람들은 일반적으로 단
호하고 강한 사람들이다. 그들은 인생을 진지하게 생각하고 남녀
관계를 잘 이끌어 가기 위해 노력한다. 그런데 과거를 완전히 뒤
집다 보면 자칫 장점이나 소중한 것까지 한꺼번에 내동댕이칠 위
험이 있다. 지난 결혼과 모든 것을 반대로 하려고 지나치게 애쓰
다 보면 자신도 모르는 사이에 거꾸로 된 불행의 서약을 맺을 수
도 있기 때문이다. 그리고 새로운 관계의 피상적인 면 그 이상을
보지 못할 위험도 있다.

지금 여러분은 완전히 새로운 상황을 맞고 있다고 생각할 것이다. 하지만 정말 그럴까? 커튼을 바꿔도 집은 그대로이듯, 겉으로 보기에 약간 달라졌다고 해서 상황이 완전히 바뀌는 것은 아니다. 문제는 '얼마나 아는가?'이다. 여러분은 자신에 대해 그리고 자신의 행동 패턴에 대해 얼마나 알고 있는가? 자신이 일으키는 변화에 대해서는 또 얼마나 알고 있는가? 결국 과거의 자신을 제대로 보고 성장해야만 과거로부터 진정으로 자유로워질 수 있다.

재혼을 맞이하는 또 다른 태도로 '심리 패턴의 변화만 추구하는 경우'를 들 수 있다. 이전 결혼과 정반대의 재혼을 계획하는 사람들은 겉으로도 그 변화가 뚜렷이 보인다. 반면 '심리 패턴의 변화만 추구' 하는 사람들은 그 변화가 쉽게 겉으로 드러나지도 않고, 기본적으로는 이전 결혼과 같은 심리 패턴을 따르지만 눈에 띄는 몇 가지 '심리적 변화' 때문에 새로운 상황을 맞게 된다. 이런 사람들은 오해를 살 위험이 많다. 변화가 좀처럼 눈에 띄지 않기 때문에 이전과 똑같은 행동을 되풀이하는 것처럼 보일 수 있기 때문이다. 즉 그러다 가족으로 서로 합칠 것인가, 어디서 살고 어디서 일할 것인가, 두 사람의 관계는 어떻게 규정지을 것인가 등 중요한 결정을 해야 할 때가 오면 그제야 비로소 달라진 모습이 겉으로 드러난다. 과정은 다르지만 개인의 한계와 능력을 인정하면서 동시에 두 사람 사이에 균형을 유지한다는 목표는 같은 것이다. 그리고 평등, 강한 자아감각, 공동생활의 책임 분배를 통해 평등이 이루어진다는 점도 똑같다.

* * *

  국제적인 건축 회사의 부사장인 55세의 댄 우드러프도 심리 패턴의 변화만 추구한 경우다. 첫 번째 결혼에서 수동적이고 복종적이었던 그는 두 번째 결혼생활에서도 마찬가지였다. 하지만 같은 수동적이고 복종적인 경우라도 엄청난 예외의 경우가 딱 하나 있는데 이 예외의 경우 때문에 댄의 첫 번째 결혼과 두 번째 결혼은 밤과 낮만큼이나 달랐다.

  댄은 뉴햄프셔의 세인트 폴 고등학교에 예일대학 출신이다. 그는 늘 즐겨 입는 트위드 재킷에 헐렁한 면바지 차림 때문에 마치 20대 야구 선수 같은 인상을 풍겼다. 그리고 그는 자신을 세상 물정에 어두운 사람이라고 스스로 평가했다. 하지만 그를 아는 사람들은 그가 꾸미지 않은 생활을 좋아하는 사람이라고들 말했다. 회사에서 손꼽히는 건축기사인 그는 대부분의 시간을 해외에서 보냈다. 동남아시아의 공항들이며 사우디아라비아의 병원, 벨기에의 호텔 등 세계의 수많은 건축물들이 댄의 손을 거쳐 탄생되었다. 수많은 여자들이 그를 유혹했고 덕분에 그는 기억나지도 않을 정도로 많은 곳에서 사랑을 나누었다. 그리고 지금은 담배를 줄이려고 노력 중이다. "그런 대로 괜찮은 인생을 살아왔습니다." 그렇게 말하고서 댄은 잠시 머뭇대다 다시 말을 이었다. "이혼이 제가 겪은 일 중에 가장 끔찍한 경험이었습니다. 하지만 만약 이혼을 하지 않았다면 제대로 인생을 살아가지 못했을 겁니다."

  댄은 여자를 사귈 때는 늘 수동적이고, 주도권을 전적으로 여자에게 양보했다. 그리고 항상 유혹을 하는 편이 아니라 유혹을 당하는 편이었다. "나는 외로움을 견디지 못합니다. 대단히 의존적인 사람이지요. 하루 종일 힘들게 일하고 나면 나를 포근히 안아 주고 함께 즐겨 줄 사람이 그리워집니다." 댄은 여자를 좋아한다. 여자를 만지고, 함께 술을 마시고, 함께 웃기를 좋아한다. 댄을 만나는 여자들은 누구나 그에게 끌렸다. 댄은 결혼을 하는 것도 이혼을 하는 것도 모두 여자들 손에 맡겨 두었다. 하지만 일 할 때의 댄은 180도 달라진다. 무섭게 집중하고 대단히 공격적으로 일한다. 이혼을 통해 그는 자신의 두 가지 모습을 절충할 수 있게 되었다. 하지만 그렇게 되기까지는 길고 고된 시간을 겪어야 했다.

댄은 뉴욕 주의 근엄한 청교도 집안 출신으로, 그의 아버지는 신탁 회사를 운영했다. 막내였던 댄은 반발이라도 하듯 건축을 전공했고 스물 두 살에 매사추세츠 주 출신의 뼈대 굵은 금발 여인 쉴라와 결혼했다. 그 후 댄은 건축 회사의 뉴욕 시 본사에 취직했다. 물론 결혼생활의 주도권은 아내가 쥐었다. 교외에 집을 사기 위한 융자를 받을 때도, 아이를 넷 낳고, 개를 두 마리 기르고, 자전거를 사고, 출퇴근 시간이 1시간이나 걸리는 곳에 집을 사는 것까지 모두 아내가 결정했다.

댄은 아이들이며 개, 이웃들에게 시달리는 것이 싫어서 점점 일에만 파고들었다. 베트남 사이공에 공군 기지를 건설하고, 두바이에 병원을 세웠고, 아르헨티나의 55층 건물이 무너졌을 때는 연락받은 지 불과 한 시간 만에 출장을 떠나기도 했다. 댄은 아내 곁을 떠나는 것으로 불행의 서약을 피했다. 그런 생활은 10년 이상 계속되었다. 그러는 사이 여자들이 댄에게 접근하기 시작했다. 맨처음 만난 여자는 댄이 근무하는 회사의 변호사로 LA에서 점심을 함께 하면서 관계를 갖게 되었다.

그 여자는 댄의 눈을 똑바로 쳐다보며 이렇게 말했다. "전 다음주에 일주일간 휴가예요." 여자는 미소를 짓더니 다시 이렇게 말을 이었다. "그 시간 내내 당신 생각만 할 것 같아요." 댄은 깜짝 놀라서 들고 있던 포크를 접시에 떨어뜨렸다. "지금 뭐라고 하셨습니까?" 그러자 여자는 댄의 손을 살짝 꼬집었다. "다음 주 목요일에 나랑 둘이서 멕시코 여행가지 않을래요?" 여자가 물었다.

댄은 자신의 귀를 믿을 수 없었다. 다음 주에 특별히 재미있는 계획이 있는 것도 아닐뿐더러, 자신을 유혹하는 이 여자는 너무도 매력적이었다. 점심 식사 후 두 사람은 곧장 호텔 방으로 달려갔다. 그 날의 일에 대해 댄은 이렇게 말했다. "솔직히 겁이 났습니다. 12년 동안 결혼생활을 했고 아내 이외의 여자와 관계를 가진 것은 그때가 처음이었습니다. 나중에 알고 봤더니 그 여자는 우리 회사 중역들 모두와 관계를 가졌더군요. 하지만 처음 만났던 날은 그 사실을 몰랐습니다. 그 여자는 욕실로 가더니 옷을 벗고 향수를 뿌렸습니다. 그 사이에 나는 겁이 나 벌벌 떨면서 침대에 누워 있었구요."

오래지 않아 댄은 이 변호사와 사랑에 빠졌고 둘의 관계는 순식간에 회사 내에 퍼졌다. 그러자 댄의 상사가 그에게 브라질에서 여러 달을 지내야 하는 프로젝트를 맡겼다. 댄의 아내는 브라질에 함께 가지 않았다. 두 사람은 늘 그런 식이었다. 댄은 늘 건설 현장을 돌아다녔고 아내는 신경 쓰지 않았다. 댄은 봉급을 모두 아내에게 보내고 자신은 회사 경비로 생활했다.

변호사와의 연애가 시들해진 후 댄에게는 새로운 여자가 접근했다. 이번에는 휴스턴의 컨벤션에서 만난 주거환경연합의 여성 홍보 담당관으로, 그녀가 먼저 댄에게 점심을 함께 하자고 청했다. 그녀는 이렇게 말했다. "오늘 저녁이 되기 전에 우리는 사랑을 나누게 될 거예요." 그 말대로 두 사람은 댄의 호텔 방으로 향했고 더 이상 댄은 떨지 않았다.

그 일로 인해 회사 사람들이 또 다시 수군대기 시작했다. 댄의 상사는 그를 앞에 앉혀 놓고 그런 식으로 여자들과 어울리면 경력에 지장이 있을 것이라고 주의를 주고는 남아프리카의 건축 프로젝트를 그에게 맡겼다. 프로젝트를 위해 댄은 파리에 생활 근거지를 정했다. 그의 아내와 아이들은 미국에 남기로 했다. 이제는 별거가 거의 공식화되었지만 이혼 생각만 하면 댄은 겁이 났다. "우리 집안에서 이혼은 생각할 수도 없는 일이었습니다."라고 댄은 말했다. 아내와 가족에 대한 죄책감을 덜기 위해 댄은 봉급을 모두 가족에게 송금했다. 하지만 파리에서의 댄은 아주 방탕하게 지냈다. 술을 마시고, 일을 하고, 상대를 가리지 않고 잠자리를 함께 했다. 그는 아이들이 몹시 보고 싶고 아내한테도 미안한 마음이 들었다. 그리고 그런 생각을 떨쳐 버리기 위해 또 술을 마시고 여자들과 어울렸다.

언제나 그렇듯 파리에서는 늘 여자들이 먼저 댄에게 접근했다. 하지만 딱 한번 먼저 접근한 적도 있었다. 그 일은 '미친 말 살롱'이라는 곳에서 동료와 함께 술을 마시다 일어났다. 댄은 잘난 척하는 영국인 동료가 너무 싫었다. 술집은 점점 사람들로 가득 찼다. "저 여자 보입니까?" 영국인 동료가 물었다. "오늘 밤 저 여자를 내 침대에 눕히고 말겠습니다." 댄은 동료가 가리키는 곳을 쳐다보았다. 푹 꺼진 눈에 가늘고 긴 콧날, 그리고 도톰한 입술에 긴 금발을 한 젊은 여자가 있었다. 영국인 동료는 댄에게 술을 한 잔 더 시켜 달라고 하고서 화장실에 갔다. 순간 댄의 경쟁심이 발동하면서 분노가 끓어올랐다. 그래서 태어나서 처음으로 댄은 먼저 여자를 유혹하기로 마음먹었다. 잘난 척하는 영국인 동료가 자리를 비운 사이 댄은 그가 가리켰던 여자의 테이블로 가서 느린 영어로 말을 걸었다. "참 아름다운 분이라 눈길이 끌렸습니다. 괜찮다면 옆 건물에 있는 제 사무실로 가서 브랜디를 대접하고 싶군요." 그러자 여자가 고개를 들더니 웃음을 터뜨리며 이렇게 말했다. "어머, 저랑 같은 말투 같네요. 전 시카고에서 왔어요." 영국인 동료가 자리로 돌아오기도 전에 두 사람은 팔짱을 끼고 술집을 나왔다.

댄은 그 일을 마음에 두지 않았지만 자신도 모르는 사이에 행동 패턴이 서서히 변하기 시작했다. 그 날의 일을 통해 댄은 여자와 관계를 갖는 것에 있어서 좀 더 공격적으로 나서도 된다는 것을 깨달았다. 원할 때는 언제든 먼저 다가가도 된다는 것도 알았다. 하지만 대부분의 경우는 새로 배운 기술을 쓰지 않았다. 여자들이 먼저 접근하도록 내버려두는 것이 훨씬 쉬웠기 때문이었다. 파리 생활이 1년쯤 지나자 댄은 외롭고 아이들이 보고 싶었다. 특히 명절이면 아이들 생각이 더 절실해졌다. 그래서 어느 명절에는 파티에 갔다가 검은머리의 여자를 만났다. 그녀는 댄을 한번 쳐다보더니 이렇게 말했다. "당신은 정말 잘 노는 사람처럼 보이는군요. 아무래도 당신하고 나 사이에 무슨 일이 벌어질 것만 같아요." 그 말에 댄은 정말? 이라고 생각하고 그녀가 이끄는 대로 따라갔다. 자정 무렵 파티에 남아 있던 사람들은 오믈렛을 먹으러 댄의 집으로 자리를 옮겼다. 새벽 2시경 손님들이 모두 떠났지만 검은머리의 여자는 떠나지 않았다.

"당신도 가야 하는 것 아닙니까?" 댄이 물었다.

"가지 않아도 돼요." 여자가 대답했다.

"어디서 주무실 겁니까?" 댄이 물었다.

"저 안에서 당신하고 같이요." 여자는 침실을 향해 고갯짓을 했다. 나쁘지 않지 하고 댄은 생각했다. 이런 일은 처음이 아니었으니까. 그 다음날 아침 두 사람은 오후에 술을 같이 하기로 약속했다. 약속한 시각에 카페에 간 댄은 여자가 머리를 뒤로 묶고 있어서 하마터면 못 알아볼 뻔했다. 그녀는 댄이 기억하는 것보다 더 예뻤다. 장난꾸러기 같은 미소도 사랑스러웠다. 두 사람은 캄파리와 소다수를 마셨다. 그녀의 이름은 매기였다. 아일랜드 계로 영국 대사관에서 최근에 퇴직했으며 잉글랜드 사람들을 끔찍이 싫어한다고 했다.

"여행할 때 짐은 조금만 가지고 다녀요?" 매기가 물었다. 댄은 고개를 끄덕였다. 저녁이 될 무렵 매기는 짐을 챙겨서 자신의 집에 와 지내지 않겠냐고 물었다.

"매기와 함께 지내고 싶은 마음이 간절했습니다. 앞으로 무슨 일이 벌어질지는 알 수 없었지요. 그녀는 나처럼 제멋대로였습니다. 여행을 좋아했고 그 때문에 일이 훨씬 더 즐거워졌습니다. 내가 알제리로 출장가면 그녀도 함께 갔습니다. 그녀는 말만하면 곧장 출발할 준비가 되어 있었습니다. 우리는 마치 겨우 함께 살 집이 생긴 고아들 같았습니다. 그런 생활에 두 사람 모두 익숙해졌습니다." 하지만 1년이 지나자 댄은 죄책감이 들었다. 네 아이와 좋은 아내를 두고 이런 나쁜 짓을 하면서 행복해 하는 것은 옳지 않다는 생각이 들었다. 우리 집안에는 이혼한 사람이 하나도 없다는 생각 역시 그의 머리에서 떠나지 않았다. 죄책감에 사로잡혀 결국 댄은 매기에게 다시 뉴욕으로 돌아가 아내와 화해하겠다고 말했다. "제대로 살아가기 위해서는 한 번 더 노력해 봐야겠다는 생각이 들었습니다."

댄은 미국으로 돌아가 가족과 함께 수영장도 있는 롱아일랜드 주의 큰 집으로 이사했다. 그는 평일에는 도시로 출퇴근하고 주말이면 아이들과 함께 놀았다. 하지만 아내와는 한번도 잠자리를 같이 하지 않았다. 그런 채로 거의 1년이 지날 무렵 어느 일요일, 뜻밖에 매기한테서 전화가 왔다. "그녀는 펜실베이니아 기차역에 있다면서 나를 만나기 위해 롱아일랜드 행 기차를 탈 예정이라고 했습니다." 댄은 기차에서 매기를 만났다. 그녀는 댄에게 사랑한다고 말하면서 함께 있고 싶다고 했다. "나도 진심으로 매기를 사랑하고 있다는 걸 그때야 깨달았습니다. 하지만 어떻게 해야 할지를 몰랐습니다."

그 뒤로 6개월 간 댄은 아내와 함께 살면서 근처 아파트에 머무는 매기와 잠자리를 함께 했다. 이미 정면 대결 상황은 불가피한 것이 되고 있었던 것이다. 11월의 어느 저녁, 댄의 아내가 매기의 아파트까지 댄을 미행했다. 남편의 불륜을 인정하지 않던 아내는 불 같이 화를 냈다. 댄은 매기에 대해 설명하려고 했다. 집까지 아내를 쫓아갔지만 아내는 문을 열어 주지 않았다. 댄은 현관문을 두드렸다. 밖에는 눈이 내리기 시작했지만 아내는 댄에게 다시는 집 안에 발을 들일 생각도 하지 말라고 말했다. 결국 댄은 차를 타고 매기한테 돌아갔다.

그 뒤로 1년에 걸친 법적 이혼이 끝나자 드디어 댄과 매기는 부부로 맺어졌다. "이혼 절차가 끝나자마자 우리는 멕시코로 날아가 결혼식을 올렸습니다."라고 댄은 말했다. 하지만 남들이 보기에 댄의 결혼생활은 조금도 달라지지 않았다. 여전히 매기가 주도권을 잡고 지배적인 역할을 했다. 그녀는 파티에서 댄을 선택했고 먼저 다가가 그를 유혹했으며, 함께 살자는 제안도 먼저 했고, 댄을 만나러 뉴욕까지 날아왔다. 하지만 그 사이 댄은 심리 패턴이 바뀌었고, 매기조차도 그가 얼마나 강하고 지배적일 수 있는 사람인지 몰랐다.

결혼 후 3년 간 댄과 매기는 어디든 함께 여행했다. 즐거운 일도 많았고 잠자리도 만족스러웠다. "우리는 정말 행복했습니다. 매기는 유머감각이 풍부해서 항상 나를 웃게 만들었지요. 2년 간 홍

345

콩에서 지낼 때는 매기가 미국 친구들한테서 실크를 구매해 작은 사업을 하기도 했습니다. 내가 아는 사람들 중에 중국 실크 상인들을 이길 수 있는 사람은 아마 매기뿐일 겁니다." 그렇게 말하고서 댄은 웃음을 터뜨렸다. 그러던 중 위기가 닥쳤다. 매기가 아기를 갖겠다고 선언한 것이다. "그녀는 마흔이 가까워 가고 있었습니다. 매기는 당신이 죽고 나 혼자 남으면 어떻게 할거냐고 묻더군요." 하지만 댄은 찬성하지 않았다. 이미 네 아이가 있는 데다 또 다시 밤마다 우는 아기를 돌보고, 집에서 아이를 키우는 아내 뒷바라지를 감당할 자신이 없었던 것이다. 게다가 그런 일은 이미 충분히 경험했다. 그리고 무엇보다도 전처와 함께 하던 것과는 전혀 다른 새로운 삶을 매기와 함께 하고 싶었다. 그래서 자신의 생각을 관철시키기 위해 댄은 지배적인 모습으로 변했다.

"그때만큼은 내 생각을 밀어붙였습니다. 안 된다고, 더 이상은 아이를 원하지 않는다고 말했습니다. 이미 아이가 넷이나 있으니 그걸로 만족할뿐더러 더 이상 감당할 수 없다는 것을 내 스스로 잘 알고 있다고 했지요."

매기는 충격을 받았다. 여자한테 아이를 낳지 말라고 하다니, 여성의 모성 본능을 부정하다니, 도저히 믿을 수가 없었다. 늘 지배적으로 모든 결정을 하던 매기한테 그런 엄청난 희생을 요구하다니. 평등한 관계를 위해 지나친 대가를 요구하는 셈이었지만 모든 결정을 매기가 하느라 서서히 불행의 서약에 다가가고 있던 두 사람으로서는 어쩔 수 없었다. 두 사람이 평등해지기 위해서는 댄이 극적인 변화를 불러일으키지 않으면 안 되는 상황이었던 것이다. 그 뒤로 몇 년간 댄과 매기는 힘든 시기를 여러 번 극복해야 했다.

"정말 힘들었습니다. 하지만 만약 아이를 가졌다면 우리 사이는 끝이 났을 겁니다. 결국 매기도 내 마음을 이해했습니다. 물론 그녀에게는 정말 힘든 일이었습니다. 둘이서 밤에 운 적도 여러 번 있었습니다. 하지만 그 일로 인해 우리 두 사람은 서로를 얼마나 원하는지 그리고 얼마나 함께 있고 싶어하는지 알게 되었습니다."

돌아보면 아이 문제로 인한 위기는 성공적인 결혼을 위해 한 번은 겪어야 할 일이었다. 첫 번째 결혼에서 댄은 지배적인 아내에게 모든 것을 맡겼다가 결국은 아내한테서 도망쳤다. 그것이 부부 관계에 있어서의 댄의 행동 패턴이었다. 하지만 매기와의 생활에서는 과거와 같은 일을 되풀이하고 싶지 않았다. 두 번째 결혼에서도 대개는 댄이 매기의 뜻에 따랐다. 대부분의 경우 두 사람의 동기나 목적이 비슷했기 때문에 큰 문제가 없었다. 하지만 댄이 전혀 원하지 않거나 감당할 수 없는 일을 매기가 시도하면 댄은 자기 생각을 내세우며 지배적인 역할을 시도한다. 그렇게 함으로써 댄은 자존심을 지키고 매기와의 결혼생활을 자기 삶의 중심으로 삼는 것이었다.

"매기는 자신이 나에게 얼마나 소중한 존재인지 그리고 내가 자기를 얼마나 사랑하는지 깨닫기 시작한 것 같습니다. 내가 자기한테 반대하지도 않고 자기를 괴롭힐 마음이 없다는 것도 알게 되었습니다. 나는 단지 새로운 가족을 감당할 수 없어서 반대한 것뿐입니다. 쉰이 넘은 내 자신의 한계를 알고 있으니까요." 댄은 말했다.

결혼생활을 지켜 가는 많은 부부들처럼 댄과 매기도 처음의 관계를 성공적으로 재조정했다. 매기는 댄의 결정을 받아들였고 불행의 서약은 사라졌다. 댄과 매기는 새로운 바탕에서 삶을 다시 시작했다.

"우리는 예전보다 훨씬 더 가까워졌습니다. 루비콘 강을 건넜다고 해야 할까요. 이제는 매기 없이는 못살 것 같습니다. 그녀는 나에게 있어 인생이나 다름없는 존재입니다. 매기도 자신의 본모습

을 알고 자신을 이해해 주는 사람은 나밖에 없다고 말합니다. 그
녀의 농담에 웃어 주는 사람 역시 나밖에 없습니다. 그녀는 열심
히 내 뒷바라지를 합니다. 암 예방을 위해 당근을 열심히 먹으라
고 잔소리해서 가끔은 내가 토끼가 된 것 같은 기분도 들지만 상
관없습니다. 나는 매기한테 주도권을 맡겼습니다. 우리는 절대 서
로를 떠나지 않을 거라는 걸 잘 알고 있습니다. 그리고 그것이야
말로 내가 여자한테 바라는 모든 것입니다. 나는 정말 운이 좋은
사람입니다. 올 6월이면 결혼 15주년이 됩니다." 이렇게 말하고서
댄은 미소를 지었다. 결혼을 자기 삶의 중심으로 받아들임으로써
그는 결혼을 지켜 갈 수 있게 되었다. 그것은 첫 번째 결혼생활에
서는 상상도 할 수 없던 일이다.

　부부는 누구나 '초기 탐색기'를 겪게 마련이다. 그래서 두 사람
의 관계가 어떻게 진행되느냐는 거의 운과 '타이밍'에 달렸다고 해
도 과언이 아니다. 여러분은 오래지 않아 재혼의 심리 역학은 첫
번째 결혼의 갈등과 전혀 딴판이라는 것을 깨닫게 될 것이다. 지
금 여러분은 갈등을 어떻게 처리해야 하는가에 대해서는 이미 잘
알고 있다. 그러니까 이제부터는 결혼 초기의 두 사람 관계를 지
속적으로 타협하고 조정하는 법을 배워야 한다.
　재혼을 글자 그대로 '다시 혼인하다'라는 의미로 해석한다면 이
세상 모든 사람들은 일생에 걸쳐 여러 차례 '재혼'을 하게 된다.
그것도 같은 상대하고 말이다. 미국 캔자스 시티의 40세 된 회계
사는 이렇게 말했다. "나와 아내의 결혼생활은 최소한 네 번 정도
완전히 변했다. 그러니 네 번 다시 결혼했다, 즉 재혼했다고 말할
수 있다. 첫 번째 결혼에서 내 아내는 갓 학교를 졸업했고 나는
성적으로나 또는 사회적으로나 그녀보다 경험이 월등히 많았다.

결혼 후 3년도 되지 않아 우리는 서로 잡아먹을 듯 소리를 지르고 싸웠다. 두 번째 결혼이라고 부를 수 있는 이 시기에 우리는 아내가 주 정부의 사회사업가로 취직하고 임신을 하면서 엄청난 갈등을 해야 했다. 그로 인해 세 번째 결혼을 시작하게 되었다. 우리는 아기를 얻었고, 아내는 휴직을 했고, 나는 특수 프로젝트를 담당해 주말에도 집을 비웠다. 그로 인해 우리는 또 다시 싸움을 시작했다. 그 당시 우리 부부는 결혼문제 전문가와 상담을 했고 현재는 네 번째 결혼생활을 하는 중이다. 현재 아내는 시간제 근무를 하고 있고, 내 상사는 주말 근무를 하고 난 뒤에는 휴가를 주기로 약속했다. 각각의 '결혼' 생활은 서로 판이하게 달랐고 앞으로도 우리는 몇 번의 결혼을 더, 그리고 다시 하게 될 것이다. 물론 우리 부부는 법적으로는 딱 한번밖에 결혼하지 않았다."

모든 부부는, 그것이 초혼이든 재혼이든 위기를 통해 둘의 관계를 시험하게 된다. 즉 이는 뜨거운 불길로 심리적 세례를 받는 셈이라고 할 수 있는데, 분명 어렵고 힘들지만 부부관계를 굳게 다지기 위해서는 함께 위기를 극복하는 과정이 꼭 필요하다고 할 수 있다.

칼 G. 융은 이렇게 말했다. "위기 없이는 부부가 친밀감을 형성할 수 없다. 그리고 고통 없이는 의식 세계로 나갈 수 없다."

이혼을 경험한 사람들은 재혼을 하는 것에 있어 나름대로의 이점을 가지고 있다. 그들은 고통과 괴로움을 이미 경험했기 때문이다. 즉 부부 사이가 어떻게 비틀어질 수 있는지도 알고, 지나친 파워 게임이 결혼에 치명타를 입힐 수 있다는 것도 이미 알고 있다. 그래서 이혼자들은 여러 면에서 초혼자들 보다 결혼에 대해 많이 안다. 갈등을 피하는 요령도 알고, 결혼생활 속에서 서서히 자신을 잃어 가는 과정도 안다. 이혼 과정도 이미 경험했다. 그리고 결혼의 위기가 닥쳤을 때 감추고만 있지 않고 겉으로 드러내 정면 대결 상황을 보다 빨리 야기하기도 한다.

이혼을 이미 경험한 사람이 다시 결혼해서 그 생활을 유지하기란 보통 힘든 일이 아니다. 때문에 재혼해서 행복하게 사는 사람들은 아주 특별한 사람들이다. 훈장을 많이 받은 전쟁 영웅처럼 여러분은 결혼과 이혼의 전쟁을 통해 시험받았다. 결혼과 이혼의 고독과 절망도 맛보았으며, 지금도 자신의 마음, 아이들, 주위 사람들, 직장 상사, 현재 배우자, 새로운 시어머니 등으로 인해 힘든 일이 한 두 가지가 아니다. 하지만 이제는 그 정도 어려움은 견딜 수 있을 만큼 자의식이 강해졌다. 안 그랬다면 여기까지 오지도 못했을 것이다.

무엇보다도 여러분은 타인과 인생을 함께 하는 것이 얼마나 소중한 일인가를 깨달았다. 그리고 스스로 원해서 결혼을 했다. 행복하고 오랜 결혼생활의 비법은 서로를 지켜보는 것에 있다.

여러분과 배우자는 전혀 다른 결혼생활과 이혼 과정을 거쳤다. 이제 두 사람이 서로에게 관심을 가지고 삶을 공유할수록 부부관계는 더욱 굳건해질 것이다. 또한 여러분은 그 무엇도 행복을 보장해 주지 않는다는 것을 알고 있다. 미래는 변화와 충격의 연속이다. 에리히 프롬은 이렇게 말했다. "사랑은…… 끊임없는 도전이다. 사랑은 편안한 쉼터가 아니라 두 사람이 함께 나가고, 성장하고, 노력하는 과정이다." 여러분도 위험을 감수하고 하루 하루의 행복을 가꿔 나가고 있다. 이제 오래지 않아 여러분 모두 행복한 결혼생활이 하나의 습관처럼 자리 잡을 것이다.

에필로그 | Epilogue

힘든 과정이 모두 끝났다는 것은 무엇으로 알 수 있나? 그리고 감정적 이혼을 끝마쳤다는 것은 또 무엇으로 알 수 있나? 사실 자녀가 있다면 감정적 이혼을 완전히 끝마치기는 어렵다. 하지만 고통은 확실히 끝이 났다. 이제 크레이지 타임의 끔찍한 고통과 걱정을 여러분은 생생히 기억하고 있다. 그리고 더 이상은 그런 고통과 걱정을 느끼지 않을 것이다.

이혼의 끝은 여러분이 느끼지 못하고 있는 사이, 아주 살짝 찾아온다. 그리고 어느 순간, 지난 반 년 동안 전 배우자에 대해 또는 자신의 이혼에 대해 한 번도 생각하지 않았다는 사실이 문득 떠오른다면 이제 여러분은 이혼의 과정을 완전히 끝마쳤다는 뜻이 된다. 한때는 자동차를 정비하고, 치과 치료비를 물고, 직장을 바꾸고, 사랑에 빠지는 등 모든 생활이 이혼을 중심으로 움직였으나 이제 잘 모르는 사이에 이혼에 대한 강박관념은 서서히 사라진다.

사람에 따라 길고 짧음의 차이는 있지만 이혼을 극복하기 위해서는 분명 시간이 필요하다. LA 이혼 핫라인의 상담사 샤론 베이커는 다음과 같이 말한다. "이혼을 극복하기 위한 시간은 부부 사이가 얼마나 가까웠는가, 서로에게 얼마나 의지했는가에 달려 있다. 그리고 자립적이고 성숙한 사람인가, 또 운과 돈, 건강이라는 세 가지 덕을 골고루 갖췄는가에 달려 있다. 그러나 무엇보다도 중요한 것은 앞으로 나아질 것이라는 믿음이다."

이혼하는 남녀의 대다수는 이혼의 고통을 극복하고 새롭고 행복한 삶을 개척한다. 그들은 자신에게 주어진 새로운 요구를 따르기 위해 싫든 좋든 변화하고 성장해야 한다. 그리고 이런 이유로 인해 많은 사람들이 이혼의 극복 과정에서 더 나은 모습으로 변화한다. 즉 지금 여러분은 새로운 기회를 잡은 셈이다. 자긍심과 만족감을 높일 기회가 찾아온 것이다.

조안 켈리는 다음과 같이 말한다. "이혼은 파괴적이고 불만스러운 관계로부터 탈출할 수 있는 기회일 뿐만 아니라 변화하고 발전할 수 있는 기회이기도 하다. 이혼한 남녀의 대다수가 이혼을 통해 만족감이 증대하고, 자긍심이 높아졌으며 심리적으로도 건강해져서 이혼을 긍정적이고 필요한 과정이라고 말한 바 있다." 하지만 삶의 기본적인 문제들은 사라지지 않는다. 고독은 여전히 이혼한 사람들에게 큰 문제이며 여러분은 혼자 사는 법을 배워야 한다. 고독으로 인해 많은 사람들이 연애, 재혼, 동거 등 새로운 관계를 시작하고 타인과 삶을 나누는 행복과 분노를 또다시 반복한다. 그러나 독신으로 남든 새 사람을 만나든 고독감은 여전히 남아 있고, 환상과 현실의 경계에서 줄타기를 해야 한다. 그리고 이혼 후 새 인생을 개척하지 못하고 주저앉아 버린 이혼 파멸 상태의 사람들을 기억해야 한다. 이혼한다고 해서 무조건 행복해지는 것은 아니며 이혼 후 오히려 불행해지는 사람들도 많기 때문이다.

이혼은 일종의 배움의 과정이다. 그래서 이혼 과정을 극복한 사람들은 자신을 생존자라고 생각한다. 이제 여러분은 인생에 대해 새로운 것을 배웠으며 앞으로도 더 많은 것을 배울 수 있을 것이다. 또한 인생에 투자하는 법도 배운 것이다.

* * *

여러분은 이혼과 재혼의 단순한 패턴 변화를 뛰어넘는 폭넓은 사회 변화의 일부분이다.

21세기에 접어들면서 가족의 개념이 변하고 있다. 이제는 혈연이 아니라 법률이 가족 관계를 정한다. 그리고 선택과 공통된 경험에 근거한 가족은 점차 늘어나고 있다. 명절에 함께 모이는 사람들, 아이가 아플 때 전화해 도움을 청하는 사람, 직장에서 문제가 생겼을 때 의논 대상인 사람들, 이들이 바로 가족이다. 이혼의 시대에는 친구와 애인뿐만 아니라 가족과 친척도 선택할 수 있다. 그러므로 '가족'은 여러분과 여러분의 인생에 연관된 사람들이다. 인구통계학자 제프리 에반스는 다음과 같이 말한다. "갈수록 가족 생활이 복잡해지고 있다. 가족은 그 범위가 지속적으로 확장되고 있다. 우리 사회는 확장된 가족 범위와 가족 구조를 받아들여야만 한다."

초혼을 통해 이루어진 남편, 아내, 자녀로의 핵가족은 차츰 소수파로 밀려나고 있다. 물론 가족 구조가 변하는 것은 단지 별거나 이혼 때문만은 아니다. 결혼하지 않고 함께 살면서 가족을 이루는 남녀가 늘어나고 있는 것도 해당된다. 미국의 경우, 혼외 출산 아동의 25퍼센트가 법적으로 혼인하지 않은 동거 커플 사이에서 태어난다. 이런 동거 커플들은 법적으로 혼인한 부부와 유사한 생활을 하며 결국 법적 결혼으로 이어지는 경우가 많은 것이 특징이다. 미국의 경우, 최근 초혼자의 약 50퍼센트는 혼전 동거기간을 겪는 것으로 나타났고 이혼한 남녀의 대다수가 이전 결혼에서 얻은 자녀를 동반하고 새로운 상대와 동거를 한다.

가족생활의 가장 기본적 혜택이라고 할 수 있는 섹스, 가족애, 그리고 양육은 이제 더 이상 결혼하지 않고도 얼마든지 해결할 수 있는 것이 되었다. 그래서 결혼하지 않고 동거하는 커플은 자꾸 늘어나는 반면, 결혼율과 재혼율은 지속적으로 감소하고 있는 것이다. 이런 이유로 현대의 남성과 여성 모두는 이전의 그 어느 때보다 결혼에 대해 보다 큰 감정적 만족을 기대하고 있다. 그리고 결혼한 부부들의 대다수는 서로의 행복을 최고의 목표로 꼽는다.

앤드류 셜린이 설명한 바와 같이, 미국인들은 전통적 사회 규범에 대한 개인의 필요를 충족시킬 수 있는 '자발적' 결혼 시스템에 뛰어들고 있다. 즉 개인주의적 가족 관계의 증가는 미국의 전통적 가치관이 크게 변하고 있음을 반영한다.

과거를 돌아보면 경제가 어려운 시기에는 항상 이혼율이 감소하였다는 것을 알 수 있다. 이는 사람들이 결혼생활에 만족해서가 아니라 이혼 비용을 감당할 능력이 없었기 때문이다. 바바라 폴리 윌슨은 "대공황 시절에는 결혼생활이 행복하냐고 묻는 사람이 아무도 없었다."라고 말한다. 하지만 오늘날은 대부분의 사람들에게 행복이 삶의 목표이며, 이혼하는 사람들의 대다수도 행복 추구를 이유로 꼽는다.

2차 세계대전 후 꾸준히 이루어진 생활수준 향상과 여성들의 사회 참여 증가로 인해 결혼과 양육에 대한 사회적 관념은 바뀌었다. 그래서 20세기 초부터 시작된 새로운 추세는 아직도 변할 줄 모르고 계속되고 있다. 결혼 안팎에서 남녀 역할의 평등은 미국 사회 변화의 중심이 되고 있고 이혼은 가족 단위 안에서 일어나는 변화의 한 단면에 불과하다.

위스콘신 대학의 래리 L. 범파스 교수는 1990년 미국 인구 협회에서 다음과 같이 연설했다. "이익을 안겨 주는 직업을 선택하듯 이익을 안겨 주는 인간관계를 선택하는 기회가 늘어나는 것을 마다할 사람은 아무도 없다. 동시에 미국인들은 지속적으로 아동의 복지, 사회 경제적 지원을 받지 못하는 계층, 그리고 다음 세대의 인적 자원을 염려해야 한다." 그는 또 미국은 이제 겨우 이런 사회 변화의 결과를 이해하기 시작했고, '확대된 가족 구조'를 받아들이기 시작했다고 말한다.

정치계에서는 가족 휴가정책, 육아정책 그리고 직업훈련 프로그램이 논쟁의 초점을 이루고 있으며 또한 건강보험과 사회보장제도 등을 위해 가족관계에 대한 새로운 개념도 정립하고 있다. 이런 움직임은 1980년 이후로 계속 벌어지고 있는 부유층과 빈곤층의 격차를 반영하는 것으로, 빈곤층일수록 결혼율이 낮다는 것을 뒷받침해 준다. 가족문제에 대한 정치계의 논쟁은 육아가 전적으로 가족의 책임이라고 여기는 전통적 사회의식에 희생당하는 이혼 인구를 배려해야 한다고 주장한다. 대다수의 미국인들에게 결혼하지 않을 자유는 행복 추구권의 일부이지만 또 다른 다수에게는 이 자유가 가난과 절망을 의미한다. 즉 그들에게 이혼은 일시적인 혼란의 시기가 아니라 영구적인 혼란의 시기인 것이다.

최근 몇 년 사이, 가족문제에 대한 논쟁은 정치적인 면이 짙어졌다. 그래서 가족 부양에 대한 국가의 의무와 확대된 가족 구조를 어떻게 보아야 할 것인가? 사회가 개인의 자아실현과 가족복지 사이의 타협점을 찾아낼 수 있을까? 하는 논쟁들은 헌법상의 기본 권리와 평등에 대한 혼란을 불러일으키고 있다.

남녀평등 사회에서 행복추구권과 성공추구권은 모든 사회 구성원이 동등하게 행복하고 성공해야 한다는 뜻은 아니다. 하지만 기존의 사회 구조에서 행복과 성공이라는 미국의 두 가지 이상은 상충하고 있다. 미국 사회는 개인의 성취가 반드시 보상받아야 한다고 믿는 한편, 성공의 정도에 상관없이 모든 사회 구성원이 극한의 불행으로부터 보호받아야 한다고 믿는다. 가족문제에 대한 논쟁은 미국 가족 제도의 소멸을 풍자하는 말들을 많이 쏟아 내고 있다. 이혼을 의미하는 'Divorce'는 마약(Drug)과 청소년 문제 (Delinquency)와 함께 '갈등을 유발하는 'D'로 불리고 있다. 하지만 늘어나는 이혼율에도 불구하고 가족이라는 사회 구조는 여전히 건재하다. 사라진 것은 가족 제도가 아니라 가정과 직장에서 남성과 여성의 역할을 구분하던 규칙들이다. 19세기 산업혁명이 중산층의 가족 구조를 재편했듯이 현대는 남녀평등으로 인한 사회 개혁이 가족 구조를 재편하고 있는 것이다.

내가 이혼할 무렵, 나는 내 자신을 이런 사회 변화의 일부분으로 보지 못했다. 그저 한 사람의 실패자라고만 생각했던 것이다. 즉 가장 친밀한 인간관계에 있어 여자로서 실패했고, 부모와 시민이라는 사회인으로서도 실패했다고 생각했다. 그러나 이후 내가 실패자라는 생각에서 벗어날 수 있었던 것은 영국에 살고 있던 할머니 덕분이었다. 내가 제일 좋아했던 그 할머니는 남편과 내가 갈라서기로 했다는 소식을 듣자 98세의 나이에 다음과 같은 편지를 보내 주셨다.

사랑하는 애버게일 보아라.

네가 요즘 겪고 있을 일들 때문에 마음이 아프구나. 앞으로 어떤 일이 닥치든 나는 너의 행복을 기원한다. 세상에는 좋은 일도 많지만 지금 벌어진 그런 일들 때문에 네 자신을 실패한 인생이라고 생각하는 것만은 제발, 제발 부탁이니 하지 말아라. 이성적으로 생각하럼. 이 할미는 무엇이든 너의 미래에 이로운 쪽으로 결정하는 것이 최선이라고 생각한다. 너는 아직 젊으니까 새로 시작할 수 있단다.

지금 와서 생각해 보면 할머니의 말은 전적으로 옳은 것이었다. 하지만 그 당시 나는 할머니의 말을 믿지 않았다. 당시 서른 다섯 살의 나는 늙을 대로 늙어 이제 내 인생은 여기서 끝났다고 생각했다. 이혼이 새로운 인생의 시작이 되리라고는 상상도 못했던 것이다. 그러나 지금 그때를 돌아보면 길고 외로운 독신 생활이 내게 인생의 전환점이 되었다는 사실이다.

지붕이 새고, 학교에 애완동물을 가져가야 할 때 내 아이들은 꿈틀대는 벌레를 잡아가야 했다. 난방 시설을 사용할 수 없어 추운 밤, 불기운 없는 방에서 잠을 자야 했고, 아무리 일해도 돈이 모자라던 그 시절을 보내면서 나는 비로소 이혼 절차를 제대로 시작할 수 있었던 것이다. 그리고 바로 그때부터 내 삶은 변하기 시작했다. 이후 나는 새로운 가족도 만들었다. 지금 나의 가족은 여러 세대로 구성되어 있다. 그 안에는 내 아이들의 친구들도 있고, 내 어머니의 학교 친구들, 내 사촌들의 아이들을 포함해 직장 동료들의 배우자도 있다. 이렇게 '확대된' 새 가족을 통해 나는 여러 형태의 결혼과 우정을 경험한다. 이들 모두 나의 인생에 연관된 사람들이고 우리는 혈연으로 맺어진 가족 이상으로 강한 유대를 맺고 있다. 우리가 이렇게 서로 강하게 맺어진 것은 이 관계를 우리 스스로 선택했고 오랜 세월에 걸쳐 서로를 걱정하고 보살펴 왔기 때문이라고 나는 생각한다.

이혼은 주로 우리 인생의 황금기에 해당하는 30대부터 60대 사이에 많이 발생한다. 현대의 많은 사람들에게 이혼은 중년의 통과의례가 되고 있으며 운과 인내만 있다면 이혼이라는 인생의 혼란기를 무한한 열정과 능력으로 극복할 수 있다. 즉 이혼을 겪는 시기는 대단히 역동적인 시기이며, 이제 이혼은 중년에 찾아오는 문화현상이 되다시피 하고 있다.

여러분은 환상을 믿기에는 늦었지만 희망을 버리기에는 아직 이르다. 이혼을 앞둔, 혹은 경험한 여러분에게 내 할머니가 늘 하시던 말씀을 들려주면서 이 책을 끝내고자 한다. "젊은이는 꿈으로 살고, 늙은이는 후회로 산다. 오직 중년만이 인생을 사는 법을 제대로 안다."

**제정신으로는 못하는
결혼과 이혼 이야기**

지은이 | 애버게일 트래포드(ABIGAIL TRAFFORD)
옮긴이 | 서현정

발행일 | 2004. 5. 24

발행처 | 북키앙
발행인 | 정상우

등록번호 | 제 22-2190호
등록일자 | 2002. 08. 07

서울특별시 종로구 계동 78-1 (110-800)
대표전화 | 02-747-8434
Fax | 02-747-8436
이메일 | book@bookian.co.kr

ISBN 89-90509-26-2 03330

리스크 없이 바람 피우기

바람남녀 실전 노하우

Seitensprung ohne Risiko

저자 / 자비네 에르트만,
불프 슈라이버
발행처 / 북키앙(만물상자)
역 / 이명희
편 / 김재화
가격 / 10,000원
판형 / 4x6
쪽 / 231

이 책은 불륜의 옳고 그름을 따지는 것에는 관심이 없다. 그것은 종교학이나 윤리의 몫이라는 말이다. 대신 바람을 피우는 사람의 최대관건인 들키지 않는 법에 대해 다룬다. 이 내용은 잠재적인 바람둥이, 바람순이와 살고 있는 사람에게도 필요하다.

두 명의 남녀가 함께 쓴 이 책에는 바람 피우는 사람이 들키지 않기 위해 주의해야 할 점, 어떤 사람과 바람을 피는 것이 좋고, 어떻게 헤어지는 것이 좋은지, 그리고 들키지 않고 바람을 피우는 노하우가 실제 사례에 근거해서 담겨 있다. 저자들은 흔적을 남기지 않고 연락하기, 밀회 장소로 좋은 것, 알리바이 만들기 등 매우 구체적인 방법을 제시한다. 한마디로 발칙한 책이다. 또 한가지 재미있는 것은 이런 책은 들키지 않고 가지고 있는 것이 관건. 책의 표지를 뒤집어 보면 이 책의 보관 비법이 들어 있다.